U0613442

新阶段 新思考 新实践

第三届全国文化馆理论体系构建学术研讨会案例作品集

中国文化馆协会　台州市文化和广电旅游体育局　编

主　　编　白雪华

副　主　编　李国新

执行副主编　赵保颖　王全吉　李亚男

国家图书馆出版社

图书在版编目（CIP）数据

新阶段　新思考　新实践：第三届全国文化馆理论体系构建学术研讨会案例作品集 / 中国文化馆协会，台州市文化和广电旅游体育局编 . -- 北京：国家图书馆出版社，2024.12

ISBN 978-7-5013-7601-8

Ⅰ . ①新… Ⅱ . ①中… ②台… Ⅲ . ①文化馆—发展—中国—文集 Ⅳ . ① G249.23-53

中国版本图书馆 CIP 数据核字（2022）第 175369 号

书　　名　新阶段　新思考　新实践：第三届全国文化馆理论体系构建学术研讨会案例作品集
　　　　　XIN JIEDUAN XIN SIKAO XIN SHIJIAN: DI-SAN JIE QUANGUO WENHUAGUAN LILUN TIXI GOUJIAN XUESHU YANTAOHUI ANLI ZUOPINJI
著　　者　中国文化馆协会　台州市文化和广电旅游体育局　编
责任编辑　王炳乾
封面设计　耕者设计工作室

出版发行　国家图书馆出版社（北京市西城区文津街 7 号　100034）
　　　　　（原书目文献出版社　北京图书馆出版社）
　　　　　010-66114536　63802249　nlcpress@nlc.cn（邮购）
网　　址　http://www.nlcpress.com
排　　版　九章文化
印　　装　河北鲁汇荣彩印刷有限公司
版次印次　2024 年 12 月第 1 版　2024 年 12 月第 1 次印刷

开　　本　787×1092　1/16
印　　张　24.5
字　　数　550 千字

书　　号　ISBN 978-7-5013-7601-8
定　　价　180.00 元

版权所有　侵权必究

本书如有印装质量问题，请与读者服务部（010-66126156）联系调换。

目 录

4

PAS·中国国际打击乐艺术节

北京市西城区第一文化馆　胡良薇

PAS·中国国际打击乐艺术节是由 PAS（中国）打击乐艺术协会、北京市西城区第一文化馆、北京三十五中金帆艺术研究与发展中心三方联合举办的打击乐国际盛会，截至2020年已经连续举办四届，取得了强烈的反响和良好的社会效应。

一、创新背景

北京市是全国的文化中心，是各种文化资源和人才汇聚地，也是中国文化对外开放与交流的重要窗口。北京市西城区第一文化馆作为位于北京中心城区的文化馆，多年来在致力于弘扬中华优秀传统文化和老北京文化的同时，也注重与国内外的文化机构开展合作，搭建文化艺术交流平台，积极"请进来"，大胆"走出去"。打击乐是一种古老的音乐表现形式，世界上的各个民族都有自己独特的打击乐乐器、节奏及旋律。基于此，北京市西城区第一文化馆认为举办国际性的打击乐活动一定能引起中外打击乐爱好者的共鸣，架起中外文化交流的桥梁，为中外文化的交流互鉴，以及推动中华优秀传统文化走出去做出积极贡献。北京市西城区第一文化馆与 PAS（中国）打击乐艺术协会一拍即合，促成了 PAS·中国国际打击乐艺术节在北京西城区的落地。

PAS·中国国际打击乐艺术节自 2017 年起，至 2020 年已连续举办四届。第一届重在专业展示，邀请来自国内八大音乐学院和欧美九家著名音乐高校的专业人士同台献技。第二届增添了苗鼓、韩城行鼓等国家级非物质文化遗产鼓乐项目的展示，并举办了大师班课和留学生专场音乐会。第三届以"丝路鼓风"为主题，从古西安出发，沿着古丝绸之路，呈现了古丝绸之路沿线国家灿烂独特的打击乐艺术。第四届克服新冠疫情的影响，数十位来自世界各地的打击乐手在云上给观众们奉献了多场异彩纷呈的音乐会。

二、创新做法

（一）借船出海，整合多方力量

北京市西城区第一文化馆为了解决"小马拉大车"的问题，想到了"借力"。从基础设施和组织力量看，北京市西城区第一文化馆交通便利，拥有大、小剧场，艺术展厅，综合排练厅等众多专业设施空间,能满足打击乐艺术节的开闭幕式、布展、分组比赛、大师班课和综合音乐会等诸多要求。北京市西城区第一文化馆还拥有众多艺术专业的工作人员,可以承担打击乐艺术节的策划、对外宣传等工作,值得一提的是,文化馆器乐部有包括拥有打击乐专业背景的8名艺术专业人员,可以承担沟通、外联、演出等任务。PAS(中国)打击乐艺术协会隶属PAS国际打击乐艺术协会,而PAS国际打击乐艺术协会是当今世界最具权威的打击乐艺术协会,有着雄厚的国际专家资源。与北京市西城区第一文化馆一条马路之隔的北京市第三十五中学金帆音乐厅,是中华人民共和国成立以来在中小学校园里建造的第一个具备国际水准的专业音乐厅,观众席位736个,是举办专业音乐会的不二之选。

(二)免费开放,拓展公益空间

北京市西城区第一文化馆是全额拨款事业单位,举办的活动坚持免费开放的原则。北京市第三十五中学也是非营利的事业单位。而PAS(中国)打击乐艺术协会是以公益性为主的社会艺术团体,三方的合作以公益性作为基础。PAS·中国国际打击乐艺术节运转经费庞大。PAS(中国)打击乐艺术协会除在参赛环节收取参赛者少量参赛费用于组建评委团队和邀请国际知名打击乐专家外,其他环节都不收取费用。北京市西城区第一文化馆的场馆予以免费开放,北京市三十五中学金帆音乐厅只收取少量场地使用费。借助PAS(中国)打击乐艺术协会的专业力量和赞助的打击乐乐器,西城区第一文化馆还培养起一支免费的青少年打击乐团队,一年一届的PAS·中国国际打击乐艺术节为文化馆青少年打击乐团提供了大量优秀的观摩机会和演出交流机会。

(三)突出主题,丰富活动形式

首届艺术节立足"看西方",突出欧美和西方打击乐元素。2018年第二届艺术节立足"看中国",突出中国各民族打击乐特色。2019年第三届艺术节主题为"丝路鼓风",沿古丝绸之路展现中国到西亚、欧洲的多国家、多民族打击乐文化。2020年第四届由于疫情原因,转为线上,主题为"云聚",线上展示中外打击乐艺术家们宅家打击乐新创意、云端合奏等。艺术节集开幕式、比赛、展演、大师班、专场音乐会、闭幕式于一体,涵盖了众多形式。

(四)线下为主,线下线上结合

艺术节的开幕式、比赛、展演、大师班、专场音乐会、闭幕式等都在北京市西城区第一文化馆的场馆和北京市第三十五中学金帆音乐厅现场展演。与此同时,艺术节注重运用互联网技术,把活动送到线上。2017年举办了网络比赛;2018年举办了网络展演,并在线上线下结合开展大型教学活动,同时还有视频展演、国内专家网上指导、国际打击乐大师网络现场互动,网络直播得到中国国际广播电台网络直播平台等九家媒体机构的支持,数十万人在线观看;2020年则是把整个艺术节活动全部搬到了云端。

（五）精心组织、广泛发动群众

考虑到观众中既有打击乐专业人士和打击乐兴趣爱好者，也有对打击乐不太了解的普通群众，如何让专业性较强的艺术节盛会既满足专业观众的需求，又能吸引普通观众，达到雅俗共赏的目的，成为艺术节组织者需要思考的问题。为此，西城区第一文化馆一是利用文化西城公众号、馆公众号、音乐汇公众号来发布每场音乐会详情、音乐家个人介绍和历史演出视频，以在线抢票、现场领票的形式组织观众，观众可根据自己的兴趣选择演出场次观看。二是为文化馆下属青少年艺术团队提供一定数量的家庭套票。三是建立音乐会观摩反馈。为用户提供发布艺术节观后感的渠道，提交优质观后感的观众会被评为诚信观众，享有下一轮优先抢票权。

三、创新成效

（一）弘扬中华优秀传统文化

艺术节突出中国元素，致力于讲好中国打击乐故事，提升了我国打击乐艺术在全球范围内的影响力。第三届艺术节期间，西安孝义鼓坊艺术团、北京鼓风打击乐团、北京缤纷鼓风青少年打击乐团和新疆的表演者库尔班江共同展现黄河流域的锣鼓、西南地区的芒罗、长江流域的编钟、新疆的手鼓萨巴依等流传千百年的古老乐器的魅力。

（二）增进中外文化交流

四届艺术节集合了世界各地近百位打击乐演奏家，为我国广大音乐爱好者和观众奉献了多场国际高水准的音乐盛会。第二届艺术节设立了留学生专场音乐会，为在世界各地的打击乐留学生们提供全方位的展示平台和交流学习机会。

（三）扩大品牌知名度

第四届艺术节由国家公共文化云、北京数字文化馆全程直播，数据统计显示，五场直播观看量，国家公共文化云为558942人次，北京数字文化馆为414053人次，快手为1821817人次，微博为450412人次，五天五场的总浏览量为3245224人次。PAS·中国国际打击乐艺术节已经成为西城区第一文化馆的知名品牌活动。

（四）锻炼群文工作队伍

西城区第一文化馆借助PAS（中国）打击乐艺术协会力量，让国内外打击乐的顶级专家团队进入文化馆的视野，借助这一载体，西城区第一文化馆工作团队和下属艺术团队得到许多交流和锻炼的机会，能力得到较大提升。

四、经验启示

（一）文化馆要充分发挥平台作用

文化馆要改变过去文化馆自弹自唱、单打独斗的局面，学会"借力"，通过与社会力量合作、公益众筹等方式，开展形式多样的个性化、差异化服务，搭建好平台，充分发挥文化馆的平台作用。

（二）文化馆要加强品牌建设

文化馆要提高群众知晓率、参与率和满意率，必须有自己的拳头产品，这样才能吸引群众、留住群众。文化馆要在品牌建设上多动脑筋，多下功夫，争取多出精品。

（三）文化馆要加强全民艺术普及工作

打击乐虽然较为专业，但也不是阳春白雪。文化馆要发挥主导作用，必要时候可联合社会艺术机构，特别是艺术培训机构，搭建推广平台，让更多的人参与到艺术活动中来，不断提高全民艺术普及水平。

（四）要充分发挥群众文艺在国际文化交流中的作用

文化馆要多创造条件，组织艺术领域的国际顶尖专家和团队到基层开展公益性演出，通过国际性的艺术节庆活动，在双边或多边文化交流中展现中国形象，讲好中国故事，促进民心相通。

完善机制 拓宽渠道 开创"非遗"活态传承新局面

北京市石景山区非物质文化遗产保护中心 周继红

北京市石景山区位于北京西部,历史悠久,人文荟萃,形成了独具特色的石景山区非物质文化遗产(以下简称"非遗")项目。近年来,石景山区委、区政府牢牢把握建设具有国际魅力的首都城市西大门定位,高度重视"非遗"保护传承,加大投入力度,持续推进体制机制、健全队伍、优化设施等多方面建设,"非遗"活态传承收到了良好效果。

一、主要举措

(一)成立"非遗"中心,创新管理模式

2018年3月,经石景山区政府批准,设置石景山区非物质文化遗产保护中心(以下简称"非遗"中心)。"非遗"中心由理论调研部、综合发展部和办公室三个部门组成,统筹、组织、协调全区"非遗"工作。

1. 建立规章制度,整合人员队伍

制定《石景山区非物质文化遗产中心管理办法》《石景山区非物质文化遗产项目及传承人管理办法》等6个办法、条例;成立石景山太平鼓协会,统一管理社区11支太平鼓队伍;整合区龙舟协会、武术协会、民间艺术协会等社会资源;组织起由民间文学传承表演队、社区舞蹈队及大中小学生和社区居民自愿参加的"非遗"讲解员队伍。

2. 明确发展定位,融入百姓生活

"非遗"中心紧紧围绕区委、区政府的中心任务和重点工作,结合服务冬奥会、中国传统节日和国家公共文化服务体系示范区创建工作,强化基础建设、创新工作方式,把"非遗"项目保护和传承融入百姓生活,开展了一系列群众喜闻乐见的活动。

3. 线上线下互动,拓展"非遗"平台

以文化和自然遗产日为契机,以"石景山文化E站"为平台,组织"非遗"之春、夏、秋、冬四季品牌活动。声音故事品牌栏目线下剧场演出、线上平台直播;线下群众品尝"非遗"美食、体验"非遗"技艺;线上网络直播"非遗"文创产品。

(二)布局"非遗"展厅,充分利用资源

"非遗"展厅面积为2200平方米,由主展厅、主题厅、临展厅及互动厅、传艺室组成。布展采用古建筑风格,充分体现"非遗"项目本身的独特性和地域性特点,观众在参观过程中,能够近距离、全方位了解、体验石景山区"非遗"项目。

1. 沉浸式体验

沉浸式体验,即让观众有一种置身其中的感觉。观众走入市级项目京韵大鼓(少白派)的展示区,不仅能看到复原的戏台场景、电子屏幕图文展示的少白派的来历与传承,还能通过屏幕点播视频精彩唱段,充分领略京韵风采。

2. 互动式体验

互动厅采用传统展示与多媒体展示相结合的方式,注重互动性及趣味性,观众通过与传承人互动,了解"非遗"项目内涵,掌握一些技艺要领。打花棍、说成语的互动体验上手快、动手又动脑。

3. 小班式培训

"非遗"项目代表性传承人在传艺室定期开展持续性小班授艺课程。群众免费学习,其中京派内画鼻烟壶、京绣、京式旗袍传统制作技艺等小班课深受群众追捧。

(三)设立专项资金,保障"非遗"传承

2016年3月,石景山区政府在全市率先出台《石景山区非物质文化遗产保护传承专项资金管理暂行办法》(以下简称《办法》),即通过先开展工作后进行资金支持的形式,依据传承保护工作成效,每年由区财政专项拨款200万—300万元对"非遗"保护传承工作单位给予支持。《办法》实施彰显出以下几个方面的特点。

1. 内容覆盖全面

《办法》共10条16项实施细则,内容涵盖"非遗"理论研究、展览展示、展演、讲座、论坛、数据采集、购置服装道具、衍生品开发、传承人教学、媒体宣传、场地租赁、工作室、传承基地、示范点和示范校、新增项目、综合性"非遗"主题活动的各个方面。

2. 可操作性强

《办法》中对各条例资金申报场次、人次、补贴比例等都有对应量化要求,各环节工作都有章可循、有法可依。例如,《办法》第四条第二项"申报单位自主组织的'非遗'专题展览、展示活动费用"中提到:"单项展览展示活动接待1000人次及以上一次性资金支持2万元。常态化展览年接待人次5000人次及以上一次性资金支持5万元。"

3. 审核不留死角

专项资金申报,要经过初审、专家评审和区财政专审,区政府批示后才能由区财政拨付,形成较为完善的申报、审核、拨付、绩效考核的闭环审核管理模式。

4. 确保专款专用

为确保专项资金落实,"非遗"中心与各相关单位签订《石景山区非物质文化遗产保

护传承专项资金使用管理责任书》，严格在《办法》所规定的支持范围内使用。不得用于与"非遗"保护传承无关的其他项目支出。区财政部门要对专项资金的使用情况进行检查督导和绩效评价。

二、主要成效

（一）打响"非遗"品牌，加强文化交流

1. 树品牌

一是剪雪花，迎冬奥。为迎接2022年北京冬奥会，"非遗"中心举办了"剪雪花 迎冬奥"京津冀"非遗"联动大传承专项主题活动，被石景山区文明办评为"文明创建优秀品牌"。此项活动不但走进校园、社区、机关和军营，还邀请外国驻华使馆人员参与，收集展出来自京、津、冀、桂、浙、闽等地的1万朵雪花剪纸作品，并创造了"一小时内团队完成最多的纸雪花"吉尼斯世界纪录。二是品"凝香"，观仪式。"和香制作技艺"市级"非遗"项目受邀参加世园会"北京日"开幕演出，将行香仪式与汉服展示完美融合，体现中华文化的深厚底蕴。该项目还在世园会草坪剧场进行展示，多款融合了中国传统文化和冬奥雪花元素的作品得到了各国游客的喜爱。

2. 促交流

一是走出去。京式旗袍传统制作技艺代表性传承人张凤兰，研发和仿制出传统旗袍和改良旗袍100多件；连续四年在京津冀地区进行京式旗袍专场发布；应邀到泰国、意大利、苏里南、牙买加等国进行"非遗"交流展示；开发"非遗"衍生文化创意产品7个系列50多款产品，以冬奥为题材创作的冬奥雪花盘扣艺术品入选北京外事礼物。京源学校京昆艺术团先后出访德国、法国、意大利、瑞典、韩国和新加坡等国家，获得国际表演金奖。二是请进来。"鼓韵传情"京津冀"非遗"文化交流活动邀请天津、河北"非遗"曲艺名家上演京韵大鼓、京东大鼓、蔚州大鼓等鼓曲名段；京西五里坨民俗陈列馆，多次迎来宜兰、高雄等地的台湾同胞，体验"非遗"项目，感受民俗风情。

（二）改革服务模式，提升管理水平

1. 大数据应用，精细化管理

石景山区自主研发建设"石景山文化E站"网站和手机App，注册用户达到26万人，累计发布活动5000余场，其中"非遗"类数字资源累计访问量7.5万人次，数字"非遗"总体浏览量达46.3万人次。石景山区公共文化服务效能大数据采集分析平台2019年投入使用，通过物联网设备，可实时获取"非遗"中心各展厅设施开放视频画面及效能数据，综合分析群众年龄、停留时间、偏好等信息，精准推送服务和活动项目，实现精细化管理。

2. 从需求出发，培训讲解员

"非遗"中心党支部与北方工业大学、石景山实验小学、黄南苑社区党支部签订共建

协议,招募志愿讲解员 56 人,聘请首都博物馆专家进行系统培训。组建少、中、老三支不同年龄段专、兼职讲解员队伍,不断满足各层次参观群众的讲解需求。

(三)保障资金到位,共享"非遗"成果

《办法》实施以来,石景山区已完成 5 个年度专项资金共计 1187.4086 万元的拨付工作,全区共 50 个"非遗"项目传承保护单位获得专项资金支持,直接惠及群众达 158 万人次。

1. 家门口体验"非遗"之美

"非遗"专项资金累计向本区 7 个街道传承教育基地、6 个"非遗"展示公园补贴 245.42 万元。全区 9 个街道太平鼓队常年活动;春节秉心圣会花会表演年年不断档;八大处公园开辟演出剧场,创作各类曲艺作品 50 个,免费接待 10 万群众观看;北京国际雕塑公园每年 10 月的"'非遗'体验周"已成功举办 8 届,手工艺"非遗"互动、AR/VR 高科技"非遗"体验、高规格曲艺演出等让人流连忘返。

2. 校园里盛开"非遗"之花

"非遗"专项资金累计向 20 所幼儿园、中小学、职业高中、大学补贴 371.3576 万元,"非遗"传承示范校内开设京剧、太平鼓、打花棍、翁派脸谱绘画、剪纸、三皇炮捶拳等"非遗"课程 10 余种,培训学生共 2000 余人。京源学校推出《莲石湖的传说》《宝船》《寻金记》等多部原创儿童京剧,在梅兰芳大剧院、天桥剧场公演,多位小演员获得全国少儿戏曲比赛个人和集体双金奖。

三、主要启示

抓培训,练内功,促提升。石景山区"非遗"中心始终以加强学习为抓手,开展业务培训工作常态化。每周一闭馆日就是学习日,聘请区级"非遗"专家、"非遗"项目代表性传承人来"非遗"中心授课,系统讲述"非遗"项目的内涵,提高专、兼职管理干部的业务服务水平,提高展厅讲解服务人员整体素质。

进校园,挖深度,培新芽。"非遗"进校园要从娃娃抓起,研发适合各年龄阶段学生的"非遗"项目课程。北京师范大学石景山附属幼儿园举办"逛'非遗'庙会,过传统新年"活动,培训 200 名小鼓手组成了太平鼓幼儿传承表演队;石景山第二幼儿园以《京西民谣》为校本教材,教孩子们说着童谣跳皮筋;水泥厂小学开发了应节气学剪纸课程,深受学生欢迎。

扶企业,要效益,扩影响。五年来,石景山区累计向 34 家企事业单位补贴"非遗"专项资金 507.791 万元。北京燕京八绝文化发展有限公司走进石景山街道社区布展、讲座 27 场,已接待参观群众达 10 万人次。北京石泰文化发展有限公司举办春节民俗类及"非遗"日等大型活动共计 25 场次,接待参观群众 35 万人次。

遵循习近平总书记"推动中华优秀传统文化创造性转化、创新性发展"的重要指示,

"十四五"时期,石景山区"非遗"保护工作将继续以"非遗"中心为阵地,不断完善体制机制,以群众的文化需求为导向,扩大资金政策扶持的覆盖面,使"非遗"深入民心、紧跟时代步伐,开创"非遗"保护活态传承新局面!

参考文献

[1] 非物质文化遗产保护的回望与思考 [EB/OL].[2020-09-16]. http:www.ihchina.cn/luntan_details/21463. html.

[2] 李树平 . 关于石景山区非遗保护传承工作的调研及思考 [J]. 文化月刊,2017(24):64-68.

[3] 李树平 . 数字化建设提升公共文化服务高质量发展——北京市石景山区开拓创新创建国家公共文化服务体系示范区 [J]. 文化月刊,2020(8):120-121.

[4] 张杨 . 璀璨非遗 薪火相传——北京市石景山区推动非遗进校园工作纪实 [J]. 文化月刊,2020(9):38-39.

[5] 张岚,周晨 . 非物质文化遗产保护专项资金使用的实践与探索——以苏州为例 [J]. 文化月刊,2015(28):70-72.

聚焦区域特色,探索文化与科技融合服务新模式

2020 年 5 月,中关村科学城北区高能级高质量发展新闻发布会在中关村壹号举办,会上重磅发布了《中关村科学城北区发展行动计划》及《关于中关村科学城新时期再创业再出发提升创新能级的若干措施》,预示着海淀北部新区即将迎来创新发展的高光时刻。海淀区为全国科技创新的核心区,海淀北部文化馆于 2016 年 7 月新建于此。文化馆运营 6 年以来,在开展公共文化服务过程中寻找到了适用于海淀北部地区的服务创新点,开启了具有海淀区域特色的科技与文化相融合的公共文化服务新模式。

一、创新背景

海淀北部地区是指海淀区百望山以北区域,面积 235 平方千米,占海淀区总面积的 54%。作为海淀区建设全国科技创新中心核心区的战略腹地和发展纵深,海淀北部地区目前已经形成了以北清路为前沿科创发展轴带动中关村软件园、永丰基地、翠湖科技园等三大园组团发展的格局。截至 2019 年底,三大园区入驻的科技企业达 1189 家,年收入 4154 亿元,高新技术产业占比超七成,初步形成了产业高端化、集聚化、融合化、低碳化发展格局,高端产业结构逐渐凸显,产业特征愈加清晰。

为了构建文化、科技并驾齐驱的发展新区,让一批批高新技术企业科研工作者及地区百姓增强文化获得感,海淀区政府突破体制局限、统筹社会资源、购买专业服务、激励创新模式,采取购买服务的方式,开辟面向社会公开招标的公共文化服务供给社会化运营新模式。

海淀北部文化馆根据海淀北部地区高新技术科研员工和当地群众多元化的文化需求,提供菜单式服务。既有适合大众普及的基本服务,又有特定高素质人群的文化馆特供服务;既有满足群众基本文化需求的普惠供给,又有精准对标服务;既有请进来的服务模式,也有送进去的主题式服务模式,形成了具有地域特点、创新意义的科技与文化融合新模式。

二、创新做法

海淀北部文化馆是政府购买服务、企业全方位运营的文化场馆,在开展常规的文化服务、做好基本服务保障的同时,利用企业运营的灵活性深入基层开展调查研究,根据地区

服务人群结构的不同,开展了一些探索性的创新做法:第一,搭建政府与企业、企业与企业公共文化服务框架平台;第二,在政府的主导下,通过企业自主运营管理,把市场经济的供需模式链接起来了,实现区域内文化馆与科技企业在文化活动上的共建共享;第三,保障了政府社会功能的实现,同时将市场化的优势,以需求为第一要素,形成了文化与科技融合新模式。

（一）搭建平台,共创协同发展机制

结合海淀区关于文化与科技融合发展的战略要求及海淀区作为全国科技创新核心区的特点,海淀北部文化馆于 2017 年 1 月与实创集团签署了《中关村核心区北部生态科技新区企业职工文化建设战略框架协议》,实创集团党委书记、董事长陈晓智,实创科技园开发建设股份有限公司党委副书记迟强,以及海淀区文化委员会副调研员尹国祥、海淀北部文化馆馆长岳昌涛等共同参与了签约仪式。实创集团作为海淀北部科技新区的建设者和管理者,率先与北部文化馆形成这种战略协作关系,是具有代表性和辐射性的,双方以战略框架协议签订为契机,搭建了海淀北部文化馆与驻区企业文化服务的平台,促进了文化与科技的融合。

大的方向确定后,海淀北部文化馆每年都要在文旅局的大力支持下与驻区企业举办联谊座谈会,每一届会议都有来自华为、航材院、高能环境、用友网络、北大维信、协同创新研究院、瑞友科技、大唐电信、佳讯飞鸿等 50 多家驻区企业的负责人参加。企业代表各抒己见,根据各企业不同的文化需求也提出了建议,希望在现有服务的基础上进一步加大对企业服务的倾斜,海淀北部文化馆也实质性地为企业开展了礼仪、书法、瑜伽等项目的培训工作,为高科技企业做好服务,为企业文化注入新的活力。

（二）实现区域内文化与科技的双轮驱动

一是开展赛事活动,丰富企业员工文化生活。几年来,海淀北部文化馆开展了一系列比较有影响的为驻区企业服务的文化活动,从 2017 年到 2019 年连续三年开展了"青春在云端绽放"——驻区企业员工"文艺秀"活动,以"欢乐至上"为宗旨,用书画影静态作品及音乐、舞蹈等舞台艺术形式,营造了浓厚的企业文化氛围。活动吸引了众多驻区企业员工积极参与,共收到来自 100 多个驻区企业的 2000 多个动态及静态作品,涵盖舞蹈、声乐、器乐、语言、绘画、书法、摄影等各个艺术门类。通过"专业评委评选"＋"线上人气"遴选,获奖的静态作品入选驻区企业员工"文艺秀"书画影作品展览,动态作品参与"文艺秀"动态节目线上展示及颁奖晚会的现场展演,网上投票人次超过了 100 万。

二是实行"点菜"形式服务。2019 年初与海淀区图书馆共同举办的"双馆齐下,文化走亲"——新春文化服务进企业活动,以"文"为媒,以"走"为要,以"亲"为旨,"派文化干部进驻区企业、征文化需求、制文化订单",在新年前后企业文化活动需求量最大的时间节点,给 10 个企业配送电子借书机,为企业内部的文艺骨干开展文艺培训,辅导企业员工排练文艺节目 150 多次,将 6 场文艺演出送到企业中去,多场读书分享会、经典诵读会让员工静心享受读书的快乐,满足驻区企业多层次、多类别、多样化的文化需求。

三是开展延伸服务,做好共建共享。"书香海淀,E 企阅读"活动是海淀北部文化馆联合驻区企业在企业中举办的以系列阅读经典、传承经典为主题的名家讲座、读书分享会、经典朗诵会等阅读活动。前期北部文化馆以"走出去"的方式,走进航天五院、中国钢铁研究院、高能时代环境技术股份有限公司、航空工业计量所、中关村集成电路设计园等企业,并邀请著名人士或者作者、学者与这些企业优秀代表同台,为企业里的"读书达人"传授诵读技巧,分享读书心得,营造出浓厚的读书氛围,得到了企业领导和员工的重视与好评。最后以"请进来"的形式开展了诵读展示活动,航空工业计量所陈诗琳朗诵的《致信儿子》,感人至深、催人泪下;来自华为的顾芳婧为大家深情朗诵了《相信相信的力量》,字里行间洋溢着华为人不屈不挠的奋斗精神,展示出优秀民族企业的风骨;在航天五院孙小迪、汤濯朗诵的《筑梦苍穹》中,航天人坚韧不拔、勇于创新的航天精神令人肃然起敬。这种结合艺术性与群众性的活动,充分展示出企业员工积极向上的工作和生活态度,满满的正能量促进了企业之间的文化交流,在助力驻区企业开展文化活动的同时,逐渐形成了共建共享的文化与科技融合成果。

(三)开展跨界培训,使文化与科技有效融合

海淀北部文化馆在为驻区企业开展文化服务的同时,也注重将企业的资源融入馆内的业务工作之中。随着智能化时代向我们走近,机器人已经进入我们的生活中,文化馆经过调研与周边科技公司联手,利用科技企业的专业知识和设备,长期开设少儿机器人、少儿编程、少儿无人机组装、亲子科学实验等科技类公益培训课程,参加培训的孩子从三四岁开始到初中各个年级都有,游戏与学习相结合的方式深受孩子和家长的欢迎。在开展的各类文化活动中,运用驻区科技公司的资源联合举办的全国青少年创客联赛、机器人大赛等,更是让科技从青少年开始融入,让孩子们在活动中寓教于乐。利用驻区企业的资源,以及科技游戏与学习相结合的方式,激发了孩子们对科技的兴趣,也实现了区域内文化与科技的有效融合。

三、创新成效

海淀北部文化馆在公共文化服务的过程中,不断探索创新服务并取得了一定的成效。一是根据所处地域的状况,将公共文化服务体系与市场经济体系进行有机结合;二是开展文化与科技的融合服务,并在社会化运营的基础上,引入并促进其他社会主体参与公共文化服务的内容,将市场经济的供需和公共文化服务的社会效益有机地结合起来,形成了服务主体多元化的特色。

(一)将科技元素融入传统文化

从驻区企业员工"文艺秀"活动到"助力企业文化走亲"活动再到"书香海淀 E 企阅

读"活动等,海淀北部文化馆通过这种定向服务,为驻区企业员工的科技工作增添了更多的人文色彩,传统文化服务的工作也融入科技元素,文化与科技的融合态势日益明显。特别是2021年举办的2021"海之春"新春文化季启动仪式,更是融入了高科技元素。在新冠疫情防控要求下,为了让更多的人体会到"年味",海淀北部文化馆与北京远度互联科技有限公司开展合作,运用了500架无人机在中关村上空进行编队表演,展了空中送福活动,通过变换的3D图画为海淀区人民送出了"春潮百年劲,福牛万家欢"的壮观景象,同时通过国家公共文化云开展网络直播,让全国的百姓都可以看到如此壮观的景象。将高科技产品与文化活动相结合,使活动集文化与科技、艺术与娱乐于一体,提升了节日文化活动内涵。科技让新春传统文化绽放出现代光彩,打造出具有海淀特色的公共文化服务品牌。

(二)形成文化馆与科技企业的双向互动

海淀北部文化馆在为科技企业开展文化活动中,邀请国家京剧院、北京交响乐团、国家大剧院、解放军军乐团等顶级院团开展传统艺术展演、高雅艺术讲座等活动百余场次,给辖区内高精尖科技企业人员送去了高质量的、贵宾级的文化服务。文化馆为高新技术企业服务,以青年员工的文化需求为牵引,开展年轻人喜爱的文化活动,促进了海淀北部地区的公共文化资源与企业文化资源的融合,提高了公共文化服务活动的质量,使文化馆在保障社区百姓公共文化服务的同时拓宽了公共文化的需求主体,满足了分层次的、多元化的文化需求供给。

针对高新技术企业园区的公共文化服务,促进了年轻群体的文化消费,在与企业的联手共建中激发了企业年轻员工的积极性,也将企业的资源带到文化馆的培训课程之中,也为公共文化服务提供了有力的科技支撑。

海淀北部文化馆开展的一系列文化活动,无论是"请进来"还是"走出去",实际上都形成了文化馆与服务对象资源的双向流动和双向服务。海淀北部文化馆将文化服务送到了企业,企业的科技资源同时被海淀北部文化馆充分利用,文化与科技融合,以多元化的服务内容和服务方式,提高了公共文化的服务标准。

四、经验启示

海淀北部文化馆在探索创新公共文化服务的过程中,获得了以下几点经验启示。

第一,本着实事求是的原则,根据区域特点、人口结构不同等因素,利用企业的灵活优势,有效地完成了政府购买文化服务的职能,保障了公共文化服务基本工作的开展。

第二,在高科技地区具有多种文化需求的情况下,通过企业良性的运营机制,利用科技企业资源将需求与供给对接起来,形成文化与科技融合新模式。

第三,文化馆在新形势下找准驻区企业及员工的文化需求,在提高公共文化服务供需的匹配程度的同时,将文化与科技融合是核心点。群众文化与现代高科技相结合,开展针对驻区企业职工的文化服务,在促进科技与文化融合的同时,实现了供给主体多元化,促进了服务资源共建共享。

参考文献

[1] 今天,全球聚焦!中关村科学城按下"北区"纵深发展加速键![EB/OL].[2020-05-18].https://www.sohu.com/a/396054221_391300.

北京市门头沟区"一湖多园"文化志愿服务工程

北京市门头沟区文化馆　耿艳丽

"十二五"规划期间,门头沟区文化馆在北京市群众艺术活动中心的指导下,在区委、区政府的大力支持下,区文委的扶植下,开展文化志愿服务项目"一湖十园"文化志愿服务工程,经过五年的发展,现发展为"一湖多园"文化志愿服务工程,成为门头沟区文化馆的品牌项目,并多次被评为北京市志愿服务示范项目,现将实践案例总结如下。

一、实践创新背景

由区政府搭建平台,为志愿服务提供活动基础设施。自 2010 年以来,门头沟区委、区政府启动了"一湖十园"城市景观体系建设,打造五水联动、山环水绕的城市景观,建设城区绿色生态走廊与水清岸绿的休闲场所,为群众营造"出门即是花园"的生活环境。门头沟区文化馆以"一湖十园"为基础,重点打造公园群众文化活动项目。

二、创新做法

门头沟区文化馆以文化惠民、文化便民为工作重心,2012 年率先在门城中心公园确立了葡山公园、永定河文化广场、福鼎公园、滨河公园为"一湖十园"的活动地点,并分别开展以交谊舞、广场舞、健身操、秧歌为主的文化志愿服务。随着活动普惠率的提高,群众参与度增高,活动在群众中得到广泛的好评,文化馆随即又开展了以京浪岛、中天公园、石门营公园等 6 个门城公园为主题的文化志愿服务活动。在"一湖十园"文化志愿服务工程的基础上,不断创新,深挖文化资源,整合文化队伍,延伸项目,由"一湖十园"拓展到"一湖多园"文化志愿服务工程。自 2012 年至 2015 年,门头沟区"一湖多园"文化志愿服务工程均被评为一级一类扶持项目,并获得多年扶持资金。

"一湖多园"文化志愿服务工程活动覆盖广,内容多,符合群众需求。"一湖多园"文化志愿服务工程先后在公园开展交谊舞、广场舞、健身操、秧歌、花会表演、器乐、合唱等文化活动。为了使文化志愿服务活动扎根于基层,服务于百姓,确保广大基层群众享受到文化惠民的实质福利,2015 年底,分中心已建设并投入使用文化艺站 30 个,其中有 17 个文化艺站为门头沟区文化馆自筹资金建设。这一工程有效地利用了公园设施和场地活跃了基层文化阵地,带动群众自觉、有序地开展文化活动,丰富了群众的休闲时光,形成了一道人文风景线。

　　门头沟区文化馆也在此基础上,将各个公园确立为文化志愿服务站点,配备艺站设施,搭建志愿服务岗亭,进行日常化、制度化的文化志愿服务工作,更加切实地服务广大基层群众,让群众的公园活动正规化,发扬正能量。经过10年的创新、融合、精简,"一湖多园"文化志愿服务工程已经成了门头沟区文化馆的品牌项目,得到越来越多的基层群众的欢迎和肯定。

　　文化艺站的设立,发挥了文化馆与基层群众文化活动的纽带作用。如今,门头沟区"一湖多园"文化志愿服务工程已初见成效,每天都有不同年龄阶段的基层群众热情参与,形成了一道独特的人文风景线。

三、创建成效

(一)"一湖多园"文化艺站志愿服务常态活动

　　门头沟区文化馆、文化志愿者服务中心在公园搭建志愿服务岗亭,树立标志性建筑,确立志愿服务站点,服务"一湖多园"文化艺站常态志愿服务项目。开展的活动中,以秧歌、交谊舞、健身操、合唱、花会表演、器乐演奏等中老年群众文化活动为主。2012年至2015年,常态服务项目团队由4支发展为如今的45支,开展长期的、固定的文化志愿服务活动。在"一湖多园"艺站和公园内,每天分为两个时段:8:30至10:00,19:30至21:00,每个艺站平均安排3支文化志愿服务团队,平均每年参与文化志愿服务人员达1470人,被服务群众达756000人次,累计服务时长达1587600小时。

(二)"发扬雷锋精神"学雷锋文化志愿服务活动

　　门头沟区文化馆开展以学雷锋为主题的文化志愿服务活动,以发扬雷锋精神、学习雷锋精神为主要目标,重点在永定河文化广场、社区活动中心开展"发扬雷锋精神——文化志愿者在身边"文化志愿服务活动,活动自2010年3月5日起至2015年,开辟了学雷锋文化志愿服务广角,主要进行健身操和广场舞两项文化活动的轮流服务。服务时间为当月的每周六8:30至10:30,根据日期和时间安排,由固定文化志愿服务团队进行现场指导和活动。平均每年参与服务人员80余人,被服务群众达2400余人,累计服务时长达10240小时。

(三)携手残联,启动"关爱残疾人"助残文化志愿服务活动

　　以送温暖、送阳光、送爱心为主,门头沟区文化馆、文化志愿者服务中心与区残联携手,为满足区残疾人对文化技能的需求,陆续开展"关爱残疾人"助残文化志愿服务活动。由文化馆业务人员组成的太平鼓辅导小组,深入区活动中心、活动站,为残疾人辅导教学太平鼓舞蹈动作,重点对上肢鼓点和套路进行一对一免费教学。活动自2012年至2015

年,每周三 14:00 至 15:30,主要是加强上肢鼓点的击打力度、上肢套路的舞动,以及残疾人可便捷式的队形变换。单年参与服务人员 10 人,被服务残疾人员 45 人,服务时长 24 小时,累计服务时长 1080 小时,服务 1080 人次。活动还鼓励残疾人参加了太平鼓表演。

(四)发扬尊老敬老美德,开展系列文化志愿服务活动

为了展现最美夕阳红的风采和精神,发扬尊老敬老美德,展现新区建设和文化志愿服务工程给老年人带来的欢乐和幸福,门头沟区文化馆组织文化志愿者团队和摄影文化志愿者,深入区基层、公园,捕捉老年人笑容洋溢的幸福瞬间。自 2012 年至 2015 年,活动于每年的重阳节作为起始日,参与服务人员 100 人,共拍摄照片 500 余张,冲洗入册并统一发放到每位老年人手里。开展以敬老、爱老、尊老为主题的光荣院老干部慰问演出活动,为老干部们献上了一台丰富多彩的综艺类文艺演出。节目以怀旧、感恩类型为主,包括传统戏曲、民歌、对口快板等,受到了光荣院老干部们的喜爱。单年参与服务人员 35 人,被服务人员 50 人,服务时长 2 小时,累计服务时长 70 小时,服务 100 人次。

(五)结合公园消夏,开展"一湖多园"文化志愿服务团队展演活动

为吸引更多群众参与,加强文化志愿服务团队的凝聚力,调动文化志愿者的积极性,为志愿者提供展示、展演、交流的平台,结合公园消夏活动,门头沟区文化馆、文化志愿者服务中心于 2013 年至 2015 年,每年的 6 月至 7 月,每周日 16:00 至 17:00,开展为时 60 分钟的"一湖多园"文化艺站志愿服务团队展演活动,以葡山公园、黑山公园、福鼎公园、永定河文化广场 4 个文化志愿服务艺站为主要展演场地,由每个志愿服务团队展示演出。单年参与服务人员 100 人,被服务人员 2400 人,服务时长 36 小时,累计服务时长 3600 小时,服务 86400 人次。

四、经验与启示

(一)政府搭台,有效结合区域规划

门头沟区文化馆"一湖多园"文化志愿服务工程以门头沟区"十二五"区域规划、"一湖十园"城市景观体系建设为基础,为群众营造"出门即是花园"的生活环境。"一湖多园"文化志愿服务工程是门头沟区文化馆重点打造的公园群众文化活动项目。此活动得到了区委、区政府的大力支持。

(二)上级部门支持,资金保障到位

"一湖多园"文化艺站志愿服务工程自开展以来,因其覆盖面较广、惠民率较高,效果显著,在每年的项目申报和评审中,多次被评为一级一类扶持项目。北京市群众文化艺术活动中心给予了大力支持,并保证扶持资金及时到位,确保了活动的顺利开展。文化馆利

用扶持资金为参与"一湖多园"文化艺站志愿服务工程的各个基层团队进行团队建设,完善志愿服务设施和设备。并通过扶持资金搭建志愿服务岗亭,确保志愿服务团队设备器材的存放和人员的休息,保障了活动能够有序无误地开展。

(三)深入基层,有效整合基层文化资源

门头沟区文化馆为了成立"一湖多园"文化志愿服务团队,壮大其队伍,派专人负责深入基层,到各个乡镇、街道办事处、文化中心、文化站等文化活动机构,了解基层团队分布、人员年龄结构、团队活动内容等方面。并根据调研结果进行筛选,基于门头沟区的山区特征和人员结构分布,将"一湖多园"文化艺站志愿服务团队分为城区和山区两个部门,以就近分配团队为原则,让志愿服务团队就近参与志愿服务。同时,年龄和健康状况把控严格,并为服务中的志愿者们配备相关急救设备,确保志愿服务有序开展。

(四)文化馆发挥职能,建立志愿者激励机制

为了感谢文化志愿者的付出,门头沟区文化馆发挥自身文化职能,为志愿者谋求更多的利益。首先,在文化馆开展的各类大、中、小型文化活动中,为文化志愿者们保留50至100个观看名额。每个团队轮流参与,让志愿者们能够享受到文化带来的快乐。其次,在文化馆开展的各项文化技能培训工作中,也为文化志愿者们保留10—20名相关文化技能的培训名额,每个团队轮流参与。其目的是提高志愿者们的文化技能水平,从而提高志愿服务的质量。除此之外,文化馆还通过上级的扶持资金为志愿者们配备团队活动设备,2012—2015年为文化志愿团队配备音响30个、专业演出音响设备13个。

现在门头沟区"一湖多园"文化艺站志愿服务工程已成为门头沟区文化志愿者的品牌活动,他们活跃在各个公园、各个文化活动现场。文化志愿者服务也得到越来越多的群众的欢迎、肯定和参与。"一湖多园"文化艺站志愿服务工程也得到了区级领导的支持。《北京日报》《北京晚报》《京郊日报》《京西时报》等多家媒体进行了跟踪报道,并以大幅图片和文字予以刊载。

基于公共文化空间举办文化创意展览的思索

——以"津彩·明信片漂流记"文化创意展览为例

天津市群众艺术馆　付海芬

2018 年，国家旅游局和文化部合并为文化和旅游部，自此"文旅融合"成为一个新的社会热点。旅游本就是一种普遍的社会文化现象，现代社会的旅游热更是社会文化发展的集成体现，是人文生态运动群像。文旅融合，是传统文化与现代文化的融合，要从以文化促进旅游和以旅游彰显文化这两个方向来完成。"津彩·明信片漂流记"文化创意展览，是在文旅融合的环境和背景下，探求在公共文化空间举办文化创意展览。其尝试以明信片这种成熟的载体，宣传天津的历史文化，展示城市发展的独特魅力，通过明信片的投递，希望更多的人知晓天津、了解天津、爱上天津，以传统文化基因连接现代旅游活动，从而实现文旅的深度融合。

一、项目创新背景

"津彩·明信片漂流记"文化创意展览以明信片为载体，打造展示全年龄段作品的服务平台，无论是耄耋之年的美术书法作品，还是垂髫幼儿的信手涂鸦，或是摄影爱好者的随手一拍，抑或是弄潮儿的时尚设计作品，都承载着天津人的情感，饱含着对天津的记忆。展览征集以"天津故事""印象天津"等为主题的图片，选取技法娴熟、立意新颖、内容创新的作品整理成册，定制"津彩·明信片漂流记"纪念明信片加盖纪念印章赠送给参与者。"津彩·明信片漂流记"展览积极打造天津城市故事，唤醒广大群众的天津记忆，将文化内涵注入天津城市建筑、自然景观、人文风貌、民风民俗之中，彰显文旅融合后文化对天津城市的提升和带动作用。旅游是文化体验、文化认知、文化分享，文旅融合要扩大文化外延，挖掘文化内涵，进一步释放文化内在价值。在文旅融合的同时，也要整合文化与其他社会资源，加强文化创新，将文化优势进一步升级。

二、项目创新做法

（一）专业"定制"天津元素明信片

为扩大活动影响力、提高群众参与热情、展示天津城市风貌，天津市群众艺术馆（以下简称"群艺馆")组织各区文化馆专业干部围绕"天津记忆""印象天津"等主题进行创作。各区文化馆干部纷纷拿起画笔和相机,创作具有天津元素的作品。创作的百余幅美术作品中,有油画、国画、水彩(粉)画等不同画种,内容主要为天津的人文地标和自然景观,如利用油画的创作技法,对建筑风格各异、造型美观、装饰考究的天津洋楼细致描绘,淋漓尽致地展现了天津这座"世界建筑博物馆"。200余幅摄影图片展示了天津的自然风光和建设成就,如国家AAAAA级旅游景区盘山、天津文化中心、民园体育场、滨海图书馆、国家海洋博物馆等,图片构图完整、角度独特、用光巧妙。群艺馆精选了其中70幅作品制作成明信片,供展览参与者现场投递。

(二)DIY明信片传递专属快乐

为丰富"津彩·明信片漂流记"展览内容,主办方特定制七款造型新颖时尚、颜色丰富亮丽的主题纪念邮戳,现场为参观者加盖,同时准备手绘工具、贴纸胶带及空白封面明信片,供参观者现场绘制个性明信片,群艺馆无偿提供邮票,并设置邮筒,参观者现场投递,将自己专属的快乐幸福投递出去。

(三)"大龙"邮票纪念邮戳成为亮点

大龙邮局的工作人员在活动现场为明信片爱好者加盖"大龙"邮票纪念邮戳。1878年,天津海关书信馆对外开放收寄华洋公众信件,标志着中国近代邮政的诞生,中国近代史上的第一套邮票——"大龙"邮票于当年7月在天津、北京等5个城市正式发行。现场加盖的"大龙"邮票纪念邮戳即源自1878年清政府发行的"大龙"邮票,工作人员采用木版拓印的方式,拓印红、黄、绿三种颜色的"大龙"邮票纪念邮戳,这也是此次活动的一大亮点。

(四)搭建趣味场景,追忆昔日生活

为了提高参观者的参与感与体验感,活动现场搭建了若干参观者打卡留影的趣味场景,深度模拟"户外十里桃源"、落英缤纷的樱花林,还原天津市井生活场景。参观者纷纷在此拍照留影,流连忘返,回味无穷。

三、项目创新成效

(一)普及与引导,提升公共文化空间活动张力

随着互联网和现代通信技术的发展,世界变得越来越小,人与人之间的关系变得越来越紧密。面对现代社会的快节奏生活,很多人呼吁让生活慢下来,"慢生活"变得弥足珍贵。明信片投递和漂流是一种情怀,是对生活的期许和热爱。很多明信片爱好者在收集和投递明信片的过程中,是想真切地记录走过的城市、看过的风景,是对生活的纪念和对

美好的分享。

举办"津彩·明信片漂流记"文化创意展览,是希望更多的人能从这些精心收集的明信片里,感受到它带给我们的触感和温度,分享这个大大的世界里陌生人与陌生人之间的亲切感;希望更多的人能加入文化馆文创活动行列,感受明信片的美好与魔力,用邮递连接一段段美好的友谊。

文创展览的核心在于受众体验,其发展主要依赖内容资源,即传统文化和创意的有机结合,优质文创展览具有全民艺术普及、提升群众美学素养的意义。"津彩·明信片漂流记"文化创意展览的目标受众是青年学生和白领,通过对目标受众"画像",了解这一群体的文化层次和经历,探寻他们的文化和艺术需求及兴趣点。展览内容连接传统文化资源,秉承了创造性转化和创新性发展的设计初心。展览名称采用叙事性设计,将"明信片"和"漂流"有机结合,赋予观者以想象,引起情感共鸣。

(二)交流与互动,增强公共文化空间用户体验

举办"津彩·明信片漂流记"文化创意展览一方面履行了群艺馆全民艺术普及的责任,满足了人们日益增长的美好生活需要,另一方面弘扬了传统文化,展现了天津人文环境,推动文旅深度融合。群艺馆顺应新时期环境完成了创造性的变革,在现有基础上向外延伸拓展,实现了新的突破。"津彩·明信片漂流记"文化创意展览是群艺馆的一次创新性尝试,打破了静态活动唯美术、书法、摄影内容展览展示的传统形态,通过文化创意展览的形式,结合明信片的展览,加以 DIY 的制作,增加了互动性和体验性。通过与大龙邮局这一天津文化地标的合作,实现了以文促旅、以旅彰文的初衷,这种社会合作模式实现了双赢。

文化馆是公共文化服务的重要组成部分,为满足人民群众的文化需求,其提供的公共文化空间应以互动交流为主,从群众的角度出发,以群众的需求为触媒,完善设施供给。"津彩·明信片漂流记"文化创意展览通过将静态展览和多元的动态体验相结合,全方位调动参观者感官,引人入胜,让观者感受艺术作品的广度和深度,进而提升创造力和想象力,提升审美修养和艺术素质,激发观者对美好生活的向往和追求。"津彩·明信片漂流记"文化创意展览的互动性和体验性,满足了观者的美育需求和审美期待。

四、项目经验启示

文化馆作为国家构建公共文空间的先头部队,如何吸引年轻人?在快餐文化盛行、互联网焦虑情绪蔓延的当今社会,文化馆如何"迎合"年轻人?文化馆作为免费开放的公共场所,如何最大化发挥社会效能?肩负全民艺术普及重任的文化馆怎么才能不落窠臼,以创新的方式和形式拥抱年轻人?这些问题值得文化馆人去探讨和思索,或者说,当今文化馆人应以更具体的行动,凸显新时代国家公共文化空间的艺术魅力,策划和打造有深度、有内涵、有创意且时代特征明显的活动,满足广大群众对现代文化生活的需求。

文化创意展览应借助 VR、AR 等新兴沉浸式体验技术，连接馆内资源、协调动静态活动、体现天津地区的地域特色，与全年龄段人群的体验融合，在公共文化空间开展具有强体验性和互动性，兼具艺术性、创意性的展示展览。

2020 年 10 月 26 日至 29 日召开的党的十九届五中全会提出到 2035 年建成文化强国的战略目标，并就如何实现这一战略目标作出新的谋划和部署。这是党的十七届六中全会提出建设社会主义文化强国以来，党中央首次明确建成文化强国的具体时间表，标志着我们党对文化建设重要地位及规律认识的深化，为在全面建设社会主义现代化国家新征程中推动建成文化强国提供了行动指南，为我们深刻认识新时代文化建设新使命、创造中华文化新辉煌明确了前进方向。文化馆是公共文化服务体系不可或缺的重要组成部分，是弘扬社会主义核心价值观、建设文化强国的重要力量。群艺馆将继续以创意、创新的文化活动助力现代公共文化服务体系建设和全民艺术普及，以期早日实现文化强国的战略目标。

少儿美术活动的创新实践与探索

——以"你好，天真"天津市少儿创意美术系列活动为例

天津市群众艺术馆　朱　珊

在现代公共文化服务体系建设过程中，群众性少儿美术活动是不可或缺的一环。当前，少儿美术培训在全市层出不穷，但培养孩子们创造力及展示形式较为单一，为此，天津市群众艺术馆（以下简称"群艺馆"）策划举办了"你好，天真"天津市少儿创意美术系列活动（以下简称"你好，天真"）。该活动作为一个集艺术创作、美育教育、展览展示于一体的创新范本，不仅提倡亲子参与互动，更为少儿提供了多样化的艺术审美体验，旨在激发孩子们的创造力与想象力。"你好，天真"于2016年正式启动，五年间，共举办了五届少儿创意美术作品展，推出了14场新颖别致的艺术创意体验活动。经过多年的探索实践，"你好，天真"已成为天津市少儿美术培训品牌活动的新亮点。

一、创新做法

（一）融合多种艺术创作形式，打破传统观念束缚，让创意无限延展

"你好，天真"少儿创意美术作品展每年向全市3—12岁的孩子征集少儿创意美术作品，摒弃传统条条框框的限制，以启发式的创造与个性化的推崇为出发点，充分尊重孩子的想象力。入选展览的作品，不限制艺术创作形式，不以美术技法为优先入选的条件，重在为孩子们提供展示内心世界的平台，让艺术创作更加纯粹。"你好，天真"共征集少儿创意美术作品近6000件，这些天真烂漫的作品，无论是内容的表达还是形式的创新突破，都展现了孩子们的奇思妙想。

（二）以创新的互动体验活动为载体，传承"文化基因"

"你好，天真"一直以继承和弘扬中华优秀传统文化为导向，用艺术陪伴儿童成长，结合艺术展览、民族工艺、亲子手作体验、文化传习，设置"书"系列、"纸"系列、"印刷术"系列、"快到我的画里来"系列等不同的主题活动内容，开展了一系列的新颖别致的艺术创意体验活动，如：旨在传承传统文化艺术的"千年的守望"版印穿越之旅——门神版印制作体验活动，"弘扬京剧艺术，传承文化经典"京剧公益亲子互动体验活动，"山海经大冒险"主题剪纸定格动画制作、体验活动；重在加强亲子互动体验的"Hi，机器人"——丁

老师与机器人的创作分享会,"纸与手作"系列之"古法造纸术","团花剪纸"亲子手作体验活动,"我们的幸福生活"趣味黏土亲子手工画制作活动;意在将传统绘画艺术与电脑虚拟技术相结合的"快到我的画里来"沉浸式创想美术体验系列活动;与社会机构合作开设的"小豆本全球游牧展——天津站"迷你书创意制作活动;等等。通过不同形式的互动体验活动,让少儿能够自由地表达自己的内心世界,打造并建立"属于孩子们的公共文化艺术空间"。

二、实践成效

(一)不断创新少儿才艺展示和交流的活动平台,大力推进全民艺术普及

在文化馆推进全民艺术普及的进程中,少儿艺术普及是其中非常重要的一环。作为活动策划组织者的群艺馆一直致力于通过开展各类创新形式的少儿艺术展览、讲座、美术培训等活动,为广大少年儿童搭建一个相互学习、交流、展示的平台,让更多的孩子能够了解艺术、感受艺术,从而提高艺术审美修养。实践证明,少儿美术教育从来不是简单的技术传习,重要的是培养少儿观察及解读世界、独立思考的能力。艺术对于儿童来说更像是一种游戏,让儿童以一种更放松的心态接触各种不同的艺术表现形式,全身心地感受艺术创作的乐趣,想象力、创造力也在这种宽松的环境中得以启发、生长。这对于全民艺术普及教育中少儿艺术培训形式的探索与创新具有积极的意义。

(二)以文化活动为桥梁,传承民族技艺,传播中华优秀传统文化

在互联网、数字技术飞速发展的今天,各类图片、影像信息充斥于我们生活的各个角落,尤其是城市里的孩子,每天被网络、游戏、电视节目、手机上的五花八门的信息环绕。"你好,天真"在策划的活动中注入众多传统文化元素,例如传统民俗版印、剪纸技艺、造纸术、《山海经》、京剧、传统伦理道德思想等,让孩子们通过亲手制作、亲身体验,对传统文化有更直观的感知和体验,从而开阔他们的艺术视野,帮助他们增强文化记忆、建立文化自信。

(三)结合高新科技手段,增强少儿的互动参与和体验

"快到我的画里来"沉浸式创想美术体验活动是"你好,天真"精心策划推出的将传统绘画技法与电脑技术相结合的一种全新的互动体验活动,孩子们根据自己的"脚本"穿戴上相应的服饰,借用虚拟技术穿越到自己的绘画作品中,或是作为故事的主角演绎故事内容,或用童稚的话语与画中的人物进行穿越时空的对话,打破传统平面美术的"束缚",让孩子们走进录影棚拍摄编辑自己的小小艺术"微电影"。拍摄现场时不时传来孩子们"我还可以这样!""耶!我飞起来了!""叔叔,我们是不是还可以这样?!"的感叹。背景制作、角色扮演都是小作者们亲力亲为,整个拍摄过程趣味十足,又充满新鲜感。

三、经验启示

（一）积极探索具有时代特色的少儿互动体验新模式，促进公共文化服务的精准定位

近年来，从"你好，天真"的实践探索中，我们发现少儿美术活动越来越趋向于跨界与融合，从原先单一的架上绘画转向多维的视觉体验，甚至融合到各个学科当中。因此，"你好，天真"始终坚持不断转变思路、大胆创新，计划组织一系列针对青少年群体的群众文化活动及培训，未来还将不断解锁 3D、AR、VR 等各种高新科技手段，让活动内容、形式变得更加灵活、开放，不断提高孩子们的创作参与度，增强其互动体验感，从而提高公共文化服务的针对性和精准性，吸引更多青少年群体走进群艺馆。

（二）结合数字化服务提升群艺馆的服务效能，拓展传递少儿文化艺术资源的途径及覆盖面

在现代生活中，人们通过互联网，足不出户就能获取大量信息。2020 年全国开展新冠疫情防控，所有文化场馆暂时关闭，线下活动体验暂停或限流，"你好，天真"少儿美术创意作品展迅速由线下展览转到线上线下同步展示，利用互联网强大的数字化服务让公众随时随地享受到线上展厅的公益文化艺术服务，开展全民艺术普及，推广公众共享公共文化发展成果，有利于提升群艺馆的服务效能，拓展传递少儿文化艺术资源的途径。

（三）建立良好的合作机制，激发社会力量参与，充分发挥文化馆基层文化阵地作用

作为天津市市民文化艺术节系列活动的子活动，"你好，天真"一直坚持政府主导、社会参与，从内容形式、方法手段、经费投入等方面加大对少儿美术活动的重视力度，这使"你好，天真"策划组织的少儿美术活动越来越受到从事少儿教育、美育教育和艺术等行业人士的关注，并且通过对社会文化场馆、人才资源的整合，有效地扩大公共文化服务的覆盖面与影响力。希望今后研发的活动项目在为少儿搭建展示平台的同时，能将专业的少儿艺术培训向各级文化馆延伸，加强少儿艺术普及培训、教育活动的开展，最终形成一种各地精心选拔，集中呈现的多地联动的状态，这样既有利于活动持续多元化与体系化的发展，也让文化馆成为有效连接艺术与孩子之间的"桥梁"和培植少儿艺术人才的"苗圃"。

内蒙古全民艺术普及的重要载体

——记"舞动北疆"全区广场舞大赛项目

内蒙古自治区文化馆　丁文婷

"坎其击鼓,宛丘之下。无冬无夏,值其鹭羽。"舞蹈是人类最早也是最美的艺术表现形式之一,有着非常独特的魅力。内蒙古自治区文化馆打造的"舞动北疆"全区广场舞大赛群众文化品牌项目引领新时代群众文化活动新风尚,展现文化惠民、文旅融合的美好新生活,推选出一批批具有文化内涵、审美品位、民族特色的原创广场舞佳作,让优秀的传统舞蹈以广场舞的形式走进大众视野。

一、创新背景

广场舞诞生于民间,随国家经济繁荣、社会安定、百姓安居乐业而生,发展到今天,广场舞种类之丰富,参与人数之多,普及率之高远远超出了人们的预知和想象。现在的广场舞不仅是普及大众的文化活动,更是中国群众文化的一张亮丽名片。各级文化单位和社会团体积极编排和组织各类广场舞及相关活动,极大地调动了广大人民群众追求艺术理想、热爱生活的热情。同时我们也可以看到,广场舞的演变与通俗文化、流行文化的兴起和发展密不可分,一支支鲜活的广场舞无疑是反映时代文化元素和流行元素的晴雨表。

优秀的传统文化,是中华民族的根,是中华民族的魂。2015 年,四部委联合印发《关于引导广场舞活动健康开展的通知》提出,由政府主导推出一批具有文化内涵、审美品位和健身功能,便于群众接受的广场舞作品,提升公共文化服务产品的供给效能,高位推动和引导广场舞健康、规范、有序开展,弘扬中华优秀传统文化,使广场舞成为加快构建现代公共文化服务体系的助力,推进全民艺术普及的重要载体。2017 年,《关于实施中华优秀传统文化传承发展工程的意见》的颁布,第一次以中央文件形式专题阐述中华优秀传统文化的传承发展问题。

在此背景下,内蒙古自治区文化馆积极响应中央的决策部署,深入贯彻实施《中华人民共和国公共文化服务保障法》和文化惠民工程,强化导向意识和阵地意识,顺势推出了"舞动北疆"全区广场舞大赛群众文化品牌项目,守护、传承、弘扬内蒙古自治区各民族舞蹈和音乐艺术,将其以广场舞的形式融入现代生活,实现优秀传统艺术的创造性转化和创新性发展,引导广场舞在更高层次上健康发展,增强民族自信与文化自信,让群众享有更加充实、更为丰富、更高质量的精神文化生活。

二、创新做法

（一）搭建广场舞培育的开放式框架

近年来，各地文化馆站是广场舞编创和教学的主阵地，各种文艺活动与当地节庆活动、大型活动紧密结合，其中优秀的广场舞集观赏性、娱乐性与艺术性于一体，受到大众喜爱并争相学跳，成为时下民间最具活力与创造力的艺术形式之一。内蒙古自治区东西跨度大，地域辽阔，生活着蒙古族、汉族、满族、回族、达斡尔族、鄂温克族等 49 个民族，受历史文化地理影响，广场舞编创和推广带有鲜明的地域烙印。根据广场舞活动开展的现状，内蒙古自治区文化馆组织有关人员赴相关盟市进行调研、座谈，并于 2015 年 8 月在包头市举办了首次"自治区群众性广场舞创作讲座和基础训练培训班"，拉开了以民族民间舞为基础创作现代广场舞的序幕。

培训班召集了全区各盟市基层从事音乐或舞蹈编创的文化馆（站）辅导员和文化志愿者。这些专业人士很多都是以前的乌兰牧骑队员，常年深入基层为民服务，积淀了深厚的艺术素养和良好的群众基础，他们在培训班分享交流了各自在原创广场舞领域的创作经验，并在现场展示如何将本地民族民间舞融入现代广场舞的实际成果。培训班引起了良好的反响，从 2015 年起，自治区盟市各级文化馆（站）根据此次培训班主旨精神，打破时间和空间限制，开拓思维，站在优秀传统文化传承与发展的角度，吸纳专业干部、文化志愿者、馆办和社会文艺团体负责人等从事具有文化内涵、审美品位的广场舞创作活动。

（二）建立优秀广场舞的交流选拔机制

经过广泛而深入的组织与发动，从嘎查村到盟市，全区各级各类文化馆（站）和民间文艺团体都积极行动起来，按照自己特有的民间传统舞蹈和音乐元素及地域风格特点等进行创作。编排出的舞蹈作品先由盟市级文化馆进行选拔辅导，并推选出 1—2 个作品，再由内蒙古自治区文化馆组织专家以"自治区各盟市群众性广场舞创作点评建议会"的形式对新创作品和表演团队进行检查指导。专家根据录制的视频进行点评并反馈意见。将作品反复打磨、凝练和升华后，每个盟市选出 30 人的代表队参加"舞动北疆"全区广场舞大赛的现场评选活动。通过现场比赛的形式促进广场舞各方面质的提升和全新亮相。其中脱颖而出的作品将被推荐至国家公共文化云、内蒙古文化云展播，并代表内蒙古自治区参加全国范围内的广场舞比赛和展演活动。

（三）广场舞推广普及的有效途径

从 2017 年至 2021 年，"舞动北疆"全区广场舞大赛成功举办四届，3000 余人来到大赛现场进行表演展示,并斩获佳绩。历届现场交流展示的原创广场舞不仅适合百姓休闲健身,容易掌握,而且包含民族民间舞韵律韵味,兼具现代动律曲风,将安代舞、筷子舞、顶碗舞、盅子舞、哲仁嘿、萨吾尔登、鲁日格勒、开鲁太平鼓舞、俄罗斯民间舞蹈等更深地融入广场舞这一喜闻乐见的舞蹈形式中,更深地融入人民群众的日常生活中。

　　为了更好地促进"舞动北疆"全区广场舞大赛优秀广场舞的传播和普及,内蒙古自治区文化馆组织召开广场舞创作与推广专题论坛,邀请知名专家、学者、文化馆同行围绕原创广场舞创作经验和美学特征,以及如何引导和规范广场舞健康持续发展,文化馆对广场舞发展中的角色和作用等问题进行专题研讨,增强品牌影响力。2019 年,根据历届大赛团队所创作和展示的优秀广场舞作品,内蒙古自治区文化馆制作完成《舞动北疆　欢跃四季　全区原创民族广场舞·安代舞作品集锦》光碟和相关慕课资源,进行线上线下推广宣传。在此基础上,全区各级文化馆结合各自的培训辅导任务,将优秀原创广场舞作为优质的教学内容在基层进行深入普及和推广。

（四）引领文化惠民和文旅融合的新风尚

　　党的十九大和全国宣传思想工作会议对文化建设提出了新的、更高的要求。以文塑旅,以旅彰文,"舞动北疆"全区广场舞大赛推动文化和旅游融合发展,将广场舞赛事同"非遗"项目、特色文化产业和产品推广活动、旅游文化节等文旅活动同期举办,紧密结合,使文化和旅游相得益彰,深度融合,积聚了更多的人气,提升了人民群众参与度和活动的知名度。"舞动北疆"全区广场舞大赛每年会选择在不同的盟市举办,以此来促进公共文化服务的均衡发展,促进当地旅游和文化产业的繁荣。包头的鹿城文化艺术节、赤峰的红山文化旅游节等都曾展现过"舞动北疆"全区广场舞大赛的风采。2017 年"舞动北疆"全区第一届广场舞大赛在鄂尔多斯草原国际舞蹈嘉年华期间精彩亮相,活动吸引了国内外两万多舞蹈爱好者参与。在这里,人们不仅欣赏到了专业舞者的顶级表演,更是领略到普通群众曼妙美好的舞姿和从容自信的阳光心态。2020 年通辽赛场开始组织的千人安代舞表演,成了每年赛前的保留节目。

三、创新成效

　　"舞动北疆"全区广场舞大赛以"原创"和"民族舞"为特色和亮点,评选出一批具有文化内涵、审美品位、民族特色的原创广场舞佳作,为广大的广场舞爱好者提供了优质的教学资源和公共文化产品,提升了公共文化服务的质量和效能。如鄂尔多斯市文化馆创作的《北纬 39 度》,由筷子舞编创而成,现代舞曲糅合鄂尔多斯民歌,节奏欢快,彩带飞扬,气氛热烈。鄂伦春自治旗文化馆创作的《鄂伦春民族民间广场舞》以达斡尔族的民间乐器木库莲为伴奏,音乐如百鸟欢唱,动听悦耳,舞蹈则展现了鄂伦春族、鄂温克族和达斡尔族人民与驯鹿为伴、在森林中快乐狩猎的场景。赤峰市巴林右旗文化馆创作的《故乡情韵》以呼麦编排的舞曲为背景音乐,结合了蒙古族传统舞蹈动作,提压腕、抖肩、碎肩、马步等，民族风情浓郁，舞姿自信昂扬。呼和浩特市文化馆创作的《大漠情怀》，舞者身穿艳丽的蒙古袍，在托布秀尔发出的"噔噔"声中挥动双臂，弹肩绕腕，展现了卫拉特蒙古部落萨吾尔登舞蹈的自由奔放。

"舞动北疆"全区广场舞大赛充分调动了各族基层群众参与文化艺术活动的热情和积极性，展现出祖国北疆各族群众共同团结奋斗、共同繁荣发展的精神风貌和日新月异、安居乐业的小康生活。内蒙古自治区各地市（盟）都有各自特色鲜明的音乐舞蹈文化，其原生态韵律和舞姿更是民族文化的瑰宝。原创广场舞的创作和展演极大地丰富了广大人民群众的精神文化生活，让人们在身体的律动中感受丰富多彩的各民族文化和悠久的民族记忆。历届大赛所展现的传统民间舞蹈和音乐、绚丽多彩的民族服饰、全新的创作和编排使传统舞蹈和广场舞完美融合，形成一道道亮丽的风景线，民间音乐和现代曲风交融碰撞，焕发勃勃生机和活力。

据统计，2020年8月在通辽市举办的第三届大赛和2021年10月在乌兰察布市举办的第四届大赛全程在国家公共文化云、内蒙古文化云和地方融媒体等多家终端平台同步直播，直播累计观看均近40万人次，关注度和影响力显著提升。

四、经验启示

（一）广场舞是弘扬中华优秀传统文化的有效形式

就文化馆而言，优秀传统文化传承和全民艺术普及是其固有的职业使命和社会功能，尤其是在民族民间文化传承与保护、非物质文化遗产的搜集与整理上，发挥着重要的作用。内蒙古自治区少数民族文化资源极为丰富，也极富特色，其中少数民族艺术是民族文化的突出体现，它们最具表现力，也最为绚丽，最能塑造民族性格、增强文化自信。打造和培育原创民族广场舞大赛项目，将文化传承和创造性发展真正地融入人们的现实生活中，增强新时代人民群众的幸福感和获得感，避免将民族民间文化置于一种远远"被看"的境地。广场舞让古老的韵律和舞姿重新走进百姓生活，走进城市乡村牧区，激活了中华优秀传统文化的现代魅力和活力。

（二）广场舞是推进全民艺术普及的优良载体

舞蹈可以让一个人把自己变得更加美好，舞蹈也可以成为人们照亮黑暗的精神火炬。"舞动北疆"全区广场舞大赛所推选出的一部部兼具文化内涵、审美品位、健身功能且便于群众接受的广场舞佳作，不但有助于打造和提升一个城市的文明形象，更是将艺术和美的种子播撒到群众的心间。在现代的曲风和古老的舞姿里，群众成为表现和创造的主体。广场舞大赛有效地促进了社会主义核心价值观的培育，促进了全民文化艺术素养、审美水平的提高，促进了社会文明程度和公民道德修养的提升。

（三）广场舞是构建现代公共文化服务体系的重要抓手

党的十八届三中全会将构建现代公共文化服务体系作为全面深化改革的重点任务之一。随后《中华人民共和国公共文化服务保障法》出台,把城乡基本公共文化服务标准化、均等化等纳入国民经济和社会发展总体规划及城乡规划,开启了我国公共文化服务体系建设的新时代。"十四五"规划明确提出要推进社会主义文化强国建设。优秀的群众文化品牌活动在繁荣发展文化事业和文化产业方面发挥着不可替代的作用。"舞动北疆"全区广场舞大赛品牌项目以广场舞为活动内容,带动全区各级文化馆(群艺馆)站上下联动,依托广场舞大赛举办相关培训、辅导、讲座及演出等活动,繁荣了群众文艺,激发了创新创造活力,有力地促进了自治区现代公共文化服务体系建设。

从艺术普及到文化品牌团队打造

——辽宁省文化馆聋人学校版画基地建设

辽宁省文化馆（辽宁省青年宫） 张海渊

在全民艺术普及工作中，怎样为特殊群体提供公共文化服务，让他们也能享受到公共文化服务的均等化、标准化，是值得每个群文人探讨的课题。

辽宁省文化馆（辽宁省青年宫）在为特殊群体服务方面，特别是在残疾学生的艺术培训上坚持经常化，积累了一定的经验，在全省群文系统起到示范引领的作用。辽宁省文化馆在沈阳市聋人学校成立的版画特色辅导基地（以下简称"版画基地"），从开始的艺术普及发展到长期的送文化与种文化。本文以版画基地为中心进行探讨。

一、基本背景

在全民艺术普及工作中，关注关爱特殊群体是各级文化馆责任之一。聋人学生是特殊群体中的一部分，面对这类群体，怎样开展艺术普及和艺术培训？比如，哪个艺术项目适合聋人学生的特点？语言沟通的问题怎样解决？聋人学生能不能经过长期艺术培训发展到艺术创作？学生们能否通过艺术普及和培训走入社会找到生活的出路？面对全民艺术普及中的诸多问题，辽宁省文化馆带着特殊群体艺术普及和关爱残疾人的责任，于2014年9月在沈阳市聋人学校设立版画特色辅导基地。

二、创新做法

（一）开拓阵地外的培训模式

版画基地培训的日常管理由辽宁省文化馆培训辅导部负责，并派专业辅导教师负责。版画基地是文化馆的阵地培训的创新与发展。培训以班级上课的形式进行，培训时间与学校的教学时间同步。课堂管理与手语教师的配备由学校负责，艺术辅导教师由辽宁省文化馆聘请。每周两次课程，艺术辅导教师自行到校，交通费由文化馆承担并定期发放。在教学材料的配备上，辽宁省文化馆通过网络留存上课资料，统一购买刻刀等材料，进行扶持帮助。结合每年培训成果展示，辽宁省文化馆每年都会派人去学校看望孩子，并观看孩子们的作品汇报。同时结合馆里的画展及重大美术活动邀请孩子们参加，展示他们的作品及提高他们的审美能力。

（二）艺术培训内容供需精准

在确立聋人学生选择艺术辅导专业和聘请辅导老师上，版画基地经过反复调研论证，做到"量身打造"，确保艺术普及的精准对接和高质量发展。在艺术培训上，针对聋人学校学生的特点，确定版画制作培训为培训内容，这是经过沈阳市聋人学校教师和鲁迅美术学院专业教师反复论证的。虽然孩子生活在无声的世界里，但动手能力很强，比较适合版画艺术培训。辽宁省文化馆没有版画专业的教师，经调研，铁西区文化馆研究馆员李贵新对版画有深入的研究，治学严谨，并对社会的公益活动具有爱心。经过沟通，版画基地聘请李贵新担任版画基地辅导教师，做到艺术辅导教师专业对口。

（三）送文化与种文化的有机结合

送文化、种文化是全民艺术普及的重要工作内容，艺术普及要让艺术培训更下沉，让艺术培训走进人民的生活中，让艺术在人民的生活中生根成长。版画基地的建立，让孩子们不出学校，就可享受艺术辅导培训，在不影响孩子们正常文化课的同时进行了艺术普及。通过长期的辅导，艺术的种子真正在孩子们心中生根发芽，激发了孩子们的创造力，使他们能够创作出好的作品。

三、主要成效

（一）推动培训向社会化方向延伸

文化馆培训工作分阵地培训和馆外培训，对聋人学校学生的培训属馆外培训，依托学校的场地，选派文化志愿者到校上课。利用馆外场地，外聘辅导教师为艺术普及服务，对有效解决当下文化馆阵地培训场地不足和专业老师缺乏的问题具有重要作用，为全民艺术普及借助社会力量有启示作用。这种培训模式与全国推进的文化馆总分馆制建设中整合资源、文化馆服务的社会化、提高培训效能的探索是相符合的。

（二）用艺术搭起帮扶弱势群体的爱心

版画基地的建设初衷是让孩子们掌握一种艺术技能。随着关注人群的扩大，更多的人用艺术搭起爱心，开始帮助孩子们。李贵新是版画基地辅导教师，同时也是一名有爱心的文化志愿者，常年坚持免费上课，并用自己的社会影响力宣传孩子们的作品。2019年，李老师在微信展示了孩子们的版画作品，画作触动了他的校友吴薇的心，在吴薇帮助下，作品在"无空间"艺术中心展出。很多观众被孩子们的作品打动，在展出结束义卖的时候，都是多幅购买。义卖、捐款所得的21400元收入被用于给孩子们建立爱心书屋，实现了孩子们多年的愿望。

（三）让艺术真正生根发芽

从版画基地挂牌开始，共有 275 人接受了培训，毕业 247 人。在李贵新老师的辛勤付出和学生们的努力下，版画制作已不是简单的艺术培训，有的学生开拓了新的人生道路。如 2019 年有 7 名学生、2020 年有 4 名学生以版画专业考入长春市特殊教育学院；又如 2018 年，有 1 名学生将版画制作的工艺运用到面点设计中，得到了社会就业岗位。经了解，毕业的 247 人，有近 160 人在生活中仍能拿起刻刀从事版画创作，艺术的种子真正在学生的心里生根发芽。

（四）社会影响力不断增强

聋人版画在辽沈地区有了一定的品牌影响力，在互联网搜索沈阳市铁西区聋人版画特色辅导基地，一篇篇感人报道跳出。如辽宁省文化馆（辽宁省青年宫）在 2018 年举办的"千名画家共绘辽宁"画展中，孩子们的作品同专业画家作品同台展出，优秀版画作品让观众们受到触动，《辽宁日报》、辽宁电视台等多家媒体进行了报道。2019 年 12 月 20 日，"心灵相约——阳光你我他"优秀版画作品展在沈阳市铁西区文化馆开展，此次展览共展出沈阳市铁西区聋人学校版画基地学生的 100 余幅优秀版画作品，黑白版画表达了孩子们的心声，再一次引起社会各媒体的广泛关注。

四、未来展望

（一）特殊群体艺术普及的引领与示范作用

版画基地的建设，受到社会各界的广泛关注与称赞。上述成果的取得，是多年来培训工作的经验积累，这些经验积累旨在为全省各级文化馆（站）特殊群体公共文化服务提供一定的借鉴，起到示范引领的作用。

（二）促进文化品牌团队建设

版画基地的建设已近 7 年，社会影响力不断增强，这是辽宁省文化馆与沈阳市聋人学校长期合作的成果，与辅导教师的辛勤付出与孩子们的努力是分不开的，更重要的是通过展览与宣传孩子们的作品，促进了文化品牌建设。而对文化品牌的建设，使得影响力不断增强，得到社会各界更多关注，更多的人关注关爱社会的特殊群体，为特殊群体伸出援助之手。

（三）在艺术培训中掌握就业技能

艺术培训的目的在于满足群众的精神需要。聋人孩子们生活在无声的世界里，他们最终要走出学校到社会上生活，如果解决不了生存问题，何谈艺术？如果能通过艺术的培训增强孩子们对艺术的认知，使他们在未来工作中能有所借鉴，掌握版画制作的技能，通过版画作品创作或版画艺术的启发解决就业，那将具有深远意义。

文化强国的擘画目标已经确立，辽宁省文化馆（辽宁省青年宫）在全民艺术普及中要在覆盖面和适应性上下功夫，在公共文化服务中继续关注关爱特殊群体，在沈阳市聋人学校版画特色辅导基地建设上持续辅导，为进一步打造优秀的文化品牌团队努力，为文化强国建设添砖加瓦。

面向青少年开展形式多样的公共文化服务

——以辽宁省文化馆（辽宁省青年宫）为例

辽宁省文化馆（辽宁省青年宫）　刘　畅

青少年是祖国的未来和民族的希望，青少年的精神状态、理想信念、综合素质，是实施健康中国战略的重要内容之一，也是国家繁荣昌盛、社会和谐稳定的重要基础。为促进青少年形成正确的人生观、价值观和世界观，提高青少年的文化素质水平，保障青少年素质教育全面发展，辽宁省文化馆（辽宁省青年宫）充分发挥面向青少年开展公共文化服务的职能，勇于探索、努力践行，为青少年"量身"提供内容新颖、形式多样的公共文化服务，在全省群文系统起到示范引领作用。

一、创新做法

（一）开展"心理咨询辅导进校园"系列活动

辽宁省文化馆（辽宁省青年宫）自优化整合改革以来，立足新时代、新理念赋予的新职能，针对青少年心理健康问题，开展"心理咨询辅导进校园"系列活动，组织心理咨询专业讲师团深入省内中小学校。如 2020 年为鞍山市新华街小学等十余所中小学校近15000 名师生，带去了"在情绪中长大"等系列专题讲座。专家通过案例分析与现场互动的方式了解青少年的思维动态，引导青少年正视困难与挫折，正视自身情绪变化，保持健康心态，端正学习态度，增强自信，努力成为社会栋梁之材。

（二）开展"家长辅导课堂进校园"系列活动

辽宁省文化馆（辽宁省青年宫）以"注重家庭家教家风、凝聚向善向上力量"为主题，策划了"家长辅导课堂进校园"系列活动，为提升青少年家庭教育品质提供了专业化服务。此系列活动以家长会形式开展，邀请经验丰富的教育专家、心理咨询师通过"家庭教育的秘密"等系列讲座，为家长在孩子学习、教育、成长、沟通等方面普遍存在的问题提供解决方案。专家们还通过现场案例分析、答疑互动等方式，传播前沿教育理念，分享教育技巧，帮助家长摆脱教育焦虑，助力家长自我完善发展。

(三)开展"国学教育进校园"系列活动

辽宁省文化馆(辽宁省青年宫)从 2019 年开展"国学教育进校园"系列活动,把《诗经》等经典文化典籍带进校园。讲师们以通俗易懂的方式向青少年传授经典文化。青少年学习中华优秀传统文化,感悟做人道理。此系列活动,让青少年深刻感受到了中华优秀传统文化的深邃久远和博大精深,有助于青少年形成良好品格和优秀品质,更有助于青少年坚定对中华优秀传统文化的认同。

(四)开展红色教育主题活动

青少年健康成长离不开红色文化的滋养。辽宁省文化馆(辽宁省青年宫)坚持开展"红色文艺轻骑兵进校园"等主题活动。2020 年,开展了青少年最喜闻乐见的"红色动漫"活动并在线上展播。与"红色文艺轻骑兵"同台演出,重温红色经典片段,了解革命先辈奋斗史……这些红色基因宣传教育把红色文化、红色传统、红色精神注入青少年的血脉、融入青少年的灵魂,让红色基因薪火相传、生生不息。

(五)携手特殊教育学校打造辅导培训基地

辽宁省文化馆(辽宁省青年宫)把"用爱心筑梦,用践行护航"作为服务宗旨,让扶志与扶智相结合,携手沈阳市特殊教育学校,为孩子们"量身"打造辅导培训基地。除了提供声乐、乐器、版画等专业的艺术辅导外,还建立了一支盲童合唱团。从识乐理到唱乐谱,在文化志愿者的不懈努力下,盲童合唱团日渐成熟,还曾参加辽宁省文化馆(辽宁省青年宫)承办的快闪版"唱响《我和我的祖国》"等大型活动。盲童们纯真深情的演唱,展现了辽宁省特殊青少年的精神风貌。

(六)文化艺术普及走进乡村校园

为促进青少年公共文化服务均衡,辽宁省文化馆(辽宁省青年宫)以文化艺术普及进校园的形式走入乡村留守青少年的学习生活。锦州市黑山县新兴镇中心小学等多所乡村学校都曾留下辽宁群文人的足迹。他们把声乐课、书法课、版画课、非物质文化遗产课等精品课带进乡村校园,通过数字资源与传统教学相结合的方式,让音乐的美好、浓浓的墨香、非遗的独特魅力为乡村留守青少年带来欢歌笑语,让他们的精神文化生活变得丰富多彩,让他们的心灵获得文化滋养,让他们的人生因艺术而变得更加美好。

二、活动成效

(一)促进青少年身心健康发展

辽宁省文化馆(辽宁省青年宫)开展的"心理咨询辅导进校园"和"家庭辅导课堂进校

园"系列活动,为多所学校带来启示。他们或将"心理咨询课堂"延续下去,或以设立"心理咨询箱"等方式,给予青少年情绪宣泄的渠道和方法,帮助他们梳理情绪、解决难题。青少年在有效的沟通与倾诉中,学会了勇于面对挫折、敢于战胜困难。家长们也从中学到了科学的家庭教育理念,掌握了如何巧妙处理与孩子之间的矛盾等技巧,使得青少年在和谐家庭关系中健康快乐成长,为实现健康中国奠定基础,也为营造和谐的社会环境做出贡献。

(二)提升文化自信心与民族自豪感

辽宁省文化馆(辽宁省青年宫)把国学经典文化带进校园后,青少年在活动中充分感受到了中华优秀传统文化的魅力,激发了学习国学经典的热情。学校以此为契机,开展"成语故事演讲""诗词会"等活动,掀起了一轮又一轮学国学、用国学的热潮。青少年从中树立文化自信,其道德水平得到提高,个人行为得到规范。辽宁省文化馆(辽宁省青年宫)制作的"红色动漫"系列,展现了抗日战争时期辽宁有代表性的优秀人物和事迹。青少年通过观看,充分了解了革命先辈伟大的爱国主义精神,坚定了爱国信念,凝聚起无穷的正能量。

(三)增强特殊青少年群体的幸福感

为了让特殊青少年享有均衡高质的公共文化服务,提升其幸福感,辽宁省文化馆(辽宁省青年宫)将文化艺术普及的触角延伸到特殊青少年群体,为他们打造辅导培训基地。辅导培训基地从只有歌曲课、舞蹈课等几种常见的艺术课程发展到拥有器乐课、版画课等十几种专业性更强的艺术课程。巨大的变化让特殊青少年群体充分感受到了社会各界对他们的关爱。他们重拾自信,勇于参与活动,乐于融入社会,感受生活之美,他们因艺术而愈发幸福。

三、经验启示

(一)把"流动的服务"转化为基地,让服务持续下去

辽宁省文化馆(辽宁省青年宫)面向青少年开展的公共文化服务,主要是以送文化进校园的流动方式进行的,社会反响热烈。但活动结束后,大家都感到意犹未尽——老师教得不过瘾,学生感觉"没吃饱"。为了让青少年受到持续性服务,辽宁省文化馆(辽宁省青年宫)下一步将结合精品系列活动与多所学校携手打造特色辅导培训基地,如"红色文化基地""国学教育基地"等,并派出专业优秀的文化志愿者每周进校辅导,让精品服务持续下去。

(二)从青少年实际需求出发,提高其参与热情

开展一项活动首先要从参与者的实际需求出发。辽宁省文化馆(辽宁省青年宫)面

向青少年开展公共文化服务之前,都经过深入调研、研讨,在设计、策划、组织实施等方面都从青少年实际需求出发,以青少年的满意度为出发点和落脚点,量身打造适合他们的特色活动,提高他们的参与热情,提升活动影响力,这也是文化馆面向青少年开展公共文化服务的意义所在。

(三)加强文化馆队伍建设,提升服务品质

辽宁省文化馆(辽宁省青年宫)面向青少年开展公共文化服务取得了一定成效,得到了社会各界的广泛认可。若想让有影响力的品牌服务活动长久持续并有所突破,加强队伍建设至关重要。只有通过系统培训、定期学习、下基层调研等方式,不断提高文化馆队伍的专业素养和文化素质,才能精准地打造出适合青少年的精品服务,提升服务品质。

在新时代背景下,文化馆做好青少年公共文化服务既有利于促进青少年身心健康发展,提高其文化素质,增强其文化自信和民族自豪感,还有利于促进青少年公共文化服务均衡,推动社会主义精神文明建设,营造良好的社会氛围。作为群众文化工作者,我们应行稳致远,进而有为,不忘初心,笃定前行,促进青少年公共文化服务均衡,提升青少年公共文化服务品质。

夯实辽宁少年戏曲积淀　引领多业态跨界融合

——辽宁省戏曲动漫进校园活动创新实践案例

辽宁省文化艺术研究院　张天来

　　戏曲艺术是中华文化的瑰宝,是中华优秀传统文化的重要载体之一。戏曲艺术在中小学传播不仅能让青少年更好地继承和发扬优秀的传统文化,而且对戏曲艺术的传承和发展也起到至关重要的推动作用。戏曲动漫进校园活动就是将青少年喜闻乐见的动漫作为载体,将传统戏曲和现代动漫技术相结合,围绕戏曲的"唱念做打",开展寓教于乐的课程互动,让学生们在潜移默化中接受传统戏曲的熏陶,增强戏曲艺术对青少年的影响力和吸引力,以此来有效地促进传统戏曲的保护、传承和创新。

一、创新背景

　　自 2017 年起,辽宁省文化艺术研究院依照文化和旅游部全国公共文化发展中心（2017 年为文化部全国公共文化发展中心）要求,在辽宁省中小学范围内启动了"戏曲动漫推广"项目。该项目是文化和旅游部全国公共文化发展中心"中华传统文化数字化建设与传承计划"的先行示范项目,其中,戏曲动漫进校园活动是"戏曲动漫推广"的配套活动之一,也是辽宁省文化艺术研究院发挥公共文化服务职能,向大中小学校园推送戏曲艺术的重要载体。该活动现已在文化和旅游部立项,并被辽宁省委宣传部定为辽宁省"戏曲进校园"的重要组成部分。

　　根据国务院办公厅《关于支持戏曲传承发展的若干政策》及教育部、财政部等四部委《关于戏曲进校园的实施意见》（中宣发〔2017〕26 号）文件精神,按照辽宁省委宣传部《辽宁省戏曲进校园活动实施方案》（辽宣发〔2018〕30 号）相关部署,2017 年起,历时 5 年,辽宁省文化艺术研究院在全省 80 余所中小学组织开展了两百余场戏曲动漫进校园活动,惠及全省近万名中小学师生,培训艺术教师 400 余名,足迹遍及辽宁的城市和乡村,得到学校师生的积极响应和广泛欢迎。

二、创新做法

　　为使辽宁省戏曲动漫进校园活动扎实有效开展,让学生在课堂上就能接受传统戏曲的熏陶,辽宁省文化艺术研究院在戏曲动漫进校园活动的教学模式、课程环节上下功夫、找方法,从建立学校戏曲社团、开展少儿戏曲展演、组织教师戏曲培训、制作戏曲动漫短片等方面入手,探索了一条在校园传播戏曲文化的创新之路,真正做到了将戏曲艺术融入校园文化、融入教学。

(一)设计戏曲动漫示范课

辽宁省戏曲动漫进校园活动在"看得懂、听得清、学得会"三个实施原则的基础上,形成了"看一段、唱一句、亮一相、学一招"的全新互动教学模式,在课堂上由戏曲老师配合动漫片进行现场教唱、有奖竞答、脸谱化妆、虚拟性表演等一系列寓教于乐的体验活动,让学生们带着兴趣学习戏曲知识,学生在课堂上不仅是聆听者,也是参与者。同时,为了让戏曲动漫进校园活动开展得更新颖,辽宁省文化艺术研究院组织沈阳市京剧院部分京剧演员和聘请的动漫制作团队紧锣密鼓制作开发全新戏曲动漫片《三打白骨精》,并计划拍摄优质戏曲动漫进校园示范课在省内乃至全国范围内进行推广。

(二)制作全新戏曲动漫片

截至 2021 年,辽宁省文化艺术研究院共负责制作辽宁地区的戏曲动漫经典剧目 32 部,剧目涉及京剧、评剧、辽剧、海城喇叭戏等多个剧种。"十四五"期间,辽宁省文化艺术研究院除了选择京剧和评剧这样的具有代表性的全国性剧种,还将辽剧、海城喇叭戏等具有辽宁地域风格的地方戏曲融入戏曲动漫进校园推广范围之内,并制作相应戏曲动漫片,在省内中小学校园进行推广,增强了青少年对家乡文化的认同感。

(三)建立校园戏曲社团

辽宁省戏曲动漫进校园活动从动漫制作到课堂示范讲解,再到帮助学校建立戏曲社团,组织少儿戏曲展演,现已形成良好的循环发展链条。辽宁省文化艺术研究院从 2019 年开始连续三年与共青团沈阳市大东区委员会联合为大东区小学集中开展戏曲动漫进校园活动。集中开展活动的意义有二:一是便于与学校建立联系,可在活动后期对戏曲动漫进校园活动进行跟踪及回访,以促进今后活动的加强和改进;二是通过共青团沈阳市大东区委员会的帮助,集中在大东区各小学成立戏曲社团,让戏曲艺术进入校园第二课堂活动中,将培养戏曲人才的工作落到实处。

(四)因人制宜开展活动

辽宁省戏曲动漫进校园活动一直对特殊儿童和留守儿童较为关注,活动先后在沈阳市大东区聋哑学校和凌海市白台子镇中心小学、凌海市第二小学及多所乡村小学开展。戏曲老师根据聋哑儿童和农村留守儿童的特点修改课程环节,增加互动体验。根据聋哑儿童的视觉模仿能力较强的特点及农村留守儿童不够自信的特点,通过戏曲动漫播放、真人表演、互动体验等寓教于乐的形式提升他们对戏曲艺术的兴趣,加强了辽宁城乡校园文化的协调发展,也为戏曲动漫进校园活动在特殊学校和乡村中小学的开展积累了经验。

（五）搭建平台展示成果

2019年至2021年，辽宁省文化艺术研究院先后举办了三届"梨花初绽"辽宁省戏曲动漫进校园成果展演，目的是为学生们搭建展示平台，将全省戏曲动漫进校园的成果进行集中展示。展演遴选来自沈阳、丹东、朝阳各地的中小学校戏曲社团优秀节目参加演出，并请专业戏曲老师到校编排辅导。演出节目汇集京剧、评剧等剧种，涉及传统戏、新编戏、现代戏等多种形式，涵盖生旦净丑多个戏曲行当，演出现场穿插戏曲知识互动问答，让剧场"变"成戏曲课堂，现场观众在欣赏戏曲艺术的同时了解到了更多的戏曲知识。同时，展演还通过《光明日报》客户端、国家公共文化云、新华网、人民网、中国文化网络电视、北斗融媒等网络平台进行直播和宣传，极大提高了辽宁省戏曲动漫进校园活动在全国的影响力，避免了戏曲动漫进校园活动成为"看热闹、走过场"。唯有让学生对戏曲艺术进行更深入的学习，才能更好地传承和弘扬戏曲艺术，培养民族文化自信。

（六）运用新媒体推广戏曲文化

辽宁省文化艺术研究院五年间通过本单位辽宁文化云、辽宁数字文化网、辽宁文化共享频道等新媒体平台积极普及和推广戏曲艺术，并将自主拍摄制作的40集讲座《戏曲文化》、65集原创《中国经典戏曲动漫》系列节目和戏曲剧目上传至网络，利用新媒体受众多、影响广的优势，不断推出丰富多彩的线上活动，提高线上参与度，扩大覆盖面，让广大中小学生在校和在家均可网上参与，为戏曲广泛传播开辟有效途径。

三、创新成效

戏曲传承靠少年，培养建设在校园。戏曲艺术是中华优秀传统文化的瑰宝，更是实施青少年美育的重要途径。戏曲动漫进校园活动使孩子们在了解戏曲、爱上戏曲的同时，让传统文化在校园绽放。让戏曲走进校园、扎根校园，对于传承中华优秀传统文化、树立正确的审美观、培育深厚的民族情感、增强文化自信，具有重要意义。

第一，丰富了辽宁青少年校园业余文化生活。戏曲动漫进校园活动能够使辽宁省青少年近距离接触戏曲文化，感受中华优秀传统文化魅力。该项活动将戏曲艺术融入校园文化建设，探索了在校园传播戏曲文化的有效途径。活动既丰富了校园业余文化生活，又教育广大青少年更好地继承、发扬中华优秀传统文化。

第二，多角度融合创新，开辟新型业态模式。戏曲动漫进校园活动使孩子们感受到戏曲艺术的魅力，增强了青少年对中华民族文化的自豪感，使优秀传统文化在校园中得到了更好的传承、发扬，更坚定了戏曲工作者将戏曲艺术引进校园的决心和信心。

第三，助推中华优秀传统文化传承与弘扬。中小学生通过戏曲动漫片能够更好地了解戏曲中的历史人物及故事情节，进一步了解戏曲常识。戏曲的魅力不仅在于唱腔和表演形式，剧本的内容对学生了解历史、弘扬中华优秀传统文化也具有极其重要的作用。戏剧老师带领学生们亲身体验京剧中不同行当的扮相及唱念做打的要领，让学生们在综合体验大课堂中实现了与京剧"零距离"的接触。

第四，通过"戏曲艺术＋"提升青少年文化自信。戏曲动漫进校园活动的开展，让青少年近距离接触了祖国优秀的戏曲文化。戏曲中的唐诗宋词，使我们熟读国学经典；戏曲艺术中蕴藏的"仁、义、礼、智、信"等优秀传统文化，让我们感受戏曲艺术的魅力。戏曲能更好地陶冶青少年的道德情操，提高其艺术审美和文艺修养，进一步激发学生热爱祖国文化、热爱家乡的美好情感。中小学生在学习戏曲的过程中可以培养坚忍不拔的意志，从而提高自身身体素质和吃苦耐劳的精神品质。

四、经验启示

少年是祖国的未来，国粹艺术的延续和发展同样离不开少年儿童的热爱和努力。戏曲动漫进校园活动对继承传统戏曲文化、弘扬中华优秀传统文化、创建文明校园起到了积极的促进作用。"十四五"期间，辽宁省文化艺术研究院将要为辽宁省戏曲动漫进校园活动申请国家艺术基金和社会科学课题，对辽宁省戏曲动漫进校园活动进行系统的总结和研究，并与其他省进行深入的交流和探讨。戏曲动漫进校园活动既丰富了校园业余文化生活，又让孩子们从中感受到了传统戏曲艺术的魅力。戏曲动漫进校园活动的常态化、制度化，将更加有效地促进了传统戏曲的保护、传承和创新，从而实现戏曲艺术在辽宁省中小学校园全面推广和普及。

以"云课堂"赋能全民艺术普及的大连实践

大连市文化馆　冷小严

线上教学与培训以其空间、时间的自由性而具有一定优势,"云课堂"作为新崛起的线上培训形式,对拓展文化馆培训服务形态、丰富文化馆数字资源、提升文化馆服务效能发挥着重要作用。尤其是为开展全民艺术普及提供数字化的实现途径,得到各地文化馆的重视。

一、新冠疫情背景下艺术培训的转型成为必然

2020年初新冠疫情暴发,各地文化馆都大力开展数字化服务,文化馆日常的艺术培训工作也以线上培训的方式展开,在特殊时期凸显出文化馆面向群众的服务能力。线上培训以其灵活性、多样性、便捷性异军突起,开展"云课堂"线上培训以推动文化馆数字化建设、扩大全民艺术普及参与度和覆盖面,成为开展全民艺术普及的重要形态。在大连,以"群星云讲堂""非遗云课堂"为代表的"云课堂",在一年来的实践中不断调整形式与内容,逐步成为市民新的获取艺术培训的方式,成为市民群众最喜爱的全民艺术普及新形态。

二、大连市文化馆打造的"云课堂"

(一)基本做法

"群星讲堂"是大连市文化馆"群星"系列免费开放品牌之一,新冠疫情防控期间,"群星讲堂"全面向线上移动,打造"群星云讲堂",定期推送各类课程及讲座。由馆内业务老师自行安排各艺术门类的课程、讲座等,内容包括声乐、器乐、舞蹈、戏曲、美术、书法等,每堂课设计在8分钟左右。通过馆微信公众号平台"掌上文化馆"栏目,文化馆长期为市民群众提供系统专业的系列艺术培训。

"非遗云课堂"组织具有大连本地特色的优秀"非遗"传承人以视频讲述的形式,宣传"非遗"项目,传承"非遗"技艺,这是对"非遗"线上教学模式的积极探索。"非遗"被搬上"云课堂",扩大了大连"非遗"的影响力,让中华优秀传统文化得到更好的传承和发展。

（二）主要特点

1. 授课老师均为馆业务骨干，在本地区有很高的知名度

大连市文化馆的"群星讲堂"于2014年创办，至2022年已有8年的时间，累计培训学员数万人，很多都是"群星讲堂"的老学员，有的学员更是其喜爱的业务老师的"铁粉"，追随学习了多年。这些老师的课程一经上线，立即得到学员们的追捧。

2. 学习方式灵活，方便学员参与学习

多年来，受到馆舍培训局限性及学员个人因素的影响，很多学员无法做到跟上老师的每一期课程。而通过"云课堂"，他们可以继续跟随自己喜爱的老师学习艺术。还有之前因为学习时间不便等不能参加"群星讲堂"的文艺爱好者们，此次成为平台的新"粉丝"，全民艺术普及的覆盖面进一步扩大了。

3. 课程设计科学，满足学员个性化需求

"云课堂"中，学员们可以自由安排学习时间，随时随地在手机上就可以方便地和老师见面，开启艺术课程学习。对其中的难点，还可以反复观看学习。课程时长一般在8分钟左右，涵盖3—4个知识点的讲解和示范。"云课堂"课程内容更精练，教学语言更简洁，这种设计方便学员利用工作和生活中的零碎时间，充分满足学员个性化的需求。

4. 设置答疑环节，实现与学员的互动

"云课堂"设置了学员留言区，学员可以在平台上提问，由教师逐一解答。除此之外，大连市文化馆还适时开设线下答疑课，就学员们普遍存在的难点、疑点进行现场解答。

三、"云课堂"课程制作的具体实践

（一）前期准备工作应充分

首先要设计好整体课程的内容，形成拍摄大纲，准备好文字解说词，准备充分的课程素材，如乐谱、图片、动图、短视频等，在后期制作时进行合理穿插。

（二）拍摄过程中各艺术门类应用的不同方法

拍摄器乐类时需加入手部的特写镜头，"群星云讲堂"钢琴课还将练习曲谱同步显示在屏幕上，学员可以边看视频，边跟着老师的视奏练习。乐器和人声演绎最好能通过调音台混音进入拍摄设备，确保声音清晰。"群星云讲堂"声乐教师还会邀请学员在录制现场进行演唱，纠正学员的气息、呼吸和发声，并进行示范。拍摄舞蹈、戏曲类时，可从前、后、侧进行多方位呈现，让学员能看清分解动作。"群星云讲堂"舞蹈教师有时会采用助教共同拍摄的形式，在助教演示时，在一旁进行动作的拆分和讲解。拍摄绘画书法类时要注意捕捉教师的运笔动作。摄影类课堂多辅以成品照片的鉴赏分析，从构图、用光、景深等多角度分析照片。"非遗云课堂"则根据各"非遗"项目本身的特点，制作该

项目的特色展示内容。

（三）视频的后期制作

后期剪辑时注意要有变化的画面,适合以 PPT 形式讲解的,应配合讲解人物正面全景及特写镜头来丰富画面。视频、图片等媒体文件应交互出现,也可使用画中画形式同时展现授课内容和主讲人授课画面。在教师的讲解中插入可以加深学员理解的图片,如示范动作、思维导图等,以丰富的切入镜头,使课程画面更为丰富,富有变化与节奏感。整体课程时间不宜过长,像"群星云讲堂""非遗云课堂"8 分钟左右的时长已得到学员的普遍认可。

四、大连"云课堂"获得广泛赞誉

"群星云讲堂""非遗云课堂"自推出以来,目前已制作播出了 130 余期,点击浏览量超 20 万人次,"云课堂"已成为大连地区开展全民艺术普及、弘扬传承传统文化新的重要形态,先后在"学习强国"、国家公共文化云等平台得到广泛宣传。文化和旅游部全国公共文化发展中心举办的"云上学好课·全民艺生活——2020 云上全民艺术普及"活动,"群星云讲堂""非遗云课堂"有十余项课程入选。2020 年中秋节期间,"非遗云课堂之中山区民间剪纸艺术"一课入选文化和旅游部全国公共文化发展中心"月满中秋微课堂",通过中国文化网及驻外机构新媒体矩阵等网络平台在亚非欧的 19 个国家推出。"学习强国"平台已推送大连市文化馆"云课堂"110 余条。

五、"云课堂"未来发展对策

（一）补充新媒体专业人才

新媒体及影视制作的业务人员是"云课堂"制作的基础力量。一方面要利用各种渠道,引进数字化建设所需的新媒体策划制作、影视编辑和电子设备维护等方面的专业人才;另一方面要注重现有业务干部的数字化能力培训,打造一支一专多能的人才队伍。

（二）涵盖更多艺术门类培训

不断拓展"云课堂"的艺术门类,进一步补充公共文化资源,特别是引入本地传统文化类的内容,使本地区"非遗"传统文化传承方式更加多样化,对弘扬本地域传统文化起到有效的推进作用。

（三）实现"云课堂"定制课程

未来的"云课堂"培训需有定制的理念,通过学员需求问卷调查等各类渠道,定制艺术培训课程,实现"云课堂"的精准服务。

(四)引导社会力量参与

"云课堂"带来的开放、合作、共享观念的普及,为新时代公共文化建设提供了新的思路。文化馆要以课程建设为核心,汇聚本地区优秀服务力量,通过政府购买等形式,引导社会力量及高校艺术等专业教育资源向群众文化领域移动,包括教学资源、影视后期制作等,形成数字资源建设合力。

(五)制定"云课堂"相关标准规范

未来,希望能逐步形成包括"云课堂"制作、管理、服务标准等方面的标准规范,逐步发展门类丰富、形式多样、管理规范的"云课堂",依托本地公共文化云平台进行整合发布,进一步丰富本地公共文化数字资源池。

参考文献

[1] 袁龙朔 . 数字化技术在文化馆中的应用 [J]. 参花 (上),2018 (10):160.

[2] 周姗姗 . 新时期背景下数字文化馆建设的创新研究 [J]. 文化创新比较研究,2017 (29):100-101.

鞍山市文化馆"钢铁铸军魂"文化品牌创建实践

鞍山市文化旅游发展促进中心   刘   冰

党的十九届四中全会《中共中央关于坚持和完善中国特色社会主义制度、推进国家治理体系和治理能力现代化若干重大问题的决定》提出,创新公共服务提供方式,满足人民多层次多样化需求。2010年至今,十余年来,鞍山市文化馆持续开展送文艺进军营活动,打造出了具有地方特色的文化服务品牌——"钢铁铸军魂",在探求公共服务提供主体多元化、提供方式多样化上迈开新的步伐。本文就"钢铁铸军魂"文化品牌的创建实践进行介绍。

一、创建背景

习近平总书记指出,"要发扬军爱民、民拥军光荣传统,巩固和发展军政军民团结,汇聚强国兴军强大力量"。鞍山地处东北辽东半岛,是重要的钢铁工业基地,有着"钢都""中国钢铁工业摇篮"的美誉。鞍山也是国防部队的重要驻地,既有陆军,又有空军。驻地地域跨度较大且驻防又分散,有的在喧闹的市区,有的在城乡接合部,还有的在偏远的山区。但多年来部队与地方、军与民之间来往密切、鱼水情深,部队"拥政爱民"和地方"拥军慰问"互动活动开展得有声有色。1997年至2010年,鞍山市连续四次荣获"全国双拥模范城"称号。

近十多年来,鞍山市文化旅游和广播电视局在谋划文化事业发展布局中,加快了紧密围绕文艺"六进"开展各项活动的步伐,要求鞍山市文化馆在创新公共文化服务中,把送文化进军营作为推动公共文化服务体系建设、活跃部队文化生活、助建军营文化的一项重要任务和一个不断探索的课题。由此,"钢铁铸军魂"这一品牌活动应时而生。

二、创建做法

鞍山市文化馆牵头带动县(市)区文化馆,围绕地方经济社会发展和部队现代化建设,创造性地开展各种双拥文化活动,把内容丰富多彩、形式多样的文化活动送入军营,深受部队官兵的欢迎和高度赞誉。

（一）送文艺演出进军营

2010年至2020年，鞍山市文化馆每年都组织文艺骨干先后深入军营，相继开展了"情系军营 共建和谐"——迎"八一"军民文艺联欢会、"文艺送军营 鱼水情更深"、"钢铁铸军魂"、"钢铁铸军魂 文化拥军行"、"八一"民族交响音乐会、"军民情"迎新春走进军营双拥文艺演出等活动。2013年，鞍山市文化馆还组织宣讲团和演出队，将鞍山道德模范和"身边好人"的先进事迹典型和事例编排成文艺节目，通过巡讲巡演的方式走进驻鞍部队。2015年，鞍山市文化馆参与承办"纪念中国人民抗日战争暨世界反法西斯战争胜利70周年"大型文艺演出"为了和平"，并专门创作了朗诵诗《血与火书写抗战史诗》、舞蹈《黄河红》和歌曲《飞翔吧，和平鸽》等作品，深入驻鞍部队巡回演出。为增强演出效果，主创人员还编排了反映新时代部队官兵精神风貌的文艺节目。有时由于部队演出场地座位有限，为确保全体官兵都能够观看到节目，演职员们不惧疲劳，坚持一天连续演出两场。

（二）送辅导培训进军营

鞍山市文化馆在开展送文化进军营活动时，了解到部队连队具备开展一些文化活动的基本条件。营房里有吉他、架子鼓、电子琴等乐器，但是很少有士兵能够熟练掌握这些乐器演奏技巧。于是鞍山市文化馆组织器乐教师到连队现场示范指导，并多次为他们做系统性的培训，从提升兴趣开始，提高士兵们"玩"的能力。

连队出操集会时开展拉歌比赛是部队的传统文娱项目，鞍山市文化馆就适时选派资深的合唱指挥前往部队辅导大合唱。2010年，驻鞍某连队在接受合唱辅导后，参加军区合唱比赛，获得第二名。2011年，某师五个团参加北部战区拉练冬训，学唱歌曲被列入"特殊"的训练科目。鞍山市文化馆应邀派出一位资深的合唱指挥前往辅导排练，在一周的时间里，深入每一个连队，在冰雪覆盖的操场上教唱。2014年，某师举行全师歌咏大赛，鞍山市文化馆又派出音乐教师深入到各团进行辅导，提升了全师整体演唱水平，其中某团的一名战士获得全师声乐比赛一等奖。

（三）送讲座和展览进军营

对于从四面八方而来的部队官兵们来说，驻地鞍山是他们的第二故乡。但他们对鞍山缺乏了解，也少有机会了解。鞍山市文化馆就组织从事民俗和地方史志研究的人员深入部队，开展优秀传统文化进军营活动。一是在军营举办讲座活动，讲鞍山地理历史和人文典故。二是组织非物质文化遗产代表性项目进军营，让官兵了解地方丰富的文化遗产知识。三是在举办地方书画展览时，也邀请部队官兵中的书画爱好者参加，同时把地方书画展览送入军营巡展。丰富的讲座和欣赏活动，将当地文化带进了军营，丰富了官兵们的文化生活，激发了官兵们热爱鞍山、赞美鞍山、建设鞍山的热情。

（四）为部队文艺演出提供舞台

2011年，鞍山市举办庆祝中国共产党成立90周年"颂歌献给党"大型文艺演出，部分驻鞍部队合唱团应邀参加了活动。同年，某部队士兵表演的节目《铁血男儿》走上了鞍山市"美丽的钢都"大型文化广场系列活动"送文化进校园"群文专场文艺晚会的舞台，并在辽宁省首届群众文化节"联城欢歌——流光溢彩韵钢城"晚会上精彩亮相。

三、创建成效

在品牌创建活动中，有的文化志愿者团队被命名为"鞍山市拥军先进集体"，有常年热心协助部队开展文化活动的个人被誉为"部队编外文化干事"。2012年鞍山市第七轮双拥模范城创建活动中，鞍山市文化馆时任馆长被评为"爱国拥军模范个人"。2019年，鞍山市荣获"辽宁省第八轮双拥模范城"称号。2020年，鞍山市文化旅游发展促进中心荣获"鞍山市爱国拥军模范单位"称号；鞍山市第七次蝉联"全国双拥模范城"称号。

驻鞍部队、武警部队、消防部队和预备役部队的各项建设都有了长足进步。驻鞍某部被沈阳军区评为军事训练一级达标单位，全面建设水平走在战区部队前列。空军某部不断加大训练难度和强度，空战能力全面提高，成为名副其实的空军王牌部队。

一是创作了一批部队题材的文艺作品。在"钢铁铸军魂"品牌创建中，鞍山市文化馆创编人员常常被部队官兵的昂扬斗志和奉献精神感动，创作了一批有关部队题材的文艺作品。如2014年创作的快板书《看娘》，说的是驻军战士深夜去看望生病的老大娘的故事，该作品获全省群众文艺创作征文二等奖，是获奖征文中唯一写部队题材的文艺作品。同年创作的快板书《新兵训老兵》，讲的是新入伍的大学生与下连队当兵的旅长不期而遇，一起讨论未来战争中发挥高科技作用、树立学文化提素质强军梦的故事。馆文创人员在随驻鞍预备役部队拉练中，创作出组诗《穿行在曾是战区的思索》，在《鞍山文艺》纪念抗日战争胜利七十周年征文活动中获一等奖。鞍山市文化馆还组织文化志愿者排演了《中国军魂》《打靶归来》《游击队之歌》《接过雷锋的枪》《强军战歌》等合唱歌曲；改编了舞蹈《洗衣歌》和《沂蒙情》；编排了舞蹈《黄河魂》《映山红》《红珊瑚》《黄河儿女》等。两名美术人员创作了反映抗美援朝时期中朝两军并肩战斗结下深厚友谊的《生死与共》和新四军挺进苏北抗战的《纵横——挺进苏北》等油画作品。馆调研人员还帮助军分区干休所老干部整理撰写了30多万字的回忆录，编印了《红星闪耀》系列图书等。

二是"钢铁铸军魂"品牌活动以点带面，发挥示范带头作用。活动引领全社会多形式、多渠道开展拥军活动，营造全社会拥军的良好氛围，逐步形成"社会拥军服务网络"新格局。如鞍山市文化艺术交流协会开展了巡回演出、国学讲座、心理疏导、书法摄影辅导等形式的文化拥军活动。鞍山市双拥办依托鞍山师范学院音乐学院、辽宁科技大学艺术学院、市慈善义工艺术团等，在全省率先成立"鞍山市双拥文化艺术团"，定期开展文化拥军活动。

三是驻鞍部队主动承担急难险重任务,积极支持地方的各项改革和建设事业,做到三个"全力参与",努力为鞍山的经济建设服务。全力参与"创建全国文明城市"活动,作为"军营开放活动"的试点部队,陆军某师和空军某师主动为国防教育和爱国主义教育提供接纳群众参观的场所、青年学生的军训场地。全力参与"社会主义新农村"建设,开展了与农村党支部共建、与农村基层党组织结对和支援农业建设活动。全力参与"青山工程"建设,发挥部队人员和机械优势,援助地方搞好青山绿化工作,用实际行动美化城市环境。

四、经验启示

　　"钢铁铸军魂"品牌的创建是一项长期的文化活动,这项活动有规划、有目标、有具体的实施方案及灵活多变的工作方法,为我们取得成功打下了坚实的基础,同时也给予了我们一些经验和启示。一是打造品牌,要有品牌意识和品牌思维。"品牌"一词源于商界,能做到口口相传的牌子才能称得上品牌。文化品牌必须有一个新颖独特、响亮易记、朗朗上口、方便传播的名称,以"钢铁精神"铸造"军魂"就是突出鞍山这个"钢都"颇具地方特色的文化品牌。二是打造品牌,要整合社会力量共同参与。十余年里,鞍山市文化馆适时整合了七个县(市)区的文化馆、专业表演团体(如市演艺集团和市艺术剧院)、市老干部大学、市老干部艺术团、市群星艺术团等的力量,开展了送文化进军营的"接力赛"。深入部队演出的文艺队伍从开始的一支发展到十几支,并采取"轮战"的方式,演出队伍优化组合后轮流进军营演出。三是打造品牌,要不断更新其内容和形式。品牌的打造既是文化工作者认识、实践、完善、巩固的过程,也是部队官兵认知、接纳、欣赏、提升的过程。为适应时代和形势的变化,品牌活动在内容和形式上也要随之充实更新。如增添了反映新时期部队战备训练、日常生活和拥军慰问的节目内容;表演形式也从最初的只有单一的歌舞表演,到逐渐增加了器乐、曲艺、戏剧和小品等演出形式;LED 显示屏、全彩激光灯等现代化的舞美装置设备也用到了演出现场,突出了演出效果,增强了演出气氛。

　　我们要站在新时代双拥工作新的历史起点上,砥砺前行,将"钢铁铸军魂"文化品牌进一步唱响,在服务鞍山大局、服务国防和军队建设全局的征程上,以坚如磐石的军政军民团结,汇聚起同心共筑中国梦、强军梦的深厚伟力,共同创造更加美好的未来。

文旅融合使韩家村走上富裕路

本溪市明山区文化卫生服务中心(明山区文化馆) 徐 洪

一、创新背景

(一)自然状况

韩家村位于辽宁省本溪市明山区卧龙街道办事处,区域面积 15 平方千米,全村有 246 户 873 口人,现有耕地面积 1300 亩,山林面积 26000 亩。人均耕地面积少、交通闭塞、无工业项目,人口老年化严重,全村村民的年收入较低。

村内资源丰富,环境优美,产有山菜野果 100 多种,中草药材 60 余种,特产山楂、圆枣、刺嫩芽、人参等。纵观全年,春季风和日丽,夏季稍热多雨,秋季秋高气爽,冬季冰封飘雪。四季分明,景色宜人。

(二)文化底蕴浓厚

韩家村是满族和朝鲜族的聚居区,在当地能感受到许多少数民族的特色,包括语言、服饰、饮食、习俗等。当地部分民居还保留着"口袋房、万字炕"的满族居住特点。

在明山区 38 处明长城遗址中,韩家村占有 4 处重要的地方,其中城子沟障城遗址、双砬子障城遗址、前城子障城遗址形成了一条旅游文化体育健身路径,人们在欣赏风景、强健身体的同时,也感受到浓厚的历史文化气息。

(三)旅游资源丰富

滴水湖是韩家村内的天然湖泊,四季景色宜人。夏季湖水清澈,瀑布飞流而下;冬日里,水柱还未离开岩石便形成冰川,巨大的冰柱如玉石般晶莹剔透。

二、创新做法

(一)成立韩家村维莉农民文化艺术学校

在本溪市明山区文化馆、洛阳东方书画院院长叶维莉、企业家郭代生的共同帮助下,韩家村于 2014 年 5 月 28 日正式成立了"韩家村维莉农民文化艺术学校",现被本溪市宣传部改名为"明山区韩家村维莉产业创意基地"。学校自成立以来,得到各级领导、相关部门、各界朋友的高度重视和关注。学校主要以教学牡丹画为主,有50多名妇女参与学习,年龄大的64岁,小的20岁。同年9月23日,在本溪市博物馆成功举办春华秋实农民画作品展,130多幅农民画全部售出,50多名妇女得到1000—2000元的收入。之后学校又派专人到景德镇学习陶艺、瓷板画制作工艺,全村50多名妇女在画牡丹的基础上又学会了书法、瓷器烧制、瓷板画制作等。

此后韩家村又与本钢工会、辽宁科技大学举办"钢花村秀"工农作品联合展,并先后参加了中国平乐农民画邀请展、本溪市体育馆展销会,以及海峡两岸、厦门、丹东、沈阳、海城各地举办的画展。在参加中国平乐农民画邀请展时,参展作品得到了省内外著名画家的高度评价。

2016年6月,按照市、区"113工程"安排部署,韩家村被列为韩家牡丹建设村,建成了20亩牡丹试验观赏园,平均每天接待游客上千人次。

此后,韩家村每年都举行1—2次大型画展,每年外出学习人数也逐年增加,牡丹作品年年创新,村民收入逐年提高。

(二)创建韩家民宿村

韩家村坚持重点培育、差异化打造精品民宿的原则,进一步明确产业发展思路,突出工作重点。按照"政府 + 企业 + 农户"的发展模式,发挥村民主体创业就业积极性,鼓励村民利用现有房屋进行改造,支持乡村民宿发展。

一是政府牵头引导。结合韩家村自然生态环境、文化创意产业、特色农业种植三方面优势,大连泛华拓普联合工程顾问有限公司编制完成了《明山区韩家民宿规划》。政府主导项目发展,积极帮助企业争取省、市民宿发展扶持资金。同时,为服务企业发展,区政府配套了一定资金扶持民宿发展。区财政局、交通局、水利局、农业农村局、住建局等部门结合美丽乡村建设,对企业给予政策倾斜,为韩家村民宿发展营造了良好生态环境和居住环境。

二是企业投资建设。本溪明山韩家民俗旅游服务有限公司投资3000万元,在韩家村新建、改扩建民宿12户,项目占地面积50亩,其中建筑面积2500平方米。

三是农户积极参与。为支持民宿发展,村委会组建农业合作社,农民参与土地流转和民宿建成后的经营管理。全村还开展了家风家训宣传活动,在韩家村二组,每户农家院门前悬挂家训,营造了"注重家风、传承家训"的浓厚氛围。

(三)做大文化旅游项目

一是以"文旅兴市"发展战略为契机,文旅产业相融合,把韩家牡丹打造成国家AAA级旅游景区。二是将四处明长城遗址进行整合改造,打造出一条旅游文化体育健身路径。三是把韩家村维莉农民文化艺术学校打造成辽宁省书法、绘画活动示范基地。四是提升"山水静乡"民宿的示范引领效应,如:扩大牡丹种植面积,打造北方牡丹园,围绕牡丹种植开展深加工产业和衍生品生产;在"山水静乡"民宿后侧建设可食花园,将蔬菜按不同季节和颜色重新规划种植,打造集观赏和食用于一体的采摘园。

(四)千方百计使村民增收

一是利用每年画展销售牡丹画、瓷板画、扇面、牡丹钱包等产品。二是节日期间到旅游景区现场作画售卖。三是在市五星级酒店、企业等设专柜售卖。四是互联网售卖。

(五)文化部门支持

一是在资金、绘画用品、学习培训等多方面给予学校大量支持,使每年的画展、外出学习等活动丰富多彩。二是协调免去画展举办中的各项费用。三是由文化部门捐助电脑、体育器材、文体服装等物品,提高韩家村文化硬件设施建设水平。

三、创新成效

(一)村民收入大幅增加

韩家村维莉农民文化艺术学校的创建,民宿的建设,旅游徒步、房车宿营等的发展,带动了全村经济的高速发展,拉动了村民就业和村民致富,壮大了集体经济,丰富了村民的业余文化生活。韩家村村民人人会画牡丹、人人会制作瓷板画等衍生产品。村民年人均收入由原来的三四千元到现在的 1.5 万元,集体收入也大幅增加。

(二)旅游项目初见成效

韩家村旅游以"文化体验游"为主题,通过深入挖掘当地的旅游资源、民俗文化、土特饮食、特色种植和文化创意方面的优势,打造特色精品项目,营造一个具有燕东山地特色、回归生活本质的世外桃源。主要是以村部所在地为中心,以河流为纽带,以山谷为拓展,实现扇形发展。截至 2021 年,韩家村年接待游客 7 万多人次,旅游收入达到 2053 万元。

(三)支持文旅企业发展

韩家村积极支持返乡创业企业家、创业带头人、高科技人才及大学生,确保他们能够享受区政府出台的相关各种优惠政策,村两委为返乡创业人员提供全方位服务。截至2021 年,韩家村有文旅企业 10 家,文旅从业人员 375 人,村民年收入稳定增加。

(四)文旅引领成绩喜人

七年来,韩家村先后被评为辽宁省特色群众文化基地、辽宁省美协油画艺委会写生创作基地、本溪市示范村、辽宁省旅游专业村、全国文明村、全国乡村旅游重点村。

四、经验启示

韩家村历史文化源远流长,人杰地灵,村民和谐,社会稳定,这些使韩家村文化旅游产业得到了快速发展。发展经验总结如下:一是韩家村原生态风貌保持好。二是得益于本溪市"文旅兴市"发展战略的政策引领。三是得益于文旅部门的重点扶持。四是韩家村人有着脱贫致富的坚定决心。五是多部门协作,加大基础设施投入,带动了韩家村全面发展。

构建传承长效机制　破解师资匮乏难题

——锦州市黑山县胡家镇中心小学剪纸传承保护案例

锦州市群众艺术馆（锦州市非物质文化遗产保护中心）　黄　静

一、案例创新背景

医巫闾山满族剪纸是锦州市唯——项入选联合国教科文组织非物质文化遗产名录（2010年）的民间艺术。为更好地保护、传承这一"非遗"项目,锦州市群众艺术馆（锦州市非物质文化遗产保护中心）开展了一系列的保护活动,先后设立六所医巫闾山满族剪纸校园传承基地,最初的实践主要是组织传承人不定期进入校园开展传承活动,但成效不甚明显。

2012年,为响应锦州市教育局"一校一品"号召,锦州市群众艺术馆（锦州市非物质文化遗产保护中心）恰逢其时地举办起剪纸技艺培训。在"非遗"保护工作者的指导下,结合胡家镇中心小学有限教师资源及学生的现实情况,小投入的剪纸被列为该校的"一校一品"特色教育项目,并据此开展剪纸特色教育教学。

2015年,胡家镇中心小学被设立为"医巫闾山满族剪纸传承基地",非遗中心组织各级剪纸代表性传承人不定期进校园开展传承指导工作,通过培养师资,组织各类培训及技艺大赛,有效促进了剪纸技艺在校园内的传承与发展。在长期的实践探索中,医巫闾山满族剪纸艺术不断与黑山县胡家镇中心小学校园文化融合,而符合教育教学规律的教学模式及传承方式,让剪纸传承保护成果丰硕。一段段弥足珍贵的民族文化记忆,一个个经典感人的民间故事传说,以学生们喜欢的方式呈现,传统文化潜移默化浸润校园,滋养校园。全校400余名学生,个个会剪纸,懂剪纸,以胡家镇中心小学为原点向农村校园辐射式传播。这一案例为接下来的"非遗"深入校园有效传播和深度保护提供了借鉴。

二、创新做法

（一）依托"一校一品",推进剪纸进入操作层面

2012年将剪纸作为特色教育项目后,胡家镇中心小学进行了大胆的尝试。

课程设置方面,最初,胡家镇中心小学"摸着石头过河",将每周三下午第五堂课设置为"一校一品"剪纸课程。

师资方面,主要以李桂秋老师为中心。李桂秋老师是医巫闾山满族剪纸国家级代表性传承人赵志国的徒弟,是胡家镇中心小学"现成"的师资。此外还有部分美术教师。对于一所农村小学而言,特别是针对大部分的农村孩子而言,能够集有限的资源开展有趣的活动,那么学生的积极性是很容易被调动的。

教材方面,虽然剪纸已成为校本课程,但还没有校本教材,上课内容依靠指导教师经验。锦州市群众艺术馆(锦州市非物质文化遗产保护中心)每年定期开展剪纸技艺培训及剪纸大赛,胡家镇中心小学师生积极参与。同时锦州市群众艺术馆不定期组织传承人进入胡家镇中心小学开展"非遗"进校园活动和剪纸培训活动。

此时的校园剪纸教育教学还只是停留在简单的操作层面,对剪纸的了解还停留在艺术形态的认识上。

(二)编撰《医巫闾山满族剪纸传习指导》,促进理论与操作层面融合

2015年,胡家镇中心小学被设为"医巫闾山满族剪纸传承基地",艺术馆长期开展剪纸传承指导及培训活动。2016年4月,胡家镇中心小学代表辽宁省参加青岛举办的全国第五届中小学生艺术展演,将医巫闾山满族剪纸作为参展项目,荣获教育部颁发的"学生艺术实践工作坊展示奖"。这次活动激发了胡家镇中心小学师生学习剪纸的热情。

为更好地发展校园剪纸传承活动,服务校园师生,锦州市群众艺术馆于2013年组织专家、传承人、教师编撰指导校园剪纸传承的辅导书《医巫闾山满族剪纸传习指导》并于2016年将1000册辅导书赠与胡家镇中心小学,胡家镇中心小学将辅导书作为剪纸的校本教材运用。多方参与编撰使辅导书具有可操作性,既展现"非遗"魅力又符合学校教学特点和学生认知规律。辅导书让剪纸教学有教法可循,促进剪纸教学系统化。为"非遗"教育纳入课程体系提供参考。辅导书的编撰也标志着"非遗"进校园已从简单的操作层面上升到理论层面,融技术、艺术和学术于一体。师生们对剪纸教学的认识也渐渐从艺术形态的认识深入到对文化内涵的解读。

(三)借助网络媒体,探索传承传播途径

校园教师李桂秋借助网络平台,利用业余时间将剪纸创意和作品上传,尝试网络运营模式,依靠小小剪纸每个月收入万余元。这也为胡家镇中心小学接下来校园剪纸"一校一品"的发展及医巫闾山满族剪纸的传承传播探索了新途径。胡家镇中心小学目前也正在探索一个面向学生作品的更科学更合理的网络运营模式。

三、创新成效

(一)校园资源运用最大化,保护理念深入人心

目前,胡家镇中心小学教师都会剪纸,校园资源的运用达到最大化,全体师生对于这项非物质文化遗产的传承都非常重视,并以此为荣。这里的"非遗"保护理念无须宣传,剪纸传承保护的理念早已通过校园丰富多彩的实践深入人心,实现了传承的可持续性。

剪纸被纳入教学体系后,从课程设置到课程评价都变得更加系统、科学。从2012年到2021年,校园传承近十载,硕果累累。中华优秀传统文化浸润着青少年的心灵,同时也在青少年的心中长出新芽、开出新花。一个个融传统与时尚为一体的剪纸文创产品,让剪纸的创造性转化与创新性发展找到了一个落脚点。

(二)"剪纸精英班"激发学习热情,增强学生自主习得能力

医巫闾山满族剪纸文化内涵深厚,充满了神秘感和趣味性。课程以剪纸故事、传说及合理的难易程度设置,激发学生学习兴趣。为每一名学员建立剪纸作品档案,记录剪纸技艺成长过程。遴选优秀剪纸学员组建"剪纸精英班",开展"雏鹰计划",并组织剪纸精英班同学深入班级开展"以生带生"的传承活动,不仅锻炼了学生的语言表达能力、组织能力、探究能力,而且加深了学生对剪纸文化内涵的理解。剪纸课堂的经历也成了学生们精彩的人生回忆,激发了学生们学习剪纸的热情,在校园营造了浓郁良好的学习氛围。

(三)师资形成有效梯队结构,夯实校园传承根基

课程根据具体学情,从低年级到高年级形成有效的梯队结构:一、二年级学习简单的构图,不需学习细致的镂空;三、四年级开始脱稿构思,并可以参与"雏鹰计划";五、六年级则对剪纸文化内涵、剪纸技艺有更高的要求。因此师资的配备也呈现明显的梯队结构。胡家镇中心小学紧紧依靠专家、传承人,学习剪纸技艺、了解剪纸文化内涵。除参与艺术馆的各项培训外,学校每周五放学后,常态化开展40分钟的剪纸专题教学教研活动。目前学校的所有教师均会剪纸,这为医巫闾山满族剪纸在校园的深入传承打下了坚实的基础。

四、经验启示

胡家镇中心小学的实践让"非遗"进校园不仅是一场热闹的展演,更充分与校园文化融合,让学生们树立民族文化自信,并在传统文化的浸润下深深受益。这也给了我们很多的启示。

(一)将"非遗"与校园文化融合,构建传承长效机制

要使"非遗"得到有效的传承和有深度的保护,就要让"非遗"融入校园文化,走进教材,走进课堂,走进师生的心里。针对具有明显地方特色的"非遗",将其列为校本课程或通识课程,与"一校一品"美育融合便是很好的探索。通过课程规划、设置、开发、评价等,把"非遗"融入教育教学体系,常态化开展师生技艺培训研讨及赛事活动,搭建展示平台,逐步构建传承长效机制,让"非遗"进入日常制度化操作层面。

（二）破解师资匮乏难题，夯实校园传承根基

师资匮乏对于"非遗"进校园来说是最大难题，师资决定着"非遗"传承的延续性，很多"非遗"在校园的传承因师资的匮乏而中断。想要破解师资匮乏的难题，学校可以与专家、传承人协作，聘请传承人作为兼职教师或专业教授。"非遗"技艺的习得不是一朝一夕之事，大部分学校无专业教师，聘请各级传承人是一个可行的方法。同时，学校也要发挥专家、传承人与教师间的传帮带作用，逐渐培养自身师资。胡家镇中心小学正是因为解决了这个难题，才让医巫闾山满族剪纸在校园生生不息。

参考文献

[1] 李重庵.非遗保护、文化认同与非遗教育 [N].光明日报，2016-07-29（5）.

[2] 吴文科.非遗如何进校园 [N].中国文化报，2014-06-30（8）.

在新时代语境下重述故事

——喀左东蒙民间故事的创新实践

喀喇沁左翼蒙古族自治县文化馆　田丽红　佟　涛

喀喇沁左翼蒙古族自治县（简称"喀左县"）文化馆在非物质文化遗产保护过程中立足本身职能，发挥基层优势，集聚众多社会力量，以创新思维开拓"非遗"实践的新途径，利用新媒体等实现了优秀传统文化的创造性转化、创新性发展。在实践过程中，积累了丰富的经验，摸索出了一套成熟的做法，对当下保护和传承非物质文化遗产起到了一定的示范作用。

一、喀左东蒙民间故事项目的创新背景

喀左东蒙民间故事是辽宁省朝阳市喀左县人民创造的多彩而独具特色的民间文学，其内容具有鲜明的草原文化与农耕文化交汇相融的东蒙地域文化特色，不仅有神话、传说、歌谣、谚语等常见的民间文学样式，还有好来宝、长歌、短调这些蒙古族传统的口头文学样式。这些故事不仅反映了对蒙古族古老的原始崇拜的承继、对部落联盟时代及前期狩猎与游牧生活的追忆，而且对定居后的农耕生活进行了全方位的展现，表现了蒙古族、汉族、满族等民族的文化大融合。讲述者会同时使用蒙古语、汉语，而且还掺杂许多满族生活语言。2006 年，喀左东蒙民间故事入选国家首批非物质文化遗产名录。几代人多年来扎根田野，深入挖掘、普查、整理，最终于 2008 年和 2018 年相继出版蒙汉两种文字的《喀左·东蒙民间故事》共 24 卷，共编入故事 1544 则，计 1000 多万字。此丛书前十二卷于 2009 年获得了中国民间文艺家协会颁发的"中国民间文艺山花奖"。这些丰富的资料和前期调研成果为创新实践打下了坚实的基础。

二、创新做法：鱼入活水，与时俱进

为了使口耳相传的喀左东蒙民间故事代代相传，并在新时代背景下融入民众的日常生活中，使"活鱼"重新入"活水"，喀左县文化馆非遗保护中心探索了一系列创新举措。

（一）以故事为底本的舞台艺术再创作

喀左县文化馆非遗保护中心利用《喀左·东蒙民间故事》进行文艺创作，将故事改编成歌舞剧和皮影戏，取得良好效果。其中《月亮公主》的故事已经改编成舞剧在县春节联

欢晚会上演出;根据喀左东蒙民间故事改编的皮影戏《牛娃》在 2011 年 10 月举行的辽宁省首届群众文化节成功上演并荣获二等奖,得到了有关领导的高度赞扬。

(二)评书等民间曲艺形式的故事讲述

喀左县文化馆邀请评书表演艺术家许同贵以评书的形式录制了优秀民间故事多则,在喀左广播电视台多次播出,受到观众欢迎。此外,还将光盘投放到社区和中小学,使故事在更广大的群体中扎根。

(三)剪纸故事再现喀左东蒙民间故事

喀左东蒙民间故事和喀左剪纸艺术相结合,是喀左东蒙民间故事创造性转化中一大亮点。喀左剪纸艺人高延云以喀左东蒙民间故事为题材,进行剪纸艺术创作,完成近 150 幅剪纸故事画,并在每幅画中配以打油诗概括故事情节,使故事的呈现更为立体、生动。

(四)利用媒体播报故事

喀左县文化馆利用乡镇文化广播站,以蒙汉双语播报喀左东蒙民间故事。另外,《喀左县报》开设"喀左东蒙民间故事"连载专栏,使这些故事的覆盖面进一步扩大。

(五)故事进景区,打造"故事 + 旅游"模式

依托喀左东蒙民间故事,喀左县文化旅游部门选取了 4 则具有代表性风物传说故事制作成故事展板并放置在相应的旅游景点,全面介绍家乡的文化品牌,同时制定了策划方案,把喀左东蒙民间故事植入景区,打造具有地方特色的文化品牌。植入故事展板的 4 个景区分别是:龙源湖景区(敖木伦河的来历)、龙凤山景区(天门洞的传说)、凌河第一湾景区(鸽子洞的金鸽子)、天成观(聚宝盆升天)。

(六)制作有声书,走市场化途径

喀左县文化馆投入大量资金,聘请著名播音人崔雅清筹划故事有声书的市场化方案,计划从 24 卷民间故事中精选 700 则故事进行有声书的制作,并推向市场,盘活故事资源。

(七)与高校等科研机构合作,以研究促创新

喀左县文化馆与辽宁大学、沈阳师范大学、沈阳音乐学院等高校进行合作,推进故事研究工作,并与中国民俗学会联合召开了一次全国性的"喀左东蒙民间故事"学术研讨会,来自中国社会科学院、北京师范大学、中央民族大学等科研机构的知名专家共同研讨东蒙民间故事,社会影响强烈。依托高校进行与东蒙民间故事相关的大学生创新创业项目,让大学生对故事进行创意改编和实践,目前已经完成 1 项国家级大学生创新实践项目。同时,在辽宁大学的民间文学课程中,也进行了故事文化创意实践,已完成剧本 10 部,出品广播剧 6 部。

（八）建立电子数据库保护东蒙民间故事

喀左县文化馆在 2009 年建立了喀左东蒙民间故事电子数据库,做到了应用现代化的数字信息技术对民间传统文化进行传承、保护和开发。

（九）无微不至关爱"有故事"的人

喀左县文化馆充分尊重故事讲述人,给予其满满的人文关怀。自 2007 年以来,喀左县文化馆每年投入经费购置米、面等生活用品走访慰问故事讲述人;为残疾传承人修葺房屋、购置轮椅、申请低保;为去世传承人树碑立传……真切朴实的行动感染了故事讲述人,也坚定了他们传承故事的决心。

（十）创建文化生态保护区

2006 年,喀左县文化馆在白音爱里村建立了喀左东蒙民间故事生态保护区,布置了活动室,并策划了基地建构方案。现在,走进白音爱里村,每天都能听到村广播室用蒙汉两种语言播放的《喀左·东蒙民间故事》十二卷的蒙古族民间故事。白音爱里东蒙民间故事生态保护区,带动了东蒙民间故事采录研究工作在自治县的全面开展。

三、创新成效

（一）在新的时代语境下,故事传承找到了新的载体

皮影、评书、歌舞剧、剪纸等与民间故事相结合的方法,收到了良好的社会效果。民间故事的传承不能单靠口耳相传的传统方式,而应根据现代人的审美变化、生活节奏、阅读习惯进行重述,制作成光盘在学校、社区等场所播放。这样,图文演变成音视频同步,动感十足,受众耳目一新,起到意想不到的传播效果。

（二）调动社会力量参与传统文化传承的积极性

喀左县文化馆与科研机构合作,以多元、创新、新颖灵活的形式将东蒙民间故事成果展示、推广、传播,更大限度地延伸了非遗传承的广度和深度,扩大了受众面。

（三）新时代语境下,有效借助"互联网+"技术,拓展故事传播新渠道

喀左县文化馆通过故事直播创造新的表演情境,还可以将部分精彩片段录制上传,在网站、微信公众号上分享,让更多的群众受益。从传统的文化传播空间与渠道扩展到网络空间,使喀左东蒙民间故事传播到更广阔的地域和人群中,提升了社会知名度,扩大了影响力。

四、经验启示

回顾 13 年来"喀左东蒙民间故事"项目的"非遗"保护工作所走过的路程,确也有一

些经验积累下来。

一是随着科技日新月异,文化馆应当顺势而为,利用新媒体自觉创新服务手段,大力传承优秀传统文化。

二是保护民间故事,要有庄严的使命感。喀左县文化馆从2006年立项成功,到全县范围的摸底普查,再到二十四卷图书的成功出版,这一系列的保护工作,说到底是使命在身、责任使然。

三是传承民间故事,要有新方法,以多样形式将故事融入百姓生活。在城市化、信息化、智能化的时代背景下,项目保护单位积极探索并创新契合新时代的传承方法,创造性地将故事与皮影、评书、歌舞剧、剪纸相结合,新颖的形式给人以耳目一新之感,也较为牢固地抓住了"上至九十九、下至刚会走"的受众群体,社会效果显著。

四是要充分发挥优秀传统文化的公共精神建设作用,通过政策引领和文化宣传,将传统文化基因加以创新运用,以加深文化认同。在政策引领与城市文化精神氛围之下,促使优秀传统文化资源在不同领域、不同行业共享与传承。

附录:

表1 喀左东蒙民间故事改编录制评书统计表

光盘	故事名称	故事所出卷	讲述时长
光盘1	格格陵	综合卷(一)	46分13秒
	张白音换心	第四卷(额尔敦朝克图专卷)	23分31秒
	猴子告状	第十二卷(马建友专卷)	32分46秒
光盘2	喀喇沁的传说	综合卷(三)	45分52秒
	竹叶鱼	第十一卷(宝颜巴图专卷)	14分36秒
	学作诗的学生	综合卷(一)	8分43秒
	月亮公主	综合卷(一)	24分21秒
光盘3	月中高娃	第四卷(额尔敦朝克图专卷)	31分44秒
	爱唱歌的伯日根	第五卷(额尔敦朝克图专卷)	34分11秒
	胭脂河	第十一卷(宝颜巴图专卷)	29分42秒
光盘4	狸猫断案	第十二卷(马建友专卷)	40分46秒
	前坟和后坟	综合卷(一)	52分1秒
光盘5	乾隆戏美女	综合卷(三)	45分47秒
	五鼠闹东京	综合卷(三)	27分42秒
	张三打赌	综合卷(三)	24分6秒

表 2　喀左东蒙民间故事创作的剪纸作品统计表（部分作品）

故事名称	依据故事情节浓缩的打油诗	故事所出卷集
月亮公主	公主善良得民心，恶人算计要逼婚， 哈良勇敢来应战，珍珠照路受人尊。	综合卷（一）
月中高娃	兔儿得救报恩情，千辛万苦灵芝送， 怀抱玉兔月亮上，丈夫紧跟太阳行。	第四卷（额尔敦朝克图专卷）
成吉思汗与昭都将军	将军钟情相思生，思汗探病诉实情， 国母大度把他劝，家中鲜花水灵灵。	第四卷（额尔敦朝克图专卷）
千手佛	皇姑出家苦修行，宫廷内外不安宁， 为保平安手眼献，千手佛祖留美名。	综合卷（三）
换了一个好儿子	狠心儿子把母埋，命丧黄泉福招来， 换个儿子把孝尽，共享天伦乐开怀。	第八卷（金荣专卷下）
小马过河	小马过河去送粮，不知深浅把河趟， 老牛松鼠说不准，不深不浅自己量。	未编入卷中
金花和巴狗	五朵金花被爹骗，丢失深山难回还， 巴狗辛苦回家转，母女才能得团圆。	综合卷（一）
扎拉将军	能征善战立奇功，深得爱戴受人敬， 不骄不傲为人正，永垂不朽建墓陵。	综合卷（二）
圣母渡生	五百儿子不嫌多，丢了一个了不得， 恍然醒悟除邪恶，普渡众生圣母做。	综合卷
黑心儿子	儿行千里母担忧，娘走万水寻儿愁， 炕头见面不认母，遭得报应把命丢。	综合卷（三）
九粒金黄豆	父赏三妞八九豆，二年种出六七斗， 致富有方是能手，四五十口一家主。	第八卷（金荣专卷）
红脸关公	好心仙长救百姓，荒旱之年把雨行， 犯了天条把凡下，红脸关公受人敬。	第四卷（额尔敦朝克图专卷）
五鼠闹东京	五鼠闹东京，难倒众爱卿， 老夫献良策，猫捉老鼠行。	综合卷（三）
机灵的福晋	聪明伶俐一枝花，刁钻古怪难题答， 王爷欢喜把亲取，封为福晋她当家。	第五卷（额尔敦朝克图专卷下）
猪脸媳妇	不孝媳妇骂公婆，天良丧尽坏事做， 天理不容把雷打，猪脸媳妇泔水喝。	综合卷（三）
磨成针	李白学习不专心，巧遇老妇磨绣针， 深受启发来勤奋，留名后世作诗人。	未编入卷中
蛇吞相	丞相得病卧床上，白蛇献尾熬肉汤， 得寸进尺连三要，人心不足蛇吞相。	综合卷（三）

故事名称	依据故事情节浓缩的打油诗	故事所出卷集
胡子变罗汉	打家劫舍多少年，变牛拉套亲眼见， 猛然醒悟来行好，十八胡子变罗汉。	综合卷（三）
卖挂瓦针	几天遇鲁班，倒是谁占先， 人上有人在，天外还有天。	综合卷（二）
聪明的媳妇	公爹出谜来刁难，兰花应答去要钱， 到了韩家把事办，心里佩服儿媳赞。	第八卷（金荣专卷下）

国家级非遗项目喀左东蒙民间故事结集出版十二卷书及其获奖证书、奖杯

2018 年结集出版的二十四卷《喀左·东蒙民间故事》

喀左东蒙民间故事剪纸作品在校园展出

评书表演艺术家许同贵录播喀左东蒙民间故事现场

喀左首届"喀左·东蒙民间故事"学术研讨会现场

辽宁重大历史文化题材美术创作工程喀左东蒙民间故事题材皮影美术创作作品

地域特色文化融入广场舞的前郭实践

前郭尔罗斯蒙古族自治县文化馆　何义雷　周井波

中国式广场舞的发展,可谓是由无到有、由小到大、由点到面。这个发展变化趋势,说明了广场舞在中国的存在价值,也证明了广场舞给中国百姓从生理到心理上带来的好处多多。

在此,笔者仅以前郭尔罗斯蒙古族自治县文化馆(以下简称"前郭县文化馆")对地域特色文化融入广场舞的实践展开论述。

一、创新背景

广场舞活动已在全国各地铺开,但中国地大物博,各地民族、民风、民俗各有差异,广场舞不宜采用同一个模式。广场舞爱好者也强烈呼吁将富有本地特色的文化元素融入广场舞,他们说跳家乡人创编的广场舞感到亲切,没有陌生感和距离感。

在这样的背景下,我们普及广场舞采用自下而上和舞蹈元素贴近生活两种方式。

所谓自下而上,就是我们的广场舞是产生于本地的土生土长的原生态舞,而不是引进或推广外来的广场舞去照样模仿教学。这种广场舞从一开始就得到本地广场舞爱好者的喜爱。动作是人们认可并接受的,旋律也是人们喜爱的,青年人可以从这些跳广场舞的中老年人身上找到父母的影子。

舞蹈元素贴近生活是指我们编排、普及广场舞时,应走到田间地头、走到农牧民身边,征求他们的意见,了解他们的想法,从而不断改进、完善广场舞,并在当地实现推广。因此,这类广场舞异常受欢迎,也使舞者在活动中逐渐增强对本民族情怀的认可与自信。随着活动的持久开展,以及舞者参加国家、省、市、县级广场舞赛事,人们自然而然地增强了民族自豪感和凝聚力。

二、创新做法

为把广场舞这支生长在民间大众中的一朵奇葩培植得更加鲜艳夺目,多年来,前郭县文化馆集中辅导力量在广场舞编排创新上下大功夫。

(一)地域风情编舞法

前郭尔罗斯蒙古族自治县是吉林省唯一的蒙古族自治县,蒙古族元素是我们宝贵的优势资源。所以,在广场舞编排创新上,前郭县文化馆将蒙古族安代舞、盅碗舞、筷子舞、挤奶舞、骑马舞等舞蹈元素巧妙地融入本地的广场舞活动中,既活跃了广场舞,又弘扬了蒙古族民族文化,一举多得,收到事半功倍的奇效。

(二)词曲情境编舞法

前郭县的县花是草原上盛开的萨日朗,我们的一套广场舞词曲就叫《火红的萨日朗》。伴随这样的词曲旋律所展现的情境,在舞动时,也让群众联想到了草原蓝天、白云、绿草、牛羊成群的壮观场面。广场舞把农牧民的草原情结、家乡情结、游牧情结及地域文化、民族文化、草原文化结合得更加密切了。

(三)节奏律动编舞法

节奏律动编舞法是广场舞之核心,其他编舞法无论怎么变化都不能与节奏律动割裂。实用是节奏律动编舞法的前提;动作去繁从简是节奏律动编舞法的关键;区别对待,城乡有别,分类辅导是节奏律动编舞法的有效尝试。

(四)抒情达意编舞法

广场舞虽然是一种娱乐,一种"玩儿",但笔者以为玩也要玩出新意,玩出正能量,玩出积极向上的精神风貌。因此,通过广场舞反映新时代,新特色,也是前郭县文化馆的抒情达意编舞法的编创初心。如舞曲《我站在草原望北京》反映了前郭尔罗斯蒙古族自治县各族儿女心向北京,心向以习近平同志为核心的党中央,感谢祖国、感谢党。

三、取得成效

前郭县广场舞的开展取得了一定的成效。

第一,壮大了广场舞队伍。通过采取"走下去,请上来"的培训方式,广场舞的团队由点到面,县、乡、村三级联动形成广场舞的普及链条。村一级人数达到2100余人,乡镇达到1000余人,县城社区达到1200余人,使广场舞成为人们生活中不可或缺的一部分。人们锻炼了身体,愉悦了身心,广场舞让家庭更加温馨友爱,社会更加和谐稳定。

第二,民族文化以新的方式得到有效传承。安代舞、挤奶舞、盅碗舞等蒙古族特色舞蹈元素的引入,使当地的民族文化充满活力,加之与现代音乐的完美融合,让广场舞的草原气息绵延不绝,独树一帜。

第三,广场舞与生产劳动有机融合。前郭县文化馆将县、乡、村文化带头人、志愿者请上来在馆内集中培训。同时,选派优秀辅导干部走下去,深入社区、文化大院,一对一辅导。干部们倾听群众的诉求,结合实际将插秧、播种、施肥、收割、破冰、下网、拉网、搅网这些耕种、捕鱼等极具生活气息的劳动场景融入广场舞,让农耕文化、渔猎文化在人们的舞动中得到艺术的展示。

第四，满足了不同人群的文化活动需求。在参与广场舞的人群中年龄段各有不同，为了满足所有人的需求，我们区别对待，合理安排，量身定制，使人们各得所需，心满意足。如年轻人喜欢节奏感强，动作幅度大且灵活又有劲道，同时，他们更愿意接受网络视频的辅导方式。而中老年人更喜欢节奏舒缓的怀旧乐曲，动作幅度小且舒展柔和，一对一、手把手的辅导方式则是他们的最爱。

四、经验启示

（一）创新背景立足本地，勿好高骛远

前郭县综合发展"三张牌"为民族、绿色、旅游。那么，前郭县文化馆作为宣传当地政府方针政策的喉舌部门，更应利用一切可利用的方式来宣传政府决策。因此，前郭县的广场舞在不影响群众活动的前提下尽量主推当地民族元素。正因为这些民族情结、地域情结、乡愁情结的融合，才出现了"前郭现象"的广场舞。

（二）创新成果让活动者发声，不自我评判

通过前郭县文化馆辅导教师同广场舞活动者的交流反馈，我们得知参与广场舞培训者很开心，辅导老师手把手教学，反复示范，不厌其烦，让他们很感动。他们说："我们就是想接触教东西认真完整的老师，为我们量身定制属于我们的特色广场舞。"

（三）创新实践，任重道远，永不止步

虽然广场舞活动在前郭县初具规模，但仍有上升空间，譬如：将广场舞与生产劳作相结合，把农民插秧、摘果、牧民放羊、渔民冬捕等生产动作巧妙纳入广场舞中；通过文化馆推广广场舞，带动馆办团队、城镇社区社团、农村村屯、文化大院广场舞滚雪球式发展，让广场舞队伍越来越庞大；满足年轻广场舞爱好者在动作上难度、幅度加大的要求，有针对性地给这部分人群"开小灶"；拓展空间，利用好本馆数字化服务平台，安排线上广场舞授课，在时间和空间上扩大广场舞参与者队伍。

广场舞的普及与创新今后还有许多细致的工作需要我们去做，我们将在实践中不断探索、改进、提升，把这项文化公益活动推向尽善尽美，期待着和全国文化馆辅导工作者共同努力！

桦甸市文化馆传承弘扬民族文化的成效及对策

桦甸市文化馆 徐学新

近年来,桦甸市文化馆全面贯彻党的民族理论和民族政策,以弘扬爱国主义精神、推动民族团结、铸牢中华民族共同体意识体为主线,以传承和保护民族民间文化艺术为宗旨,通过举办展览、比赛、演出、文化下乡和群众文艺创作等以民族团结进步为主题的文化活动,推动了民族文化的繁荣发展和交流融汇,为促进各族干部群众之间的团结和桦甸市民族团结进步事业作出了积极贡献。

一、创新背景

桦甸市位于吉林省东南部,长白山余脉,第二松花江上游,是古肃慎部族的故土,满族文化的发祥地。全市总人口 45 万,有朝、满、回、蒙等 19 个少数民族。桦甸有着悠久的历史文化,各族人民在这块风水宝地上繁衍生息,共同创造了积淀深厚、内容丰富的民族民间文化,培育出鲜艳的民族团结奇葩。特别是近年来,桦甸市委、市政府高举民族团结进步的旗帜,认真贯彻落实党的民族政策,依托人文优势,积极打造城市文化名片和民族民间文化品牌,开创了桦甸民族团结工作的新局面,谱写了桦甸民族团结奋斗历史的新篇章。

二、创新做法及成效

(一)健全完善民族团结进步工作机制

桦甸市文化馆高度重视民族团结进步工作,切实加强民族文化传承保护工作力量和人员配备。在年度重点工作中,优化和整合民族团结进步工作职能职责,增强文化干部民族文化保护和传承意识。馆内设置文化服务事业专业技术干部 22 人,其中,副高职称 5 人、中级职称 7 人,大专以上学历 22 人,确保了全市民族传统文化保护、文化馆免费开放服务等工作有效开展。

(二)逐步提高民族文化保护能力

桦甸市文化馆强化民族文化保护措施,切实担负起文化宣传部门责任,利用广播电视、互联网等媒体和平台,采用各种方式,深入宣传贯彻和落实《中华人民共和国民族民间传统文化保护法》。切实加强全市少数民族文化骨干素质教育和业务能力培训,动员、吸纳各方力量广泛参与民族文化保护工作,营造良好的民族文化保护氛围。扶持发展金达莱朝鲜族老年艺术团、卢凤霞满族农民画工作室等少数民族文艺团队,定期组织辅导干部深入少数民族文艺团队、村屯开展流动服务、辅导和培训。以弘扬少数民族优秀传统文化为主题,举办了"民族团结进步"主题农民画创作培训、满族剪纸培训等专题培训 10 场次,培训绘画(剪纸)骨干 2000 余人次;举办民族广场舞、朝鲜族舞蹈培训 20 余场次,培训舞蹈骨干 1000 余人次。组织馆文艺小分队深入乡镇、敬老院、警营、少数民族村屯开展送文化下基层演出 50 余场次,受益群众 6 万余人次。

(三)不断丰富民族文化活动内容

坚持"在保护中开发、在开发中保护",突出开发和保护、传承与创新相结合,用丰富多彩的民族文化活动,引导桦甸各族人民"紧紧抱在一起",促进各民族共同团结奋斗、共同繁荣发展。桦甸市文化馆在全市各种大型文化活动中,充分发挥桦甸民族文化资源优势,不但注重吸收少数民族群众参加,而且还编排了反映少数民族特色和风情的节目,陶冶各民族群众情操,密切各民族群众之间的联系,成效显著。2014—2020 年,共组织金达莱朝鲜族老年艺术团参加了市民文化活动月"放歌金城"社区群众文艺展演、第 12 届中国·桦甸白桦节广场演出季暨"金城白桦之夏"广场文艺演出、第六届市民文化节暨中国·桦甸第 14 届"白桦节"广场演艺季等全市性大型文化活动 20 余场次,演出朝鲜族特色文艺节目 60 余个,将一台台独具民族风韵的文艺演出送到百姓眼前。2020 年,在桦郊乡晓光朝鲜族村组织举办了首届桦甸市朝鲜族辣白菜文化节、"文艺扶梦·圆梦小康"吉林朝鲜族艺术家走进大美桦甸送演出活动,吉林、桦甸两地朝鲜族艺术家献上了独唱《红太阳照边疆》、舞蹈《道拉吉花开》等具有朝鲜族独特民族风情的文艺节目 20 余个,营造了"民族团结一家亲"的文化氛围。

(四)积极开展民族文化域内外宣传活动

桦甸市民族文化遗产丰富,"桦甸农民画"享誉海内外,"朝鲜族歌舞"也是桦甸传统的节庆文化品牌。桦甸市文化馆始终坚持把传承民族传统文化与打造文化品牌相融合,借助中国·桦甸白桦节、农民画展会、民族民俗文艺汇演等各种民族民间文化交流和展示平台,宣传推广桦甸本土民族"文化名片"和"文化名人"。2018 年,桦甸市文化馆组织桦甸市进藏文化交流代表团赴西藏自治区日喀则市昂仁县、吉隆县开展进藏文化交流暨桦甸农民画精品展活动,将桦甸本土民族民间文化展现给西藏的藏汉同胞,共绘民族团结、地域融合的锦绣画卷。2019 年,组织协办了庆祝中华人民共和国成立 70 周年中华民族音乐文化盛典暨桦甸农商银行"白桦之约"第 14 届中国·桦甸白桦节文艺晚会,蒙古族满都拉组合、维吾尔族歌手阿尔法、藏族歌手阿斯根、佤族歌手党中华纷纷登台献艺,展现了浓郁的民族风情,唱出了各族人民阔步奔向新时代的豪迈心声,1 万余人观看了演出。2020 年,组织举办了桦甸市民族团结进步农民画、剪纸作品展览,面向全市征集并展出卢凤霞《朝鲜族风情》、于仙《长白秋韵》等 150 幅农民画(剪纸)作品。这些作品以歌颂各民族繁荣发展为主题,抒发了爱国情和民族情,从不同角度集中展现了桦甸独特的民族风情和各民族团结向上、同舟共济的良好精神风貌。

几年来,桦甸市文化馆共组织金达莱朝鲜族老年艺术团代表桦甸市参加吉林市少数民族文艺汇演、吉林市朝鲜族民俗文化节等民族节庆活动 10 余场次,参演的独唱、舞蹈等节目获"特等奖""一等奖"共 10 余项。桦甸市文化馆多次被主办部门授予"优秀组织奖"。2012 年,满族农民画家卢凤霞被新农村电视艺术节暨新农民才艺风采大赛组委会和中国农民书画研究会评为 2012 年度"全国十佳杰出农民书画家"之一;2014 年,卢凤霞创作的农民画作品《任乡情流淌》在美国纽约联合国总部展出并被收藏,在《人民日报》上发表。

三、经验启示

(一)民族文化创新要继承文化传统

继承是创新的前提。继承和弘扬优秀传统民族文化,与积极进行文化创新、建设中国特色社会主义先进文化是统一的。离开对优秀民族文化的继承和弘扬,所谓文化创新就会成为无源之水、无本之木。因此,我们要积极开拓思路,切实加强民族民间文化遗产保护,扶持民族民间艺术的传承及资料的抢救、整理和研究。发掘、挽救濒临失传的民族文化,继承和弘扬本土艺术,充分利用民族民间传统节日开展传承展示活动,推动民族文化不断发展繁荣,造福人民,造福后代。

(二)民族文化创新要适应时代发展

民族文化是一个地区或一个民族经济可持续发展的力量源泉。伴随着文化全球化和文化经济的崛起,文化日益成为推动经济增长,增强国家、地区综合竞争力的核心要素之一。民族文化建构的重要性和迫切性日益凸显。文化职能和服务部门要紧跟时代前进脚步,聚集各民族文化力量,以各种文化形式,不断推出符合时代精神气质、展现本土文化风情的优秀的民族文化产品和文化服务,为全面深入持久开展民族团结进步创建工作、推动民族文化繁荣发展提供精神动力和智力支持。要把文化建设纳入当地经济和社会发展总体规划,探索并逐步建立适应社会主义市场经济体制、符合客观发展规律的民族文化发展运行机制,切实加大对基层少数民族文化设施建设的投入力度,积极培养和壮大少数民族文化艺术人才队伍,繁荣民族文艺创作。

原创作品孵化地的文化馆实践

——以上海市黄浦区文化馆舞台艺术排练中心平台搭建为例

上海市黄浦区文化馆　朱　晶　周琛洁

一、舞台艺术排练中心平台搭建的背景

为扶持国内外舞台艺术优品精品,打造上海首个国际化公共排练中心,并将其建成原创剧目的孵化展演之地,营造"演艺在黄浦"的良好氛围,黄浦区与上海市文化广播影视管理局签署"十三五"期间共同建设"环人民广场演艺活力区"的战略合作框架协议。该协议的正式签署表明了黄浦区建设舞台艺术平台的铿锵决心。此次项目创新方案的落地,考验的是黄浦区文化馆的实践能力和创新思维。项目落实过程中,所遇到的问题通过全体成员思想火花的碰撞得到解决。现将舞台艺术排练中心创新建设情况进行分析探讨,希望能为其他保护本土原创艺术发展的单位提供思路。

二、舞台艺术平台项目创新工作的具体措施

黄浦区文化馆自从开展舞台艺术平台项目起,励精图治,力求建设出水平一流、质量上乘的舞台艺术排练中心,为心怀梦想但缺乏场地的团队免费提供排练展示的平台,为黄浦区的居民提供赏心悦目的艺术作品。舞台艺术平台项目创新示范工作伊始,文化馆领导及项目组相关负责人根据上级下发文件,拟定了《舞台艺术排练中心黄浦区文化馆场地使用管理办法》,严格按照管理办法具体内容引进可信赖的团队,确保意识形态责任安全,成为原创剧目孵化展演之地。现有资源的合理利用,原创剧目的版权申请,是该项目的重点,也是亮点。即便是属于半公益形态化运营的团队,舞台艺术排练中心管理也具备严苛的条件制约。严格团队引进管理,追求剧目的内容形式创新,是做法中的创新之处,也是此次项目的成功之处。

（一）优秀团队引进难,求才若渴广招募

舞台艺术排练中心的成功搭建,向更多原创剧目敞开了大门,为更多志向远大的优秀团队提供了创作摇篮。现在,不同经营性质、不同流派艺术的团队纷纷涌入舞台艺术排练中心,开始原创剧目的排演。然而在发展之初,文化馆在团队引进方面也遇到过些许坎坷。初期,该项目在社会上没有较高的知名度,在公益免费的情况下,排练团队还是寥寥

无几,馆内排练厅空置。为了提高舞台艺术排练中心社会知名度,吸引更多的团队到此排练,文化馆开始积极宣传和招募。在相关负责人及工作人员的努力推广下,通过电话联络、见面介绍等方式,团队负责人们纷纷被文化馆人的热情打动,排练中心的人气增加了,团队也充实起来。

(二)团队管理无则可依,内部监管明确责任

排练中心初具人气的同时,团队排练管理上的问题也浮出了水面。一是极个别团队在排练结束后随意将不再需要的衣服道具等物品全部扔置在排练房内,公共空间变成凌乱的杂物间,甚至在茶水间角落里散落着烟头和烟灰。二是文化馆离居民区很近,晚上排练人员的喧哗嬉闹引起了居民的不满,文化馆接到了市民的投诉。原先文化馆在引进团队时审核要求不完善,无资质、无演出许可证的团队进入舞台艺术排练中心,造成了此类情况的发生。

于是,舞台艺术排练中心与相关院团、机构共同制订了"舞台艺术排练中心场地使用申请表"。该申请表的出炉,使团队引进这一环节更为规范透明,筛除了部分不合格团队,保障了舞台艺术排练中心排演团队的整体水平和素质文明。同时,文化馆对待引进团队的数据进行收集,了解背景情况,在申请主体和申请内容上划定了标准:规定可申请主体为在上海市登记注册的国有文艺院团、民营文艺院团与演出经纪机构;申请使用的项目以上海出品或在上海首演的原创剧目为主。此外,也将是否在上海或全国具备一定影响力、是否有国家资助项目等纳入考量范围。标准的划定,为舞台艺术排练中心的健康发展奠定了坚实的基础。

三、舞台艺术排练中心向公共文化活动孵化地转变

经过 5 年的发展成长,舞台艺术排练中心在团队排演、剧目内容、群众服务方面取得了较为显著的成效。2016—2020 年,舞台艺术排练中心累计接受预约排练团队 39 个,孵化剧目 52 个,排练 2343 场,参与排练人员达 49000 人次。这些数字显示出舞台艺术排练中心在发展过程之中展现出的蓬勃生命力。除此以外,更获得了其他四个方面的成效,充分发挥了公共文化活动孵化的功能。

第一,优秀剧目获得殊荣。舞台艺术排练中心孵化的古典新美学原创音乐剧《白蛇惊变》,荣获 2018 上海市优秀民营院团展演优秀剧目奖;原创诗情话剧《漫长的告白》主演郑云龙获得第三十届上海白玉兰戏剧表演艺术奖新人主角奖,作品在市民大众中获得热烈反响。

第二,公益观演剧目提升观众文化素养。通过搭建社会化合作的桥梁,各民营文艺院团与演出经纪机构在舞台艺术排练中心排练孵化作品后,将剧目以公益演出票的形式回馈上海市民。如人生大不同公益发展中心原创身体剧《问》,由素人舞者从自身生活经验汲取灵感并以肢体和戏剧形式表现出来,为艺术爱好者提供艺术的饕餮盛宴,引导观众文

化素养向更高水平提升。

第三,剧目的表现形式多样化。为丰富市民的美育内容,由《漫长的告白》《犹太人在上海》《永远的尹雪艳》的主创人员向观众解读作品幕后故事,将戏剧作品通过零距离沟通的方式尽可能地传播市民观众,在黄浦区文化馆形成戏剧聚集区,增强市民文化活动的多样性。

第四,散发传统曲艺魅力。推广普及世界非物质文化遗产,张冉昆曲艺术工作室原创昆曲《牡丹亭》《长生殿》等传统曲艺与我馆艺术排练中心合作创新孵化,举办的昆曲艺术讲演使市民感受到昆曲艺术的魅力;勤苑沪剧团原创沪剧《亲人》,讲述了落实党的十八大精神,践行党的群众路线教育实践活动中发生的故事,入选2016年文化部优秀戏曲剧本创作孵化计划。

舞台艺术排练中心平台创新是原创剧目成长的试验田,不仅拓展了白玉兰剧场的演艺功能,丰富了黄浦区演出剧目的内容和类别,引导观众文化素养向更高水平提升,助推了"演艺在黄浦"的氛围营造,而且通过对进入团队原创剧目创排的支持和鼓励,打响文化意识形态领域攻坚战,做强文化软实力输出。推广舞台艺术排练中心创新建设案例,以求为引领原创文化创作风尚、形成良性竞争、保护我国本地文化多元性献出微末之力。

长宁西城共携手　依依不舍南北情

——"南北情"系列馆际文化交流品牌项目

上海市长宁文化艺术中心　叶笑樱　黄之琳

北京市西城区文化中心　郑　昕

一、背景

"南北情"系列是 2016 年起,由上海长宁文化艺术中心和北京市西城区第一文化馆携手创办的馆际文化交流活动的品牌项目。截至 2020 年底,已经连续成功举办了五届,主题分别是"舞动南北情""歌唱南北情""曲韵南北情""越韵南北情""缘创南北情",以不同类型的艺术门类为主题开展京沪两地的公共文化交流,其间还从动态类的活动衍生出三场静态类的展览——"绘聚南北情"。

"南北情"已经成了根植于上海长宁和北京西城两地群众和两馆工作人员心中的文化品牌。尽管南北文化存在差异,但是两馆在工作方式、工作干劲、工作创新上都属于势均力敌的状态。通过每年 1—2 次的文化演出交流和文化馆管理、公共文化艺术研讨交流等活动,两馆的馆办团队、工作团队都从对方的文化工作中得到很多工作的灵感和启发,从中取长补短,让自己的文化工作上了一个新的台阶。

2018 年"曲韵南北情"戏曲、曲艺交流展演

二、具体做法

（一）主题突出、参与广泛、资源共享

每一次的"南北情"都会选择一个鲜明的主题作为文化交流的内容。如第一届"舞动南北情"，进行了两地的群众舞台舞蹈作品交流演出。这场演出不仅让上海长宁的观众饱了眼福，更让双方的舞蹈团队和舞蹈教师对对方舞蹈的特色有了进一步的了解。南北两地不同的风土人情让两馆创编的舞蹈有了完全不一样的特色，比如，北京的舞蹈风格更浓烈，选取的音乐更欢快，动感十足，而上海的作品则更婉约、更有江南风格。演出后，上海长宁邀请了群众舞蹈专家魏芙老师和两地演职人员探讨群众舞蹈和广场舞的编创特色，让大家受益匪浅。在这次交流结束后，长宁文化艺术中心的舞蹈人员还专门借鉴了北京舞蹈的风格创编了一个作品，在次年的上海市民舞蹈大赛中拔得头筹，该作品还被上海作为唯一的节目选送参加了第一届全国广场舞展演。第一届"舞动南北情"有一百多名群众演员参与演出。第二届"歌唱南北情"中，上海长宁文化艺术中心带领馆办的SHEO合唱团北上进京，和北京多支合唱团进行交流。上海带有江南农家特色的合唱作品让北京观众觉得很新鲜，而北京的京韵风格的唱法也让上海的合唱团学到了很多。演出后，北京市西城第一文化馆也邀请了中央音乐学院的周海宏教授给团员们上了一次音乐赏析课，所有团员都直呼过瘾。在之后的每一次交流中，两馆都会竭尽全力把本地最好的资源展示出来，以达到交流活动的最佳效果。

上海长宁区与北京西城区的青年文化工作者同台共舞

（二）注重实效、成效明显、优势互补

"南北情"不仅让两地从群众从文化艺术的内容中受益，彼此更是在公共文化工作和馆务管理上得到了很多的相互学习的机会，特别是对精准策划公共文化活动、标准化管理馆内人员、认识定位公共文化工作等都起到很重要的作用。

上海长宁文化艺术中心向北京市西城区第一文化馆赠送版画作品

"南北情"不是流于形式的交流,而是更注重公共文化的实质,让文化不再拘于一方,真正地流动起来。北京市西城区第一文化馆馆内面积大、人员编制多,部门设置也比较细化,因此每年都能创作出规模比较大的文化作品,如原创剧等,很有北方的特点。而上海长宁文化艺术中心工作团队理念较新,专业要求比较精细。当上海长宁文化艺术中心把馆里的展览送去北京市西城区第一文化馆进行交流时,北京市西城区第一文化馆的领导和美术干部也表示深受启发。北京市西城区第一文化馆后续也加强了对静态类艺术的策展和展陈上的设计,获得了极好的口碑。而上海长宁文化艺术中心也受到北京市西城区第一文化馆的鼓舞,2020年根据长宁的地域文化特色自编自导自演一部原创话剧《微光》,并于11月在第五届"缘创南北情"的活动中,和北京市西城区第一文化馆与北京人艺合作出品的原创剧《武学宗师》一起亮相。

俗话说,天下群文一家亲。如今,两个文化馆"南北情"结缘,以更宽广的视野和更宽泛的理念,携手探讨、研究、发展公共文化和全民艺术普及的提升,可谓是"亲上加亲"。而最受益的是两地的群众和两馆的文化工作者。

版画家邹向群老师现场为观众做版画艺术作品的艺术导赏

三、成效

（一）"1+1>2"让公共文化服务具有无限可能

　　一个文化馆的力量是有限的，而南北两馆的牵手却产生"1+1>2"的无限效能。在两馆的共同努力下，共同举办的展览，促成美术界两位泰斗——中国美术家协会荣誉主席靳尚谊先生、中国美院教授全山石先生相聚在上海长宁文化艺术中心；让陕西的"非遗"传承大师、打击乐世家祖孙三代分别从上海、西安赶赴北京西城同台演出；让南北两馆的馆办越剧团队走上了专业人士向往的"梅兰芳大戏院"的舞台；让一群在500强企业里叱咤风云的老总在合唱的世界里变得温柔可爱；让李大钊时代使用的货币和记载中国共产党发展历程的钱币在新中国成立70周年亮相在群众的眼前……这就是"南北情"的力量创造出的无限可能。

（二）激活公共文化工作的内在动力

　　公共文化工作的要求在逐年提升，"闭门造车"和"自娱自乐"的方式已经不能满足群众对于公共文化的需求。公共文化工作者需要不断加强内在对于工作的创作动力和创新意识。"南北情"的馆际交流不仅让两馆同志在工作上得到一定启发，更让文化工作者从中看到自己的不足，产生新的工作动力。在整个"南北情"的交流过程中，两馆工作人员早已结下了深厚的友情，在工作中会自发地探讨，在"南北情"项目的实施过程中，两馆的项目负责人也不断地在工作对接中完善项目方案。每一年不同内容主题的交流活动让两馆各部门的工作人员都得到了很好的锻炼和提升。

四、启示

　　一是文化馆要基于国家公共服务体系示范区创建的重大契机，在馆际交流文化品牌打造上全面发力。充分兼顾传统文化资源的传承创新与新时代先进文化的引领，在公共文化服务工作中呈现出文化包容意识很强的跨界思维，将文化与其他领域的资源充分对接，不断创新活动形式，吸引公众深度参与和体验，这样必然会形成全民艺术普及的良好态势，最终促进两地市民整体文化素养的提升，为国际精品城区提供源源不断的文化动力。

　　二是要搭建文化交流合作平台，逐步形成南北融合、城际互通、共建共享的文化双赢发展理念。在推进南北文化交流合作的进程中，合作共赢思想发挥着潜移默化的作用。上海长宁文化艺术中心化区位优势为文化资源，通过搭建交流平台、建立协同机制、举办新型文化活动等有效形式，大大推动南北两地之间的公共文化共建共享，展现了南北两地缤纷多彩的地域文化特色和人们对美好生活的不懈追求，彰显了南北两地公共文化协同发展的重要成果，带动了南北两地文化联动发展。

三是要创新思维,跨界整合各类优秀文化资源,举办各类新型的文化活动、展览、展演。以"非遗"大师联袂演绎、原创剧目同台共演、馆办团队"南北情"交流活动等为代表,这些活动不是简单的文化形态展示,更是为了在交流和分享过程中,涵养文化融合发展的良好生态,激发两地蓬勃的文化创造热情。

文化配送优化升级：促进供需精准对接

上海市长宁文化艺术中心　周姗璐　黄之琳　李志敏

一、背景

随着公共文化设施逐步健全，公共文化产品极大丰富，广大居民群众在选择、体验公共文化服务方面出现日益多元化的趋势。为了实现公共文化产品服务效能的最大化，必须不断加强公共文化供给和需求之间的精准对接。对此，长宁区的做法是将重点放在优化公共文化产品配送体系上，逐年递增的配送参与社会主体和项目数量，以及不断新增的配送资源，如"源头活水"般流淌进长宁区市民的文化菜单上，令长宁区公共文化资源配送工作与时俱进，常抓常新。

二、做法

（一）编制手册，广泛覆盖

长宁区从2012年开始编制公共文化产品配送手册，建立起以配送手册为信息源、以项目化方式输出产品、以购买服务为对接渠道的公共文化项目配送服务机制。编制配送手册，主要将调研报告、绩效报告、优秀配送主体、配送信息等资料，发送至区文化和旅游主管部门及街镇、配送单位等，以便相关各方能更有效捕捉信息、追踪动态，从而保证公共文化产品配送工作有序推进。

自2019年以来，随着配送服务机制的优化升级，配送手册的信息源功能也得到了进一步强化，最新的2.0版除以往刊载的内容外，还增加了全区调研需求报告、六大制度汇编（《长宁区公共文化资源配送管理办法》《长宁区公共文化资源配送采购标准》《长宁区公共文化资源配送工作流程》《长宁区公共文化资源配送考核和监管标准》《长宁区公共文化资源配送需求反馈制度》《长宁区公共文化资源配送巡查志愿者管理制度》）、优秀文化品牌介绍（"艺汇长宁""曼舞长宁"等）、优秀项目案例、特色化菜单等内容，发送范围也扩大至市文化和旅游局、市配送中心、长宁区国家公共文化服务体系示范区创建领导小组成员单位、社区、学校、部队、医院等所有配送服务网格主体。这种网格配送方式增加了信息传播的密集度和覆盖面。同时，采用专业配合、技术支撑和基层助力等多种方式，让承接主体深入了解配送项目，进一步推进公共文化产品配送的精准供给。

公共文化资源配送专家评审会现场

（二）引导需求，提升效能

2021年3月《新民晚报》头版报道：文化配送为留沪过年的外卖小哥送上新春温暖

除上海本地配送主体外，该配送服务机制还吸引了杭州荣音堡文化传播有限公司、宣城市双乐皮影戏演艺有限公司、承德县静勇文化传媒有限公司等长三角和京津冀地区单位进入长宁区公共文化配送目录。以前愁的是"菜品"不够多，现在有了越来越丰富的配送"菜单"，如何"点好单"，让每一项公共文化产品都有相应的传播渠道和受众，成为长宁区面临的新课题。

长宁区在配送手册功能升级后，便有条件将其作为社区文化服务人员"点单"时的必备参考资料，并通过配送网络平台进行反馈，不断增强居民们的自主点单意识，进而通过梳理、整合居民个性化需要，以谋求最大公约数为目标，加以引导和激励。

在新配送主体加入后，为了提升这些主体的群众知晓度和接受度，通过配送手册，可以给更多新进社会主体成员展示的渠道,让更多百姓更为直观地了解他们的产品,通过有效整合公共文化服务项目资源,打造不同主题的特色"菜单",实现配送资源的充分流动、共享。配送主体还可通过配送手册了解其他主体的产品项目,避免申报项目"撞车"的现象,形成良性竞争,促进产品不断创新优化,提升社会主体产品品质。

(三)线上服务,精准对接

随着全区公共文化资源不断丰富,长宁区又制定了《长宁区公共文化资源配送征集实施细则》,并以配送手册为基础,进一步完善公共文化产品内容供给线上服务平台,二期平台升级为"长宁区公共文化内容供给平台",新增四级183个居民区活动室点单功能,需方额度管理、订单过程管理和提醒、辅导培训配送管理、电影配送管理、第三方巡查信息上传和数据管理、大数据分析、与市级配送平台系统对接、志愿者队伍管理等功能模块,实现供需双方更加便捷精准的"菜单式"和"订单式"服务。创建工作启动至今,由专家评审选出的项目进入配送"菜单",通过10个市级场馆、6个区级场馆、10个街镇社区文化活动中心、183个居民区综合文化活动室构成的四级公共文化服务设施网络实现全覆盖,供各级公共文化场馆直接按需"点单",100%覆盖全区四级设施网络。2020年上半年,对线上供给管理平台进行升级,开放了向居民区"点单"的四级权限,并人性化加入了多个居民区拼单功能,切实满足基层百姓的实际需求,提升他们的文化获得感。

此外,长宁区正大力推进区政府实事项目"万千百"公共文化惠民工程和"艺汇长宁"艺术普及工程,全区各级公共文化场馆定期面向特殊群体开展公益性服务,累计招募文化志愿者1891名,共有文化志愿者队伍154支,并将"四级供给"向工地、工厂等来沪务工人员聚集区延伸,这在一定程度上也促进了信息服务体系向这些区域的延伸。

长宁区送欢乐艺术团基层巡演

致敬"最美逆行者"——上海"红色文艺轻骑兵"长宁送欢乐艺术团小分队为部队医务工作者演出

三、成效

（一）丰富配送内容，有效满足市民的繁杂"口味"

长宁区在保持四级配送体系的全面覆盖性、大数据平台的便捷性的同时，注意到公共文化服务建设及参与其中的文化单位、社会力量和居民正悄然发生着角色转变。2019年，长宁区在配送资源方面共征集了190家社会主体的747个项目，评选出的169家单位的565项产品在通过初审后进入配送"菜单"，使服务内容更加丰富、形式更为多样化。2020年，通过社会化招募和专家评审，共有350家社会主体的969个活动项目进入区级供给"菜单"，配送主体数量较之2019年增加近一倍。"菜品"品种更加多样化，综合社区需求，专家进一步把好"品质关口"，一席"满汉全席"有效满足市民的繁杂"口味"。

（二）升级配送系统，打通公共文化服务"最后一公里"

示范区创建期间，"长宁区公共文化资源配送管理系统"优化升级至2.0版本，在保留原有功能基础上，加入了第三方巡查、四级配送点单、文化指导员点单等功能，为了更方便资源征集主体的参与，延续了线上线下相结合的方式，线上征集、线上评审、线上点单、线上反馈等各个环节基本实现了无纸化，提高了工作效率，节约了配送工作各方的时间和成本，利用现代化手段实现公共文化供给精准对接，多措并举打通公共文化服务配送的"最后一公里"。

四、启示

一是文化配送是公共文化服务供给的一部分,长宁实现从文化系统内部的"小循环"到全社会参与的"大循环"。在公共服务社会化、专业化发展的背景下,长宁区打破行政部门之间的壁垒,积极整合区域文化系统内各层级的文化资源,并将其统一纳入全区供给系统。与此同时,不断加大对跨部门、跨行业、跨领域公共文化资源的整合力度。降低准入门槛、引入竞争机制、引导社会力量参与公共文化服务,逐步建立起多方参与、协同共享的公共文化服务供给机制,形成各类具备资质、符合条件的文化企业和社会机构共同参与、有序竞争的良好局面,使公众真正成为最终的受益者。

二是长宁充分挖掘区域优秀文化资源,积极开展公共文化服务的自我生产与自我供给。基于每个社区、单位独特的文化传统,长宁的文化配送从区域文化资源中不断汲取文化滋养,不断传承创新,通过不同的艺术形式和组织形式,打造出既反映区域文化特色,又能满足广大人民群众文化需求的文化供给结构改革模式。近年来,在具体的文化实践中,涌现出一大批特色鲜明的区域文化品牌。

三是长宁文化配送实现以需求为导向的供需匹配。长宁的文化供给实践不是简单强调对于群众文化需求反馈的重视,而是把需求导向贯穿到公共文化服务供给的决策、供给渠道的建设、资源整合、效能评估等各个环节。在文化配送优化升级过程中,社会主体参与的项目数量逐年递增,打通"最后一公里",形成一个较为完整的闭环系统,真正实现以需求为导向。

全球手风琴盛宴:共享长三角区域优质公共文化

上海市长宁民俗文化中心　顾　海

一、背景

"上海之春"国际音乐节是中国历史最悠久的音乐节,50多年来,"上海之春"始终坚持新人新作和群众性音乐舞蹈活动的传统,大力推动中外文化交流,努力丰富人民群众精神文化生活。随着"一带一路"倡议和长三角区域一体化发展战略的不断深入推进,在长三角区域合作办公室的指导下,由上海长宁区牵头建立由39个城市组成的长三角地区国家公共文化服务体系示范区(项目)合作机制,旨在充分发挥典型示范作用,加强各地在公共文化领域的交流合作,

在此背景下,为进一步丰富长三角区域公共文化服务内涵,2019年4月,由上海市文学艺术界联合会、上海市长宁区人民政府指导,上海音乐家协会、上海市长宁区文化和旅游局、上海市长宁区文学艺术界联合会主办,上海长宁新虹桥文化艺术交流中心和上海音乐家协会手风琴专业委员会承办的2019"上海之春"国际手风琴艺术周成功举办。其间,"一带一路"民族手风琴音乐会在长三角区域开启巡演,为长三角区域居民和海内外来宾献上了十余场音乐盛宴,展示手风琴多元化、民族化、国际化发展的新格局,营造浓郁的城市音乐氛围,在擦亮上海文化品牌的同时,积极助推长三角区域公共文化一体化发展,推动长三角区域公共文化一体化发展走向新的阶段。

2019年"上海之春"国际手风琴艺术周活动现场

二、做法

（一）顶级演奏家云集，凸显"一带一路"音乐特色

2019"上海之春"国际手风琴艺术周汇聚了来自俄罗斯、塞尔维亚、立陶宛、摩尔多瓦等"一带一路"共建国家和地区的知名手风琴演奏家、组合参加演出。在 4 月 13 日举行的首场上海站音乐会上，世界杯手风琴锦标赛室内乐组冠军、俄罗斯组合"ESSE 五重奏"，塞尔维亚班多钮手风琴及电子手风琴组合"探戈热效应"，多个国际比赛冠军得主、立陶宛手风琴与小提琴组合"爱与荣耀二重奏"，世界杯手风琴锦标赛青年组冠军、摩尔多瓦演奏家拉杜·拉托耶等名家带来本民族的经典手风琴乐曲，凸显"一带一路"共建国家和地区的音乐特色和人文气韵。与此同时，上海师范大学手风琴乐团带来融入国粹元素的手风琴和古筝合奏《国风华韵》，上海手风琴联盟乐团也带来极具上海地域特色的手风琴音乐作品。这些名家还深入长三角区域多地巡演，在积极推动海内外音乐交流的同时，让长三角区域音乐爱好者领略"一带一路"共建国家和地区的民族手风琴音乐的魅力。

世界杯手风琴锦标赛室内乐组冠军、俄罗斯组合"ESSE 五重奏"在演奏

世界杯手风琴锦标赛青年组冠军、摩尔多瓦演奏家拉杜·拉托耶演奏民族经典乐曲

（二）创新机制，让长三角区域居民共享优质公共文化

2019"上海之春"国际手风琴艺术周期间，主办方创新机制，以音乐展演、草坪音乐会、艺术展览、进校园导赏、高校大师班、专题研讨会等形式让长三角区域居民共享优质公共文化。

开幕式当天，全天候的长三角手风琴团队展演在上海新虹桥中心花园的绿地舞台及亲水舞台举行，邀请国际手风琴联盟和长三角地区手风琴专家、教师作为嘉宾。展演向社会公众免费开放，为市民送上手风琴艺术盛宴。此后，国内外艺术家在江苏常州、安徽马鞍山、浙江宁波等地开启巡演，将优质文化内容送到长三角音乐爱好者身边。演出期间，主办方安排了系列校园音乐导赏活动，邀请海外顶级演奏家来到上海第三女子初级中学、上海市建青实验学校、上海师范大学，带来"俄罗斯民族手风琴音乐""巴尔干音乐与探戈""手风琴独奏、室内乐技巧"等多场校园讲座和高校大师班，让莘莘学子领略手风琴艺术魅力和大师风采，在学子们心中种下音乐和国际文化交流的种子。

2019 年长三角地区手风琴团队展演

值得一提的是，"上海之春"国际手风琴艺术周暨"一带一路"国家民族手风琴艺术展、长三角地区手风琴巡演系列活动得到了官方唯一合作伙伴上海妙克信息科技有限公司（VIP 陪练）支持。这正是公共文化以其内生动力，借助政府引导和带头人作用，吸引社会资本和产业资本进入公共文化服务领域的一次成功尝试。

（三）主题展览呈现手风琴艺术脉络和多元发展

为配合手风琴主题，主办方在上海新虹桥中心花园的公共绿地空间搭建了手风琴展区，展品既有来自二十世纪四五十年代的手风琴，也有能代表如今较高制造工艺的现代手风琴,展览系统呈现手风琴艺术脉络和多元发展,并通过巡展机制,让更多市民在家门口就能领略手风琴的魅力。

为方便市民了解手风琴背后的故事,展览设置了"解密手风琴"环节,市民扫描展柜上的二维码就能品读每一台展琴背后的故事与设计理念,既能从"老琴"中一品手风琴的历史,还能透过富有设计感的"新琴"展望手风琴的未来。

三、成效

(一)推动长三角区域公共文化一体化加速发展

长三角区域一体化发展已上升为国家战略,本项目依托长三角地区国家公共文化服务体系示范区(项目)合作机制,倡导推广手风琴文化,通过精心的内容策划和组织,使这一国际高端音乐活动深入群众、服务社会,推动长三角区域公共文化一体化加速发展。

"上海之春"国际手风琴艺术周期间共举办十余场各类文化活动,上海广播电视台新闻综合频道、《解放日报》、上观新闻、《文汇报》、《新民晚报》等媒体对艺术周系列活动进行全覆盖报道,VIP陪练对多场音乐会进行全程直播,辐射更广泛的受众群体。仅开幕式当天就吸引了 2000 余名观众现场参与、20000 余人次在线欣赏互动。

在长宁区文化和旅游局的全力支持下,艺术周联动长三角区域多个城市的音乐事业发展,亦集结起长三角区域的手风琴专业力量,充分发挥长三角地区国家公共文化服务体系示范区(项目)典型示范作用,实现强强联手、优势互补、资源共享、联动发展。

(二)以手风琴为纽带,创新文化交流新平台与合作机制

西洋乐器手风琴与我国有着深厚渊源,在中国有着特定的时代记忆,大众对手风琴保持着较高的热情和关注度。近年来,"一带一路"共建国家和地区也诞生了众多优秀手风琴演奏家。

在此背景下,"上海之春"国际手风琴艺术周独辟蹊径,以手风琴为纽带,创新文化交流平台与合作机制。一方面把"一带一路"共建国家和地区的民族手风琴音乐引进中国,深化国际文化交流;另一方面,使得"一带一路"共建国家和地区独具魅力的民族音乐与长三角区域的音乐文化市场深度结合。

值得一提的是,依托长三角地区国家公共文化服务体系示范区(项目)合作机制,在长宁区文化和旅游局的大力支持下,艺术周精心推出的音乐展演、草坪音乐会、艺术展览、进校园导赏、高校大师班、专题研讨会等活动与周边城市的音乐文化事业和谐共振,让海内外音乐人和长三角区域音乐爱好者共享文化发展成果。

四、启示

（一）打造特色文化品牌

文化品牌是城市文化内涵与特质、文脉传承、民众文化需求、对外文化影响最为集中的载体。长宁区通过特色文化品牌的打造，塑造与国际精品城区相匹配的文化新形象，也是公共文化服务体系高质量发展的重要基石。

（二）找准交流切入点

在社会矛盾发生重大转变的新时代环境下，长宁区准确把握广大市民群众对高品质美好生活的需求特点，在日常生活中提取文化品牌得以成长的内在基因，以手风琴为载体，优化营商环境，不断提升国际精品城区城市文化软实力。

（三）发挥体制机制优势

作为第四批国家公共文化服务体系示范区创建地区，长宁区在推进长三角区域一体化发展进程中，积极响应国家号召，主动融入，率先提出成立"长三角地区国家公共文化服务体系示范区（项目）合作机制"的倡议，并于2018年10月成立了长三角合作机制，发布《虹桥宣言》。在长三角公共文化服务融合发展机制建立过程中，长宁区将"一带一路"共建国家和地区的民族音乐引进中国，使其与长三角区域音乐文化市场深度结合，大大推动了长三角之间的文化产品共建共享，文化协同发展，逐步形成长三角文化协同发展的重要枢纽。

论上海市静安区现代戏剧谷的创立与创新

上海市静安区文化馆　王晓怡

一、创新背景

　　静安区作为海派文化的聚集地,保留着浓厚的海派风情和文化底蕴。静安区,有特有的戏剧优势。上海戏剧学院、海上文化中心、艺海剧场、上戏实验剧院等很好地形成了一条戏剧产业链,并烘托出了静安区的戏剧氛围。因此在这种环境下,早在很多年前,就已经诞生了"戏剧静安"的概念,戏剧成为静安的一张文化名片,而"静安现代戏剧谷"也是在此概念下应运而生的文化品牌。

二、创新做法

　　戏剧相比其他文化形式,是小众的,因此,将戏剧作为重头戏进行打造,对静安区而言是艰巨而富有挑战性的。戏剧向来有"三高"——高门槛、高雅性、高票价,让群众望而却步。而静安现代戏剧谷的出现,不仅是要打造"戏剧静安"的概念,也是要改变戏剧在群众心中的既定概念,让戏剧成为雅俗共赏、老少咸宜的文化项目。

(一)第一轮创新——静安现代戏剧谷的创立

　　静安现代戏剧谷已经走过了好几个年头,从一开始局限在静安区的"小打小闹"到如今发展成为全市的一张文化名片,其中也是经历了波折和坎坷的。创造品牌初始,只是借鉴了国外比较有名的爱丁堡戏剧节、阿维尼翁戏剧节等的操作模式,将戏剧谷的活动划分为专业演出、非专业演出、讲座三个板块。所谓专业演出,是指邀请国内外一些知名的戏剧团队来演出,通常这个部分的人气最高,很多热门戏都一票难求。市民能够走进剧院享受高雅艺术,是戏剧普及的一部分。但相应来说,首先,由于戏剧的专业性比较强,乃至会有一些前卫先锋的表演要素存在,其独特的表达让许多民众无法完全理解;其次,虽然政府有一定补贴,但一些前排座位的票价也让很多人望而却步;再次,当时的戏剧仍旧只是一部分人的艺术,无法引起大众的共鸣。这三点也正好对应了之前说到的戏剧"三高"。相比而言,所谓的非专业演出则接地气一些,主要是由白领戏剧社团和大学生戏剧社演出。参与者首先上交自己原创或者改编的剧本,由专家选出十几个优秀的剧本后,在经过剧本修改和表演老师的专业指导之后,排练成型,每周进行会演。民众无须购票,只需要预约便可以走进剧场欣赏演出。但非专业剧团的演出质量仍旧存在良莠不齐的状况，虽然免除了门票，但正是因为免费，剧场的纪律难以保证，演出常常受到干扰。讲座则兼顾了两者的优点，主办方邀请知名的艺术家为民众普及戏剧知识，甚至还会为非职业戏剧人开办戏剧培训班。比如曾经邀请过知名舞蹈家黄豆豆、著名戏剧表演家焦晃等。

静安现代戏剧谷的创立可以说是一种对文化的全新尝试。在此之前，上海没有一个区用这样的方式举办大型的戏剧节。静安现代戏剧谷将戏剧作为一种群众文化推广到群众中，虽然这中间存在诸多问题，但它的出现开辟了群众文化的崭新天地。一方面，每年一次的戏剧盛会将社会上大大小小的戏剧力量聚集在一起，彼此交流学习、取长补短，不断提升戏剧的规格；另一方面，它让群众文化不再局限于特定年龄段人群。它本质上打破了群众文化固有的模式，让群文也变得可以很时尚、很年轻、很潮流。

（二）第二轮创新——静安现代戏剧谷的转型

虽然静安现代戏剧谷受到了民众的喜爱，但这样的模式在运行了几年之后，主办方发现其没有呈现上升的趋势，每年都在重复，很快令参与者感到审美疲劳，戏剧节变成了为了举办而举办的流水线作业。追寻根源，是因为它只是戏剧人自己的盛会，而群众则只限于成为观众。鉴于这种情况，戏剧谷新创立了一个板块，叫作"戏剧嘉年华"。戏剧嘉年华是指在为期一个多月的戏剧谷活动中，每个周末在静安区的各个商业路段进行户外的戏剧演出，同时会邀请国内外专业和非专业的戏剧团体，主要以肢体、即兴、装置等形式来进行演出。这一点可以说是充分吸收了国外戏剧节的精髓，同时文化馆也组织过专业老师参加乌镇戏剧节，进行采风和学习。戏剧嘉年华的主角从演员变成了观众，每一个路人都可以参与其中，欣赏艺术的同时，自己也可以成为表演者。另外，戏剧嘉年华的举行也可以带动周边商业群的发展，拉动区域内的经济。最重要的一点是，这样的活动形式不再局限在区域内，因为参与的路人是从四面八方来的，对这样的活动一传十、十传百，影响力在短时间内迅速扩大。这样的举措让主办方也不禁反思，是不是需要多一点这样"与民同乐"的戏剧项目，真正做到戏剧融入生活，戏剧惠及民生。在这种情况下，新的静安现代戏剧谷的模式也就应运而生了。

新的静安现代戏剧谷的模式吸取了之前的经验，以群众为本进行了创新，重新开辟了新的板块——中外家庭戏剧大赛，同时对原有的板块进行了改良。原有的知名戏剧团体演出、讲座等仍然保留，但在横向上进行了延伸。比如说，戏剧内容扩展到了戏曲部分，将京剧、昆曲、越剧等剧种引进来，满足了一部分老年观众的文化需求。这里要重点说一下新开辟的项目——中外家庭戏剧大赛，它是从2020年开始，以家庭为单位进行的小剧目演出。戏剧、音乐、舞蹈、戏曲等百花齐放，越来越多的民众能够自发性地参与这场戏剧盛宴。静安区的每个街道会组织自己区域内的家庭，同时接受其他区家庭的报名，通过初赛、复赛和决赛，最终优胜的家庭有机会在舞台上一展风采。这个创新举措一推出，就受到了广大家庭的喜爱，群众踊跃报名。许多家庭都是自编自演，以社会热点、家庭生活等为创作题材，接地气的同时也不乏创新，许多作品都让人记忆犹新。

2020年的中外家庭戏剧大赛中,全市共有600多个家庭报名,经过两个星期的比赛,百余个家庭进入复赛。最后一共有十个家庭脱颖而出,成了本次大赛的优胜者。2021上海市民文化节·静安现代戏剧谷"市民剧场"中外家庭戏剧大赛以"家有好戏"为主题,倡导"一家人一台戏",通过线上初赛、线下复赛、剧场决赛,以"5分钟"的戏剧表演,展现社会和家庭生活。2021年适逢中国共产党成立100周年,《红岩魂》《刑场上的婚礼》《与雕塑对话》等众多红色题材的戏剧节目是亮点,表演家庭和广大观众在戏剧中更加直观深刻地感受到了党的百年奋斗历程的艰辛和伟大。在2020年成功举办的基础上,此次大赛扩大了赛事规模和参赛范围,吸引了苏州的太仓和张家港、南通、温州、马鞍山的家庭积极报名参赛。为了提升家庭参与的积极性和舞台表现力,大赛首次采用"戏剧工作坊"的形式,将戏剧辅导贯穿整个赛事周期,做到"可看、可演、可互动"。

戏剧谷的这一创新,秉持着"有爱才有好戏,有爱才有创意"的宗旨,在普及戏剧文化的同时,也凸显了家庭亲情,融入了家庭教育,将群众文化与艺术展现相结合,为家庭关系的融洽和谐提供了新的舞台,为精神文明实践提供了新的载体。它让戏剧不再停留在剧场内,而是飞入了寻常百姓家,也让戏剧不再是够不着的阳春白雪,而是成了群众的一种生活方式。

三、创新成效

(一)树立新的标杆

静安现代戏剧谷在2020年创新改革之后,不但得到了群众广泛的好评,也得到了其他区的大力支持。以中外家庭戏剧大赛为例,以"家庭"为单位的戏剧活动即使放眼全国都不多见,静安现代戏剧谷"市民剧场"板块经过创新实践,不仅推动了戏剧的普及,也为"家庭戏剧"和市民文化活动多样性以及和谐家庭的建设发展树立了新的标杆。这样的戏剧普及模式可被广泛应用于其他各个地区。

(二)向外同步辐射

现代戏剧谷的全新模式做到了以静安为中心辐射全市。同时,通过逐步向外辐射,形成一张紧密的戏剧文化网络,有力助推了群众文化活动的开展和交流,为打造长三角市民文化品牌奠定了基础。

(三)推动和谐发展

中外家庭戏剧大赛的成功举办,是贯彻落实"人民城市人民建,人民城市为人民"重要理念的举措之一。广大市民是城市文化活动的见证者、参与者、创造者,也是城市文化建设和发展成果的共享者。这一文化品牌一炮打响,静安现代戏剧谷的影响力一下子扩展到了全市范围。一个家庭一台戏,为精神文明发展、社会和谐起到了推动作用。

四、经验启示

（一）摸索模式　顺应潮流

纵观静安现代戏剧谷市民剧场这几年历经的变化，不难发现，群众文化的根基永远是满足人民的文化需求。随着习近平总书记提出要坚持百花齐放、百家争鸣的方针，文化馆近几年来在职能上也在发生转变、华丽转身。群众文化不再局限于传统的演出方式，而是摸索出更多适应时代发展的模式。顺应时代发展的必然趋势，用更年轻、更具有活力的文艺展现方式，为人民群众服务。

（二）勇于创新　敢于实践

创新永远是第一动力，群众文化不能故步自封、自我满足，而是需要多汲取国内外优秀文化的养分，融会贯通。就好像静安区文化系统推广的静安现代戏剧谷市民剧场这个文化项目，虽然经历了挫折和停滞，但经过不断的创新，找准了文化定位，经过实践操作，成功地输出了自己的文化理念，将这一品牌植入群众的心目中。这一举措，对于在自己区域内进行公共文化的推广是具有重要意义的。群众文化需要不断地受到新的刺激，才能生发出各种新的形态。而这样一个品牌的建立，对文化馆而言，无疑也是受益匪浅的。创造一个成功的品牌，既使群众受益，也让文化馆得利，是一个不断前进的良性循环。

（三）全面覆盖　凝聚人气

静安区将着力把中外家庭戏剧大赛打造成覆盖全区、辐射全市、走向长三角，聚集人气、传播思想、实践文明的新时代文明实践品牌项目。在这个宗旨下，静安区文化馆将凝心聚力，开发出更多具有代表性和特色，同时为群众谋福利的文化项目。

上海市嘉定区文化馆"网红"模式的文化实践与推广案例

上海市嘉定区文化馆　余灵妍

随着我国经济结构不断调整、生产方式急速转变、网络迅速发展,"网红"模式作为一种新兴经济和推广模式开始迅速席卷全国,"网络红人"利用互联网媒介来展示自身、推广经济或文化产品,能够迅速走进公众视野并引起广泛关注。从人人皆为"自媒体"到人人皆可为"网红",从纯粹的互联网"狂欢"到政府部门主动走进新媒体,再到领导人争相为城市形象、文化、产品等"代言""带货",不过短短时间。

一、创新背景

2020年以来,在利用"网红"模式,推广自身魅力、提升"存在感"等方面,可以说全国文化馆都形成了一些基础共识。以上海市嘉定区文化馆的一些最新探索为例,可以看出新兴模式在短短时间内为地方文化馆、文旅融合新议题等都提供了良好的发展契机,取得了一些原本没有预期到的社会效应和好评,这对于文化馆实现"文化转型""文化突围"都是至关重要的。

"网红"是当下一个十分流行的互联网语汇,其具有短暂时间集聚"粉丝"、推动与促进产业发展、低投入高"产出"的能效,符合当下我国简政放权的现实背景。2020年,受新冠疫情的影响,各地文化旅游、产业经济都受到了一定程度的影响。在寻求转变的过程中,全国各地政府纷纷借助抖音、快手等短视频平台,推广地方风土产物,推销人文特色产品。文化馆在这股洪流中也不甘落后,以上海为例,长宁区文化馆推出网络直播"圆桌派",推广美食"网红";徐汇区文化馆打造"星期音乐会",推出"网红"音乐团队,促进民众尤其是年轻群体对群众文化的关注。

结合现实情况,文化馆借鉴"网红"语境下的文化发展模式,主要原因有三个:一是文化馆有满足公众文化诉求、实现对核心价值观有效推广的使命,而"网红"模式可以让受众更易接受正能量熏陶,有利于营造培育正面、正向、正气的精神文化氛围;二是文化馆借力"网红"模式可以盘活"存量资源",在场地有限、设施不足、资金缺乏的情况下,对于文化事业机构"以小见大、以小促大、以小获大"的实际需求十分有利;三是面对新时代文化馆高质量、普惠式发展的要点,"网红"化的数字文化传播模式对于扩大文化馆服务半径、丰富传播方式和传播手段、提升服务效能有很大帮助。通过有效宣传,群众从被动感知换位到自主利用、自主服务,可以在相当程度上缓解文化馆的服务压力。

所以说,文化馆借由"网红"模式发展群众文化、擦亮文化品牌、扩大服务半径、提升服务质量很有益处。

二、创新办法

(一)"网红"打卡,推动文旅融合升级

"网红"模式中,"网红"本身集合了意见领袖、潮流引领的独特作用。为了进一步增强文化"网红"对于文旅融合的促进作用,2020年5月,嘉定区文化馆在区文化和旅游局的支持下,牵头拍摄制作城市文化宣传短片《嘉游记》。该片由3位年轻有活力的主播带领,从"网红"打卡点到"非遗"传承工坊,一路探访、体验、品尝,展现嘉定"品学游乐购"的城市魅力。一方面,"海选"定主播(其中两名主播),经过重重PK和投票,选择了两名热爱传统文化,有一定网络喜爱度的青年作为短片主播。拍摄过程采用活泼欢快的形式,加上新鲜有趣的视角,为传统文化穿上时尚"新衣"。另一方面,视频线路囊括了全区13个"网红"文旅打卡点,包括驰名全球的F1赛车场、国家级非遗美食"南翔小笼"、上海"五大新城"之一嘉定新城核心景观区等,涉及10余个非遗项目及其传承人、4个商圈,并由文化馆分馆(站)的精彩文化活动进行串联,时尚动感又兼具文化气息。视频发布后,引发热烈反响,网友积极转发、点赞和评论,在社交媒体刮起一股"嘉定热"。视频也经由上海广播电视台、东方网、澎湃新闻等的报道得到广泛传播。视频中的"网红"主播还受邀做客上海广播电台"非遗会客厅"向50万听众讲述嘉定文化故事。在上海旅游节期间,嘉定区文化馆组织线下见面会,让"粉丝"与主播面对面畅谈自己与嘉定文化的种种"邂逅",推介嘉定城市形象,实现文化产业与旅游产业的共赢。

(二)"网红"品牌,由点至面辐射全国

近年来,嘉定区文化馆对群文品牌进行了一系列的改造升级,推出了一系列"网红"活动、节目。如配合上海旅游节开幕开展丰富多彩的嘉定主题特色活动,创设文化"魅力GO"站点,在旅游节期间,不单有精彩演出轮番在站点上演,还打造了各种"网红市集"。例如,在西云楼商圈打造了浓浓嘉定风情的集市,设置了30余个非遗售卖点、文化展位等,在现场完成"打卡"任务,发布抖音、快手短视频的市民皆可获得"我嘉宣传员"印戳并兑换小礼品。此外,立足上海及长三角其他地区,辐射全国,保持文化交流频次和力度,不断向外输出嘉定"网红"品牌,扩大文化影响力。例如,携"网红"美食"南翔小笼"、传统手工艺"徐行草编"参加上海进口博览会,受到国宾、展商和游客围观与点赞;登台"闹传统"系列活动暨第三届长三角非遗节,热热闹闹过大年;将具有嘉定城市魅力和深厚人文底蕴的"网红"节目舞蹈《小笼师傅》、故事《小神仙》、歌曲《筑梦嘉定》等带去青海果洛、江苏扬州、四川彭州等地,受到当地人民的热烈欢迎。

(三)"网红"文创,年轻态吸引年轻群体

嘉定区文化馆、区非物质文化遗产保护办公室联合搭建平台,采取"院校合作""政企合作"模式,邀请上海大学、上海工艺美术学院优秀讲师对传承人进行培训,设计、生产及传播优秀"网红"文创。2020年以来,嘉定区市级非遗安亭药斑布设计开发了药斑布服饰、印染家居、国风文具、布艺手办等文创周边,深受年轻白领青睐;市级非遗徐行蒸糕将蒸糕和粽子结合,搭配国家级非遗徐行草编精美礼盒,两大美食"网红"组团出击,凑了"高中"的彩头,适合馈赠考生家庭,形成一股"民俗热"。市级非遗郁金香酒也适时推出适合年轻群体口味的低酒精含量的桑葚果酒,由《嘉游记》网红主播在短视频宣传中以"泡泡紫酒"推出,主打低酒精、多营养,受到网友热烈欢迎,取得良好的市场反馈。此外,文化和自然遗产日当天,嘉定区文化馆抖音官方账号发布了9条传承人短视频,点击量突破2700次,其中徐行蒸糕成为当天抖音排名前50的热搜"网红"词汇,百余名网友留言表达了对嘉定非遗美食的喜爱。

三、创新成效

(一)"网红"IP实现价值转化

非遗符号向年轻人群的拓展是传统文化自觉传承的重要基础。

"南翔小笼"是上海市嘉定区的国家级非遗项目,2007年起,嘉定南翔每年举办为期一个月的上海"南翔小笼"文化展,打造"小笼文化展"开幕式、"千桌万人小笼宴"、"南翔小笼"美食节等文化盛事,成为上海旅游节、上海购物节、上海市民文化节的品牌活动。"南翔小笼"还通过引入动漫元素,创新非遗现代化表达,2019年开始推出"南翔小笼""网红"动漫形象"包咕咕",并开发系列"包咕咕"形象的文创产品和动漫作品,在国内外各节展上受到广泛关注,"包咕咕"动漫形象斩获第11届中国国际动漫节金猴奖最具潜力动漫形象,动漫作品入围新加坡ATF亚洲电视论坛"动画实验室项目"。此外,"包咕咕"还将推出剪纸中国风户外景观小品、中泰联合"包咕咕"系列动画剧集等,实现传统非遗IP与年轻受众的"破次元"对话。"包咕咕"形象提升了当地景点如南翔老街、檀园、云翔寺、槎溪书场等的热度。2017年至2021年,南翔镇各景区年接待游客约1014万人次,其中,仅南翔老街景区"小笼文化展"期间就接待游客155万人次。

(二)"非遗"经济提振产能加速

近年来,嘉定非遗通过"五五购物节"、夜市经济、在线集市等新型展呈、售卖方式,让人耳目一新。在"五五购物节"活动中,嘉定挑选了"南翔小笼"、徐行蒸糕、徐行草编、安亭药斑布、露香园顾绣等认可度高、互动性强的项目在现场集中展示、售卖。在"文化和自然遗产日"期间,徐行蒸糕、徐行草编、安亭药斑布等项目线上和线下的售卖额超过8

万元。非遗项目通过新经济模式开展的"接地气"之路,也为城市商旅和经济增长注入新的动力与活力。非遗传承不再"等、靠、要"政府平台的扶持和维护,而是融入了社会,成为促进消费的动能,保护传承的动力也不断充盈,焕然一新。

(三)移步换景激活乡村魅力

嘉定区立足非遗保护利用,推进文化自信,重视各个非遗项目与其紧密相依的文化生态环境的保护。通过"网红"式的互动体验、培训讲座、交流参观,让更多的市民实地感受传统文化、非遗文化在社会历史发展过程中的深远影响,打通"活化农业文化遗产"脉络,带动地区经济发展转型,扩大对外影响。2020年起,推动嘉定区非遗专场演出、主题体验、非遗讲堂等非遗系列活动共计41场走进乡村;每年开展"南翔小笼"文化节戏曲庙会;在徐行镇33个"客堂汇"建立非遗传承基地开展"指尖上的传承·徐行草编客堂汇"等特色乡村文化品牌活动。持续梳理挖掘全区地域文化,使民间原生态非物质文化遗产存活,让非遗项目以"网红"身份再次回归其诞生场所,成为"美丽乡村"振兴发展过程中不可或缺的文化资源。

四、经验启示

"网红"李子柒、丁真等对当地文化、中华优秀文化的推广,对优质价值观的输出,获得社会和官方的一致叫好与肯定,"网红"模式对于文化输出的有利作用已不容小觑。未来,文化馆的品质化发展需要品牌项目、多元供给、精准服务、特色内容等,文化馆从业者可利用"网红"模式进行探索实践。一是利用"网红"效应创造文化黏性。一方面可以结合"一镇一品",推选、海选一批乡村、镇级地方"网红",打造当地群众认可、喜爱的"文化宣传员",让活跃在基层和网络的意见领袖们助力文化传播、艺术推广;另一方面,引入社会资源,扩大文化馆分站点、服务点、延伸点等社会机构运作的灵活文化服务空间、"网红"特色空间,充实公共文化服务体系,满足高雅文化、小众文化的传播需求。二是善用"网红"模式传递大众美学与文化特色。运用抖音、快手等视频软件,加强内容制作的互联网化、扁平化、亲民化,盘活艺术慕课资源、丰富短视频内容、拓展文化直播的受众群体。三是活用"网红"经营模式创新文旅融合。从"网红"主播到"网红"场馆,其中蕴含的"解题"思路都是希望寻求一个有效的发声点,进行有效宣传、有效推广,最终使群众文化诉求得到满足,文化服务落到实处,文化获得感、幸福感达到最高,这也是"网红"模式为文化馆社会价值构建提供的最优解。

参考文献

[1] 王桂林,唐吕俊驰.青年大学生文化自信培育路径探究——基于"青马工程"分析[J].重庆工商大学学报(社会科学版),2019(4):121-127.

[2] 张萌,陈欢.从"李子柒现象"看文化自信[J].科技传播,2020(12):27-28.

[3] 孙赵齐.浅谈文化馆如何做好群众文化建设[J].科教导刊(电子版),2013(34):27.

叠加思维，探索基层文化建设新路径

——上海市嘉定区真新街道鼎秀社区"以文促建"实践思考

上海市嘉定区真新街道文化体育服务中心　陆维莎　黄　凌

一、背景

嘉定区真新街道鼎秀社区是 21 世纪开发并逐步成长起来的"后起之秀"，其优越的地理位置和特殊的外部环境很大程度上决定了这个社区的发展轨迹。成型于新世纪的生活小区，因设施齐全、环境优美，吸引了众多的商购房居民。加之它地处三大专业市场的马蹄形包围中，社区内公司年轻白领、成功经商人士、商场摊位业主和务工求职人员占了很大的比例。人口结构的复杂性导致各种价值观念的碰撞，给社区教育与管理带来了严峻的挑战，一度使这里成为真新的"老大难"社区。

2018 年，鼎秀社区率先实现了居委会工作模式的创新。以"鼎治空间"为载体的社区自治，促进了社区的规范化建设。为了满足社区居民日益增长的文化需求，社区思考并建立了全方位、立体化的文化创新服务模式，从基础教育入手到先进文化引领，积极推进社区文化发展计划。在不长的时间内，建立起符合社区特点的文化平台，塑造了基层社区昂扬向上的、具有时代特征的精神风貌，开创了生动活泼的文化新局面。

二、做法

（一）空间叠加，"场地合成"增加运行能量

为了提高场地利用率，增加社区活动空间，提高居委会办公效率，鼎秀社区创建新的工作模式，把原本零碎的、分散的、独立的居委会办公室全部打通，变成敞开式、全透明、一体化的无阻隔空间。在这个大空间里，只有模糊的、动态的、灵活的区域概念，实现了居委会工作人员与居民零距离对话，增加了社区的亲切感、随和感、信任感，促进工作人员工作作风、工作方式、工作观念的改变。这个空间被大家亲切地称为"鼎治空间"。

社区文化建设与"鼎治空间"的改造同步进行，居民可以自由走进办公区域，与居委会工作人员同时同地地共享空间，共享灯光、空调等各种设施。这样的改进不仅便利了居委会工作人员与居民的沟通，而且创建了社区文化建设的崭新平台。居民可以在这里看书、读报、上网，以及研读分析资料，开展文化活动，处理社区事务等。

同处一室共建共联,室内的桌、椅、凳、柜、架等设置,可以根据活动需要任意排列组合。单人、双人和团体都可以在这里开展无噪声、无干扰的文化活动。和谐的办公氛围,使社区"家文化"在这里生根、发芽、成长。

(二)时间叠加,"黑白衔接"适应大众需求

空间叠加以后,紧接着是时间上的叠加。时间叠加打破了"晨启晚闭"的办公规律。"鼎治空间"从早上8点至晚上9点,全天13个小时对外开放。白天是事务办公、文化沉思、理论研读时间;晚上是群文活动,唱歌、朗读、讨论、游戏、喝茶、讲故事等在这里有序进行。团体活动接受预约安排。协调的运转使这里充满和睦与温馨,一到晚上,文化空间灯火通明,充满欢歌笑语。空间和时间上的交叉折叠,使社区场地利用率翻了一番。特别是一些"朝九晚五"的年轻上班族,更喜欢到这里享受下班后的生活。

时间叠加使许多居民在忙碌之余寻找到放松的场所和机会,特别是节假日、周末,"鼎治空间"门庭若市。熟人社区在这里得到巩固,社交半径在这里得到延伸。仅从有预约登记的资料看,全年活动就达300场次。

(三)人才叠加,借用民智发挥知识效能

为指导和促进社区文化活动的规范开展,鼎秀社区对社区内有志愿服务意愿的人才进行了统计、摸排,把公司白领、在校学生、领导干部、英雄模范人物、文化达人、团队领袖、专家学者,分门别类登记,然后根据社区文化活动的内容安排对口服务岗位。一般情况下,请年轻白领介绍工作经历,在校学生传授电脑操作知识,领导干部介绍企业管理,英雄模范人物讲述成长故事,文化达人指导文体活动,团队领袖组织里弄游戏,专家学者开展科技普及。

挖掘和利用社区人才,充分发挥了知识在社区的传播功能,使社区文化活动更生动、更活泼、更具体、更实用。参加社区文化活动的人数不断增加,全年大大小小的文化活动超100场次,2000多人受益,特别是青年人的参加,使社区文化活动充满了生机。

(四)资源叠加,"横向联系"打造文化亮点

鼎秀社区把叠加理念延伸到社区资源、社会资源方面,产生了良好的优势互补效应。

在社区内部,更新改造工程逐年推进。重新装修改造的二楼活动室有200平方米,座位增加到50座,可容纳50多人同时开展动感文体活动。扩大和改进后的图书室占地80平方米,藏书达到2100余册,固定座位增加到20座。

建立了无障碍通道,安装了升降电梯,开设了画报专栏,定期制作图文并茂的文学、哲学、历史、政治、经济、思想品德、好人好事宣传板,同时优化了周边环境。

鼎秀社区机智巧妙地利用社会资源,把社会资源的着力点聚焦在社区文化活动上,打

开了社区文化活动的对外窗口,产生了"1+1>2"的文化效应。社区与学校、机关、团体和专业团队结盟,共同设计社区文化活动的节目单,创新了文化活动的载体。

鼎秀社区与轨道交通 14 号线的建筑公司结对,设计和推出"文明路上党建帮"特色主题活动,开展系列的党员教育、科技普及、法制宣传活动,以及红色文化、经典文化的学习与教育,丰富了社区文化的内涵。

(五)活动叠加,形式多样实现全面覆盖

在活动叠加方面,不间断的、形式多样的活动,实现对社区文化的全覆盖。读书作为社区文化的核心活动,图书室除增加藏书、改善读书环境外,每周开放时间保持在 45 小时以上,还采取错时、延时开放以及节假日增加开放时间等措施。此外,开展了社区赠书、捐书活动,使有限的资源得到更为合理的利用。

社区组织了"居民读书会""老人读报组""儿童学习室",定期开展读书、换书、评书活动,其中"分享名著,品读经典"成为社区的保留节目。社区还有计划地组织参加街道的"我嘉书房""悦课堂""百姓梦想秀""真心真艺"文化活动,有重点、有目标地让文化骨干在"红色文化""海派文化""江南文化"活动中得到锻炼和提高,更大的文化舞台拓宽了居民的文化视野。

社区利用节日文化的固有影响力,组织开展具有时代特点的节日文化活动,把"回顾历史,继承传统,弘扬精神,塑造亮点"有机地统一起来,让热爱祖国、振兴中华的情怀,修身养性、大爱无疆的美德,以及民族自尊的意识在节日文化中得以更加深刻而生动地展现。

在"七一""八 ""十一"这些重要的国家纪念日和春节、清明节、端午节、中秋节等传统节日,融入与节庆相关的文化元素。

与轨道交通 14 号线建设公司联办的"'七一'颂"活动,邀请社区年轻人参加,由公司领导向青年人讲述党史,回顾中国共产党成长的光辉历程。社区居民创作的《诗朗诵·奋斗者的脚步》受到广泛好评。

由青年人发起的"咖啡沙龙",从喝咖啡到评咖啡,从解读咖啡文化到追寻中华民族倡导的"修身齐家治国平天下",从关注个人品质修养到关心社区建设,引导年轻人从自身的角度出发,思考社区建设的目标和方向。几年来,"咖啡沙龙"向社区提出合理化建议 3 条。

在活动叠加上,鼎秀社区文化建设向各个方面渗透,其中比较大的活动有"春天与我有约会""反动邪教不可信""垃圾分类对与错""廉政文化进楼道""低碳生活乐民生""红色故事我爱听"。在学习传统文化中开展了背唐诗、读宋词、学元曲和"学习《弟子规》传承汉文化"活动,培育优秀传统文化健康成长的土壤。

三、成效

（一）拓宽了文化活动的建设平台

冲破固有传播渠道的束缚，把文化建设放到一个宽松、平等、温馨的平台上。消除隔阂，缩短距离，建立信任，是鼓励全体居民参与社区建设的根本。打破物理壁垒实现了消除心理隔膜的目的。文化活动空间的潜力得到进一步释放，空间叠加首先走出了场地不足的窘境，开辟了放开拳脚的新天地。

（二）拓展了文化建设的青年力量

时间和空间是两个相对相连的概念，扩大空间、延长时间，用创新理念冲击墨守成规的惰性，就能打开"条件限制"的死结，用智慧和勇气打开充满希望的窗户，就能看到文化灿烂的前景。新形势下的社区，有许多东西需要我们重新去认识、去改造。让文化建设队伍年轻化的有效办法就是发挥青年人业余时间的光和热，让一代新人有时间、有条件，轻松地关心社区、建设社区，促进社区自治。

（三）拓宽了居民学习的文化视野

叠加思维为文化形式的多样、学习内容的丰富、课程安排的全面和居民参与的便捷创造了条件，可以在更宽阔的层面上建立文化园地，特别是人才的荟萃，为开展全面的知识教育创造了条件。百花齐放、万紫千红的文化光景，在社区初露端倪。居民有了更多根据自己的爱好、兴趣、需要选择文化学习的机会和余地。

（四）丰富了社区居民的文化生活

在先进文化的引领下，人口结构比较复杂的鼎秀社区，各种群体找到了齐心协力建设美好家园的共同动力。文艺演出、体育活动、灯谜竞猜、亲子教育等活动拉近了邻里关系，熟人社区迅速形成。丰富的文化生活，改变了居民的精神面貌，社区温度维持在宜人的范围内，居委会的号召力、影响力也明显增强。

（五）强化了文化骨干的责任担当

文化骨干得到进一步的锻炼和培养。在各种文化活动中，社区人才有了用武之地，一技之长得到发挥，自豪感、责任感进一步增强，领导水平、组织能力得到了提高。社区文化志愿者队伍迅速扩大，人员由原来的50名，增加到120名。服务项目由原来的2项增加到了5项。

（六）升华了先进文化的深刻内涵

空间、时间、人才的保证，使社区文化创新有了深厚的基础。社区开始尝试和探索过去不敢做、不能做、不会做的项目,文化建设项目开始涉猎高、精、尖领地,普及项目也开始向纵深发展。群众性的文体活动开始向专业标准靠拢和挺进,先进文化的内涵得到了升华。

四、启示意义

叠加思维是社区建设与管理的智慧创造之一。通过叠加操作,打通了社区文化建设的"最后一公里",挖掘和利用中华民族的优秀文化为民众服务,为时代服务。叠加模式在不增加开支、不增加人力的前提下,提高了先进文化的传播效应。面对博大精深的中华文化,要有与时俱进的责任感和紧迫感,开动脑筋,多想办法,以人为本,创新载体,精耕细作,超前谋划,让中华文化影响和推动整个民族的前进、繁荣与富强,使城市精神在新时代的奋进中发扬光大。

上海市嘉定区菊园新区"文化走亲"实践案例

上海市嘉定区菊园新区文化体育服务中心　马慧怡

党的十九大报告中指出,满足人民过上美好生活的新期待,必须提供丰富的精神食粮。根据嘉定区关于打造上海"四大品牌"特色功能区的目标定位,菊园新区紧扣"科技菊园、品质菊园"发展目标,为促进基本公共文化服务标准化、均等化发展,聚焦打通公共文化服务"最后一公里",积极探索实践"文化走亲",构建起"政府主导、团队联动、资源互通、百姓受益"的共赢体系。"文化走亲"实践助推菊园新区在"凝心聚力·提质增效"打响"上海文化"品牌、打通公共文化服务"最后一公里"立功竞赛中,荣获上海市五一劳动奖状和标兵集体称号。

一、菊园新区"文化走亲"实践的创新背景

近年来,随着公共文化服务体系建设的持续深入,结合"15分钟社区生活圈"建设,百姓家门口的公共文化设施网络日趋完善,市民文化广场、社区文化活动中心、居村综合文化活动室、农家书屋等基础性公共文化设施,以及我嘉书房、我嘉文创馆、乐嘉书斋、菊园老茶坊、荷享艺品、企业文化中心等主题式特色文化空间逐渐培育形成。想在"建好"的基础上"管好""用好",就要在强化职能、改善服务、提升效能上下功夫。探索实践"文化走亲"旨在以政府为主导,通过团队联动让市民共建共享文化成果,以资源互通让文化发展成果惠及更多百姓,这是一项贴近群众、服务社会的文化惠民举措。

一是开展"文化走亲"有助于推动文化资源的统筹集成。把丰富的文化资源用活好,需要对文化资源进行摸排梳理与统筹集成,而"文化走亲"正是一个让文化资源得以交流展示的开放式、集约化、共享型服务平台。

二是开展"文化走亲"有助于打破区域壁垒实现资源互通。不同的区域均有体现自身特色的文化符号和资源,如何打破区域壁垒实现资源互通,"文化走亲"便是各个区域之间的桥梁和载体,让文化资源实现按需互换、精准互通。

三是开展"文化走亲"有助于提升公共文化阵地服务效能。以群众文化团队为主体,鼓励与吸引各界社会力量走进公共文化阵地开展"文化走亲",是加强和创新基层社会治理的有效实践,对于打造百姓家门口的高质量公共文化服务阵地具有积极意义。

二、菊园新区"文化走亲"实践的具体做法

近年来,菊园新区积极探索"文化走亲",在机制建设、内容建设、服务效应上积累了实践经验。

(一)完善机制建设,盘活公共文化资源

2017年12月,菊园新区启动"文化走亲",主动抛出橄榄枝,邀请外冈镇共同筹备"走亲"首秀。双方分别推选本街镇优秀团队作为"走亲"主体,以"互送一场演出"的方式进行了"礼尚往来"的文化"走亲"。在尝到"走亲"的文化甜头之后,于2018年1月起以"每月邀请1个本区街镇"的频率相继与徐行镇、嘉定镇街道、华亭镇、新成路街道、嘉定工业区等开展了"文化走亲"。2018年上半年,上海市社区文化活动中心协会发起了全市200多家街镇之间的"文化走亲",在市协会的牵线下,菊园新区与崇明区竖新镇开展了"跨区走亲"。随着"文化走亲"逐渐常态化,菊园新区优秀团队也从"被推选"向"申请方"的身份转型。2018年5月,菊园海墨画院向菊园新区提出"菊园海墨与虹口文联书画走亲"的申请,于是一场以"东西墨韵"为主题的书画作品联展在菊园新区、嘉定区文联及虹口区文联的共同支持下,于韩天衡美术馆成功举办了"书画走亲"。2020年11月,菊园新区与温州龙湾启动"文化走亲",成立文化联盟,签署"十四五"十大文化项目合作备忘录,加强文旅体各项事业融合共进,品质共提升。

目前,菊园新区"文化走亲"已从"居村走亲""街镇走亲""跨区走亲"拓展至"长三角走亲",不仅实现了文化资源的相互配送,更形成了良性循环,推动了跨区域文化联动,做活了居村阵地活动,使公共文化服务品质进一步提升。经过将近4年的探索实践,菊园新区结合大走访、大调研和"我为群众办实事"等专项工作的开展,不断完善"需求、资源、项目"三清单机制,将盘活文化资源融于日常,使"文化走亲"不断走实、走深、走心。

(二)丰富走亲内容,定制主题式文化礼

"你拿出最优秀的节目给我,我拿出最拿手的绝活给你",在"文化走亲"实践中,参与走亲的双方紧扣对方需求精心准备"送出去"的文化礼。本着文化礼既要蕴含本土特色,又要让对方百姓"叫好"的宗旨,菊园新区将"走亲"主体、"走亲"内容以菜单方式纳入"文化礼资源库",解决了谁去"走亲",带什么文化礼的问题。对方也可以根据"文化礼资源库"进行点单,选择心仪的文化礼。例如,在菊园新区"居村走亲"中,嘉宏社区推选社区居民、嘉定区"非遗"项目"嘉定盆景(盆树)技艺"传承人周惟新,于青冈村综合文化活动室开展了一场家庭绿植讲座,深受青冈村民欢迎。菊园新区老党员、嘉定锡剧团原团长管虎奎擅长曲艺创作,每去一个街镇,都会根据对方街镇的"老故事、新发展"创作演绎独角戏。贴近生活的表演让对方街镇的百姓倍感亲切,在欣赏节目的过程中体会和感悟新时代的幸福美好。

通过"文化走亲"实践,优秀的群众文化团队、文艺演出、展示展览、讲座培训、优质项

目在街镇之间、居村之间得以深度交流共享，"送文化"也朝着"种文化"悄然升级，突破了区域壁垒的联动互动，推动"走亲"双方在相互借鉴中得到发展，百姓的文化获得感和满意度也相应提升。

（三）按需把脉问诊，发挥走亲实践效能

"菊园真人书"是菊园新区于2018年启动的党建品牌项目。该项目由身边有事迹、有作为、有影响力的党员和各行各业中涌现出的先进人物担任主讲人，以口述个人故事的形式与现场党员群众进行面对面的分享与互动。品读"菊园真人书"，可以从他人的故事中汲取经验，获得感悟。每本"菊园真人书"都有书名、书摘、标签、馆藏地及二维码，广大党员群众可以进行线上阅读，也可以进行线下预约和借阅。该项目以每月至少一场线下阅读的方式于特定地点进行"走亲"，接待广大党员群众前来品读。这种以项目为主体的"定点走亲"形式吸引和接待了不少基层党组织前来调研学习，希望复制"菊园真人书"项目。2019年，菊园嘉保社区"红色故事会"项目应运而生，立足党建引领社会治理工作切实发挥项目实效。嘉定消防支队将"菊园真人书"项目经验带回了支队，于2019年下半年掀起了"真人书"热潮，多名消防党员进入"支队真人书库"进行备课与宣讲。下阶段支队计划将"消防党员真人书"主动送至社区进行"文化走亲"，使项目走近百姓，更接地气。

三、菊园新区"文化走亲"实践取得的成效

通过探索实践，菊园新区"建好""管好""用好"各级公共文化服务阵地取得了一定的成效与积极反响。

一是公共文化服务阵地利用率大幅度提升。菊园新区"文化走亲"于各级公共文化服务阵地开展，面向社会开通"场馆预约通道"，通过"菊园有戏"微信公众号平台、"文化嘉定云"平台等申请预约场地开展"文化走亲"。"场馆预约"机制的推出，改变了以往只是固定"老面孔"使用场馆的情况，也倒逼文化中心朝着专业化、规范化、标准化的管理服务方向迈进。其中，文化中心主阵地全年365天开放，平均每年服务百姓60余万人次。

二是"文化走亲"实现项目化、品牌化。菊园新区凝聚各级公共文化服务阵地、社会各界专业机构、群众文化团队、区域党建共建单位等，以"文化走亲"为项目平台，共同培育孵化了"今天我值日""周五有戏""菊园真人书""流动音乐汇""书童故事会"等60余个优质文化服务项目，每年按需配送至村（居）、科研院所、学校、企业、园区、商圈等。其中，"今天我值日"志愿服务项目获评中国图书馆学会公共图书馆分会第二届公共图书馆创新创意征集案例一等奖。

三是公共文化服务自我造血功能持续增强。各级公共文化服务阵地对于加强自我造血功能、挖掘身边优质文化服务资源的意识日益提升。结合疫情防控"以艺战'疫'"，推出了一批以抗疫为主题的群文作品。结合党史学习教育，以嘉定"五抗"斗争这一历史事

件为内容,推出了锡剧党课"革命的足迹"。近年来,菊园新区远程教育本土课件成功申报上海党员干部远程教育资源库作品,平均每年 50 余部,持续保持全区首位。

四、菊园新区"文化走亲"实践的经验与启示

"文化走亲"反映了政府部门发挥主导作用,立足服务社会、文化惠民的时代使命。该实践为基层公共文化服务注入了新的内涵,在丰富百姓文化生活的同时成为提升公共文化设施服务效能的优质举措,也将积极助推公共文化在城市社会治理中所发挥的以文育人、以文化人的社会效应。如何持续有效发挥"文化走亲"实效,本文结合实践体会提出以下思考。

一是"文化走亲"要体现资源充分融合。要使各级公共文化服务阵地成为百姓愿意来、喜欢来、留得住的阵地,离不开丰富多元的公共文化资源。不断汇聚社会各界文化主体,使得文化资源在公共文化服务阵地实现汇集与融合,是有效提升阵地吸引力、凝聚力的重要基础保障。

二是"文化走亲"内容项目要体现供给常态长效。要使服务项目持续保持热度,成为百姓欢迎的"家常菜",需要项目运行主体把准群众需求点,用心培育和孵化优质服务项目,将项目预报、审核与发布、预约参与、绩效评估等贯穿全程,以规范化和标准化力促项目供给常态长效。

三是"文化走亲"机制要体现共建共治共享。要在"建好"的基础上"管好""用好",需要各级部门共同发力、统筹联动,着力探索体系更顺畅、工作更行之有效的机制和举措,确保积极联动、同频共振,体现共建共治共享。

构建文化配送体系　提升公共文化服务效能

上海市金山区博物馆　徐　凯　上海市金山区图书馆　刘　燕

为落实《中华人民共和国公共文化服务保障法》,加快构建现代公共文化服务体系,满足人民群众对美好生活的需要,上海率先走出一条公共文化资源配送的新路子,打通文化服务"最后一公里"。公共文化资源配送是一项由政府购买、社会组织参与、百姓享受的文化惠民工程,通过"保基本、兜底线、促均衡",保障人民群众基本文化权益。

金山区深入贯彻落实《关于加快构建现代公共文化服务体系的意见》精神,着眼基层公共文化服务效能提升,积极创新公共文化资源配送机制,健全三级配送体系,延伸配送触角,不断满足基层群众的文化需求。重点体现在五个"精"字上。

一、精心组织,健全管理机制

目前,金山区已建立并完善了区、镇、村(居)三级配送责任机构,确定了各级文化配送实施主体。区级层面成立金山区文化资源配送管理中心,主要负责全区文化配送工作的指导和运行;镇级层面由各街镇文化活动中心承担各街镇的文化配送承接工作;村(居)层面成立由村(居)委会负责人和文艺负责人为主体的承接团队,主要负责所管辖区的文化配送承接工作。在机制上,通过制定《金山区各街镇、金山工业区文化活动中心工作职责》《金山区各村(居)委会工作职责》,明确各实施主体在文化配送工作中的职责,通过层级管理,有效推动公共文化配送工作。

为了推进三级配送工作有效落实,促进多个配送主体合作,中共金山区委在2016年出台了《关于加强金山区街镇、金山工业区公共文化资源配送工作的实施意见》,区政府专门召开金山区公共文化资源配送工作推进会,周密部署和推进公共文化资源三级配送工作。同时,制定了《金山区公共文化资源配送管理办法》《金山区公共文化指导员配送与管理办法》《金山区文化资源配送团队工作职责》等一系列配套制度,厘清配送单位、文艺指导员、承接单位和区配管中心各自职责,做到有分工有合作,按章办事。在按需配送点单后,实施主体与配送团队及个人签订配送协议书,明确配送团队职责及权利,使配送内容和现场效果有了保障。

二、精密布局,健全整合机制

丰富的公共文化产品是资源配送的前提,金山区优化布局资源网络,注重在整合机制上下功夫。一是整合社会资源。建立了配送资源招募制度,明确了配送资源购买服务的基本原则、适用范围和主体资质等,建立竞争择优机制,实行社会募集、专业评审、集中入库,严把配送资源准入标准。目前资源库已募集文艺演出、文化讲座、艺术导赏、展览展示、特色活动、文艺指导员等6大类540多个项目资源。二是整合行业资源。注重借助不同行业的文化资源,打通行业壁垒,补充配送资源库。尤其注重吸纳和整合名家工作室、有关专业院团及教育、卫生、工青妇等行业和团体的资源,统一纳入配送渠道。三是整合服务资源。组建了资源配送文化志愿者队伍,提供活动宣传、现场引导、安全保障等方面的服务,保障了每个配送环节的高效、有序。

三、精细配送,健全流程机制

文化配送工作具有计划性、规范性、不间断性等特点,为提升文化配送的有效性,金山区在充分调研、实践摸索的基础上,制定了文化配送"一伍一拾"精细化配送工作法,即"五步走""十环节":在市级配送承接上实行"五步走",即"点单、联络、宣传、组织、反馈"五步走,重点关注群众高品质文化需求,将市级文化精品引入金山;在区、镇两级配送上严格遵守"十环节",即"建库—计划—点单—审核—联络—签约—宣传—组织—反馈—结算",重点关注群众基本文化需求,通过规范流程,确保配送工作有章可循,推动了文化配送工作制度化、标准化。

四、精准对接,健全网络机制

为了更好地满足基层群众多样化文化服务需求,实现配送产品的精准化,金山区搭建并完善了公共文化资源配送网络平台,实现了数据化管理、集散化配送。网络平台在汇总市民需求、配送资源征集、公布配送菜单、基层"点单选菜"、后台流程管理、日常反馈监督、信息检索查询、配送数据分析、内容数据库管理等一系列功能上实现了优化。同时,网络平台操作更为便捷,由基层街镇和村居网上点单提出配送需求,直接对接到配送实施主体。这种"网上点单,线下配送"的模式,大大优化了配送流程,确保了配送服务的精准、高效。此外,金山区在镇级配送上也加强了探索和延伸,并统一纳入了平台。在长三角一体化背景下,金山区凭借毗邻浙江平湖的地理优势,将文化配送网络与平湖文化部门共享,通过平台共建、资源共享、文化互通,促进了两地文化的交流融合。

五、精确反馈,健全评估机制

为进一步实现资源配送效果的精确反馈和科学化评估,金山区进一步健全了巡查反馈机制,成立了区、镇两级的巡查队伍,通过制定《金山区公共文化资源配送文化巡查员工作职责》,实行定人、定点、定区域按计划巡查,严把配送质量,摸清群众需求。通过问卷调查等方式,对配送资源内容质量及时反馈评估,优秀受欢迎的资源可以免审进入下一年度的配送,不适应辖区的资源直接退出。针对配送承接单位,在资源选择、活动宣传、观众组织、协调联络、安全保障等方面进行督查。设计实施了"三单三率"制度,通过发放"三单"(服务需求单、配送资源单、意见征求单),进行多维度的指标衡量评估,提升了"三率"(群众知晓率,群众参与率,群众满意率)。同时,根据评估效果,不断更新改进文化资源内容,确保了文化资源配送工作的效果,提升了百姓的满意度。

文化配送是上海市构建现代公共文化服务体系的重要举措,更是为满足人民群众对美好生活的向往而做出的有益尝试。金山区打造"三级配送四级覆盖五级延伸"文化配送体系,基本实现公共文化服务居(村)全覆盖。通过文化配送平台,形成了配送信息统一及分类服务模式,打通了各条线资源的通路,增强了渠道信息联动与协作,做到资源共享、互联互通,同时促进了长三角文化发展一体化。文化配送平台有效吸收本土文艺团队,让本土文化有更大的展示舞台。本土文艺团队得到培育,百姓享受到更接地气的文化资源,前者的整体水平会越来越高,配送的节目也会越来越好,这样就形成了良性循环。通过"线上点单,线下配送"菜单式服务,百姓在家门口就可以饱尝文化大餐,市民百姓可以按照自己的喜好来选节目,而不再是送什么就看什么,保障了市民百姓的基本文化权益。

原创方言话剧促进乡村社会治理

上海市崇明区文化馆　孙　菊

一、创新背景

随着崇明世界级生态岛建设的深入推进,美丽乡村的积极创建,针对乡村党组织书记队伍整体结构亟须优化的现状,崇明区委近年来加强实施了乡村党组织"班长工程"。崇明区各乡镇将干部队伍建设作为党委政府的头等大事,选配了一批优秀干部到村居等基层单位挑起"班长"重担,全面优化了村居等基层党组织班子的人员结构。但是,由于乡村振兴比以往更为复杂的局面和更为多样的人口结构,"新班长"的工作面临着极大的挑战、重重的困难。

作为传播和弘扬先进文化、扎实推进社会主义核心价值体系建设的阵地,崇明区文化馆如何使群众文化紧密配合党和政府的中心工作,使之成为世界级生态岛建设、美丽乡村建设中凝心聚力的精神纽带?崇明区文化馆在2015年初,接手了崇明文化广播影视局(以下简称"文广局")提出的着力打造文艺创作重点题材的任务——打造以反映崇明区乡村"班长工程"为题材的方言话剧,通过各公共文化服务点巡演,以喜闻乐见的形式启迪教化广大群众,使之成为当前乡村加强和创新基层社会治理的重要抓手。

二、创新做法

(一)强化组织领导,创新文艺形式

在崇明区委、区政府的关心与重视下,成立了由文广局局长挂帅、文化馆艺术总监为负责人以及包括文广局书记、分管局长、文化馆馆长及书记等成员在内的重大题材文艺创作领导小组。主创由上海戏剧学院戏文系毕业的青年编辑王梓涵担任,她通过深入乡村采风,创作了方言话剧《瀛洲村来了新书记》。该剧以奋斗在崇明基层一线的年轻村支书霍达为原型,讲述了他带着建设"美丽乡村"的美好梦想扎根基层,与群众共建美好家园的故事。

崇明区召集了全区的文艺表演骨干组成剧组,于2016年初驻扎长兴岛,开始了为期数月的封闭式排练。期间,区文广局、文化馆领导多次到长兴岛观看排练,现场召开座谈会,提出指导性意见。2017年初,区委相关领导莅临文化馆审查节目,对剧组给予肯定、鼓励,一致认为《瀛洲村来了新书记》主题很好,结合当前的形势,是一部接地气的作品。

（二）整合各方资源，形成创排合力

挖掘村中年轻书记废寝忘食忘我工作的故事。为了使《瀛洲村来了新书记》更接地气，取得预期宣传效果，王梓涵下乡村，深入村干部工作现场，通过耳闻目睹进一步修改剧本，使人物、事件更丰满。主演夏元琪多次来到建设镇、庙镇等地和村支书交朋友，模仿村支书和老百姓交谈时的神情、言行，将人物表演得活灵活现。

挖掘优秀村干部，把控剧中人物细节以及涉及的相关政策。公演前，剧组几次三番请几位美丽乡村的著名村干部，如港西镇北双村村委会主任李小英、竖新镇仙桥村党支部书记管仕忠，庙镇联益村党支部书记王宗文等多名村干部去长兴岛文化馆排练现场品戏，他们对剧中人物的对话、表情、动作，对乡村实施工程推进的政策法规等提出了中肯的修改意见。

（三）精心组织观众，取得良好反响

该剧在文化馆剧场、影剧院、乡镇文化活动中心演出数十场。由于精心组织，宣传到位，观众场场爆满。他们均反映该剧演的是老百姓身边的故事，亲切感人又不乏幽默，有的观众串镇连续看了三五场还觉回味无穷。群众纷纷表达观后感：很真实，在乡村当一名新书记不容易，要理解和支持村干部的工作……老百姓的理解激发了很多基层干部的工作积极性。该剧所起的正向作用在本岛各级领导及岛外相关领导中产生了很大反响。

时任市委宣传部副部长陈东来观剧后给予了高度评价，并提出剧本修改意见，建议到上海其他区去巡演。不仅曾经关心、指导过该剧的领导观看了该剧，根据市委宣传部指示，本市其他区的相关领导也都观看了该剧，并给予高度评价。

三、主要成效

经过多次巡演，探索建立了"将文艺作品作为当前乡村加强和创新基层社会治理的重要抓手"长效机制，取得了显著成效。

（一）促进了干群关系及邻里关系，加强了和谐社会建设

集中在一起看戏的快乐、热闹的氛围，是吸引老百姓的最大因素。在这样的群文活动中，能增进百姓间的沟通、信任，而互信的社会关系网是和谐社会非常重要的社会资本。随着该剧的巡演，该剧对老百姓利益诉求的表达、对基层干部的无私奉献精神的颂扬激起了老百姓的共鸣，被口口相传，促进了干群关系，推动了乡风文明及和谐社会的建设。

（二）发挥文化的软控功能，社会效应广泛持续

文化作为软力量，对社会具有重要软控制功能。正处于社会转型期的老百姓的精神世界受到前所未有的震动。加强乡村基层社会治理，如果说法制是强制约手段，那么文化

则是软控制手段。乡村大量的人民内部矛盾主要还是通过文化化解。将现实题材的文艺作品搬上舞台，比听广播、看电视新闻、搓麻将等让百姓喜闻乐见，这有利于宣传党和国家的大政方针，形成统一意志和思想共识；有利于引导多样化的社会思潮，明是非、辨丑美；有利于缓解社会压力，疏导思想情绪，发挥文化重要的软控功能，让文化教育人、凝聚人、激励人、发展人的作用得到充分发挥。

（三）带动乡镇群文事业为中心工作服务，奠定乡村基层社会治理良好的思想基础

《瀛洲村来了新书记》作为现实题材的作品，体现时代要求，贴近生活、贴近百姓，能为党和政府的中心工作服务，能打动人、鼓舞人，能及时引领社会、引领百姓。同时带动了乡镇的业余创作人员、标准化文艺团队，为配合党和政府的中心工作创排，宣传社会公德、职业道德、家庭美德、个人品德及法律法规、村规民约，弘扬社会主义核心价值观，使村民的思想、情感、性格、品德在潜移默化中得到升华，从而形成知荣辱、讲正气，自觉履行法定义务、社会责任和家庭责任的乡风，为乡村基层社会治理奠定良好的思想基础。

（四）打造新版方言话剧，探索群众文艺的数字化传播途径，配合乡村基层社会治理

根据新形势打造创新版方言话剧，注入党和政府最新的中心工作。2018年，崇明区开启全国文明城区创建工作，群众的态度从不理解到支持到主动参与多次环境大整治、交通整治等，其间发生很多感人的故事，主创人员挖掘后，打造了方言话剧《创城蝶变》，并赴全区巡演。

同年，崇明区第十届中国花博会（以下简称"花博"）筹备工作全面启动。两年多来，区委、区政府推进各项专项整治行动，以党建"叶脉"工程为抓手，推进城乡社区治理，进行了"迎花博治五棚"、水环境整治等。基层干部和工作人员起早摸黑、加班加点、不计报酬，挨家挨户做思想工作，往往是汗水和着泪水，有时难免会被不理解的百姓气哭，但一切都在好转。如今，迎花博已深入人心，花博人家、民宿、花村、花溪、花宅的打造使崇明处处皆美景。主创团队在上述迎花博的过程中，挖掘了典型的故事、典型的人物，打造了方言话剧《花博序曲》，在区影剧院、文化馆剧场、全区16个乡镇文化活动中心巡演，取得了百姓进一步的理解和支持。

为了适应受众的欣赏习惯，该剧拷贝成光盘，提升了观赏的灵活性、机动性、适切性。这使得该剧能够在村民大会、党课等活动中方便地供干部群众观看。此举不仅探索了群众文艺的数字化传播途径，还为崇明群众文化的传播注入了新的时代内涵。

绿杨城郭是扬州

——扬州市优秀群众文化活动品牌"绿杨"的实践探索

江苏省扬州市文化馆　王　蕾　蔡茉莉　高　荣

为进一步健全现代公共文化服务体系,创新实施文化惠民工程,推动公共文化服务提质增效,促使文化标识更加彰显,全力提高公共文化服务水平,进而不断满足人民群众对美好生活的需求,自 2016 年起,扬州市文化馆紧密围绕资源整合、三级联动、共建共享,着力打造"绿杨"系列群众文化活动品牌,该品牌于 2020 年入选第十四届江苏省群众文化"百千万"工程优秀活动品牌。经过不断实践,扬州市文化馆探索出了可复制、可推广的经验。

一、品牌介绍

(一)品牌含义

"绿杨"具有很强的城市标识。清代曾任扬州推官的王士祯写下了"绿杨城郭是扬州"的诗句,数百年来被后人不断引用成典,与千年诗句"烟花三月下扬州"一样,是历史深处走来的文化记忆,具有高度的情感认同。同时,绿杨被赋予的精神内涵与群众文化活动的价值追求十分契合。杨柳易生长、生命力强,在中华传统文化中是风调雨顺、五谷丰登、安居乐业的象征。群众文化活动作为满足群众精神文化需求、实现人的全面发展、追求美好幸福生活的"最后一公里",是国家富强、民族振兴、人民幸福的微小生长点。如果能在绿杨生长的季节,在群众心中种下艺术的种子,长至绿树成荫,以文化人,就能为推动社会文明程度达到更高水平提供更深沉、更持久的力量。"绿杨"作为品牌活动名称,既包含了城市特征,又蕴含着美好期待。

(二)品牌内容

"绿杨"系列品牌文化活动包括"绿杨人家"社区艺术节、"绿杨风"群众文艺新作评比、"绿杨行"送文艺进基层和"绿杨"文化志愿者等。

其中,"绿杨人家"社区艺术节每一年举办一届,截至 2020 年已成功举办了五届。"绿杨人家"社区艺术节主要包括广场舞大赛、歌手争霸赛、合唱比赛、家庭才艺大赛,让热爱艺术、怀揣梦想的社区居民在家门口就能找到展示自我的舞台。

"绿杨风"群众文艺新作评比融合了原有的少儿艺术节、老年艺术节、群众文艺新作调演等活动,每两年举办一届。该活动主要通过在全市范围内组织开展群众文艺新作评选和展演,发动群众投身文艺创作,同时为江苏紫金文化艺术节和江苏省"五星工程奖"遴选优秀文艺作品。评选作品主要包括表演类(音乐、舞蹈、戏剧、曲艺)和静态类(美术、书法、摄影作品)等,并按老年、成人、少儿三个年龄组分别进行评比。

"绿杨行"送文艺进基层活动充分发挥文艺"轻骑兵"的重要作用,将近些年来涌现出来的文艺精品送到乡村、学校、军营、企业等,推动优质公共文化服务资源下沉,促进公共文化服务均等化。特别是近年,扬州市文化馆整合非遗保护传承、全民艺术普及、群众文艺精品等资源,不断丰富送文艺进基层的内容,使人民群众全面共享扬州市公共文化服务体系建设发展成果。扬州市每年举办各类"绿杨行"送文艺进基层活动超过200场。

"绿杨"文化志愿者是扬州市文化馆培育的公共文化服务志愿力量,主要目标是积极调动社会力量,鼓励全市优秀群众文艺团队、文艺工作者、热心市民发挥自身优势,投身扬州市文化馆组织的各类群众文艺活动和公益培训,弥补专业人员力量的不足,以更加灵活多样的形式,开展更有针对性的全民艺术普及活动。

(三)品牌成就

经过五年的坚实发展,"绿杨"系列品牌文化活动从孕育到成长,结出了丰硕果实,成为扬州市群众文化活动的鲜明标识、全市共享的公共文化产品,成为促进群众文艺创作普遍繁荣的重要抓手、满足人民群众美好生活需要的惠民工程。

一是坚持以习近平新时代中国特色社会主义思想为指导,紧紧围绕举旗帜、聚民心、育新人、兴文化、展形象的使命任务,把脱贫攻坚、乡村振兴、全面小康、大运河文化带建设、长三角一体化发展、长江大保护等国家战略纳入创作视野,创作推出音乐、舞蹈、戏剧、曲艺等表演艺术类参评作品近1000个;二是坚持为人民服务,坚定为"强富美高新扬州"建设服务的方向,坚持百花齐放、百家争鸣的方针,"舞动扬城"广场舞大赛、"幸福和声"合唱比赛、"欢乐艺家人"家庭才艺大赛、"我爱歌唱"扬州歌手争霸赛等活动有序开展;三是坚持公共服务普惠性、标准化、均等化方向,采取市、县、乡三级联动方式,每年组织1000多场文化活动进农村、进社区,以群众文化供给的多样性、精准性和高品质,增添文化事业发展的生机活力;四是通过"送、种、育"相结合的方式,建设"农民身边不走的文化队伍",不断优化城乡文化资源配置,缩小城乡公共文化服务差距;五是依托数字化建设,增加了手机摄影、手机短视频大赛等项目,开通了网络投票、网络直播等环节,不断为活动内容增添新意。

二、创新做法

(一)加强顶层设计

"十三五"期间,中共扬州市委、扬州市人民政府将"开展群众性文娱比赛"活动列入

"1号文件"，切实丰富城乡居民精神文化生活，践行社会主义核心价值观，弘扬主旋律，传播正能量，进一步提高人民群众共享改革发展成果的获得感和满意度。《扬州市"十三五"文化发展规划》为扬州市建设现代公共文化服务体系明确了具体要求，包括：打造和培育"绿杨"系列群众文化活动，丰富公共文化产品和服务，加强对公共文化产品创作生产的引导，创作更多弘扬社会主义核心价值观、思想性、艺术性、观赏性相统一的文艺作品，推出一批优秀的、具有可持续发展价值的品牌文化活动，提供更加优质的公共文化产品。建立健全政府购买公共文化服务机制，鼓励社会力量和社会资本参与公共文化服务。鼓励群众自办文化，扶持各类群众文化团队。完善文化志愿者注册招募、服务记录、管理评价、激励保障机制和志愿服务下基层制度等。

其中，为了进一步确保"绿杨人家"社区艺术节的常态化、长效化发展，扬州市文化广电新闻出版局（2019年改名为扬州市文化广电和旅游局）还指导制定了《扬州市"绿杨人家"社区艺术节五年总体规划》，2016年至2020年的社区艺术节分别以"启动年""提升年""深化年""拓展年""普及年"为目标，明确到2020年，在全市建立一批优秀的合唱团队、广场舞团队。

（二）对接重要活动

扬州市文化馆重视将"绿杨"系列品牌文化活动与全省、全市重要群众文化活动进行对接，不断扩大"绿杨"品牌文化活动的影响力，为扬州市优秀群众文艺团队、优秀群众文艺作品提供更加广阔的展示平台和发展空间，提高扬州市群众文艺创作生产水平。

例如，将"绿杨人家"社区艺术节与江苏省第十九届省运会开、闭幕式迎宾演出对接，其间通过广场舞和合唱培训，组织扬州市优秀舞蹈编导深入基层团队，手把手教学，点对点训练，辅导各团队掌握科学技巧，提高训练的准确度和正确性，丰富基层团队的艺术理论知识储备，提升团队的演出水平和表演质量。在第十九届省运会开、闭幕式迎宾演出期间，30余支优秀群众文艺团队在全省观众面前精彩亮相，充分展现了扬州市全民艺术普及和现代公共文化服务体系建设的最新成果。

又如，将"绿杨风"群众文艺新作评比与江苏省"五星工程奖"进行对接，在"绿杨风"群众文艺新作评比的基础上继续打磨提升，实现主题立意、艺术呈现、演员表演等方面的精益求精，并积极组织作品参评江苏省"五星工程奖"。2020年，扬州市文化馆在江苏省第十四届"五星工程奖"评选过程中成果丰硕：组织全市参与初评作品16件，终评作品9件；由扬州市文化馆业务骨干参与创作、表演的舞蹈《漕帮娘子》、小淮剧《喜鹊》荣获第十四届"五星工程奖"；歌舞《多情的运河风》入围第十四届"五星工程奖"终评。

（三）促进共建共享

近年来，扬州市文化馆在实践中走出了一条市、县、乡三级联动的路径，与县（市、区）文化馆、乡镇（街道）文化站、村（社区）综合文化服务中心开展更加紧密的合作交流，鼓励当地优秀的群众文化团队、民间艺人、网络达人参与"绿杨"系列品牌文化活动，形成满足人民群众精神文化需求的强大合力。

　　同时,扬州市文化馆与扬州市曲艺研究所、扬剧研究所、江苏木偶剧团等单位合作,邀请著名的扬剧表演艺术家、曲艺表演艺术家、木偶表演艺术家等专业演员参与"绿杨"系列品牌文化活动,不但为社区居民带来原汁原味的演出,还组织专业演员对优秀的群众文艺团队进行指导,受到了社区居民的热烈欢迎。

　　"十四五"期间,扬州市文化馆将进一步围绕立足新发展阶段、贯彻新发展理念、构建新发展格局,贯彻落实习近平总书记视察江苏、视察扬州重要讲话指示精神,不断拓展"绿杨"品牌建设发展内涵,在保持特色化、实现服务精准化和数字化上更下功夫,在跨部门、跨行业联动等方面要更加活跃,打造更加满足人民群众对美好幸福生活新期待的"绿杨"品牌。

文化志愿服务高质量发展的杭州实践

杭州市文化馆（杭州市非物质文化遗产保护中心） 谢 弘

文化志愿服务是提高文化馆服务效能的重要途径之一。近年来,杭州市群众文化(以下简称"群文")志愿者总队依托杭州市文化馆(杭州市非物质文化遗产保护中心)(以下简称"杭州市文化馆")培训部,在群文免费培训等领域积极开展高质量文化志愿服务,取得了显著的成果。

一、案例背景

杭州市群文志愿者总队成立于2012年,由杭州市文化馆设立,隶属于馆内培训部。其志愿服务内容以杭州市文化馆一年三期的群众文化免费培训教育管理工作为主,同时配合培训部开展年度群文培训成果汇报展演,以及各类社会文化公益活动等。总队有报名注册的志愿者75人,常驻志愿者24人,主要由杭州各大专院校在读学生与社会热心人士组成,大多具有美术、摄影、书法、手工艺、音乐、舞蹈等艺术专长。

经过10余年的高质量发展,杭州市群文志愿者总队的志愿服务不断完善,在志愿者招募、工作管理体系、品牌建设、志愿服务内容及云端教学等方面持续创新,其服务质量及覆盖面均得到了群众的肯定,并收获了相应的群众文化普及成效。

二、具体做法

(一)重视人员配置,完善招募模式

1. 逐步完善线上招募方式

在保证传统线下招募正常开展的情况下,通过杭州市数字文化馆官网及微信公众号等相关网络平台开展线上志愿者招募,并在招募内容中详细添加了杭州市群文志愿者总队与群文免费培训概念等相关内容信息,保证被招募对象对群文志愿者总队的工作性质有一定的了解。

2. 创新吸引招募内部人才

志愿者总队依托杭州市文化馆,吸纳诸如群文免费培训教师及文化馆退休职工等熟知、精通文化志愿服务事业并有一定文艺特长的文化馆内部骨干,不仅减少了志愿者熟悉

志愿服务业务的时间,提高了志愿服务效率,而且保证了总队的志愿服务高质量人才储备,优化了人员架构,使总队的专业性更强。

3.建立完善招募考核制度

设置志愿者总队领队、志愿者总队馆内负责人、培训部主任三层考核审查机制,确保招募对象的志愿服务能力与个人素质过关,保证志愿者招募高质量发展。

(二)增强总队建设,健全管理体系

1.设立每日组长制度

由轮流当值的组长负责每日馆内群文免费培训的签到统计、教学纪律等整体情况的把控,并要求当日工作的志愿者及时在总队微信群内上报志愿服务情况,汇报工作难点,分享工作经验供全体志愿者交流学习。

2.完善工作评价机制

在每一期的群文免费培训结束后,馆培训部适时邀请学员对志愿者的工作状况进行线上与线下的打分评价,并于年末开展年度群文志愿者总队总结会议,进行内部互评,最终由培训部与馆领导根据学员打分与互评打分,评选出年度优秀志愿者,同时对志愿者总队一年来的志愿服务情况进行深刻剖析,找到不足,助推志愿者服务高质量发展。

3.加大志愿培训力度

馆内培训部定期组织志愿者总队开展志愿服务培训,于年初免费培训开班前期及年末开展集中培训会议,重点提高志愿者总队成员的服务能力、沟通能力和组织协调能力,并在培训中邀请每一位志愿者对前期的志愿服务工作不足及群文免费培训的管理进行探讨和交流,进一步提升群文志愿者总队的服务意识。同时,积极选送志愿者赴各省市相应的志愿服务培训班参加学习,夯实志愿服务理论基础。

4.健全数字网络管理

志愿者总队结合早期的纸质版数据记录和文化馆数字平台建设实际进展,逐步完善杭州数字文化馆网络志愿服务平台,妥当运用网络技术手段对群文志愿者的信息做到网络化高质量管理,实时核对志愿者名单,对志愿者的信息、照片、个人介绍等及时更新,保证志愿者名单的准确性与时效性。

(三)提升品牌效应,建设总队品牌

群文志愿者总队将群文免费培训作为品牌创新的平台,与馆培训部创新性地开展杭州市文化馆群文免费培训汇报演出,以此不断提升志愿服务的品牌效应,助推其高质量发展。每年度的群文免费培训成果汇报演出分为静态与动态两大类。静态类作品展包括国画(花鸟、山水)、素描、书法等共七大类,而动态类则涵盖舞蹈、器乐、歌唱表演等内容。汇报演出筹备期间,群文志愿者总队对接各班级任课教师,对汇报演出的具体内容与展演时间进行通知,确保通知到每位学员。在汇报演出期间,志愿者总队会实时参与静态作品展的布置及动态汇报演出的人员统计、节目名单设计、汇报演出宣传、汇报演出当日的现

场维护和节目评分统计等环节。

此外,群文志愿者总队也会根据该年群文免费培训汇报演出的质量、群众反馈及社会反响,结合汇报演出评分结果,挑选出优秀作品,进而组织开展更具规模且面向全市的群众文化精品展演。例如,2018年杭州市文化馆公益培训精品展演便将舞台设置在浙江省文化馆小剧场,全程对外免费开放,当日吸引了参与免费培训的学员及爱好群众文化的社会大众近千人次。其间,群文志愿者总队在展演前期通过线上线下积极向社会宣传精品展演内容,联系邀请如《杭州日报》、网易新闻等媒体于演出当日进行线上报道,同时组织志愿者于演出当日在小剧场的入口大厅布置如国画、书法等静态类的优秀学员作品,并设立了群文志愿者总队服务点,为现场的观众适时宣传群文志愿服务与群文免费培训的相关知识。2021年4月至6月,群文志愿者总队还配合培训部,以线上展示与线下展演的形式,组织开展主题为"忆红色之旅,舞之飞扬;展人之灵秀,歌之高昂"的2021年杭州市文化馆公益培训活动教学成果展,以此检验十年来群文免费培训的教学成果与群文志愿者总队的志愿服务综合能力。

(四)拓展服务领域,扩充服务内容

群文志愿者总队在保证常规志愿服务质量的前提下,不断拓展志愿服务范围,推动文化服务内容高质量发展,开展符合社会实际需求、群众喜闻乐见的志愿服务。

1. 开设"小候鸟"暑期培训班

群文志愿者总队根据群文免费培训学员反馈,配合培训部于暑期进行培训创新,从2013年起开设儿童暑期培训班,并针对杭州外来务工人员,从2018年起为其子女开设"小候鸟"暑期夏令营,这在极大程度上满足了少年儿童假期的学习需求,并有效降低了外来务工人员的家庭压力。2013年至2019年,群文志愿者总队共计服务暑期儿童培训班495个,服务儿童学员8032名,其中服务"小候鸟"夏令营21个,服务外来务工子女545名。另外,群文志愿者总队还组织具有专业才艺的志愿者,为杭城有需要的文化馆(站)的暑期儿童培训班送去少儿泥塑、朗诵与硬笔书法等培训课程,加强了文化志愿的联动服务。

2. 建立社区范围服务机制

群文志愿者总队与当地社区开展合作,为社区范围内的杭州市健康实验学校与朝晖街道老人公寓定时开展公益性志愿服务。志愿者总队会于每年4月至6月组织群文免费培训的授课教师、学员及群众开展"为'六一'献爱心"募捐活动,号召为杭州市健康实验学校踊跃捐款捐物。2017年以来,参与人数达1029名,捐款捐物价值2万余元。同时,群文志愿者总队会于"六一"前夕,组织部分志愿者、免费培训授课教师与学员,一同前往杭州市健康实验学校开展"'六一'公益捐赠活动",为学校的特殊学子开展文艺演出与公益义卖活动。此外,群文志愿者总队联合朝晖街道华联社区相关志愿者团队,于每年重阳节前夕前往朝晖街道老人公寓,运用其专业知识、技能为老人们开展志愿服务讲堂、群众文化普及培训、文艺技能展示等文化爱老敬老慰问活动。

（五）探索线上渠道，升级云端教学

群文志愿者总队有效提升志愿服务的云端创新意识，立足现有群文教学大环境，结合数字化、网络化与智能化，根据培训学员的年龄层次及培训喜好等特征，配合培训部不断创新线上云端的群文免费培训志愿服务内容，创新升级群文志愿服务云端教学模式。

2020年至2021年，群文志愿者总队在保证线下群文免费培训常态化开展的前提下，运用新媒体技术进行教学融媒体传播，针对培训学员喜闻乐见的文艺培训课程进行调研、摸底与统计，完善并创新了杭州市数字文化馆官网艺术培训在线课程模块。邀请相应具有专业技能的志愿者教师与专家进行入门书法、绘画、主持与表演、朗诵艺术与技巧等培训课程的直播教学，将教学视频进行录制并储备至云端；购买上传诸如慕课"越剧"、昆曲教唱、越剧基础培训等相关符合线上培训资质的教学视频资源；同时通过微信公众号、抖音号等新媒体平台对在线艺术培训进行宣传，使群文免费培训学员能够足不出户在云端享受高质量的文艺培训课程，巩固并提高了原有线下教学的质量。此外，群文志愿者总队还依托杭州市数字文化馆平台，在云端后台开设志愿服务活动交流、培训云端沟通及课程教学评价等线上互动留言系统，使志愿者总队能够在云端打破与群众学员的交流壁垒，实时了解学员对群文免费培训的所思所想，及时就学员反馈的问题与建议进行针对性的改善，保证了群文免费培训的质量。

三、实践成效

杭州市群文志愿者总队自成立以来，在群文免费培训的开设、学员的招收、授课的质量及内容的创新等方面充分发挥文化志愿服务的力量，保证了每年度免费培训的高质量开展，基本实现了全面推广群文免费培训项目的目标，并且在群文汇报演出、社会公益志愿服务等领域扎实推进，在文化志愿服务方面取得了一定成绩。

（一）推动群文免费培训的高质量发展

2012年至2016年，群文志愿者总队配合杭州市文化馆，共计开设群文免费培训班1717个，服务学员36203名，年均服务学员7240名，在志愿服务开展初期以其优质的服务质量获得了一定的群众基础。党的十九大召开以后，群文志愿者总队群文免费培训班及学员等的数量逐年增加，服务范围亦逐年扩大。2017年至2020年，志愿者总队共计服务群文免费培训班1270个，服务学员达27291名，平均每年服务学员6825名。其中，2017年至2019年，每年开班数量稳定增长20余个，每年服务学员同比增长40%，年均增长量与增长速率均超过2012年至2016年相邻年间的同期增长数据。2020年，群文免费培训因受新冠疫情影响一度暂停开设。在秋季免费培训恢复开课后，群文志愿者总队共计服务班级138个，服务学员3580名。其间，志愿者总队兼顾疫情防控与免费培训常规工作的效率，保证了后疫情时代免费培训复课的质量，同时也为2021年群文免费培训的

开展奠定了质量基础。

（二）扩大群文免费培训的精准覆盖面

杭州市文化馆培训部为满足杭城日益增长的群众文化培训需求,从 2013 年起在杭州的拱墅、上城、滨江等地区下设 6 个分校开设免费培训班,并由群文志愿者总队分管各分校的培训教务统筹工作。2013 年至 2020 年,群文志愿者总队指导各分校协调网上报名、统计考勤、安排汇报演出等相关事宜,共计服务分校班级 546 个,服务分校学员 11107 名,以点带面,层级铺设,为各分校群文免费培训的高质量开展作出了重要贡献。

（三）提升文化志愿服务的社会影响力

通过每年群文免费培训汇报演出、社会公益文化活动等文化志愿服务,群文志愿者总队不仅全面履行了自身文化志愿者的职责,为杭州市民搭建了享受群众文化的平台,满足了社会大众对优秀精神文化的需求,也充分地将文化志愿服务的风采展现给杭州市民,得到了社会大众的一致认可,使自身志愿服务的品牌创新发展更为牢固,更塑造了良好的文化志愿者形象,提高了杭州市文化馆的社会地位,助推了文化志愿服务品牌的宣传,扩大了文化志愿服务的知名度和影响力,在杭城上下营造了优质的文化志愿服务舆论氛围,在一定程度上激发了全杭州市民参与群众文化活动与文化志愿服务的热情,促进了杭州文化事业的高质量发展。

四、经验启示

杭州市群文志愿者总队近年来的高质量发展,不仅提高了杭州市文化馆的公共文化服务水平,也为新时代其他文化志愿服务团队的高质量发展提供了经验启示。

（一）文化志愿服务高质量发展要提升招募质量

文化馆人力资源匮乏问题突出,而文化志愿服务的开展,可以有效缓解文化馆的人力与经费压力。因此,文化志愿服务团队应首先根据自身队伍需要与文化馆创新发展的现实需求,扩大招募范围,积极开展线上与线下的志愿者招募,选拔有群众文化基础、专业技能特长和服务奉献精神的人员加入志愿者队伍。其次在招募上应打破年龄层次限制,针对年轻群体采取新颖的招募方式。文化志愿服务团队可采用网络直播、录制 Vlog 等形式进行线上实时招募,同时通过短视频平台,宣传文化志愿服务优秀个人与案例,增强文化志愿服务活动的吸引力和影响力,让更多年轻人了解文化志愿服务的精神与意义,增加其对文化志愿服务的认同感,使他们自发地参与文化志愿服务,以此不断完善文化志愿服务团队的年龄架构。

（二）文化志愿服务高质量发展要健全管理体系

首先，文化志愿服务团队应不断健全包括志愿服务准则、招募考核条例、考评奖励机制等志愿服务工作管理规定，依照规章制度进行人员管理，提升队伍管理质量。其次，应建立健全志愿者激励模式。文化志愿服务团队可针对志愿者每月或每季度的志愿服务质量、服务时效、服务态度等方面的工作情况开展考核评价，评选出优秀志愿者，并由相应文化馆设立志愿服务奖励基金，对其给予奖励。同时，可在志愿者圈内进行公示表扬，并将其志愿服务亮点通过相应网络平台进行宣传报道，增强其自身荣誉感与志愿服务热情。最后，志愿服务团队应依托文化馆阵地，建立相应的文化志愿者培训机制，每年定期组织文化志愿者参与培训，进一步提升文化志愿者的整体素质。只有不断健全文化志愿者团队的管理体系，有效依照规章制度进行管理，同时注重志愿者队伍的激励与培训，形成强大的人力资源管理动能，才能有效推进文化志愿服务的高质量发展，为文化馆主体作用的发挥提供坚实的保障。

（三）文化志愿服务高质量发展要打造品牌形象

首先，文化志愿服务团队应注重自身志愿服务品牌的建设。围绕文化馆功能和职责开展的文化志愿服务能有效提高文化馆的公共文化服务水平，完善和弥补文化馆服务工作当中的不足，令各类文化服务落地生效。因此，志愿者团队可以依托文化馆这一地方文化事业阵地，积极参与文化馆各类文化活动，深入基层一线，以文化志愿服务的形式大力推广文化馆的文化活动，以此强化志愿者团队与群众的联系与互动，吸引更多的群众积极参与文化活动，进而提升文化志愿服务的影响力，为文化事业的繁荣提供更为坚实的群众基础保障。其次，文化志愿服务团队应立足于文化馆这一免费公共文化平台，为当地社区、学校等有需要的群体定期开展文化公益讲座、文艺沙龙等，并可根据当地的文化特色与群众的实际文化需求，有针对性地开展主题文化志愿服务品牌活动，为群众搭建文化展示与分享的平台，将志愿服务与文化推广相结合，从而塑造自身良好的文化志愿服务形象，在社会上营造良好的舆论氛围。

（四）文化志愿服务高质量发展要建设数字平台

首先，文化志愿服务团队应充分利用网络媒体，探索"互联网＋文化"新模式，开展如线上文化讲堂、文艺培训等网络文化志愿服务活动，使文化志愿服务更加高效与便捷。其次，文化志愿服务团队应通过数字文化馆官方网站、微信公众号、微博等线上官方平台，开通"文化志愿者"模块，加大对文化志愿服务和志愿者的宣传，弘扬"奉献、友爱、互助、进步"的志愿服务精神，引导越来越多的群众关注文化志愿服务，鼓励社会中的热心人士加入，更好地满足广大人民群众的精神文化需求。最后，文化志愿服务团队应及时通过数字网络平台发布各类文化志愿服务信息，与其他文化志愿者团队和文化公益机构建立实时沟通机制，对志愿活动进行安排和协调，形成跨平台合作关系，在文化志愿活动中达到互帮互助的效果,从而推动文化志愿服务稳步前行。

参考文献

[1] 李平 . 志愿服务培训教材 [M]. 北京 : 中国石化出版社 , 2015.

[2] 缪其克 , 威尔逊 . 志愿服务研究学术文库 : 志愿者 [M]. 魏娜 , 等译 . 北京 : 中国人民大学出版社 , 2013.

[3] 钱理群 . 论志愿者文化 [M]. 北京 : 生活·读书·新知三联书店 , 2018.

[4] 王忠平 . 志愿服务管理理论与实务 [M]. 北京 : 北京交通大学出版社 , 2015.

杭州市中心城区社会力量助力非遗传承保护实践案例 *

杭州市拱墅区文化馆（原杭州市下城区文化馆） 吴 哲

一、案例背景

随着经济社会的快速发展,非物质文化遗产(以下简称"非遗")的传承与发展面临着诸多困境,而这些困境在城市地区(尤其是中心城区)表现得尤为突出,主要体现在以下三个方面:一是现代化快速发展加速了对传统文化的冲击,对非遗的传承保护产生较大影响;二是非遗宣传展示途径不够丰富,群众了解、认识非遗的机会还不是很多,百姓对于传统文化的认可度和传承的积极性不足,未能形成文化自觉与文化自信,全民参与线上、线下非遗传承的力度还远远不够;三是非遗传承保护普遍存在重发展轻保护的现象,特别是文旅融合后更加注重非遗带来的经济效益而忽视非遗传承本身的长远发展。

下城区(现为拱墅区)作为浙江杭州的核心城区,商贸繁华、街巷密布、文蕴深厚,现代文明与历史传统交相辉映,共有非遗项目77项(国家级3项、省级6项、市级11项、区级39项、街道级18项)、代表性传承人78人、市级以上民族民间艺术家2人。近年来,下城区致力于中心城区非物质文化遗产传承保护与改革创新,探索非遗传承保护新路径,优化非遗创新发展新模式,围绕非遗文旅融合与跨界发展,通过整合社会资源创新传承、传播新方式,不断提升非遗社会影响力、经济及社会价值,走出了一条独具特色的非遗保护、传承、发展之路。

二、具体做法

(一)整合社会资源,建造共享式非遗联盟圈

1.组建武林艺术非遗联盟机构,借力社会文化资源

一是组建武林艺术非遗联盟机构。联合浙江京昆艺术中心、浙江小百花越剧院、浙江

---

* 本文中提及的"杭州市下城区"系指杭州市在2021年行政区划调整前的下城区范围。由于2021年杭州市部分行政区划调整,原下城区已与拱墅区合并成为新的拱墅区。但本文的研究范围仅限于原下城区的地域,并不涵盖整个新的拱墅区。特此说明,以避免混淆。

省文化馆、杭州市文化馆、西泠印社等18家文化单位,组建武林艺术非遗联盟,开展非遗传习课程、非遗展示展演等,提升非遗影响力;联合浙江京昆艺术中心、浙江小百花越剧院,邀请戏曲曲艺名家名角公益传习授课,让市民了解非遗,令市民赞不绝口。二是借力社会各类非遗文化联盟机构拓展非遗发展资源。如小巷三寻省级传承人郑芬兰担任浙江省女红巧手联盟理事长,加入下城区社区微联盟等机构,团结联合各联盟成员单位,使土布纺织技艺获得了更多的发展机会。

2. 探索"1+1+1"联合传习模式,助力"非遗"科学传承

探索"1+1+1"(专业院团+专业院校+社会文化机构)"传习+实践"联合培养模式。做大做强"武林艺萃"戏曲曲艺非遗惠民品牌系列活动,联合浙江京昆艺术中心、浙江小百花越剧院、杭州滑稽剧团、浙江音乐学院戏剧系创新团队、杭州国粹艺术教育中心等联合培养戏曲曲艺人才,每年开办京剧、昆曲、越剧公益集训班,举办杭摊、武林调等五大剧种"武林艺萃"戏曲曲艺大讲堂20余期,选送优秀学员参加杭州市中小学戏曲比赛、杭州市民间戏曲比赛学员共获1金2银1铜。

3. 创新"线下+线上"非遗云平台,实现非遗资源共享

建立下城文化云、下城区级非遗数据库平台等数字非遗共享平台。推出线上非遗云课堂、非遗云展厅、非遗线上抗疫作品专题展、下城区非物质文化遗产项目作品·雅集云赏线上展示活动、非遗文化慕课等52个栏目,拓宽非遗传播渠道。开启线上非遗传承活动,联合下城区非遗项目保护单位钱塘箫社组织发起浙江省首届"箫和天下"洞箫艺术线上音乐会,杭州、温州、台州等地多家洞箫艺术机构参与,获得了良好的社会影响,进一步扩大了受众群体。

4. 提供高质量非遗传承内容,扩大受众传承群体

探索政策采购实现区级非遗馆社会化运营新模式,打造亲子互动非遗文化体验空间。每周六、日开展皮影、宫灯、剪纸、扇画等10项传统文化体验项目及蹴鞠、戏曲等互动学习项目,联合西泠印社打造下城区美育传习课堂,推出书法、篆刻、国画、茶艺、汉风手作等传习课程,邀请10余名传承人举办盘扣、彩泥塑、江南洞箫、剪纸、丝绸扎染、扇画等"大师寻徒"公益非遗传习课堂,深受群众喜爱。

(二)创新传播途径,构建多元化"非遗"文化空间

1. "非遗进广场",优化非遗匠心市集

下城区创新"非遗+夜间经济"模式,于"文化和自然遗产日"期间,在西湖文化广场开展大运河文化带沿线非遗乐购嘉年华暨2020年下城区"文化和自然遗产日"非遗宣传展示活动,将"传统非遗"与"夜间经济"巧妙结合,与快闪、新零售、新媒体、直播带货等形式新旧"混搭",结合疫情防控健康主题组织20个健康主题的非遗项目参展,让传统中医药非遗技艺等非遗项目走进广场,以"非遗+新零售""非遗+新媒体""非遗+直播带货""非遗+快闪"等全新的融合形式集中展示非遗项目成果,增进市民互动体验,让市民乐享非遗文化。活动当日参观人员达2万人次,互动体验人数达1067人,营业额

23374元,较好地拉动了夜间经济文化消费,丰富了市民夜间文化生活。被新华网、"学习强国"、《浙江日报》、天目新闻、《杭州日报》、浙江电视台公共·新闻频道、杭州电视台西湖明珠频道等10余家主流媒体报道,产生良好社会影响。

2. "非遗进公园",培育非遗百姓书场

将下城区朝晖公园内200平方米的百姓书场打造成曲艺书场,全年365天向居民开放。每天下午1点半到3点半,来自省、市曲艺家协会及杭州滑稽剧团的特聘说书先生都会准时进行杭州评话表演,深受群众尤其是老年群众喜爱。

3. "非遗进酒店",打造非遗主题酒店

下城区国家级非遗项目水印技艺保护单位杭州十竹斋艺术馆依托"百家馆"项目首次入驻连锁酒店——布丁酒店(杭州高银街店)大堂,将酒店大堂改造成非遗文化展示平台,打造"24小时不打烊"的非遗展示馆,把优秀的非遗文化和技艺展示给更多的游客和市民,传播和发扬优秀的中国传统文化。

4. "非遗进街巷",建设非遗美丽街巷

联合钱塘民俗艺术交流社、吴理人民俗艺术馆举办"画游下城""夜游武林"暑期公益亲子游活动,促进百姓市井文化深度体验。结合城市"大脑"建设打造"寻味街巷"都市旅游专线,打造以"文旅融合·非遗传承"为特色的"非遗传习体验点"和"非遗网红打卡点"。

5. "非遗在社区",普惠人民群众

优化完善"非遗在社区"品牌,推出"大师寻徒"非遗进社区培训活动,主要包括江南洞箫艺术、丝绸扎染、剪纸、古风团扇、盘扣制作技艺和彩泥塑彩绘课程,邀请各项目代表性传承人为大家进行面对面授课,让非遗融入百姓生活。同时,创新开展"画游下城"公益亲子传统文化体验游活动,让青少年在游学中了解古建筑、古街巷的故事,了解"非遗"及传统文化。

(三)探索文旅融合,探索开放式非遗跨界发展

1. 创新非遗产品研发,推动文创产业发展

如下城区国家级非遗保护机构杭州王星记扇有限公司联合西泠印社、省老字号"采芝斋"等机构共同开发非遗礼盒套装,受到了市场欢迎。同时,政府鼓励非遗项目开展亚运会纪念礼研发,2020年共研发了13款亚运产品,获得了亚组委的高度认可,并在几百件亚运产品中取得了销售额前六的骄人成绩。

2. 探索非遗融入体育赛事,促进跨界产业融合

浙江省体育局联手浙江省体育竞赛中心、杭州市体育局和下城区人民政府,将非遗融入体育赛事活动,举办"东恒杯"2020首届长三角水上运动节暨杭州武林运动时尚嘉年华非遗匠心市集,让市民足不出杭就可遍赏长三角各地具有代表性的非遗项目,活动总客流量近2万人次,日均销售额达10万元,探索出了长三角各地区共同携手拓展非遗文化合作交流的新模式,全力推动了长三角区域非遗文化联动发展。

3. 探索非遗精准化扶贫，促进乡村文化振兴

下城区省级非遗项目保护单位小巷三寻积极探索"非遗＋扶贫"模式，通过对手工技艺的生产性保护，塑造手工村落品牌，增强村落的自我造血功能，并通过品牌效应和电商帮扶惠及手工村落的千家万户，为传统乡村手工艺市场开辟了一条崭新的道路。

三、经验启示

（一）非遗传承保护要注重社会资源整合，实现文化自觉与文化自信

非遗的传承保护不仅仅是政府部门、非遗保护单位、非遗传承人的事，还是全社会应当承担起的中华民族传统文化复兴责任。因此，仅仅依靠少数人的力量是远远不够的，我们要整合社会资源，集合更多的非遗传承、传播人才，通过他们来传播非遗文化，来提升全民文化素养，为非遗传承助力。

（二）非遗传承保护要注重途径与时俱进，实现传播多样化与现代化

要始终坚持"人民的非遗人民共享"原则，将非遗传承保护与现代社会发展结合起来，借助现代人接受的方式开展非遗传承传播。如通过短视频、直播带货、线上云赏活动等方式，对非遗项目进行动态展示，有利于获得更多年轻受众群体的认可，从而进一步培养他们对非遗的兴趣，扩大受众群体，同时也让传统文化焕发新的活力。

（三）非遗传承保护要注重项目融合发展，实现强强联合与合作共赢

非遗传承保护要实现科学、可持续发展，一方面是要做到取长补短、扬长避短。每个非遗项目都有自身发展的优势与不足，这就需要我们充分认识到自己的长处和不足，并且通过整合、联合、融合的方式达到更好的传承效果；另一方面是要实现强强联合、合作共赢。艺术的交流融合会产生不一样的火花，非遗亦是如此。例如，将两个非遗项目在创作技法、内容内涵上加以融合，那么就会创造出新的、让人眼前一亮的新作品、新产品，这有助于非遗的创造性转化与创新性发展，让非遗更加有生命力。

社会力量参与文化馆公共文化服务的拱墅探索

杭州市拱墅区文化馆　　陆　菁

杭州市拱墅区地处京杭大运河南端,总面积 87.7 平方千米,辖 10 个街道,总人口 65 万。拱墅区文化底蕴深厚,穿境而过的千年古运河,孕育了以运河文化为特色的地域文化。拱墅区先后获得了全国文化先进单位等国家级荣誉 33 项,浙江省文化先进区等省级荣誉 61 项。

一、社会力量参与文化馆公共文化服务的创新背景

拱墅区文化馆为国家一级馆,现有工作人员 9 人。2015 年底,文化馆新馆启用,总建筑面积 6000 余平方米,内设综艺部、培训部等科室,拥有多功能演艺厅、静态展示厅、公益讲堂、摄影棚等十多个工作厅室和器乐、形体、美术、舞蹈等培训教室。

但仅依靠文化馆现有工作人员无法将新馆的公共服务效能发挥到最佳,因而在此背景下,拱墅区文化馆积极探索文化馆事业社会化发展的创新做法。

二、社会力量参与文化馆公共文化服务的创新举措

(一)强化制度建设,保障机制"规范化"

一是拓宽参与渠道,形成社会力量参与公共文化服务的引入机制。积极引进企业、社会团体及个人,通过公开招标,将文化馆的建设、管理和服务进行外包,鼓励社会力量参与公共文化服务,实现了公共文化服务的社会化。二是完善激励政策,形成社会力量参与公共文化服务的保障机制。拱墅区文化馆先后参与制定了《杭州运河文化建设实施规划》《关于建设运河文化名区的实施意见》《关于引导和鼓励社会力量兴办公共文化的实施办法》《拱墅区加快推进基层文化体育事业发展扶持办法》《拱墅区公共文化服务场馆引进社会力量的招募制度》等政策,营造了政府主导、社会参与、多元投入、协力发展的良好氛围。三是出台评估规范,形成社会力量参与公共文化服务的长效机制。根据工作实践,拱墅区文化广电新闻出版局出台了《社会力量参与公共文化服务评估规范》《文化志愿者管理与服务规范》等规范性文件,明确了拱墅区文化馆引入社会力量参与公共文化服务在场馆设施、产品服务、人才队伍等方面的重要意义,促进了社会力量和文化馆之间的双向

交流,积极、持续、稳妥地推进文化馆的长效发展。

(二)完善总分馆体系,惠民服务"全覆盖"

以"一馆一站"搭建文化馆总分馆服务体系。"一馆"即拱墅区文化馆总馆,它通过引进社会力量参与公共文化服务,吸纳社会文化资源弥补馆内经费、人员、师资等方面的不足,现已形成了10多个馆办品牌活动,开办了30多个门类,每周50多个班次的公益培训,将文化馆公益性、基本性、均等性和便利性的服务辐射到全区,满足人民群众多层次、多样化的文化需求。"一站"指的是统筹街道文化站(社区文化家园)资源,搭建文化馆街道分馆服务平台,通过集中培训、外出参观、挂职锻炼等多种形式,培养造就了一批精干务实的基层文化工作者队伍、业余文化辅导员队伍和文化志愿者队伍。全区上下公共文化馆服务体系更加优质化、专业化、高效化。目前,全区所有文化馆街道分馆均错时免费开放,并推出了公共文化托管机制,由文化志愿者、文化助理员管理,实现了文化馆分馆在服务体系管理上的社会化。

(三)打造示范点窗口,特色服务"零距离"

以"多点一廊"布局文化馆基层活动示范点。"多点"指的是整合拱墅区丰富的社会公共文化设施资源,铺设"运河文化体验点",将老开心茶馆、剑瓷视界艺术馆、浙窑陶艺公园、运河民俗画室、拱宸国学馆、小河人文讲堂、柔之艺太极馆、舒羽咖啡等场馆整合成为融文化、教育、休闲、娱乐为一体的"运河文化体验点"。"一廊"指的是整合辖区内运河沿岸的戏曲演艺资源,挂牌"大运河戏曲驿站",串珠成链,打造"大运河戏曲廊道",向市民提供个性化的公共文化资源,成为独具地域特色的传承本土历史文化的群文演绎点。

三、社会力量参与文化馆公共文化服务取得的成效

近年来,拱墅区文化馆通过社会力量参与,提升了区域文化品位,激发了群众的文化自信,让人民群众拥有了更多的文化自豪感和获得感。

(一)整合服务主体,文化品牌打造社会化

社会力量积极参与并承办文化馆的各项文化活动,文化品牌活动层出不穷。从每年元旦的"运河新年健走",到"运河之春元宵灯会"、"运河民俗文化体验周"、"皋亭修禊"雅集、"半山立夏节"、"中日古琴交流研讨会"和"大运河文化节"开幕式等大型文化节庆活动,都有社会力量参与。"民星大舞台""送演出下基层""文化走亲"等文化惠民服务项目也主要由社会力量承担。此外,社会力量还自发开展了"大运河国际诗歌节""拱宸地书邀请赛""老开心茶馆故事会""大关百姓书场""荣华戏院艺术家名角会"等活动,这些活动成为拱墅区文化惠民活动的重要补充。

(二)丰富服务内容,文化产品供给社会化

拱墅区文化馆引入黄亚洲文学工作室、运河学舍、拱墅区摄影艺术学会等社会力量,合作完成了《运河南端说码头》《运河南端草根谭》《运河南端市井荟》《运河风情》等10余本运河南端系列丛书和线上线下系列视觉艺术展览;完成了《浙江通志·公共文化卷》拱墅卷20万字的资料采写;与中国计量学院合作的"杭州市拱墅区社会力量参与公共文化服务建设研究"课题,在"浙江省第十四届挑战杯学术竞赛"中获得一等奖。

拱墅区文化馆大力开展广场主题文化活动,有效补充文化馆场馆服务。每年借助社会力量举办的杭城最大规模、最具特色的"运河元宵灯会",已被浙江省评为春节文化特色地区。市民自发参与,千人规模的公益性广场舞会、戏剧演出等活动使运河文化广场成为老百姓"人人共享、雅俗共赏"的文化乐园。

拱墅区文化馆与区内众多的大专院校和中小学校共建共享,着力打造独特的拱墅校园人文景观。杭州市长阳小学"拱墅区青少年表演队"在文化馆指导下创作的《半山小泥猫》荣获了杭州市音乐绘本剧表演一等奖、创作一等奖等多个省市金奖;长征中学的"杭州中学生艺术团"民乐基地,作为市中学生歌舞团的民乐分团多次代表浙江省参加全国学生文艺汇演并获奖,该校被评为浙江省艺术教育先进单位;与浙江大学城市学院共同拍摄的数字电影《飘动的红丝带》填补了浙江青春校园电影的空白。

拱墅区文化馆积极推进公共文化服务均等化,积极引导社会各界参与,重点扶持外来务工群体组建"金翰艺术团",把开展外来务工人员文化活动作为实现公共文化服务均等化的重要抓手。积极开展"新杭州人"广场诗会、"外来务工人员才艺大比武"、"月是故乡明"中秋专场晚会等活动,实现文化馆事业社会化、公共文化服务均等化。

(三)扩大服务群体,文化服务普惠社会化

拱墅区文化馆受益群体不断扩大,在文化服务对象上,既考虑迎合普通老百姓公共文化服务需求的基本性,更考虑满足弱势群体公共文化服务需求的均等性,为老年群体、青少年群体、外来务工人员、残疾人员提供便利的公共文化服务。通过社会力量的参与,文化馆组建了老年合唱团、运河舞团、运河戏剧社、运河青少年表演团等社会团体,实现了文化馆公共文化服务的均等化、多样化、常态化和效益最大化。

四、社会力量参与文化馆公共文化服务的经验启示

(一)服务主体需多元化

一是积极引入国内有一定影响力的专家学者,组成文化名家顾问团,如著名作家黄亚洲等,现已成为社会力量参与拱墅区文化馆公共文化服务的领军力量;二是引进一批在省市专业领域有一定造诣的名师,入驻文化馆设立工作室,成为社会力量参与拱墅区文化馆

公共文化服务的中坚力量;三是面向社会招募文化志愿者,参与文化馆日常管理、开展文化活动,成为社会力量参与拱墅区文化馆公共文化服务的基石。

(二)服务管理需规范化

一是在杭州市内领先出台了《拱墅区公共文化场馆引进社会力量的招募制度》作为区级标准,明确了社会力量参与公共文化服务的引入及工作要求;二是在国内首发了《文化志愿服务管理规范》,全方位、系统地明确了文化志愿服务的各项标准;三是拟定浙江省首个《社会力量参与公共文化服务管理评估标准》,为社会力量参与公共文化服务的绩效判定明确量化评价标准。

(三)服务平台需项目化

一是打造"文化馆免费开放"服务平台。目前,拱墅区文化馆已经引入 10 余股社会力量,对全区 10 支基层文艺精品团队开展进馆培训辅导;为辖区百余名文化干部提供艺术修养、群文策划、政策研究等 15 个班次的业务培训课程;为广大群众提供全年 60 多个班次,内容涵盖歌舞、器乐、书画、摄影、戏曲、民间艺术等 30 多个门类的公益培训。二是成立"大运河文化旅游交流中心"共建平台。整合社会文旅体资源,让更广泛的社会力量参与文化馆的发展。交流中心已有 60 余家社会企业入驻,开拓了"企业树形象、百姓得实惠、文化共发展"的多赢之路。三是建设"数字文化馆"服务平台。在文旅融合的背景下,"以文促旅"通过文艺作品的宣传推广,带动文旅消费。2020 年以《寻味运河·香》歌曲 MV 发布为契机,联合社会各方力量,拱墅区文化馆开启了"寻味运河"系列直播活动。完成了《寻味运河·香》歌曲 MV 线上及线下发布;举办了为期 5 天的"运河南·香之旅"体验活动,线上有 30 余万人参与;全年共开展"寻味运河"系列直播推广活动 16 场,累计直播时长约 38 小时,80 万人次观看。

社会力量参与公共文化服务,文化馆事业社会化发展是现代公共文化服务体系建设中的一项新课题,拱墅区文化馆将继续深入探索。

数字文化馆建设高质量发展的台州探索

浙江省台州市文化馆　苏　怡

一、创新背景

推动数字文化馆高质量发展,既是国家文化政策的要求和文化馆职责使命的共识,也是保障人民群众基本文化权益,满足其对美好生活新期待的必然要求。台州市文化馆数字化工作起步早、基础牢、人员专,数字化各项工作均走在全省前列。近几年,台州市文化馆通过打造"文化超市"IP,以微信公众号为服务平台,以云展览、云讲座、云演出、云直播、云培训等为服务手段,不断优化特色数字资源库,以数字化助推全民艺术普及和高质量发展。

二、创新做法

(一)开拓式创新,培育数字服务品牌

当前,各地文化馆都很重视文化馆项目品牌建设。数字服务模式创新化发展要求文化馆充分考虑服务人群、服务手段、服务方式,形成主题鲜明、固定更新、长期持久、数字传播相辅相成的数字服务品牌。从而,使得群众通过线下活动走进文化馆、了解文化馆,通过线上活动关注文化馆、留在文化馆。

台州市文化馆公益免费培训项目"文化超市"已连续举办了 13 年,参与群众 151 万多人次,为文化馆累积了一大批"忠实粉丝"。在疫情影响下的特殊时期,2020 年第 26 期"文化超市"停课不停学,在全省率先开通钉钉直播授课,推出"文化超市 4.0"线上"云课堂"。在设备筹备方面,根据场地、课程内容等需求添置直播设备,打造专用直播场地;在课程筹备方面,动员馆内业务干部,立足自身业务特长、总结往期学员反馈、结合当下群众需求,推出视唱练耳基础训练、网红古典舞、数码摄影后期等 10 门线上精选课程。据不完全统计,自 3 月 23 日开课到 6 月 5 日最后一门课结束,共有 5068 名学员进群学习,近15000 人次观看课程或回看课程。学员入群后,不再受限于时间和空间,可以享受直播听课、在线提问、作品点评、交流探讨等功能。该项工作被《人民日报》报道,网易、凤凰网、今日头条等多家国内知名媒体转载。2021 年第 27 期"文化超市"采用"线上线下"相结合的形式开展培训。根据课程属性开设 4 门线上课程,每门每周一次课,共培训 4 周,再由授课老师选出班级里的优秀学员转入线下课程继续培训。

同步引流线上学员关注文化馆微信公众号,以活动直播、短视频拍摄、文艺作品征集、互动答题等形式,举办不同主题的线上活动,持续吸引更多人关注文化馆,增加用户黏度。如 2021 年发起"留浙过年"拜年活动,以及文艺性格测试、中国画展览、主题讲座、灯谜竞猜、少儿才艺比赛、主题摄影比赛、乡音拜年视频、老年春晚等 10 余项形式多样、内容丰富的文化活动,活动合计 115672 人次参与。

(二)多矩阵传播,打造线上文化空间

文化馆要做好群众艺术普及和优秀传统文化传承发展,在数字传播过程中,要重点建设具有当地鲜明人文、历史、旅游特色的数字资源,制作符合传播规律的数字资源,拓宽传播渠道。在内容选择方面,台州市文化馆整合加工推出台州乱弹数字资源、台州原创戏剧作品赏析资源、台州音乐访谈资源;以玉环"敲鱼面""鳌龙鱼灯""渔民号子"等非遗内容为主题,拍摄 15 集系列宣传纪录片,勾勒展现出历史文化与现代文明的融合。在资源加工方面,根据微信公众号、视频号、抖音号的传播属性,注重不同层次、不同群体的需求,将文化馆部分数字资源"精剪",为群众生产提供更加丰富、更适应互联网传播需求的数字文化产品。推出网络系列短剧《临海人讲老话》,立足"佛宗道源"主题,将天台山佛道音乐会、天台山道教南宗洞经音乐剪辑成曲目式的音频,力求资源内容通俗易懂、时长便于人们利用碎片化时间学习。在传播渠道方面,以微信公众号、视频号、抖音号为载体,发布短、平、快的小流量传播内容,并将部分资源分享到微信、抖音、bilibili、小红书等热门网络平台上,营造兼具艺术和社交功能的新型文化空间。不同群体因为相同的内容"集结"在一起,组建线上"社团",通过创造性组合词汇、符号、图片、音频、视频参与主题讨论,以接收信息、二次创作等方式,使每个人都有了主动获取信息、交流沟通、表达自我的机会,获得自我满足,逐渐成为规范的组织化社群。

(三)沉浸式互动,创新内容传播形式

一是打造沉浸式、互动式直播。2021 年 5 月举行的十大歌手大赛,尝试在微信视频号直播间采取访谈互动直播和比赛现场直播穿插进行的形式。直播间在比赛开始前开播暖场,采访参赛选手和评委,引入比赛话题,让观众快速获取信息。在采访中,比赛选手通过自己的音乐故事、选曲背景、参赛心路历程等故事,引起观众共鸣,拉近距离。比赛中场休息通过奖品秒杀、投票留言等方式进行观众互动,改变了观看比赛的方式,使得比赛不再是"平铺直叙"的流程,观众有发声、点评的权利,增加了群众的互动感和参与感。二是制作系列化、故事化、明星化短视频。在群众文化活动中,不仅要关注台前,更要关注幕后,要去挖掘蕴藏在群众文艺团队中的人物和故事。十大歌手比赛正式开始的前一周,选择性拍摄 10 个短视频讲述选手背后的"音乐故事",通过"幕后花絮"带领观众多层次、多角度地去品味、感受,以微信视频号、抖音号发布短视频,进行赛前造势预热。将群众文化活动的关注点放在"人"的上面,整体包装宣传比赛,达到小活动大传播的效果。在2020 年新年,契合"留浙过年"主题,召集文化志愿者、馆二代、"文化明星"等拍摄拜年短视频,平均单条拜年视频访问量达 44797 人次。通过馆二代和"文化明星"的"吸粉"属性,群众对文化馆的远距离认知变为近距离接触,增强群众关注度和认同感,新的粉丝文化开始构建。

三、创新成效

(一)丰富服务内容,拓展服务空间

台州市文化馆依托"文化超市"钉钉直播、"台州文化年"、精品剧目展演、市民艺术角等品牌活动开展系列公益演出活动,结合时事热点发布抗战时期的文艺创作作品赏析、"百年荣光 薪火相传"庆祝建党 100 周年有奖答题、"党史学习"专栏、文化抗"疫"作品征集,举行没有观众的云端走亲、线上摄影展、线上音乐会和群文比赛。截至 2020 年,共举办线上展览 8 场,直播活动 60 场,服务人次达 711 万。台州市文化馆数字化项目连续两年获中央数字化财政经费,"2021 台州市城市艺术角——台州市优秀群众文艺团队展演"项目成功申报"百姓大舞台"。供给内容有特色、高质量、高水平,既满足公众多样化的文化艺术需求,获得公众认同,又呈现地域文化特色、普及优秀传统文化。多矩阵的传播途径不仅仅满足群众获取信息的需求,还满足了群众的线上社交需求,共同的艺术爱好者在参加活动过程中更容易找到共同点,从而开展线上互动、参与线下活动。

(二)扩大服务群体,助力乡村振兴

通过挖掘特色资源、创新培训方式、传播传统文化等方式,助力乡村振兴发展,赋予乡村文化新气象。一是充分挖掘地方特色资源。台州是和合文化发源地,文化馆将传统乡村文化与慕课、线上展览、短视频、音频等数字化形式相结合,自建特色资源库 1.8T,内容涵盖非遗、传统曲艺、传统戏剧等。二是有效提高数字服务水平。依托智慧文化云、微信公众号、钉钉、抖音、微信小程序等数字服务平台开展线上培训,天台文化馆把每周四定为"云上文化服务日",组织"文艺百师团"的业务骨干走进文化礼堂总部,与全县 15 个乡镇的文化礼堂分部连线,进行线上"云教学"。全县 15 个乡镇(街道)共成立了 45 支农民艺术团,吸纳了各门类表演爱好者共计 1300 余名。三是全面推动全民艺术普及。依托数字服务手段,开展云端走亲、云展演、云辅导。温岭市文化馆"乡村艺校"打造"指尖上的培训班",在符合条件的农村文化礼堂开设培训班,用户通过微信公众号进入报名界面,选择自己感兴趣的课程,各门课程达到预约人数即可开课。成功打造群众"家门口的艺校",有力践行"三社三团"进基层计划。2021 年开设 510 门课程,涵盖声乐、舞蹈、茶道、插花及非遗技艺等门类,培训人数达 25.7 万人次。

(三)优化服务数据,提升服务效能

5G 技术和智能手机的广泛应用使得"微信"成为大众下载与使用频次最高的一款

App。近年来,台州市文化馆微信公众号作为集合数字资源展示、抢票报名、活动预告、场地预约、在线客服等功能于一体的"一站式"服务平台,实现活动报名、场馆预约的"0次跑",推进群文活动数字化、培训资源数字化、社会活动数字化、场馆设备数字化、场馆空间数字化。在数据分析方面,以客流分析系统、报名系统、场馆预约系统、抢票系统为基础,将实时数据、累计数据、各类服务数据和运行管理数据放入数据池,为今后的数字资源建设、活动开展,提供数据决策支持和服务优化依据。

四、经验启示

(一)服务方式创新化

目前,文化馆的数字化服务多数仅为信息的简单发布和推送,载体还是以微信公众号和 PC 端的官网为主。文化馆的服务对象是人民群众,我们的公共文化服务不应该是闭门造车,应该跟上时代的发展和群众的需求,不断进行数字服务模式创新:一是服务载体的创新;二是活动的呈现方式创新;三是搭建一站式服务平台;四是区域文化馆信息的闭环式。

(二)服务模式规范化

现在全国都在进行公共文化服务数字化、网络化、智能化建设,但是到目前为止,具体的建设标准规范较少。文化馆规范化发展有以下几个关键要点:首先是健全的政策体制,包含数字文化馆对外信息发布的管理规范、文化馆对内数字资源加工的业务工作规范、大数据采集标准的统一标准、平台数据对接规范、信息系统安全等级保护的规范、设备采购管理标准等方面;其次是人力资源的专业高效,根据数字文化馆建设的发展需要,设置数字服务岗位和职称评聘专业,并不断地进行公共数字文化服务队伍培训;最后是确保数字化建设有持续增长的专项资金,建立科学合理的绩效评价制度。

(三)服务应用精准化

新时期的公共文化服务不仅仅是简单的举办活动,还要收集各类数据,形成公共文化服务的数据池,利用大数据分析,对项目数量、服务人次、群众评价等指标统计分析,从而动态调整活动内容和活动形式。服务应用精准化包含三层意思:一是在活动前,开展"菜单式""订单式""预约式"服务,实现活动可预约、可预览,将文化馆活动嵌入群众日常生活,拉动管理服务效能提升、空间使用率提升、群众满意度提升。二是在活动中,利用数字化手段进行全程的签到、跟踪监督和绩效评估,确保项目按时、按量、按质完成。三是在活动后,针对不同人群的年龄、职业、性别、地域等特点,整合大数据分众化、精准化管理,推出普惠性、针对性的服务,特别是面向外来务工人员、未成年人、老年人、残疾人等特殊群体的专门服务。构建访客画像,通过客流分析、场馆活动分析,为运营与决策提供数据支撑,进一步实现大数据平台输出的受众识别,进行精准推送。

社会化视角下城市公共文化建设的台州实践

台州市文化馆　朱益霆

一、创新背景

城市公共文化建设既是切实提升人民文化权益保障的政治工程,也是一项惠及全体人民的民生工程。它包括了文化基础设施、文化活动品牌、文化人才培育等各方面,是各类公共文化产品和服务的总和。随着社会的发展,城市公共文化建设面临着越来越多的问题。开展社会化发展的思考和探索,是加快推进现代城市公共文化建设高质量发展的重中之重。从国内外发展经验来看,推进文化供给侧结构性改革,激发社会力量的作用,加快公共文化服务社会化的进程,是提升城市公共文化建设的有效性、回应人民群众对美好生活向往的重要途径。

台州地处中国东部黄金海岸线的中段,是中国民营经济发祥地、股份合作经济发源地、市场经济先发地。台州文化底蕴深厚,是国家公共文化服务体系建设示范区,也是中华和合文化的标志地、传播地、实践地。近年来,为更好地清退文化建设的历史旧账,补齐公共文化服务供给短板,台州市充分发挥政府主导作用,利用民营经济活跃的地方特色,将社会化作为制度研究和机制创新的突破口,努力打造公共文化服务社会化建设的"台州样本",并最终以优秀等次成功创建国家公共文化服务体系示范区。

二、创新做法

台州市积极把握社会力量参与城市公共文化建设的工作规律,谋划新的发展方向,在文化设施建设、文化项目引进、人才资源盘活等方面开展了一些大胆实践。

(一)社会化参与设施建设

台州市依托民资发达的地方优势,通过 PPP 模式、设施冠名、定向捐赠和民办公助等途径,积极调动社会力量参与城市公共文化设施建设。2005 年,在全国率先实施"百分之一公共文化计划"示范工程。研究出台了《台州市"百分之一公共文化计划"重点项目管理细则》,要求在政府性工程项目、城市临街项目、居住小区等建设投资总额中,提取 1%的资金用于公共文化艺术设施建设,并将"百分之一文化计划"政策以地方性法规——《台州市城乡规划条例》进行升级固化。鼓励各地通过社会众筹的方式,引导个人、企业、社会组织参与农村文化礼堂的建设。工程实施后,全市共吸引社会资金上亿元,设施网络提档升级,取得了良好的社会效益。

(二)社会化引进服务项目

台州市通过外引资源、内建组织,将能由财政买单的文化惠民服务项目全部推向市场,由社会力量与公办文化单位公平竞争。加大民营剧团的扶持力度,支持其常年在台州城乡舞台展演,为全市百姓提供了超过30000多场次的演出。通过补贴票价、文化低保公益活动,引进高层次表演团体开展公益巡演,鼓励电影院定期安排低价场次,促进群众高水平文化消费,社会反响良好。连续几年组织策划的"台州文化年"文化惠民活动,积极引入社会力量参与,培育市民的文化兴趣和文化技能,满足市民的文化需求,带动文化消费,推动公共文化服务向优质服务转变。此外,围绕区域联动和条块协同目标,整合70余家拥有文化服务职能、资源和意向的机关、企事业单位,先后组建了"环市民广场公共文化服务联盟""台州市公益讲座联盟"等15个文化共建共享组织,打造馆舍共享、信息互通、宣传互动、活动联办的"大文化"服务联合体。借助其场地和人员,向市民推出了"零收费零门槛"艺术普及类培训和"纯公益低收费"艺术提升课程等高质量服务项目。

(三)社会化盘活人才资源

聚焦台州市基层文化力量紧缺、设施服务效能有待提升等关键短板,依托全市文化馆(站)建立"乡村大使"培训中心,分门别类地开展专项培训,提高队伍业务水平。重视培育农村文化队伍,物色有一定文化水平和艺术修养、懂民俗和礼仪,并热心宣传文化工作的人才担任文化礼堂管理员。组建基层文化理事会队伍,全面改革并推进基层文化设施法人治理结构改革,广泛让各方代表、专业人士、社会各界群众参与其中。培育乡村文化大使队伍。聚集全市各地文化志愿者、文化带头人和文化工作者等力量,培育形成总数超万人的文化大使队伍,积极开展驻村指导和服务。通过组建文艺指导、理论宣讲、公益培训、设施协管和团队培育五大联盟,实施10000名基层文化大使培育计划,全市登记在册的文化大使超过11000人。组织实施全市文化志愿者团队"孵化计划",引导有一技之长的文化志愿者组团参与公共文化服务。组织台州学院、离退休文艺家开展"苔花开"农村留守儿童美育教育、文化讲师团,壮大基层文化队伍。

三、创新成效

在城市公共文化建设中,通过社会化保障群众的基本文化权益,打破了条块分割和权属分割,实现了公共文化设施网络的提档升级,文化服务质量的全面优化及文化人才队伍的迅速壮大。

（一）实现现代城市公共文化设施网络的提档升级

台州市在社会化视角下，积极统筹公共文化服务设施布局。如社会化参与建设的"和合书吧"已经形成政策扶持、上下联办、业务统筹、覆盖城乡的建设格局。与企业合作共建的双庆家具和合书吧、银泰城和合书吧，与武警支队共建军事主题图书馆，运作机制灵活，解决了图书馆总分馆制的末端服务问题。社会化参与建设的农村文化礼堂，如路桥区金大田村将创意市集、和合书吧等元素融入文化礼堂建设，吸引大量的年轻人加盟共建，成为一个重要的"网红"文化休闲场所。截至2020年，全市累计投入政府资金上亿元，通过以奖代补、专项资助等方式，带动村集体和个人等社会资金6亿余元，每万人拥有公共文化设施从2015年的1409平方米提升至2019年的1805平方米，设施总面积超180万平方米。

（二）实现现代城市公共文化服务效能的全面优化

近年来，台州市通过社会化引进服务项目，城乡基本公共文化服务均等化水平明显提高，城乡文化资源配置明显优化，市域文化惠民工作实现了质的跨越，基本构建了"15分钟品质文化生活圈"。如原本在市场上处于相对弱势的台州乱弹，通过政府支持、企业赞助的形式，年均演出场次200场以上，先后创排了16本大戏和30多出折子戏，新编历史剧《我的大陈岛》入选国家艺术基金大型舞台剧和作品创作资助项目。台州乱弹作为全国唯一一家仍以"乱弹"为名的剧团，形成了运营发展的"台州样本"。路桥区下梁村农村文化礼堂牵头制定"九村联盟"制度，将附近农村文化礼堂联合起来，利用"一元众筹"方式培养群众和企业的参与意识，为群众提供了高水平的文休节日和赛事，受到群众的极大欢迎。台州市玉环在龙溪、干江等地，引入天宜社工组织、文化下派员等，采用"社工＋义工"模式，委托社会运营的方式，提供公共文化服务，进一步提升了基层公共服务的供给能力，如今实践了8年，实现了公共文化服务质量的再提高。台州市年均开展各类文化活动3000多场次，受益群众超800万人次，推动文化服务实现高质量发展。

（三）实现现代城市公共文化人才队伍的迅速壮大

人才队伍建设是公共文化服务体系的关键一环。台州市通过"社会化"汇聚多元主体，打造文化服务惠民的人才矩阵，文化礼堂管理员、文化志愿者、文化大使基本覆盖各个村（社区），形成了全市文艺人才培育的"智囊团"，实现了文化队伍"造渠""引水"。截至2020年，台州市共拥有文艺社团4064支，总人数超过9万，文化志愿者队伍1598支，总人数3.9万。台州市专家讲师团已累计举办艺术讲座500场次，惠及听众5万人次。7000余位基层文化理事成为乡村文化自治的主力。每周市民文化艺术角，文化队伍通过政府补贴的形式，团队活力进一步焕发。台州市文化馆持续深入并不断升级的"文化超市"公益培训，通过社会阵地的拓展，师资力量和社会影响进一步扩大，累计培训学员超百万人次，推进全民艺术普及。

四、经验启示

（一）要注重政府管理理念的转变

城市公共文化建设注重公平性和公益性，为了避免在完全的市场条件下可能呈现的"失灵"状态，必须发挥政府的主导作用。台州市鼓励社会力量参与公共文化服务并不等于政府管理职能的弱化，"而只意味着政府职能的内部结构调整及履行职能方式的转变，政府依然是公共文化服务供给的最终责任主体"[1] 政府既要加大对公益性文化事业的投入，也要进一步厘清购买服务的职责和权限。摒弃"大包大揽"的公共文化服务供给角色，除了承担必要的经费外，只需承担社会稳定秩序维护等有限职能，在满足群众精神文化需求的前提下，强化公共文化产品购买功能，或选择高质量的社会主体高效完成城市公共文化建设。既要大力培育民办非企业单位，也要积极扶持引导民间文艺团体。在促进其服务能力上下功夫，既要给予相适应的政策倾斜进行"输血"，也要帮助挖掘其自身的优势资源，使其积极"造血"。

（二）要注重专项政策标准的配套

城市公共文化建设要依靠法制引领、制度建设，这是推进治理现代化的动力源泉。自改革开放以来，尤其是近两年来，文化立法工作进展十分迅速。但在深入贯彻落实《中华人民共和国公共文化服务保障法》基础上，也要充分行使地方立法权，以地方性的法规和行政规章作为法律体系补充。比如，出台了《台州市"百分之一公共文化计划"重点项目管理细则》，并被《浙江省城市景观风貌条例》直接借鉴和采用，进一步健全《"文化超市"公益艺术培训服务规范》《台州市和合书吧（24小时自助图书馆）建设、服务标准》《台州市农村文化礼堂建管用育"十二有"评价办法》等一批市级文化服务地方标准，在实施细则上作出了具体明确的要求。这些针对具体情况制定形成的具有地方特色的相关法律法规，将城市公共文化建设社会化的标准更加具体化，使之更具有针对性和可操作性，推动社会化主体步入规范化、法制化轨道，保障现代城市公共文化建设。

（三）要注重市场监督体系的建立

"绩效管理改革是管理主义方案中一个特别重要的组成部分"[2]，监督体系的建立，是城市公共文化建设的重要一环。提高公众参与水平，建立有效的公民文化需求表达机制，是真正实现公共文化服务普惠均等重要前提，进一步完善公众满意度指标，建立健全群众评价和反馈机制的重要保障。近年来，台州市积极开展第三方测评和群众满意度测评，如公益联盟提供的各类课程、"文化超市"的各门课程，都逐渐建立了高效的监督反馈机制，进一步提高公共文化服务的针对性和有效性，实现动态调整和末位淘汰。数字化公共文化服务互动平台——"台州文化云"也设立了公众满意度反馈功能，实现公共文化服务质量的后期监测。文化礼堂智慧管理系统覆盖了全市89个礼堂分部和上千个文化礼堂,通过计分进行每季度排名。市场监督体系可以根据结果,总结推广相关工作经验,对不按照合同提供服务项目的实施问责,对于管理不善、经营无序的公开公示,并列入政府合作单位的"黑名单"。通过考核评议、公众反馈等方式,对公共文化服务供给主体开展过程监督是社会化视角下开展城市公共文化管理的必要手段之一。

参考文献

[1] 李敏.社会力量参与公共文化服务的律法规制[J].行政与法,2016（12）:45-51.

[2] 休斯.公共管理导论[M].4版.北京:中国人民大学出版社,2015:182.

"一人一艺"全民艺术普及助推文旅融合的余姚实践

余姚市文化馆　韩静静

浙江省宁波市"一人一艺"全民艺术普及工程贯穿整个"十三五"时期。作为宁波两个示范县(市、区)之一的余姚,经过一段时间的探索与实践,走出了一条具有余姚特色的"一人一艺"全民艺术普及道路。"一人一艺"全民艺术普及的开展不仅为余姚群文行业业态赋予了活力与魅力,同时为尚处摸索阶段的余姚文旅深度融合提供了一个全新且不可复制的高效载体。本文将从余姚实际出发,对近年来余姚在"一人一艺"全民艺术普及助推文旅融合方面的实践作简要总结和梳理,以便为"十四五"时期文化和旅游深度融合工作的开展提供更好的思路。

一、案例背景

(一)"一人一艺"全民艺术普及全面推进

2016年,宁波市"一人一艺"全民艺术普及工程正式亮相。作为宁波两个示范县(市、区)之一的余姚,自2017年3月启动"一人一艺"全民艺术普及工程,逐步形成了以余姚市文化和广电旅游体育局、市文化馆、乡镇(街道)文化站及"一人一艺"社会联盟机构为核心的"四位一体、上下贯通"的工作机制。同时积极做好制度、人才、资金等相关配套设施,着力推进余姚文化云建设,对接"国家公共数字文化云",建成了"线上+线下"全方位联动的"资源库"。并以文化馆总分馆建设和文化物流打造为契机,充分流转域内文化资源,主动输出、精准供给,有效推动了全民艺术普及向全市各领域延伸。自开展"一人一艺"全民艺术普及工程以来,余姚累计开展文化活动5000余场,85万余人次因此受益,普及率约达全市人口的80%。形成了设施网络不断完善、文化品牌不断凸显、惠民服务不断深入、文艺精品不断繁荣的良好局面。

(二)余姚旅游资源亟须挖掘新的内涵

余姚旅游资源历史悠久、底蕴深厚。不仅坐拥7000年前的河姆渡文化遗址、8000年前的井头山遗址,还孕育了王阳明、严子陵、朱舜水、黄宗羲等灿若星辰的历史文化名人,繁衍了以四明山革命根据地精神为代表的红色文化,这些构成了余姚自然、人文旅游资源的基础。但是,余姚的旅游资源尚未发挥与之匹配的社会影响力,旅游内核尚未得到充分开发。《余姚市旅游资源普查报告》对余姚市旅游资源进行了总体评价:"总量丰富,类型多样,自然旅游资源与人文旅游资源兼容并蓄;资源平均品质高、优良级资源多,且有五级资源单体;各类资源丰度和品质差异显著;旅游资源分布地区差异明显,形成大分散、小集中格局,资源空间组合理想,开发潜力较大。"如何整合域内旅游资源,丰富旅游内涵,成为余姚旅游进一步提升市场竞争力的重要努力方向。

二、"一人一艺"全民艺术普及助推文旅融合的具体做法及成效

(一)双管齐下,打通文化与旅游壁垒

1. 公益文化物流突破行业限制

余姚市公共文化服务中心具有成熟的文化物流体系。通过文化物流的运输,"一人一艺"全民艺术普及资源在无形中突破了文旅融合的行业限制。一是突破单项融合限制。通过各乡镇(街道)在文化物流平台上根据现实需求点单的方式,为旅游项目增强可看性,实现"以文促旅";通过开展"非遗进景区""非遗进商圈"等活动,让游客在游玩中体验余姚特色非遗文化,同时也加速了非遗的商品化和传统手工艺的再开发,让旅游反哺文化,实现"以旅彰文"。二是突破受众限制。结合各乡镇民俗策划丰富多彩的农事节庆活动。以"一镇(村)一节,以节造势"的形式,实现打造一批品牌活动,增强乡土游的核心竞争力。让文化受众融入旅游情境,也让旅游成为文化发展的受众土壤。三是实现数据对接。通过各乡镇(街道)自主点单,文化物流平台后台能够轻松获取受众的数量、艺术偏好等信息,进而为下一步的旅游市场运营制定精细化策略,提升景区的用户体验感,促进旅游客户群体付费转化提升资源利用率,同时也能让文艺资源挖掘更具目的性。

2. 文化馆总分馆建设促进行业融合

2017年,余姚市文化馆着手实施文化馆总分馆建设,目前全市21个乡镇(街道)文化馆分馆挂牌率100%。作为总馆的市文化馆通过根据各分馆文艺发展特色下派相对应业务干部的方式形成了"设施成网、资源共享、人员互通、服务联动"的局面,极大地促进了文化行业与旅游行业的融合。如下派专业干部到古村落挖掘人文历史,协助村庄打造了古村落活化品牌;又如指导朗霞街道文化分馆戏曲演出,其下辖天华村的余姚锦绣天华艺术团已成为独立的民间艺术团体,其表演吸引了市内外众多游客。还在总分馆建设过程中投放了一批数字化设备,指导建成了一批具有主题性的文化礼堂等。这些公共文化设施的建成,增强、完善了村庄景区化的旅游服务功能,加快了村庄与旅游市场的对接,促进了公共服务的融合。

(二)创新项目,转化旅游发展优势

1. 整合文化资源,发挥项目集聚旅游效应

一是牵手非遗文化,如将梁弄打造成以梁弄大糕制作技艺为核心的,集知识普及、技

能传承、商业贸易等于一体的综合产业链,打造普及传统之美的旅游聚集群。二是牵手农耕文化,如通过"书画＋农业""器乐＋农民"等模式举办农耕文化节,将农事活动与休闲旅游度假相结合,通过原乡、原俗的农耕体验传承农耕文明,并形成集观光、文化欣赏、农事体验于一体的旅游聚集带,带动旅游消费。三是牵手乡村文化,如通过提升村民艺术欣赏水平或对村落文化元素进行提炼和改造以适应新时代群众的审美眼光,建立展现民俗之美的旅游辐射点。余姚泗门镇小路下村的木偶摔跤,原先仅是庙会上的表演节目,经过改编搬上舞台,现在不仅是小路下村一个重要的品牌文化,更成了泗门乃至余姚吸引社会关注的一大亮点。

2. 挖掘特色项目,打造个性化旅游

一是注重民意,推动全民参与项目落地。如考虑到余姚肥沃的戏曲土壤,将文保单位四明阁打造成戏迷乐园,常年开展免费的戏曲展演。组建、辅导"一人一艺"四明阁戏曲团队,进行365天全年无休演出。截至2020年,已演出3000余场,惠及百万余人次。二是注重创新,进行新业态开发。如以"一人一艺"社会联盟机构为主阵地,以余姚元素为主题,持续加强书籍、文房四宝等文创产品的开发,并将余姚元素植入旅游纪念品、小家电、文具、服装等日常生活用品,并提供交流展示平台。其中手鞠球获第14届中国(义乌)文交会工艺美术奖铜奖等,将文创产品的熏陶作用发挥到极致。另外,通过"文创＋新媒体"的方式扩大文创的影响力。除了开通微博官方账号、微信公众号、抖音官方号进行宣传外,还利用"网红"效应力邀网络红人对余姚的文创、旅游产品进行推介,同时鼓励地方干部走进直播间进行"网络带货",提升余姚文旅形象。

(三)打造精品IP,提升旅游项目黏度

1. 打造演艺节庆IP,促进文旅盈利

五年来,"一人一艺"全民艺术普及工程通过艺术辅导、活动策划、节目选送等形式让余姚的演艺节庆活动焕发出了新的活力。如已举办十三届的泗门"汝湖春晓"元宵灯会系列活动,在2016年至2019年累计接待游客26万余人次,促进消费3100余万元;四明山旅游节2016年至2019年累计接待游客350余万人次,促进消费4.2亿等。"一人一艺"全民艺术普及工程在这一过程中不仅仅发挥了艺术指导、节目选送的作用,更在前期精心策划,融入民俗,打造出了超级文旅IP,让这些具有历史的演艺节庆活动历久弥新。

2. 打造阳明文化IP,扩大文旅影响力

其一,参与文旅综合体的开发。2019年,"阳明古镇"正式签约落地。其中,府前路片区是阳明古镇的启动区,定位为余姚非遗文化的孵化、展示基地,目前已投入使用。"一人一艺"全民艺术普及作为文化软实力助力阳明古镇的正常运转。如开设"非遗"手工课堂、召开传统文化讲座,进行传统文化的艺术普及等。其二,持续加强王阳明主题文创产品的开发和研学路线的规划。如结合阳明元素,开发书籍、文房四宝等产品,同时以王阳明故居、阳明古镇为依托,针对各群体打造专属研学路线,对阳明文化旅游资源进行持续挖掘。

3.打造红色文化 IP,助推文旅升温

通过挖掘红色文化遗产,从历史的深度、文化的厚度、传承的力度上丰富文旅内涵。打造以浙东抗日根据地旧址群、横坎头村为核心,四明山为半径的红色旅游业。"一人一艺"全民艺术普及专家资源库通过科研攻关、课题研究等形式从党史、文物、民俗等方面对红色遗产开展研究,加强对重要事件发生地、人物事迹、制度传承等的整理和勘实。同时通过打造红村春晚等红色品牌文艺活动、设立文学艺术创作基地等方式,丰富红色文化载体,使四明山一片成为浙江省红色之旅的经典路线,吸引省内外众多游客。

(四)深度合作,为旅游产业链赋能

1.精品文艺创作丰富旅游形象

在"一人一艺"全民艺术普及助推文旅融合过程中,产生了大量的精品文艺创作作品,通过在不同等级舞台上演出,对余姚旅游形象进行了重塑。如讲述浙东女儿抗日故事的姚剧《童小姐的战场》荣获浙江省第十四届精神文明建设"五个一工程"奖、宁波市第十四届精神文明建设"五个一工程"奖等,并受邀到国家大剧院演出;以山村生活为题材,展现人性之美的姚剧《浪漫村庄》荣获浙江省、宁波市精神文明建设"五个一工程"奖和宁波文艺奖特别荣誉奖等,受邀赴梅兰芳大剧院演出等。这些文艺作品取材于余姚丰富的旅游资源,通过在不同场合演出,对余姚的旅游产业进行了推广,又最终作为独立的旅游项目吸引了大量的游客,使余姚的旅游形象完成了从意象到地方形象再到地方旅游形象的意象符号化构建过程。创作者在创作中也赋予了作品更多的地方意义与情感,相比刻板广告,更能在观众情感上激起化学反应,引发更多的情感共鸣。

2.数字化建设催生旅游新业态

"一人一艺"全民艺术普及的数字化平台不仅为艺术需求人群提供了海量的资源,同时也为旅游目标群体提供了数字化旅游的可能性。通过余姚文化云,游客可实现对余姚各乡镇(街道)民俗文化的了解和文化场馆的预约,网络观看市内各类展览。同时,可利用这个平台,进行旅游产品、文创产品、非遗产品的推介,实现电话咨询与网络购买。由"一人一艺"数字化建设引发的"互联网+"文旅新模式将在满足游客旅游需求的同时,减少旅游消耗,展现出了广阔的市场提升空间。目前,余姚数字化旅游尚处在起步阶段,下一步,余姚将持续对接虚拟现实、交互娱乐等技术,推动大数据、云计算、人工智能在"一人一艺"全民艺术普及和文旅产业上的应用。用"智能系统+内容资源"的双轨模式为目标群体快速构建数字化艺术普及与旅游供应链、创造用户增值营收,重构文旅产业供应链和生态,让游客一部手机玩转姚城。

三、余姚"一人一艺"全民艺术普及助推文旅融合的经验启示

(一)为文化和旅游双产业供给侧改革提供新思路

从文化产业角度来看,余姚"一人一艺"全民艺术普及通过活动流转实现了有限资源

的高效流通。通过文化馆总分馆和公益文化物流,加快流转、城乡互动、乡镇(街道)联动,提高基层公共文化设施利用率。可以说,余姚"一人一艺"全民艺术普及工程的开展是对整个文化市场需求侧的一次扩容,也见证了居民文化消费结构的升级——对多元文化的欣赏和对自身艺术技能提升的需求。也在运转过程中,触探到了公共文化服务的短板——政府资金限制,并寻求出了有效的解决方法——增强社会力量供给。可以说,余姚"一人一艺"全民艺术普及工程的开展模式本质上是对文化产业供给侧改革的一次成功尝试。从旅游产业角度来看,"一人一艺"全民艺术普及工程在文旅融合进程中的加入,也让旅游产业看到,新时代的游客对旅游的需求不再局限于自然景观,他们徜徉在充满人文气息的公共开放空间,流连于地方特色的烟火气息。而在对旅游内容的要求上,游客也开始掌握需求的主动权:要的是与人互动的生活、是触手可及的温暖。这些构成了生活地或者旅游地捕捉优质旅游资源的侧写,也成为旅游产业供给侧的改革方向。

(二)为旅游产业链前端延伸提供新路径

在旅游场景从景区、博物馆、主题公园等转移到创意中心、文化综合体,甚至是非实体的数字化领域的过程中,"一人一艺"全民艺术普及工程不仅承担了促进融合的作用,更是一个城市文化导向思维发散的过程,是一种新资源观、产业观和运营观的重构。让"旅游+文化"引导更多"产业+旅游",进一步延伸了旅游产业链的前端设计,让城市旅游在保持自身特色的同时实现可持续发展,搭建更多精品旅游发展平台,促进旅游与相关产业高质量、高效益发展——企业与旅游融合互动,发展企业游;会展经济与旅游融合互动,发展会展游;科技与旅游融合互动,发展科技游;等等。在不断与其他行业融合的同时,提升了更多旅游附加值,催生了许多衍生品,如推动旅游行业与医养健康、体育等产业融合,打造惠民的体育旅游产品、医疗保健产品。

(三)为文旅融合发展拓展新空间

首先,扩大文旅融合的要素广度。余姚"一人一艺"全民艺术普及工程的开展使文旅融合要素从传统的历史文化、民族特色、农耕文化扩展到了包含非遗、民风民俗等在内的地域文化,具有革命教育意义的红色文化,反映群众精神生活的群众文化,以及展现余姚现代化发展程度的智能科技。文旅融合要素也从静态的景、物扩展到了动态的人和生活轨迹。其次,挖掘文旅融合的产品深度。如针对传统技艺,不仅利用"一人一艺"的平台对其进行符合艺术审美的提炼与加工,以适应现代舞台的需求,还联系社会力量对部分非遗产品进行商业化包装,使其适应商业市场需求等。再次,拓展文旅融合的受众宽度。通过"一人一艺"全民艺术普及工程的数字化进程,网罗了出游意向不强烈的宅男宅女群体;通过超级 IP 的创建,网罗了新兴领域的受众;等等。从界限分明的文化和旅游单项受众扩展到了复杂的、多元的受众群体,文旅融合的需求市场进一步扩大。

（四）为新时代全域旅游发展培育新亮点

如果说余姚的山水景观、历史遗迹是余姚打造全域旅游的基础，那么在"一人一艺"全民艺术普及工程的推动下，随着"人"这种能动因素的精神境界的提升，余姚的全域旅游将在产业域、空间域、管理域等领域产生无限可能。并且，"一人一艺"所带来的各种群文现象级效应、引发的多元共生价值观和生活方式，将成为新时代余姚人文发展的标志。随着基础设施的完善，其对游客的吸引力也将大大超越拥有几个景区的常规旅游发展，逐步成为与杭州自由精致生活、成都美食休闲文化、厦门文艺小资情调等并驾齐驱的以城市个性、品质与综合实力为支撑的优质全域旅游新战略。

参考文献

[1] 金晶.余姚市文化馆总分馆建设的实践与探索 [C]// 新时代文化馆:改革　融合　创新——2019 中国文化馆年会征文获奖作品集.北京:国家图书馆出版社,2019:109-114.

象山"艺＋堂"乡村文化振兴模式初探

象山县文化馆　杨卓娅　蒋　莉

进入新时代,乡村振兴已成为农村建设的主旋律,而文化振兴是乡村振兴的重要内容,乡村公共文化高质量发展是文化部门的共同追求。2017 年,象山县出台了《"一人一艺"全民艺术普及工程建设实施意见》,县乡两级全民动员,积极开展全民艺术普及。2018 年,文化部门为整合县乡村三级文旅资源,充分利用农村文化礼堂阵地,创新启动"艺＋堂"全民艺术普及模式,在墙头镇建立了宁波市首个乡村文旅中心,获得了巨大的社会反响和文化效应,为实施乡村振兴战略、有效提升公共文化服务能力打开了新窗口。

一、"艺＋堂"乡村文化振兴模式的实践

"艺＋堂",即"一人一艺＋文化礼堂",旨在整合乡村文旅资源,充分利用农村文化礼堂,以旅游为抓手,以全民艺术普及为主要内容,构建具有象山特色的文旅融合模式,将基层公共服务文化功能向纵深拓展。2018 年 11 月,象山县墙头镇开启的乡村文旅中心起到了很好的示范作用。自此之后,象山县文化馆在墙头镇溪里方村、方家岙村、泗洲头镇墩岙村等 7 个点推广实施"艺＋堂"项目,均取得了良好的社会反响。

（一）拓展乡村公共文化空间

"一人一艺"与文化礼堂的结合,必须立足于乡村旅游,立足于村内的文化资源,因此建立乡村文旅中心就很有必要。乡村文旅中心应按"政府主导,社会参与"的原则,在文化部门的牵头下,依托乡(镇)、村文化站,吸引社会组织力量加盟,共同组建运营团队,推动乡村文旅中心向专业化、社会化方向运作。

乡村文旅中心将文化礼堂升级打造成具有地域特色的文化旅游集市中心,创新性地建立了以游客中心站、村史展厅、手工作坊、文艺讲习所为核心,以村文化团队运营管理为手段的架构体系。游客中心站提供村内的旅游信息、游客咨询接待及导游服务;村史展厅展示的是村史村貌、民风民俗、村庄建设成就及亮点等;手工作坊为村里的传统手工技艺、非遗特色产品或项目提供展示平台;文艺讲习所借助云平台、数字设备和资源,定期开展各艺术门类的培训、讲座等文化活动,不断拓展乡村公共文化空间。

（二）整合丰富乡村文旅资源

文化和旅游融合发展是当前农村的大势所趋。文化是旅游的灵魂，旅游是文化的市场，二者互通共赢。"艺＋堂"以旅游为平台，以文化为核心，有效推进文化与旅游的深度融合，不仅满足了广大村民对精神文明的需求，同时提高了新农村建设的经济效益。象山地处浙江沿海，三面环海，两港相拥，是全国少有的山、海、港、滩、涂、岛资源兼具的海岛县，县委、县政府早就确定了发展全域旅游的重要战略，并在近年开启了全域旅游的新篇章。"艺＋堂"将文化创意和旅游休闲有机融合，对发展山海休闲旅游、乡村旅游，推动旅游与农业、文化、养老等产业的融合发展具有重要作用。

（三）合力推进文化礼堂品质发展

2013年，象山县出台了《关于进一步深化农村文化礼堂建设的实施意见》，把文化礼堂建设列入县政府民生实事项目，在各乡镇（街道）建成农村文化礼堂347家。农村文化礼堂在传承优秀民间文化、弘扬文明乡风、引领价值导向、提升农民素质等方面起到重要作用。"艺＋堂"充分发挥"文化地标，精神家园"的功能，植入丰富的文化内容，充实礼堂的文化内涵，更好地完善文化礼堂"建、管、用、育"机制，提高了文化礼堂使用效能。"艺＋堂"充分利用"一人一艺"全民艺术普及和乡村旅游等活力元素，有效发挥了文化礼堂的功能，提升了场馆的使用率。

二、"艺＋堂"乡村文化振兴模式的成果

为贯彻落实党的十九大乡村振兴战略精神，象山县也对乡村发展做出了布局，出台了乡村文化振兴、产业振兴等方案。文化振兴必须紧密结合农村实际，充分依托地域文化资源。"艺＋堂"模式的适时推出，不仅对文化振兴起到积极的推动作用，同时也为乡村产业的振兴提供了重要动力。

（一）不断提升乡村文化品位与特色

"艺＋堂"立足村庄原生态，深度挖掘乡村文化特色，将文化展览、文艺欣赏、休闲旅游等文化体验项目一一串联。如墙头镇溪里方村的盆景园艺、乡村美术馆、古村落等景点，展示了古香古色的村容村貌；舫前村的茶文化、诗词文化、佛学文化，充分挖掘了其深厚的文化底蕴；下沙村的"赶小海"、村歌传唱、传统婚俗等，创新性地传承了优秀传统民间文化。在充分挖掘乡村特色的基础上，"艺＋堂"还勾画了以乡村旅游为线、以文化体验为点、以村郊野外为面的乡村特色旅游图。"艺＋堂"以标识鲜明的地域文化元素，集结优秀的文化资源，助推乡村全域旅游，开启乡村文化新体验，引领乡村文化振兴。

（二）不断增加乡村文化有效供给

首先，"艺＋堂"使村里的线上文化活动得到了积极的开展。"一人一艺"云平台实

现村民学艺、赏艺、授艺线上直达,并提供专业的数字艺术服务,让艺术融入日常生活,触手可及。其次,线下文化活动得以不断丰富和开展。象山县文化馆鼓励村里文艺骨干和文艺爱好者积极发挥文艺特长,加强传统剧、曲等文艺的创作,鼓励各种形式传承或带徒,以焕发乡村文化的活力和魅力。以乡村农民艺术节为载体,开展乡村节日文艺汇演、村晚、乡村音乐会等游艺活动及乡村文化集市等,以最大程度丰富乡村文化生活,促进城乡文化的融合与交往。最后是统筹均衡村里现有的文化资源,吸引外来文化力量的参与,携手社会联盟,提升文化品位。

(三)不断培育乡村文化骨干团队

"艺+堂"立足于村庄,立足于村民,立足于村文艺团队,所以必须整合村里的文化资源,全面展示村庄的文化特色。必须将一些有文化底子、爱好文艺、热心公益的村民吸纳到村文艺团队中来,让他们参与戏剧、曲艺、舞蹈、书法、绘画、插花等艺术门类的学习,将艺术培训辅导融入他们的生活,提升他们的文化素养,使他们成为乡村文化振兴的主力军。"艺+堂"不仅让文化艺术走进村民的生活,还让文化礼堂及乡村文旅中心成为培育文艺队伍的有效平台。据统计象山县文化礼堂每年开展各类群众性文化活动 2000 场以上,培育礼堂文艺团队 996 支,基本上每个村都有"拉得出、打得响"的文艺团队。"艺+堂"的实施,实现了村庄的文化自治,激发了村民的文化自觉,将文化礼堂及文旅中心变成培育文艺队伍、发挥文化熏陶引领作用的集聚地。

三、"艺+堂"乡村文化振兴模式的启示

象山县创新"艺+堂"乡村文化振兴模式,充分整合县域文化资源,不断改善供给侧因素,提高有效供给,有力促进基层文化礼堂的高质量发展。在实践过程中,围绕顶层设计、全域推广、品牌建设和团队培育等四个方面精准施策,靶向发力,取得了创新成果,也得到了一些启示。

(一)顶层设计是实施"艺+堂"乡村文化振兴模式的关键

"艺+堂"推动乡村文化振兴的路径确认,需各级党委、政府从全局和战略高度充分认识"艺+堂"对推动乡村文化振兴的作用和重要意义,切实把"艺+堂"纳入议事日程,纳入文化发展的规划中去,尤其是在制定专项发展规划时,要将"艺+堂"项目同步规划、同步部署、同步推进。

在《关于推进全县"艺+堂"(试点)建设的实施意见》的基础上,进一步围绕"艺+堂"项目,制定短期计划和长期规划,明确下一步的重点工作推进、工作进程及相应的时间节点和步骤。同时,进一步完善《象山县"一人一艺"全民艺术普及工程建设实施意见》《关于进一步深化农村文化礼堂建设的实施意见》等配套政策,形成有象山特色的"艺+堂"制度体系,为推动乡村文化振兴开拓发展路径。

（二）全域推广是实施"艺+堂"乡村文化振兴模式的基础

深度挖掘"艺+堂"的文化内涵,将"一人一艺"和文化礼堂、旅游体验深度融合的思路和理念利用云平台、微信公众号、微博等工具进行广泛宣传。及时跟进"艺+堂"在乡村推进的情况,报道活动开展内容,加强文艺团队的管理,吸引文化志愿者服务,树立文明乡村先进典型等,营造浓厚的舆论氛围。牵头的文化部门,要携手宣传部门、旅游部门、农业农村部门等,加强各部门之间的统筹协调,建立部门联席机制,加快建立统一部署、分类推进、明确分工、各司其职,吸引各种社会力量积极参与的工作机制。

将"艺+堂"试点实践中形成的经验做法,在全县范围内推广,利用示范带动力量,拓展推广辐射半径。在每个乡镇(街道)至少建成1家文旅中心,逐步辐射至全县。在推广过程中,要紧抓村内最突出的文化元素,依托乡村文旅中心平台,以旅游带动乡村文化振兴、产业振兴。比如,有沙滩的村庄,可挖掘传统沙滩文体项目;海岛村可以尝试围塘文化融合发展模式;山区村庄可探索柑橘采摘体验与竹笋文化类旅游项目;拥有非遗项目"走书"的村庄,可以开展传统"走书"融合发展模式。

（三）品牌建设是实施"艺+堂"乡村文化振兴模式的保障

深挖地域特色,在传统文化的传承和推广基础上,重点保护传承和发展好国家、省、市级非物质文化遗产代表性项目,围绕品牌建设做文章,亮出精美名片。大力推进特色文化主题创作,打造精品,叠加"艺+堂"各个环节加以展示,吸引更多目光。不断推进乡村旅游,完善乡村的公共文化设施,将特色鲜明、具有标志性的公共文化设施与村里的文化艺术符号及元素融合串联,设计成旅游线路及景点,代表乡村特色文化对外展示,形成独具魅力的人文旅游路径,从而带动文化产业的研发与销售,进一步推动乡村文化品牌建设。

（四）团队培育是实施"艺+堂"乡村文化振兴模式的动力

大力发挥基层文艺骨干的作用,加大各级文化部门的组织、协调、指导能力,提高村文化活动的参与力度。积极发挥各乡(镇)、村文化站长的专业特长,上级文化部门要开展文化干部对乡(镇)、村文化站,村文艺团队,村级文化礼堂的结对帮扶工作,不断提升镇、乡、村文化站长的文化素养。

大力推进文化志愿服务,各乡(镇)、村要因地制宜,组建文化志愿团队,以弥补村民文艺队伍专业力量的不足,推动文化志愿服务常态化、常规化,并与村内文化资源创新性融合,形成新的文化服务力量。

积极引导社会力量参与,为参与实践"艺+堂"的社会力量提供场地、资金及政策扶持,酌情给予报酬、奖励、补贴等激励措施,以政府协商购买或自愿互助的服务方式,吸引社会资金参与设施建设及筹办文化活动。鼓励社会力量举办文化艺术机构、手工作坊、文化讲堂等,加入"艺+堂"项目的运营环节,全面推动乡村文化振兴和旅游发展。

艺术赋能乡村振兴的宁海实践研究

宁海县文化馆　冯颖丹　胡磊娜　顾媛娜

一、艺术赋能乡村振兴的实践背景

自党的十九大提出乡村振兴战略以来,各地区不断进行探索与实践,但单纯依靠"输血式"的"外生驱动"做法在当前乡村振兴中的路越走越窄。在宁海县 63 万人口中,乡村人口占 40 万,乡村文化基础薄弱,艺术氛围缺乏,文化人才紧缺,使得文化建设更趋表层化。为了让农村真正富起来、活起来,宁海县委、县政府启动艺术家驻村行动,引进一批具有开拓创新精神和市场拓展能力的优秀艺术家,采取驻村的方式深入推进艺术振兴乡村工作。2019 年春季伊始,中国人民大学艺术学院丛志强教授带领宁海首个驻村艺术团队进驻大佳何镇葛家村,通过"激发内生动力"的方式,以融合设计的模式,打开村民艺术殿堂之门,为村庄带来翻天覆地的变化,产业兴旺程度、生态宜居性、乡风文明水平均得到显著提升。艺术家驻村和文化志愿者下乡等活动,为乡村振兴探索出一条以"艺术"破题、以"设计"引领模式的艺术振兴之路。

二、艺术赋能乡村振兴的具体做法

(一)艺术活动激发乡村内生动力

在乡村振兴的背景下,乡村文化不是指传统农业的文化,而是指更具现代意义的农、文、旅融合后的文化形态。宁海县以"百姓大舞台"为平台开展的各种乡村艺术节,符合新时代乡村文化的发展趋势。以"人与自然共生,乡土与艺术共融"为主题,以用艺术激活地方文化经济为目标,选择重点艺术特色村,策划开展公共艺术活动,如开展乡村文创产品展、乡村摄影展、乡村音乐节、乡村书画交流活动等系列活动,改变群众生活理念,提升群众艺术修养,为加快宁海高质量发展提供精神支持。

(二)艺术创意提升乡村文化气质

中国美术学院王澍教授曾批评,各地美丽乡村的建设存在"千村一面"的现象,没有很好地利用地方特色,且审美水平低下。究其原因有二:一是有些乡村本身拥有很好的自然和人文资源,但未能认识到这些资源的价值,反而盲目照搬其他乡村发展规划,或者为了发展大搞形象工程，结果导致自身优势资源丧失；二是有些乡村本身不具有独一无二的自然和人文资源，或地域资源一般，再加上缺乏良好的创意理念，风格更加平凡，逐渐丧失吸引力和竞争力。针对这些问题，宁海县通过深入排摸，确定一批结对重点村，通过高校结对驻村，把艺术设计融入美丽乡村、美丽庭院等传统村落活化利用的全过程。针对本地文化底蕴和发展基础，在发展艺术村中找准定位，加强优秀传统文化的传承和弘扬，突出艺术"造血"功能，从发挥群众主观能动性入手，唤醒群众艺术天赋，激活群众艺术创造力，共建美丽乡村，重点打造出一批书法特色村、诗词特色村、摄影特色村、美术特色村、文创特色村、文旅特色村、民俗特色村等。

（三）用艺术吸引乡建文化人才

艺术振兴乡村的关键是人才。2019年，宁海县政府出台了相关文件，要求组建名家名匠队伍参与乡建。深入调查农村在艺术振兴过程中的实际困难与需求，制定"艺术家驻村"引进计划。发布"艺术振兴乡村"宁海宣言，通过加强和高等艺术院校的联系与合作，招募一批高学历、高职称、高水准或在艺术领域有一定影响力和研究成果的艺术家，全面参与宁海县艺术家驻村工作。借力海峡两岸乡村艺术振兴论坛等活动平台，招引文化名人入驻，邀请宁海籍在外艺术家返乡驻村。开展一年一度的文化优才、三年一期的名家名匠评选，并对如何开展艺术乡村建设进行一系列的培训活动，促成80名文化优才和20位名家名匠与各村结对共建。另外，在县内组建一支专家型文艺志愿服务队伍，深入开展"一人一艺"全民艺术普及工程，以此形成梯次化的乡建艺术家队伍，为美丽乡村建设注入新鲜血液。

三、艺术赋能乡村振兴的实践成效

宁海县艺术振兴乡村工作在县委、县政府高度重视、统筹部署下，自2019年始，3年时间内，建成了5个艺术特色镇、10个艺术特色风景线、50个艺术特色村。艺术赋能乡村振兴将会是新时期乡村振兴与文旅融合的破题路径，同时也将为众多资源禀赋不突出的乡村实施乡村文化振兴战略提供有效借鉴。

首先，政府引领技术融入乡村。县委、县政府成立宁海县推进艺术振兴乡村工作领导小组，负责统筹谋划，协调解决艺术振兴乡村工作中的重点难点问题，要求各乡镇有关部门结合本地区工作实际，按照"因地制宜、就地取材"原则，组织艺术高校团队深入群众、依靠群众、发动群众，开展环境艺术设计。环境艺术设计成果的应用和转化，需要政府的资金投入、艺术团队的文化创意及村民的积极参与，三者缺一不可。其中，政府是这些活动的搭建者和引导者。

其次，以创新理念激活乡村文化。乡村艺术建设是推动乡村艺术文化发展的重要举措，宁海县乡村艺术建设对提升乡村艺术文化氛围、提高乡村民众文化素养有着重要的价值。艺术来源于生活，而艺术家是最具创造力的群体之一，各位艺术"大咖"走进农村，通过一年多的磨合熟悉,获得了更多的创作灵感,碰撞出艺术的火花。艺术"大咖"驻村行动活跃了乡村文化氛围,不仅使乡村文化的档次得到了提升,也为乡村文化艺术精品的打造提供了有力的支持,尤其是在艺术产品开发方面,艺术"大咖"的驻村行动使宁海县乡村艺术实践活动实效得到提升。例如,十位驻村的台湾艺术家聚焦优化乡村旅游、民宿、文创等产业,为宁海乡村振兴建言献策,而大陆乡村亦为台湾艺术家提供了一个实现艺术创造的机遇,推动两岸艺术交流。截至2021年,宁海已经建成150个"艺术家驻村工作室"。

最后,以乡贤乡绅树信乡村。习近平总书记在2013年4月出席海南省博鳌亚洲论坛就近考察当地农村时指出:"小康不小康,关键看老乡。"老乡的小康包括两个层面:物质小康和精神小康。随着乡村振兴战略的实施,村民们的口袋渐渐鼓起来,但精神小康的短板和痛处依然存在。一些乡村盲目模仿城市的文化环境,建洋楼造洋景,这些都是对自身文化不自信的表现,总觉得乡村处处不如城市。宁海县艺术振兴乡村模式的开启改变了这一现象,通过"乡贤召集令"和"艺术家驻村"等工作的开展,对本土文化符号的提炼与本土自然环境的特色营造,让原本村民不屑一顾的原生文化得到重生,甚至闻名遐迩。例如,诗人雪野在自己老家力洋村设立全国首个儿童诗研究中心——雪野童诗馆,他把自己多年收集的1000多种资料全部摆放出来,向所有人开放,面对不同的听众,讲授不同的儿童诗。"只要你来敲门,我必为你点灯!"雪野说的灯,是心灵之灯。2020年第二届盖苍山杯全国校园儿童诗大赛在力洋村成功举办,来自全国20多个省(自治区、直辖市)的400多位儿童诗研究者、从教者汇聚力洋村。自2020年起,盖苍山杯全国校园儿童诗大赛将永久性会址设在了这里,村民们也在这样的活动中获得了心理上的满足和文化上的自信。

四、艺术赋能乡村振兴的经验启示

宁海县艺术振兴乡村工作自2019年开展以来,在较短的时间取得了较好的成果,得到了各方的认可,我们从中也得到了许多有益的启示。

(一)以艺术设计为切入,推动乡村全面振兴

党的十九大提出了乡村振兴战略,但乡村振兴的路子怎么走,各地都在积极探索。宁海提出艺术振兴乡村战略不仅是做艺术工作,更是在更高站位和格局上,以艺术为切入,以设计为引领,促进乡村的全面振兴。如通过驻村艺术家的创意设计,实现农、文、旅的融合发展,以艺术创造力提升乡村发展力,促进了乡村的产业振兴;通过艺术家驻村的招牌,引进了外地艺术家,培育了草根艺术家,促进了乡村的人才振兴;通过驻村艺术家的工作,活跃了群众文化,提升了村民文明素质,促进了乡村的文化振兴;通过驻村艺术家对村庄的艺术化改造,实现村庄从美化、洁化到艺术化、生态化的提升,促进了乡村的生态振兴;通过艺术振兴乡村,激发了群众的积极性,提升了村班子的凝聚力和战斗力,促进了乡村

的组织振兴。因此,艺术振兴乡村工作是在探索乡村振兴的一条新路子,宁海希望通过探索,打造出一个乡村振兴的"宁海模式""宁海样板"。

(二)以激发内生动力为重点,让群众成为实践主体

艺术振兴乡村的一个目的是变"送艺术"为"种艺术",唤醒群众的艺术基因,使村民由"旁观者"向"参与者"再向"创造者"转变。2019 年 4 月,中国人民大学丛志强教授团队来到大佳何镇葛家村开展艺术设计,不少村民认为是"作秀",有的甚至说他们是"骗子"。但他们不气馁,而是深入群众,把群众组织起来培训,从群众能做的最简单的设计做起,使群众认识到艺术也不全是"高大上",自己也可以搞艺术,从而调动了村民的积极性。他们还帮群众设计庭院,帮村里设计公共空间。这种低成本、易操作和立竿见影的艺术设计,极大地激发了村民内生动力,村民与艺术家们一起探讨、一起设计、一起实施。葛家村经过一期、二期共 26 天时间的打造,变成了一个真正的艺术村和网红村。4 月份以来,共有 2 万人次参观葛家村。现在葛家村村民分成 7 个艺术小组,自己动手设计景观,此外,他们还被其他村聘请为顾问,指导开展村庄艺术化改造。在 2020 年暑期的融合设计中,当地政府再次引导 30 个艺术院校师生团队,学习葛家村经验,注重激发村民的内生动力,把村民的积极性调动起来,使艺术振兴乡村工作成为一次全民艺术的推广,成为一次全民文明的实践。

(三)以常态长效为目标,让艺术之花在农村绽放

从政策制定和实施过程,可以看出宁海开展艺术振兴乡村不是为了制造噱头,打造网红,不是搞"一阵风",而是要久久为功,确保抓出成效。宁海成立领导小组,县委书记任组长,制定三年行动计划,提出明确的目标和实施的路径、方法;把艺术振兴乡村工作作为乡村振兴的一项重中之重工作来抓,在涉农资金中切出一块专门用于这项工作,加强资金保障;与高等院校建立长期合作关系,让农村成为他们的实践课堂、思政课堂,实现双赢、多赢。中国人民大学、中国美术学院、浙江农林大学的领导都到村里指导体验,他们对这项工作给予高度肯定,并表示要深化校地合作,深入推进这项工作。

艺术振兴乡村是一个循序渐进、由表及里的过程,更需要有能力、有热情的乡村乡贤为之付出,如此才能不断更新续航。宁海县艺术振兴乡村积累了大量宝贵的经验,并取得了良好的发展成效。通过艺术手段对乡村的空间重新设计,对乡村传承的文化脉络进行梳理,将最终所得的文化元素融入艺术乡建中,既能保留乡村文化特色,又能得到当地村民的认同;通过"艺术家驻村行动"充分唤醒乡村魅力,打造"艺术 +"的发展模式,使乡村文化振兴起来,满足广大人民群众的精神文化需求。

数智群文微信公众号建设的宁海实践

宁海县文化馆　胡磊娜

一、案例背景

近年来,浙江省的数智化建设始终走在全国前列,在数字政府、数字经济、城市治理、公共服务等领域,以数字化、智能化和网络化带动技术、管理、服务及产业的创新,取得了显著的成绩,切实提升了人民群众的获得感和幸福感。数智化是指将数字化、智能化、网络化有机结合,在以劳动力、资本等传统要素为驱动的经典增长模型中进一步引入新要素,形成以高速网络为基础,以信息技术、数据要素为驱动的新型增长模式,实现对传统要素价值的放大、叠加、倍增。在数智时代,各类传播主体阔别了在公共场所使用传统大众媒体的宣传方式,走向了一条转型的新道路,开始借助具有即时通信、互动交流、多媒体形式和精准推送等特征的新媒体,以实现高质量的信息生产和高效率的信息传播。以微信公众号为代表的新媒体传播工具成了组织机构、企业和个人当前内容生产的重要平台,以及深化移动传播的有效利器。建设数智群文公众号尤其重要,其符合群众现代阅读习惯,利于实现地区间的文化资源共享,利于创新文化传播形式,能有效助推文化馆公共文化服务优化提质。本文旨在分析浙江省宁海县数智群文微信公众号建设的背景、具体做法、成效、经验启示,以期对文化馆的新媒介建设实践有所裨益。

二、基本做法

(一)完善公众号设计,细化页面排版布局

在浅阅读时代,人们可以随时随地通过手机、电视、电台、报纸等各种媒体接触到各类信息,各类媒体的迅猛发展直接导致信息量过剩,如何从众多微信公众号中脱颖而出成为唯一,独特的形象和别致的版面至关重要。2021 年 1 月,宁海县文化馆对运营了几年的微信公众号进行了名称更换,将原先的名称"宁海县文化馆"变更为"宁海群文",使公众号的属性一目了然。并将"兴文化"和"育新人"六字主旨与"宁海群文"设置在每次推文的页面中,使宁海县文化馆的公众号与其他馆的公众号有所区别,有效提高了辨识度。在文章页面的排版上,利用微信公众号的编辑技术对关键内容进行强调,字号字体控制为 14 号或 16 号的宋体,行距保持适当间隔,页面有留白,使读者不会产生文字堆砌的观

感,提升其阅读体验。在配色方面,文字配色不超过三种。在排版过程中,适当添加了小标题、文本框、重点标记、小视频等,清晰地圈出文章的精彩部分与重要内容,有效激发读者兴趣。如宁海县曾推出首批"乡建艺术家"星级评定暨"乡建"创意大赛,宁海群文公众号第一时间认真筹划报道方式、精心设计报道版面,推出专题报道数十期,每期围绕一个乡建艺术家开展深入介绍,木匠、漆匠、花匠、石匠、篾匠等民间艺术家及其作品通过"宁海群文"这一平台被广大网友认识和熟知。

(二)着力重点内容,深耕群文报道质量

在数智时代全天候不间断的信息市场中留住用户,内容是媒体生存基石与竞争法宝。发布的内容没有吸引力,用户得不到他们所需求的,就不会对你的推文感兴趣,同时也会对微信公众号失望,从而慢慢失去兴趣,甚至取消关注。所以在内容的发布编排和文风、文笔的设计上,都要符合公众号读者的口味。在运营过程中,选择年轻干部执笔,着力打造重点内容,整体文风轻快通俗,结合图像,多用短句,逻辑清晰,以便忙碌的现代人进行快速阅读和理解。如推文《云上春晚——送给在宁海的你们》《风云再起,赛场争霸!宁海县第六届一人一艺"五王"才艺大赛即日起开始报名》《这个中秋,我们在岗位上度过》《全宁波广场舞精英齐聚宁海,看看哪支队伍是的最爱》《招募令:下个小明星就是你》等,标题或深情,或活泼,或预告了活动信息,或展现了文化馆的工作动态,非常吸引用户关注与阅读,点击量均在万余人次;推文《美丽宁海幸福年——2021不一样的云春晚》,用约300个文字介绍云春晚拍摄筹备情况,放置了一个14秒短视频和15张春晚节目排演照片,图文并茂的设计,让读者对活动有了很直观的感受,吸引了大量潜在用户。这一推文的点击量超三万人次,并为云春晚视频的推送起到了预热的作用。各类线上线下同步推出的展览,通过微信公众号这个可行又高效的传播渠道,成为"永不落幕"的书法美术展览。又如通过微信公众号连接视频号这一功能,将宁海县文化馆举办的春季、暑期、秋季公益培训和动态活动进行直播。推出了"成人古风缠花""成人尤克里里""成人藏族舞""少儿主持与戏剧表演""少儿爵士舞""少儿葫芦丝"等短视频课程,打破传统模式,让传者和受者皆受益。通过网络直播的"2021百姓云舞台春节特别节目""宁海首届旅游歌曲大赛""宁海县乡村导游大赛""百姓大舞台'一人一艺'成果展演活动""宁海民间文艺队伍展演"等文艺演出,以高质量的内容受到追捧,有力地宣传了宁海的地域特色文化,提升了宁海的影响力和知名度。据统计,推出的线上云展演活动视频日点击量均破万。

(三)创设原创栏目,打造群众文化品牌

目前,绝大多数的微信公众号存在运营方式相互借鉴模仿的问题,发布内容多为活动类信息,内容大同小异。因此,坚持原创显得尤为重要。宁海县文化馆微信公众号根据自身实际,树立特色品牌意识,推出全新原创专栏。

"文化新人"栏目紧扣"育新人"的宗旨,聚焦在宁海文化土壤上默默耕耘的"新文化

人",推出"文化新人"栏目,涉及音乐、舞蹈、戏剧、曲艺、书法、美术、摄影等领域。自第一期"文化新人"推出本土青年摄影师缪军以来,已经连续推出了包括"戏曲新人"刘丽娜、"古琴大师"吴晓灿、"器乐新人"邢奇、"青年画师"金燕、"狮舞传人"陈昌福、"花艺大师"潘晓军在内的几十位"文化新人"。

"原创精品"栏目将"兴文化"的目标贯彻到底,重点推送宁海县文化工作者创作的紧扣时代脉搏、彰显地域特色的原创音乐、舞蹈、戏剧、曲艺、书法、美术、摄影等文艺作品。相继推送了获得浙江省群众大赛金奖作品的舞蹈《桥畔人家》、入围浙江省"三个地"作品展的歌曲《幸福海》等几十个原创作品,让真正有价值的内容能够出现在微信公众号平台,保证推文质量,促进优质内容的产生。

(四)固定推文时段,形成推送频率与时间

微信公众号文章推送数量和推送频率能直接反映该公众号日常运营的组织性和有序性。公众号的发文频率不宜过高也不宜过低,发文频率过高容易让读者失去兴趣,发文频率过低容易被读者遗忘,合适的发文频率能够培养读者的阅读习惯。自改版以来,宁海县文化馆微信公众号形成了固定的发文时间和发文频率。保证每周有 2～3 篇推文的更新,并选择上午 11:00—12:00 和下午 6:00—7:00 这两个阅读高峰期时间段更新推文。如"文化新人"于周三的中午 11:00 推出,"原创精品"在下一个周三中午 11:00 推出。活动类、信息类推文于活动当天下午 6:00 或第二天上午 9:00 推出。实践证明,这几个时间段非常适合碎片化信息的阅读,阅读点击量较改版前大大增加。

三、初步成效

(一)数智群文微信公众号建设实现文化信息的精准传播

微信公众号具有明显的分众化特点,这种分众化改变了过去传统媒体"老少皆宜"的传播内容设置,使不同的用户对应不同的传播内容,将用户个人兴趣作为内容投放的重要标准,实现了较为小众但精准化的传播。微信公众号这种短小精悍的文本模式,使传播的信息、知识可以精练、便捷地呈现出来。用户不需要从大篇幅的文章中去寻找关键词句,也不需要从抽象的画面中去提取文化要素。经微信公众号集中发布的全县及下辖的各个乡镇街道各类群众文化活动的文件、通知、活动信息、原创栏目内容、相关新闻资讯等,会精准地推送给关注了该微信公众号的用户,实现了文化信息资讯的精准传播。

(二)数智群文微信公众号建设全面有效地服务群众

数智群文微信公众号的建设有力地促进了各地区相互学习、共同提高,督导全县公共文化服务体系建设,积极有效地引导服务平台与互联网大数据融合发展,为群众文化活动插上互联网的翅膀。合理运用微信公众号的各种既定功能,可以有效地弥补群众文化服

务工作中存在的部分不足和缺憾,便于有针对性地改进服务、提高服务质量,进而对群众文化服务工作起到极大的促进作用。

(三)数智群文微信公众号建设让文化学习更有创意

在数智群文微信公众号中,用户可以根据自身需求自主地选择信息或服务,增加了时间和空间上的自由度,更大程度参与了传播过程。并对公众号中传播的内容进行评价,利用便捷的互动功能,发表自己的看法或发布信息。公众号的订阅用户还可以自行设置自己的信息源,选择所需内容,从被动的文化信息接收者变为了主动的参与者,主动性与交互性让文化学习方式更具创意。

四、经验启示

(一)增加双向互动内容,提升用户使用热情,优化公众号功能

1.加强馆际交流,学习先进经验

进一步加强馆际间的沟通与交流,借鉴其他文化馆运营微信公众号的先进经验,如学习人员配置、经费安排等方面的优秀做法,提高微信公众号运营水平。

2.增强内容的互动性,维护用户参与热情

在正文的编辑中,通过对话、讨论等的表达方式引起读者的阅读兴趣,减少阅读疲劳。在内容的互动上,及时回复对话框消息及留言,使媒体、受众之间形成及时的良性互动,维护用户参与热情。

3.线上线下活动互联,增强公众号活力

当线下活动足够丰富多元之后,可借线下活动联动线上活动,设置一定线下活动奖励来鼓励、吸引用户主动参与线上活动。如通过免费领取演出票、获得活动名额等方式,增强公众号活力,快速提升文化馆影响力。

(二)精于内容生产,挖掘地域文化,丰富公众号内涵

1.立足用户需求,发布高质量内容

内容质量是一个微信公众号发展的核心与灵魂。因此,必须在内容上花心思、费精力、下功夫。通过多次、少量、质精的方式,适当降低推文频率打造精良内容,弥补长期策划性内容的空缺,争取推出"爆文",要做到对文化信息深入挖掘、对文化创新执行到位,提升公众号推文的内容质量。

2.贯彻原创准则,增加可读性内容

社交媒体重构了内容、生产者、消费者三者之间的关系。内容生产、传播门槛降低,当下优质内容回归王者地位,根本原因在于用户偏好的变化,而新媒体优质内容的判定标准之一就是原创程度。应建设一支精通新媒体运营的专门采编团队,运用新鲜人力资源,多

点切入,发掘不同的话题,创作观点独特、富有情怀的推文,丰富推文内容。

3. 深挖地域文化,打造优质化内容

为了保证微信公众号的质量,可深挖历史遗迹、风土人情、风俗习惯等地域文化元素,创作体现当地文化特色的推文,让真正有价值的内容出现在公众号上。

(三)提升运营技巧,激发用户参与,促进公众号推广

1. 使用融媒手段,扩大传播影响力

单一的媒体覆盖面存在局限性,多种媒体的联动合作才能实现服务功能的全覆盖。微信公众号传播点对点、移动化的特点,形成了与网站、微博、头条号等媒体合作的新模式,可以作为信息的集散通道,跨平台整合信息和服务。微信公众号可以借助电视、电台、杂志、报纸等传统媒介及政府官微、网站等拓展自己的受众群体,扩大传播影响力。

2. 多种方式营销账号,加强宣传推广

因文化馆的公益属性,其微信公众号推广不能像其他商业微信公众号一样。为了提高文化馆微信公众号的知晓率和认知度,需要加大推广力度,让更多的潜在用户关注文化馆微信公众号。可在馆内展厅入口处、活动节目单、培训课程表上添加微信公众号的二维码,方便群众及时扫码关注。可以在不同平台上设置二维码链接,"引流"其他平台上的粉丝,获得更多的关注。

参考文献

[1] 来孟丽,李征宇 . 古城荆州文化和旅游类微信公众号传播力研究 [J]. 城市学刊,2021(1):82-87.

[2] 沈韵,王芳,周恒悦,等 . 浅谈园林景观微信公众号的运营策略 [J]. 今日财富,2021(3):58-59.

[3] 曾思敏 . 美术馆微信公众号教育研究现状 [D]. 长沙:湖南师范大学,2020.

[4] 俞又琪 . "云南省博物馆"微信公众号内容产生研究 [D]. 昆明:云南财经大学,2020.

[5] 赵梅 . 媒体融合背景下昌黎县政务微信建设研究 [D]. 秦皇岛:燕山大学,2019.

[6] 张雍 . 县级政务新媒体的传播要点——以"江阴发布"微信公众号为例 [J]. 视听界,2019(5):109-110.

[7] 沈熔珍 . 微信公众号"新京报评论"内容呈现研究 [D]. 芜湖:安徽师范大学,2020.

[8] 黄晗右 . "冰点周刊"微信公众号传播特色研究 [J]. 新媒体研究,2020(21):42-44.

[9] 黄颖钰 . 湘西非物质文化遗产微信公众号传播研究 [D]. 长沙:湖南大学,2017.

[10] 蒋婷,郑致静,卢艳艳,等 . 山东大学图书馆微信公众号运营分析 [J]. 内蒙古科学与经济,2021(4):81-83.

"城乡艺网"现代新型文化馆总分馆服务模式的温州探索

温州市文化馆　马知力　郑　虹

文化馆是公共文化服务体系建设的重要组成部分,需要不断推进自我革新,肩负起打造新时代文化高地的新使命,让人民群众在共同富裕中实现精神富有。文化馆的总分馆制建设就是一个重要的改革方向。所谓文化馆总分馆制,就是指在一个合适的地域单元内,由一个或多个建设主体建设一个互联互通的"文化馆群",实行总馆主导下的服务网点统一布局,服务资源共建共享、服务标准全域统一,运营管理上下联动,解决基层公共文化服务中出现的群众文化艺术指导不力、服务能力不足、资源不对接需求等瓶颈问题,达到资源下沉、服务均衡、提高效能的目的。

一、温州市文化馆总分馆制建设的体系架构

温州市文化馆总分馆服务体系在"中心馆—总分馆"的基本格局上,形成了依托"城乡艺网"互联网服务平台,以文化驿站为特色载体,以乡村艺术团建设为抓手,以温州市表演艺术类培训机构公益大联盟(下文简称"公益大联盟")为辅助的独具温州特色的新型文化馆总分馆架构。

中心馆由温州市文化馆担任,总馆由各县(市、区)级文化馆担任,分馆由符合条件的乡镇、街道综合文化站担任,服务点由文化礼堂或村(社区)综合性文化服务中心担任。此外,乡镇、街道综合文化站尚未达到分馆建设标准的,以服务点形式纳入;具有一定规模且服务能力较强的文化礼堂,符合分馆建设标准的,可以升格为分馆。提供群众文化艺术服务的其他公共设施或社会设施,符合条件且按总分馆制要求运行的,可以分馆或服务点的形式纳入。

在中心馆的统筹协调下,以推进"文化驿站"特色分馆建设为重点,有机串联全市各级公共文化场馆、设施及社会各类有效资源,进一步完善多类型文化场馆融合、资源共享、互联互通、有效覆盖、特色鲜明的文化馆总分馆服务网络,将文化艺术普及与优秀文化传承融入城乡居民日常生活,实现群众文化艺术服务"无处不在、无时不在"。

中心馆、总馆、分馆(特色分馆)和服务点逐步实现统一服务目录、统一服务标识、统一服务规范、统一服务平台、统一考核标准,建立起资源采购配送体系、群众艺术培训体系、群文活动联动体系、群众文艺创作体系、服务绩效考核体系和数字服务平台体系。

二、温州市文化馆总分馆制建设的特色路径

温州市在创建第四批国家公共文化服务体系示范区期间,不断完善城乡一体化公共文化服务体系建设,以人民为中心,以需求为牵引,以问题为导向,努力提高公共文化供给能力和服务水平,初步建成覆盖全市、系统完善的公共文化服务体系。

(一)数字平台串联城乡公共文化服务网络

2020 年 7 月,温州市文化馆数字服务平台——"城乡艺网"互联网平台试运行。"城乡艺网"互联网平台分为面向社会服务和文化馆系统内部管理两个部分。面向社会服务部分包含信息发布、活动报名、场馆预约、点单服务、资源展示、文化慕课、文化直播等栏目,主要是为大众提供各类线上公共文化服务。文化馆系统内部管理以活动打卡功能为重要特点,总分馆体系内各单位通过手机移动端对开展的各项文化活动进行实时拍照打卡,并由后台进行大数据归纳整理。通过"城乡艺网"互联网服务平台,温州市文化馆总分馆体系中的公共文化资源得到充分统筹利用,公共文化服务效能得到提升,实现公共文化服务的全覆盖。同时,通过平台也实现了文化馆、文化驿站、乡镇综合文化中心、乡村艺术团、艺术培训机构公益大联盟等单位的紧密连接和统一监督管理。自 2020 年 7 月启动以来,近半年时间内,县(市、区)文化馆、乡镇文化站、文化驿站、公益大联盟、乡村艺术团等单位团队已有近 980 支完成注册,实现活动打卡 51057 人次,服务群众 1261117 人次。

(二)文化驿站打造新型公共文化服务空间

温州市文化驿站建设,是统筹利用社会公共设施,以特色文化空间嵌入方式,采用连锁运行模式,推出高品质的文化艺术分享和体验活动,旨在满足社会公众特别是青年群体对精神文化生活的个性化、多元化需求。温州市文化驿站创造了精准化对接、分众化服务的现代公共文化服务供给体系。经过几年发展,文化驿站构建了"1+10+N"模式,即突出1 家龙头文化驿站(温州市文化馆文化驿站),横向串联形成 10 家各具特色的市级文化驿站(如温州市图书馆文化驿站、温州市博物馆文化驿站等),带动县(市、区)和社会合作的N 个文化驿站,形成集聚效应,成为继"城市书房"后的又一个城市文化品牌。其中"1+10"为文化部门自行建设验收挂牌的文化驿站,"N"代表辐射延伸出的,以独立书店、私人博物馆、茶室、民间美术馆、咖啡吧、企事业单位、社会团队和个人参与为代表的 N 家社会力量合作并经文化馆认证挂牌的文化驿站。截至 2020 年 8 月,温州市已建成文化驿站 210 个。文化驿站建设打造了一大批特色公共文化服务空间,提供了丰富多彩的文化艺术活动,提高了公共文化设施利用率,深受社会公众喜爱,成为温州公共文化服务的一面重要旗帜。

(三)乡村艺术团促进乡村文化振兴

改革开放以来,随着中国工业化进程的推进,人才和资源不断流向城市,加剧了城市、农村之间的不平衡。为缩小城乡文化差距,政府一开始是"送文化",但是发现远远满足

不了农村的文化需求,于是实施"种文化"策略,希望通过政策扶持让农村实现文化自给。温州的做法是开展乡村艺术团建设,即以人民为中心搞活农村文化,以制度化、体系化方式推进农村文艺团队建设,促进农村文化活动繁荣兴盛,实现可持续发展。如果说分馆和服务点是总分馆体系中的基层单位,那么乡村艺术团就是它们伸出的触手,是它们在辖区内开展公共文化服务的一支重要力量。有了乡村艺术团,分馆和服务点的工作就有了抓手;有了乡村艺术团,政府对乡村的文化投入也从原来的粗放式向精准化转变;有了乡村艺术团,基层文化阵地也从"单一低效"向"百花齐放"转变,文化治理格局从"分散线状"向"共建共享"转变。自从2018年5月启动乡村文艺繁星计划以来,截至2020年底,温州市建有乡村文艺团队2678个,累计开展活动2万余次,服务基层群众超40万人次。行政村(社区)100%拥有乡村文艺团队,乡村文艺团队100%入驻农村文化礼堂。

(四)公益大联盟奠定社会力量参与基础

第五次全国文化馆评估定级调查显示,温州全市文化馆系统现仅有在编的各艺术门类专业干部225人。而近年来许多乡镇普遍存在的文化员流失、挪用等现象,使得仅靠文化馆自身的力量难以充分保障人民群众尤其是农村地区群众对高质量文化生活的需求。因此,必须引导社会力量参与公共文化服务。温州市文化馆于2018年10月发出成立"温州市表演艺术类培训机构公益大联盟"倡议,联盟以市文化馆为主阵地,由众多社会培训机构、文化传媒公司等共同组成。在文化馆的引领下,统筹全市民间艺术类培训机构的资源力量,广泛开展便民惠民的全民艺术普及活动。比如,由政府提供一定的财政支持,公益大联盟提供师资,通过文化馆总分馆的平台系统让有需求的群众团体可以就近找到心仪的老师,参加培训,提升自己的文艺水平。公益大联盟成立两年多来,从初期的131家,扩展到403家,在各个县(市、区)都成立了联盟的分部,累计开展公益培训课程超过1万节,受益群众10万余人。公益大联盟和温州市文化馆总分馆制的创新探索,为社会力量参与公共文化服务积累了经验,打下了扎实的基础。

三、温州市文化馆总分馆制建设的创新经验

温州市文化馆总分馆建设在坚持公共文化服务公益性、基本性、均等性、便利性原则的基础上,整合各类群众文化艺术资源,加强科学化、体系化、标准化运行管理,创造性地以文化驿站、乡村艺术团、公益大联盟等为特色路径打造高质量发展的文化馆总分馆服务体系,实现全市文化活动、文艺创作、文艺辅导、送戏下乡、队伍培训及演出器材设备调配等方面的统筹发展,为群众提供丰富的精神食粮,推动全民艺术普及与优秀文化传承,增强文化自信,提高公众综合素养。

(一)数字赋能实现管理服务精准化

我国在以5G网络为代表的新型数字基础建设上已经领先于世界,这就为公共文化

服务的数字化赋能铺平了道路。温州以"城乡艺网"互联网平台为基础的文化馆数字服务系统由中心馆统筹建设,总馆、分馆、服务点按要求完成相应的管理工作和资源建设,协同提供线上线下服务支撑。活动报名、场馆预约、培训签到均可以在线上完成,极大方便了市民。市民足不出户就可以在平台上享受到文化慕课、云展厅、演出直播等服务,拓展了公共文化服务的覆盖面。温州市文化馆依托服务平台,建立社会公众文化需求反馈和评价渠道、群众文化艺术活动参与情况的分级分类数据库,精准采集分析市民文化需求、参与方式、行为特征、满意度等信息数据,不断提高工作的有效性和针对性。同时,通过建立类似"繁星计划"活动打卡系统的信息管理和绩效评价系统,逐步实现中心馆、总馆、分馆、服务点日常管理和绩效评价的公开、实时、动态发布,推动各项工作规范、有序、长效运行,实现精准化管理,使文化经费投入产出比也得到提高。

(二)多元阵地打破"孤岛"模式

以文化驿站为载体的文化馆总分馆特色模式实现了阵地建设的多元化,打破了各级文化馆、综合文化站、文化礼堂等各自组织开展活动的"孤岛"模式,摆脱了按照行政层级来设置站点的束缚,让文化阵地嵌入居民周边的文化设施中,将文化馆的触手延伸至群众生活的方方面面,打通了公共文化服务的"最后一公里"。文化驿站在一定程度上融合了图书馆、博物馆、书画院等各文化艺术机构及社会文化团体的培育功能,为文化馆统筹运营总分馆服务体系、促进公共文化服务高质量发展提供了可行性,既丰富了公共文化产品和服务供给,又激发了社会各界参与文化服务的积极性。

(三)规范团队建设激发文化活力

温州市乡村艺术团建设将农村文艺骨干、文艺爱好者和广大村民进行规范化、系统化整合,组建具有地方特色的各类艺术团体,入驻文化礼堂等基层文化阵地,打通人员、设施、活动和服务各环节,使全员参与公共文化产品的生产与供给,丰富、活跃农村文化生活。同时,用活动打卡、平台排名、评星奖励等措施促使团队将文艺活动常态化,形成了农民群众"自我创造、自我表现、自我服务、自我教育"的公共文化供给新模式,为文化馆总分馆制建设注入源源不断的团队活力。团队有组织、有场地、有活动、有管理,团队的凝聚力更强,更有生命力。一支有生命力的文艺团队,可以有效带动当地公共文化水平的提高。

(四)社会力量促进均衡供给

通过公益大联盟成员单位与乡镇、街道结对的方式,帮扶指导乡村艺术团,满足其师资需求。2020年,温州市文化馆在结对帮扶的基础上发动公益大联盟牵手乡村艺术团行动,用4个月时间把3900课时的专业培训送到当地乡村艺术团身边,累计117000人次受益,给乡村艺术团带去实实在在的艺术享受。同时,联盟单位通过参与文化馆开展的一系列送戏、送讲座、送培训下基层活动,推进公益培训向社会延伸,将全民艺术普及落到实处。服务方式社会化,充分发挥社会力量在基层公共文化服务领域的补充作用,积极解决目前基层公共文化领域存在的政府投入不充分、资源分布不均衡等问题。

参考文献

[1] 关于推进县级文化馆图书馆总分馆制建设的指导意见 [EB/OL].[2016-12-29].http://zwgk.mct.gov.cn/zfxxgkml/zcfg/gfxwj/202012/t20201204_906310.html.

[2] 浙江省市场监督管理局 . 县级文化馆总分馆制管理服务规范:DB33/T 2263—2020[S]. 杭州:浙江省市场监督管理,2020.

[3] 张家港在全国率先探索文化馆总分馆制服务模式 [EB/OL].[2014-10-10].http://culture.people.com.cn/n/2014/1010/c172318-25804567.html.

[4] 陈云飞 . 着力构建文化馆图书馆总分馆制的"嘉兴模式"——嘉兴市推进文化馆、图书馆总分馆制建设情况介绍 [J]. 图书馆杂志,2017(3):13-16.

[5] 重庆大渡口实施文化馆总分馆制 [EB/OL].[2013-04-24].https://www.mct.gov.cn/whzx/qgwhxxlb/cq/201304/t20130424_790530.htm.

[6] 黄晓丽 . 文化馆总分馆制"东莞模式"的探索实践 [J]. 文化月刊,2019(2):100-101.

[7] 刘紫丹,瞿晓伟 . 温州文化驿站:带市民把日子过成诗 [N]. 中国文化报,2021-03-29(2).

[8] 郑虹 . 文化为媒　品牌"联姻"——温州公益大联盟牵手乡村艺术团吹响基层文艺号角 [N]. 中国文化报,2020-12-30(4).

非遗传承实践"三课一忆"机制运行探索

海宁市文化馆　沈益平

非物质文化遗产(以下简称"非遗")是根植于民间的活态文化,具有鲜明的时代烙印、地域特色和形态特征,是历史长河中的"活化石"。保护和传承好非遗就是守护我们生生不息的薪火,也是维护我们共同的精神家园。近年来,海宁市非遗保护中心探索非遗传承实践"三课一忆"机制建设,通过非遗展示、传授和体验,提高非遗保护传承水平。"三课一忆"是指群众通过"非遗汇课厅、非遗传承课堂、非遗体验课程"的非遗传承实践,切身感受非遗的美好,并唤起人们对传统文化的美好记忆。本文旨在分析海宁非遗传承实践"三课一忆"机制的实施背景、做法与成效、经验与启示,使其在非遗保护传承中更具引领意义和推广价值。

一、案例背景

浙江海宁,历史源远流长,文化遗存丰富,是良渚文化发源地之一。这片600多平方千米的沃土,孕育并蕴藏着丰富多彩、匠心独运的非物质文化遗产。这些非遗是海宁人民艺术才华和智慧的结晶,也彰显了海宁深厚浓郁的地域文化和精神内涵,更是所有海宁人民引以为豪的宝贵财富和情感追求。近年来,海宁市高度重视"非遗"保护工作,坚持走"传承与创新相结合,保护和发展共促进"的非遗保护发展之路,始终做到有政策支撑、有资金保障、有制度落实的活态传承,非遗保护工作基础扎实、整体推进、亮点频出。海宁市是浙江省"非遗"保护综合试点县,截至2021年10月拥有各级非遗代表作名录项目149项,其中人类非遗1项,国家级3项,省级12项,嘉兴市级42项,海宁市级91项;拥有国家级代表性传承人3人,省级11人,嘉兴市级44人,海宁市级59人,专兼职学徒300余人;非遗保护传承(教学、研发)基地17个;整理出版非遗书籍12部。

随着时代的发展,当前非遗保护面临一系列新的问题,非遗如何融入现代生活?非遗如何助力乡村振兴?非遗如何助推文旅融合?按照《关于实施中华优秀传统文化传承发展工程的意见》《海宁市"新时代文明实践"工作实施方案》的部署和要求,海宁市非遗保护中心着力探索非遗传承实践"三课一忆"运行机制,从"新时代文明实践"工作需求出发,创新非遗传承实践活动模式,为广大群众提供高质量、常态化、全覆盖的非遗传承实践,让优秀传统文化真正实现"活"起来、传下去。

二、基本做法

（一）构建机制框架

海宁市"非遗"保护中心组织成立非遗传承实践"三课一忆"项目组，多次听取海宁市文化和广电旅游体育局和非遗专家组成员的意见，确定具体项目实施方案。梳理"三课一忆"机制框架，确定在市级建立"非遗汇课厅"、镇级设立"非遗传承课堂"、村级配送"非遗体验课程"，开展不同类型的非遗传承实践活动。

（二）精选"非遗"课程

结合清明节、端午节、中秋节等传统节日，从海宁"非遗"项目中精心挑选出一批以海宁皮影戏、硖石灯彩为代表的并具有时代烙印、地域特色和形态特征的项目作为非遗实践课程。课程以汇报展示、传承教学、项目体验为主，力争做到全市每镇（街道）有特色、每月有主题、每周有内容，确保广大传承人和民间艺人有传授技艺、施展才华的舞台。

（三）健全传承队伍

根据"三课"类型特点，从全市"非遗"传承人和民间艺人中挑选出 80 名作为志愿服务者，组建起一支业务精湛、乐于奉献、传承能力强并集老中青年于一体的非遗传承队伍，发挥他们在传承历史文脉、传播优秀传统文化、传递社会文明新风尚等方面的重要作用。同时，采取优胜劣汰的评价体系，确保非遗传承队伍更加专业化，传承形式更加多元化，传承内容更加高质化。

（四）融合"三课"资源

"非遗汇课厅"是在海宁市级非遗场馆内汇聚全市最具地域特色的非遗精品课程，长期开展授课培训，定期进行汇报展示；"非遗传承课堂"则是在海宁各镇（街道）文化分馆、成人技术学校及非遗保护基地挑选辖区内最具代表性的非遗项目长期开展传承教学活动；而"非遗体验课程"是对海宁全市各农村文化礼堂（社区文化家园）采取统筹设置、自主点单的形式配送非遗体验课程。项目组融合"三课"资源优势，相互联动，相互补充，既可以纵向下沉授课，也可以横向课程共享，还可以跨级上调展示。如推荐精品课程积极参加国内外交流活动，以展现海宁非遗风采，提升影响力。

三、初步成效

（一）扩大传承群体，促进"非遗"推广

通过"三课一忆"机制运行，极大地提高了广大群众对非遗的保护意识，也吸引了更多的群众参与海宁非遗的传承保护。2020 年，举办海宁皮影戏、硖石灯彩、农民画、风筝、

皮贴画等"非遗"传承实践共 169 期,15300 多人参与培训或体验。组织海宁非遗国内外交流活动 18 次,接待了来自匈牙利、新加坡、以色列等国的驻沪总领事馆外交官体验皮影戏影偶制作技艺活动;组织硖石灯彩传承人为保加利亚国家美术院学生"云"授课。创新举办了"三课一忆"海宁非遗实践云课堂,让非遗传承人与学员相约在"云上",让学员足不出户就能感受传统工艺,领略海宁非遗的魅力。云课堂采用短视频、语音、图片、文字相结合的方式,将这些最具中华优秀传统文化韵味的知识点,"掰开揉碎"讲给屏幕前的观众听。云课堂在海宁文化馆微信公众号上陆续推出皮贴画、蚕茧画等课程共 20 期,8000余人在线上参与培训。云课堂的推出弥补了疫情防控期间无法开展线下培训的空白,受到了群众的喜爱和欢迎,还得到了《中国文化报》、中国文明网、光明网等中国主流媒体的点赞。另外,根据海宁非遗题材创作的文艺作品《茶壶灯》《皮影情》《钱塘铁臂护家园》,在省、市级比赛活动中频频亮相并获奖,使得非遗成为地域文化的优秀代表。

(二)注重队伍素养,提升传承活力

通过"三课一忆"机制运行,非遗传承人的专业素养和技艺水平都得到了较大提升。特别是一批以中青年为代表的非遗传承人的快速成长,给海宁"非遗"传承注入了新的活力。2019 年以来,海宁非遗传承人在国家级非遗比赛中获奖 9 项,省级比赛获奖 20 余项。中青年皮影传承人张靓、高娟琴在全国木偶皮影优秀剧(节)目展演中分别获得优秀操纵表演奖;"90 后"灯彩艺人费志涛制作的硖石灯彩《四圣阁》获浙江省民间文艺最高奖"映山红奖";青年艺人徐芦燕受邀参加第二届中国国际进口博览会进行皮影制作技艺展示。2020 年,云课堂的开设让更多的年轻艺人有了自我展现和自我锻炼的舞台。云课堂以视频录像为教学形式,授课者不仅需要有娴熟的技艺,还需要有清晰的教学思路和流利的普通话。在这方面,年轻一代非遗传承人具有明显的优势,再加上青年人良好的自身形象及教学的创意性,使得云课堂受到了年轻人的追捧和喜爱,也给海宁非遗的传承增添了更多的活力。

(三)注重长期培养,提升传承效果

通过"三课一忆"机制运行,学员经过长期的系统培训后技艺进步明显,传承效果显著。斜桥镇中心小学的 7 名"皮影小传人"在第三届全国少儿皮影传习成果展演活动中荣获银奖;由学员组成的皮影戏表演队赴江苏省丹阳市、金华市婺城区和武义县参加文化走亲演出活动。另外,"非遗汇课厅"联合海宁市教育局对中小学教师开展硖石灯彩和剪纸培训,旨在全市中小学校中进行非遗传承推广。其中硖石灯彩的 40 位学员参加了海宁市第三届"潮乡民艺"非遗传统工艺品及衍生品创作设计大赛,与众多灯彩传承人和专职学徒同台竞技,角逐奖项;数名剪纸学员参加了第三届全省学校剪纸邀请赛,并获得佳绩。海宁市各镇(街道)还通过"非遗传承课堂",纷纷推出了自己的"一镇一品",如袁花农民画、海洲皮贴画、丁桥摊簧、尖山草编、马桥经编布贴画等,都成为当地文化旅游宣传的一张金名片。

四、经验启示

海宁市非遗保护中心建立非遗传承实践"三课一忆"长效机制,使传者"有生可授",学者"有艺可学",更让海宁非遗的"传"和"承"得到健康有序的发展。

(一)匠人展示"忆"初心

非遗蕴含着中华民族特有的精神价值、思维方式、想象力,体现中华民族的生命力和创造力,是全人类文明的瑰宝。"非遗"传承人在活态展示中,使千百年来的传统技艺得以重生再现,让人追忆起昔日工匠大师的初心。通过"三课一忆"的非遗传承实践,让始终坚守的匠人得到荣誉感、幸福感和获得感的同时,也吸引更多的年轻人加入非遗传承保护队伍,使得"非遗"传承达到可持续发展的目标。

(二)学员传承"忆"技能

在非遗传承实践中,学员长期接受传承人的口传心授,领略优秀传统文化的魅力,深刻牢记并掌握非遗的精髓所在。经过传承人的传帮带,他们不仅是普通学员,还可以成为非遗传承人,亲自参与非遗保护,从而实现非遗传承的全民参与。特别是一些坚持参加多期"非遗传承课堂"的学员,他们大多能担任"非遗体验课程"的教师,并前往文化礼堂或学校指导初学者参与体验活动,在传授非遗的同时也巩固提升自己的技能水平。

(三)群众体验"忆"乡思

非遗来源于民间生活,是根植于民间的活态文化。"三课一忆"实践活动让以前人们所熟知的传统技艺重新展现,满足了群众了解非遗和学习技艺的需求。群众在参与非遗传授和体验时,特别是在传承人的口传心授下,能唤起对"老底子"生活的温馨乡思,激起对中华优秀传统文化的喜爱之情。通过丰富多彩的实践活动把非遗的根留住,让文化基因得到延续,同时助力乡村文化振兴。

绍兴有戏:引领公共文化服务高质量发展

绍兴市文化馆　李　弘

一、案例背景

2019年是文旅融合发展的开局之年,为彰显绍兴城市文化魅力,提升绍兴的知名度、美誉度和影响力,培育形成绍兴文化活动品牌,优化文化服务质量,更好地满足人民群众对美好生活的需要,绍兴市文化馆在市文化广电旅游局的统一领导下,有序开展"绍兴有戏"公共文化品牌活动。"绍兴有戏"系列活动涵盖了三大方面:一是绍兴市文化馆推出的非遗保护类、视觉艺术类、理论宣传类、表演艺术类、公益培训类、志愿服务类及基层指导类共26项子活动;二是各区、县(市)也推出的6项相应的特色活动;三是在全市范围挑选7个乡镇开展的"文艺播撒乡镇行"活动。两年多来,"绍兴有戏"集成了绍兴所有公共文化服务资源,有戏有料有精彩,群众参与度高,形式丰富多样,是文旅融合发展的生动实践。

二、创新做法

"绍兴有戏"是个集合品牌,需要创新机制、整合资源、形成合力,才能有效提升公共文化服务品牌的影响力和美誉度。

(一)内外联动创品牌

"绍兴有戏"品牌的培育是个系统工程,必须注重品牌形象的识别与宣传推介,不断提高品牌的吸引力和影响力。一是推出品牌logo和原创系列主题曲。为充分展示"绍兴有戏"品牌活动形象文化,在"绍兴有戏"公共文化服务品牌新闻发布会上,公布了"绍兴有戏"品牌logo,并推出"绍兴有戏"原创系列主题曲。二是组织"绍兴有戏"系列活动。组织"绍兴有戏"公共文化品牌的三个惠民演出专场;国庆期间,组织"我们的中国梦——文化进万家"城市广场"绍兴有戏"系列演出(越剧、绍剧、莲花落、鹦哥戏)及百姓剧场惠民演出8场。三是开展文化走亲和文化志愿服务活动。为促进公共文化区域联动,组织"绍兴有戏"之"醉美绍兴"文艺专场演出分别走进四川省阿坝州马尔康市、重庆市大渡口区、吉林省辽源市、青海省大柴旦,并赴浙江省宁波、舟山、衢州、丽水开展"文化走亲"活动,极大地提升了"绍兴有戏"品牌的知名度。

（二）上下齐动育品牌

在"绍兴有戏"品牌培育过程中，建立市、县、乡镇三级上下齐动机制，创新服务形式和丰富"绍兴有戏"品牌的内涵。一是开展全市示范性文艺活动。在市级层面打造的文艺活动主要包括九大类别共26项子活动。通过以广大基层群众为重心，不断加大"三服务"的力度，服务更广大的基层群众，努力满足人民群众对美好生活的需要。二是组织全市联动活动。"绍兴有戏"公共文化服务品牌实现公共文化服务项目的区、县（市）联动，在联动过程中，进一步创新了服务的形式和丰富了"绍兴有戏"品牌的内涵。三是开展"文艺播撒乡镇行"活动。先后在全市范围选择了13个乡镇（街道）作为服务点，开展了"文艺播撒乡镇行"活动。市、县、乡镇（街道）三级联动，因地制宜共制定了93项工作清单，进一步丰富了"绍兴有戏"品牌内容。

（三）线上线下强品牌

做好公共文化新媒体移动端共享服务项目，开发集成网络投票、网络直播、视频欣赏、网络报名等功能于一体的平台，丰富交流形式、内容，扩大"绍兴有戏"品牌覆盖。一方面，推出"绍兴有戏"网上集成平台，集成在线文化馆、图书馆、博物馆等板块，充实市民精神文化生活。推出"绍兴有戏之宅家篇"，通过线上数字服务，集成公共文化的空中舞台，加大对"宅家"人群的文化供给，让绍兴市民足不出户在家尽享文化大餐。另一方面，组织创作主题性文艺作品。组织创作歌曲、戏曲、曲艺、书法、摄影、诗歌等文艺作品近2000件，陆续在央视频、人民日报新媒体、"学习强国"等相关平台播出。同时，在微信公众号"绍兴文广旅游发布"编发群众所喜闻乐见的文艺作品。

三、主要成效

"绍兴有戏"品牌活动尽管时间不长，但品牌效应日渐显现，既切实推进了群众文艺作品的创作生产，极大地丰富了广大人民群众的精神文化生活，又助推了文旅融合创新发展。

（一）加快推进全民艺术普及

"绍兴有戏"公共文化服务品牌坚持以需求为导向，以全民艺术普及为措施。绍兴市文化馆推出"我的艺时光午间文化一小时"公益培训，2019年春秋两季共推出18门课程，培训内容涵盖表演艺术、视觉艺术、传统民间艺术等艺术门类。青少年暑期公益培训班，开设书法、绘画等8门课程。三期培训共计服务6000多人次。2020年在受到疫情的影响下，暑期仍推出"我的艺时光——公益培训"云课堂19期，采取了线上授课的方式；秋季又推出了"我的艺时光午（夜）文化一小时"公益培训，涉及课程13门，采取了线下授课的方式，培训人员达228人，取得了良好的效果。"我的艺时光"还获得了2020年全国文化和旅游志愿服务项目线上大赛入围奖。

（二）提升了群众文艺创作水平

两年多来，绍兴市文化馆以"绍兴有戏"公共文化服务品牌为抓手，推动音乐、舞蹈、戏剧、曲艺等类型优势文艺繁荣发展。2019年全市共有78个原创作品参加各类赛事，并筛选出优秀节目参加省级比赛。通过一年的全市联动和共同努力，全市获得省文化广电旅游厅组织的省级赛事金奖5个，银奖13个，原创赛事入围数量比上年翻倍。2020年受疫情影响，绍兴市文化馆组织业务干部积极推出戏剧、音乐、舞蹈、曲艺表演艺术类作品共计23件，并做好创作、排练、加工及参赛工作；其中，民乐五重奏《云门风雅》、歌曲《遥远的再见》入围浙江省年度群众文艺精品展演。

（三）助推文旅融合创新发展

在绍兴市文化广电旅游局的统一策划下，启动"绍兴有戏——非遗兴乡大巡游"。结合当地文化节会，组织相关非遗项目队伍进行吹打、舞龙、秋千船、响叉等踩街巡游表演，先后在柯桥区、越城区、上虞区、诸暨市、嵊州市和新昌县，组织开展了6场"绍兴有戏——非遗兴乡大巡游"活动，重点在暑假期间开展研学游活动，近2个月时间，接待研学游500多批次2万多人次，营造"人人参与非遗保护"的社会氛围，通过"文化旅游二人转"的形式深化了非遗与旅游的融合发展。

四、经验启示

全力打造"绍兴有戏"公共文化品牌，助推文旅融合创新发展，就要深度发掘其历史价值、社会价值和美学价值，把特有的地域文化融于品牌培育的各个环节，以数字化建设为载体，提升定位、丰富内涵，推进公共文化服务高质量发展。

（一）必须挖掘地域文化，注重地方特色

地域文化资源是彰显绍兴特色的重要内容，打造"绍兴有戏"品牌有助于增强群众认同感、提升知名度、增强文化自信、促进文旅融合发展。"绍兴有戏"文化品牌建设就是要在分析、研究地域文化特色的基础上，经过挖掘、提炼、开发等环节，使"绍兴有戏"品牌在文旅融合中形成一定的影响力，从而进一步打响"绍兴有戏"公共文化品牌。

（二）必须加强交流协作，实现区域联动

汇聚"绍兴有戏"主创团队的力量，围绕"绍兴特色、两地友谊"的节目核心要求，用最有绍兴地方戏曲特色的越剧、绍剧，以及"绍兴有戏"原创主题歌抒发涓涓深情。只有全面实施"绍兴有戏"公共文化服务品牌提升计划，在内涵深化、服务强化、艺术精进、活动策划、品牌推介上下功夫，开展多渠道、多形式、多层次的文化交流，才能在新时代推动

文化旅游融合创新发展发挥品牌的无形价值。

（三）必须全面推进数字化，坚持线上线下互动

互联网时代，"绍兴有戏"公共文化服务品牌最终会落脚于"为网民服务"，要与博物馆、图书馆合作，依托互联网，充分挖掘并展示民间戏曲、民间舞蹈、民间音乐、故事传说等在内的各种艺术形式，精心提炼解码绍兴最有特色的文化符号和文化基因。组织开展"绍兴有戏"等活动的现场直播及系列线上推介活动，通过馆办微信公众号及抖音等平台，开展"绍兴有戏"品牌活动相关文旅景点的文化传播。只有同步推进线上线下互动，才能扩大"绍兴有戏"品牌的影响力。

（四）必须规划长远，健全品牌培育机制

坚持以需求为导向，建立群众需求调研、群众参与决策、群众满意度测评、群众意见反馈等品牌培育机制，是培育"绍兴有戏"品牌的关键所在。要加强对"绍兴有戏"品牌项目的管理，制定中长期文化品牌发展规划，激发工作创新原动力，让"绍兴有戏"文化品牌演绎出全新的发展格局。

参考文献

[1] 绍兴要建长三角最具文化标识度示范城市 [EB/OL].[2021-05-01]. https://baijiahao.baidu.com/s?id=1690038534865324734&wfr=spider&for=pc.

[2] 张建春，金才汉 . 浙江省群众文化活动品牌研究 [M]. 杭州：浙江大学出版社，2014.

[3] 罗水英 . 群众文化活动品牌的打造研究 [J]. 山东青年，2020（2）：136.

创新与转化：草塔抖狮守正发展的现实途径

诸暨市非物质文化遗产保护中心　孟琼晖　周冰洁

一、案例背景

草塔抖狮子简称"草塔抖狮"，也叫"线狮"，是浙江省诸暨市特有的民间表演艺术，无论是发轫传承还是流传区域，抑或是演艺特征和艺术风格，都展现出独特的地方特色，具有极高的艺术观赏价值和历史文化价值，是浙江民间艺苑中的一朵奇葩，2014 年被国务院列入第四批国家级非物质文化遗产代表性项目名录。近年来，诸暨市以"中华优秀传统文化创造性转化、创新性发展"为出发点，充分挖掘草塔抖狮的原生态文化基因，将守正传承与创新发展相融合，走出一条富有地域特色，符合诸暨实际的非遗保护利用新路子。

二、基本做法

近年来，诸暨市按照"保护为主、抢救第一、合理利用、传承发展"的保护方针，对传统表演内容与形式、动作与套路、服装与道具、音乐与舞美等进行活态创新，使之更符合当代人的审美、观赏需求及娱乐情趣。

（一）多措并举促保护

在非遗传承保护方面，树立活态传承理念，创新申遗保护、基地保护和展馆保护办法。一是以申遗促保护。申遗不是目的，以申遗促保护才是。为了进一步保护好、传承好、利用好优秀传统文化，由诸暨市非物质文化遗产保护中心策划、组织、实施草塔抖狮申遗工作，激发人们对非遗项目的保护与关注，更好地促进诸暨市优秀传统文化的传承与发展。从 2005 年成功申报入选诸暨市级非物质文化遗产代表性项目名录到入选绍兴市级及省级非物质文化遗产代表性项目名录，再到经过"十年耕耘"，2014 年成功入选国家级非物质文化遗产代表性项目名录。二是以基地促保护。2018 年初，草塔抖狮首次进驻诸暨市第二高级中学，由传承人朱国祥、赵伯林、朱金涌，以及诸暨越剧团原团长姚玉山，定期指导学生练习。通过非遗传承人走进校园面对面授课的方式，激发广大青少年对传统文化的热爱，提高年轻一代保护传承非物质文化遗产的意识。三是以展馆促保护。2018 年，草塔镇（现诸暨市大唐街道）引进省级非遗保护团队，实施国家级非遗（以下简称"国遗"）

保护项目抖狮国遗馆建设。抖狮国遗馆位于草塔镇朱家村，馆区占地200平方米，通过实物、影像、图片等方式全面展示抖狮项目的发展、保护、传承与创新。

（二）融合发展强转化

诸暨市积极融入新曲目、新表现形式，探索传统体育舞蹈创造性转化新途径。一是结合诸暨三大国遗项目（西施传说、诸暨西路乱弹、草塔抖狮），以草塔抖狮的诞生和发展为主线，通过诸暨西路乱弹的表演形式创作小戏《抖狮结义》。这部小戏以戏曲化、民俗化、舞蹈化的方式演绎故事，形成一段"抖狮结义，家和业兴"的佳话，强调地域特色和剧种特性，具有浓郁民俗特色和轻喜剧风格。这些探索开创了地方文艺走地域特色、剧种特性、浓郁民俗之路的先河。二是融入民间舞蹈"大头娃娃""舞狮"创排草塔抖狮表演节目，以舞蹈与武术相结合的表演方式丰富抖狮内容，编成民间舞蹈《金狮欢腾中国年》在各地表演，获得群众和专家的好评。这不仅使抖狮舞本身得到了改进，也使各地民俗文化得到交流。参加"非遗薪传"——浙江省首届传统体育展演展评系列活动、诗路传薪——2019年浙江传统体育类非物质文化遗产大会，荣获"创新奖""优秀组织奖"。三是著书立说。2014年编辑出版《诸暨草塔抖狮》，对草塔抖狮的发展历史和传承脉络进行全面挖掘和梳理，对项目基本特点、活动程序和组织形式进行系统记录和深入研究。该书的出版，对扩大草塔抖狮的传播力和影响力、弘扬诸暨优秀传统文化具有一定的推动作用。四是启动非遗记录工作与保护研究项目试点，以"非遗影像志"为主，《非遗志》（文本）和"非遗数据库"为辅，综合图、文、音、像等全媒体记录方式记录研究国家级"非遗"项目——草塔抖狮，推动文化基因解码，为全域旅游发展注入新活力。

（三）注重演艺求创新

多年来，草塔抖狮传承人、非遗工作者和民间爱好者不忘初心，发挥集体智慧，将传统的麻绳改成钢丝，增加拉线的牢固度；装上滑轮，使表演动作更轻巧流畅；融入五行学说，创新红、黄、蓝、绿、褐五色彩狮；由一只大狮子的抖狮表演提升为五狮共舞，在狮子前扑后退的基础动作上增添上下左右摆动的动作，增强艺术欣赏性和健身娱乐性；给狮笼装上推车，改变了原来需4—6名青壮年扛在肩上的传统，使再长的游街表演也能游刃有余；不断打磨狮子的艺术造型、舞狮配乐及表演服饰等，龙腾狮舞成为诸暨不可或缺的传统表演项目。抖狮表演除了舞狮之外，还需要音乐配合，舞狮配乐以鼓点为基本调，加上锣、铙、镲等乐器的伴奏，配乐为威武的舞狮表演增添了热闹的气氛。以往的抖狮乐队虽然吹得响，但却谈不上艺术和美感。针对抖狮时的各个表演环节设计了不同的配乐，比如狮笼进场时，配以急促的鼓点声；狮子扑球时，佐以清脆悦耳的唢呐声；群狮起舞时，鼓、磬、锣、唢呐则一齐响起，演出气氛"燃"到极致。

三、主要成效

(一)传承队伍发展壮大

一是乡村传承队伍不断壮大。20世纪80年代初,朱维法一人独木难支,百年艺术险些失传。如今草塔镇朱家村建立了诸暨市非物质文化遗产展示性传承基地,现有各级非遗代表性传承人6人(国家级传承人赵伯林,绍兴市级传承人朱国祥,诸暨市级传承人朱维法、朱伟太、赵军、朱金涌),在他们的带领下,发展了朱卓苗等40余名传承爱好者,组建了抖狮队和女子鼓乐队,形成了较好的"传、帮、带"机制。二是校园传承队伍有序发展。在诸暨市第二高级中学建立了诸暨市非物质文化遗产教学传承基地,每年培育50余名学生的传承队伍,集展示、展演、研学于一体,形成了较好的后续传承人培训梯队机制。

(二)群众文艺形成品牌

草塔抖狮参加了浙江省第十五届体育运动会开幕式、浙江传统体育类非物质文化遗产大会、诸暨市体育运动会、西施马拉松比赛等各类体育赛事,亮相了公祭大禹活动、绍兴市首届民族民间艺术普查成果展演、绍兴非遗十年文艺表演、绍兴市"迎国庆农民特色文化大展示"、历届绍兴非遗集市及诸暨市西施文化节、元宵踩街活动、文化和自然遗产日活动等各类文化展示展演活动。特别是参与了绍兴黄酒节、中国绿茶大会、世界珍珠大会等省内外重要节会和商业经贸活动,在省内外各类比赛中屡获大奖,草塔抖狮知名度和美誉度进一步提升。频繁登上中央电视台、"学习强国"、《中国文化报》、浙江卫视等省级及以上媒体,已成为当地文化活动的一张金名片。

(三)文旅融合不断深入

推动文创产品和旅游演艺产品的开发。草塔抖狮结合传统手工技艺、传统美术等,开发注册了"香囊绣球"等文创产品,提升了石雕、木雕狮子等非遗产业的规模化、集约化和专业化水平,年销售额达上千万元。草塔抖狮牵手凤凰传奇组合表演《中国喜事》、创编诸暨西路乱弹小戏《抖狮结义》、合编民间舞蹈《金狮欢腾中国年》等,形成多项旅游演艺成果,促进文旅产品结构优化、供给多元。草塔镇朱家村被评为诸暨市"文化特色村",草塔镇文化活动中心、朱家村都建立了"草塔抖狮展示馆",融合草塔古镇、大唐袜艺小镇、五泄旅游度假风景区等旅游资源,打造了一条集旅游观光、"非遗"研学、文化体验、娱乐健身等多种业态于一体的文化景观线。"文化 + 旅游 + 体育",草塔抖狮推动诸暨全域旅游,助力乡村振兴。

四、经验启示

草塔抖狮的发展实践之路,充分说明了传统体育和游艺竞技类非遗项目的传承和发展,必须处理好守正与传承、创新与发展、融合与转化的关系,如此才能实现"非遗"的创造性转化和创新性发展。

(一)必须处理好守正与传承的关系

非物质文化遗产的守正与传承,不是文化部门的"独角戏",而是全社会的"大合唱"。守正与传承为一体,必须坚持在守正中传承,在传承中守正,共同夯实草塔抖狮的民间认同和生存基础。一方面,守正就是要坚守住经过时代检验、得到人民认可的文化价值,通过田野调查、资料集成,搜集草塔抖狮丰富的文献资料,掌握其道具制作技艺,整理出丰富的曲牌、音乐,了解独特的表演艺术,培育出多样化的传承群体,搭建表演场所,提炼出核心的人文精神和当下价值等,为草塔抖狮历史的叙说、文脉的延续奠定了理论基础和实践探索。其中,文化部门的倡导和支持是重要因素,而文化馆站、传承基地和非遗协会等组织开展的各种传授、培训、比赛、交流、展演活动,则促进草塔抖狮保护与传承的有序进行。另一方面,非遗的传承需要有规范的管理制度作保证。通过逐级申报非遗,制定《草塔抖狮保护与传承八个一实施方案》,对草塔抖狮的传承人培养、培训内容与途径、体制与机制建设等问题做出明确规定,从制度层面上为营造草塔抖狮保护传承环境提供更为有力的保障和支撑。

(二)必须处理好创新与发展的关系

创新是非遗传承之魂,是弘扬优秀传统文化的不竭动力。过去,非遗的传承和发展靠创新,其今后高质量发展仍离不开创新。创新依靠发展,发展离不开创新,它们相互承接,互为因果,携手前进。草塔抖狮如果不加以创新和发展,就没有生命力,也就无法适应当代社会的发展,并将逐步失去娱乐功能。只有在发展的同时不断创新,才能产生体现时代内容的新样式;只有发掘激活蕴含在草塔抖狮中的文化基因和民族记忆,才能使其不断得到传播、弘扬和发展。这种辩证关系与创新主体的实践活动紧密相关。在创新中发展,人民群众是主体。草塔抖狮充分激发人民群众的发展自豪感、生活幸福感、心灵归属感和社会认同感,激发民间原创力,使村民成为项目的组织者、策划者、创新者和推动者,彰显群众在传统体育和游艺竞技发展中的主体地位。众多传承人在表演过程中对草塔抖狮表演艺术形式与内容进行改革创新,在表演形式上进行加工重构,在内容编排上灌注时代气息,在节目包装上逐步趋向时尚,从而使这一古老的民间体育舞蹈发扬光大、重放异彩,在华丽转身中抖出了民间艺术的魅力与风采。

(三)必须处理好融合与转化的关系

融合与转化是指非遗项目相关元素之间相互渗透、交汇或重组,彼此交融而产生新的业态的现象与过程。"非遗"的活态传承在于转化,而非遗的转化与激活又在于融合,两者紧密联系、互为依存、相辅相成。融合是做大非遗蛋糕的前提,转化才是产生经济和社会效益的目的。只有通过建立共享机制,才能推动"非遗"的深度融合与转化利用。草塔抖狮项目的传承者和推广者,应注重品牌意识和对外的宣传推广,有机融入传统戏剧、传统舞蹈、民俗等;应参加各类体育赛事、展示展演,亮相省内外各类文化活动、经贸活动和重要节会等,转化成非遗品牌的无形资产和附加值;要融入全域旅游经典游线,为当地美丽乡村建设注入人文资源,为非遗融入现代生活找到重要载体,更为非遗转化成产业优势找到有效路径。因此,正确把握融合与转化的关系,有利于推进文化和旅游融合发展,提升非遗项目开发利用价值,创新发展中华优秀传统文化。

参考文献

[1] 诸暨市文化广电新闻出版局 . 诸暨草塔抖狮 [M]. 杭州 : 中国美术学院出版社 ,2019.

[2] 高艳鸽 . 新方式推动非遗创造性转化创新性发展 [N]. 中国艺术报 ,2019-01-16(2).

[3] 刘力争 . 非物质文化遗产开发利用的合理性探讨 [J]. 长江丛刊 ,2016(5):46.

新时代基层文化供给侧改革的有效途径

——嵊州市文化"三走进"活动的探索和实践

嵊州市剡湖街道文化站　张启伟

一、文化"三走进"系列活动的路径

文化"三走进"以校园、企业、农村三个层面立体推进的形式实施,由嵊州市政府办牵头,市文化广电旅游局具体负责业务指导,组织一支故事宣讲队(20人左右)、一支夜校老师队(20人左右)、一支工作指导队(10人左右),分别开展相关工作。市教育体育局、市总工会、市农业和农村工作办公室为"三走进"责任部门,狠抓落实。文化"三走进"的内容,概括起来是"三进十五万"。"乡土文化进校园"包括万人读历史、万人背唐诗、万人练书法、万人唱越剧、万人传非遗。"人本文化进企业"包括万人爱阅读、万人做工匠、万人比创新、万人传温暖、万人游嵊州。"孝悌文化进农村"包括万人讲故事、万人诗书画、万人进礼堂、万人上夜校、万户评孝子。

(一)乡土文化进校园

以"知深厚积淀、树人文自信、尽报效责任"为主题,组织开展"万人读历史"活动。组织编印《嵊州市乡土文化教材》并下发到全市各中小学,引导学生阅读嵊州市史、市志和乡土文化教材。活动期间,63所学校共34000多名学生参加各校组织的乡土文化知识测试。此外,广泛开展读一读乡土教材、讲一讲嵊州人文历史、访一访嵊州名胜古迹、测一测乡土文化知识等"四个一"活动,使全市中小学生全面了解家乡发展历史和社会文化,通古知今,继往开来。

以"诵咏剡唐诗,滋国学修养,添乡愁记忆"为主题,组织开展"万人背唐诗"活动。编发《咏剡唐诗汇编》,组织全市78所中小学校52000多名学生开展诵读咏剡唐诗。扎实做好背一背咏剡唐诗、比一比剡诗诵读、测一测剡诗诵背、写一写咏剡唐诗等"四个一"活动。全市30多所学校200多人参加了以"咏剡唐诗"为主题的书法展示活动,蛟镇中学、鹿山小学、逸夫小学、城北小学等12所学校组织学生进行"咏剡唐诗"经典朗诵比赛。通过各类活动,使学生进一步了解家乡嵊州人文历史和文化底蕴。

以"继书圣绝学,养鸿儒华气,育栋梁英才"为主题,组织开展"万人练书法"活动。全市35所学校积极推动书法校内考级测试,引导有书法爱好或特长的初中生参加中学生艺术特长小B级书法测试,全市573人获省中学生艺术特长水平小B级资格证书。成功举办嵊州市"乡土文化进校园"之书法、非遗作品成果展。组织开展练一练书法字、听一听书法课、展一展书法作品、测一测书法水平等"四个一"活动,进一步培养了学生对书法的兴趣爱好,提高了学生的书写能力和书法水平。

以"传祖辈艺术,扬故乡美名,崇创造精神"为主题,组织开展"万人唱越剧"活动。组织编印全市小学乡土文化教材《越剧》,并进行专题推广会,要求各校充分使用《越剧》《越韵古诗》等地方教材,为全市 52 所小学 6000 多名四年级学生开设越剧课程,每两周安排一次越剧课,要求其他学段、年级也把越剧作为选修课,要求学生能唱 1—2 首越剧名段。此外还组织相关人员对全市 12000 多名学生进行越剧抽测,并公布结果。城南小学、甘霖镇校、剡山小学等多所学校积极开展越剧社团活动,组织学生参观走访越剧圣地嵊州市越剧博物馆、正在建设的越剧小镇等,积极组织学生开展练一练越剧唱腔、学一学越剧知识、展一展越剧演唱、唱一唱越韵古诗、访一访越剧名家、走一走越剧圣地、讲一讲越剧故事、测一测越剧名段演唱等"八个一"活动。活动使更多的学生了解越剧、喜爱越剧,从而提高越剧吟唱的参与度、广泛性。

以"展旷世绝活,哺传世能人,兴民间工艺"为主题,组织开展"万人传非遗"活动。深入开展"非物质文化遗产进校园"活动,精心组织学一学非遗知识、听一听非遗讲座、访一访非遗项目、写一写非遗征文等"四个一"活动。以剡山小学竹编工艺、城南小学越剧、黄泽镇中越剧服饰头盔、职教中心根雕工艺等为特色的非遗文化展览为载体,全市 28 所学校共 15000 多名学生参与各类非遗作品制作,并有 300 多名学生的非遗作品在各校展出,通过以点带面,辐射到周边学校,带动全市中小学开展"嵊州非遗文化进校园"活动。

(二)人本文化进企业

以倡导"核心第一,员工至上"为灵魂的人本文化,鼓励企业经营者增强团队核心意识,树立"人是第一生产要素"的理念,关爱职工,带好团队;鼓励企业职工增强团队成员意识,上下同欲、和衷共济;增强整个企业团队的凝聚力、向心力和战斗力,打造百年企业。

以"学百科知识,拓思路眼界,提学识修养"为主题,开展万人爱阅读活动,发起"一天一小时、一月一本书"的阅读倡议,引导企业建设一批"职工书屋",市图书馆向企业职工发放 1 万张借阅证,开展读书心得交流等活动,引导职工养成乐于"学习充电"的良好习惯。具体抓好建设职工阅读阵地、拓宽职工阅读渠道、开展读书心得交流活动等。

以"爱平凡岗位,练拿手绝活,做行业状元"为主题,开展万人做工匠活动。在行业、企业内组织各种形式的劳动竞赛,开展"周冠军、月冠军、季冠军、总冠军"评比,专业人员技术讲座等活动,在员工中弘扬"质量至上、精益求精"的工匠精神。具体抓好深化劳动竞赛、实施技能竞赛积分机制、组织专业技术培训等。

以"晒晒金点子、亮亮小发明、试试新工艺"为主题,开展万人比创新活动。在相关企业中开展"我为企业献一策""我有一个小窍门""老板听我说"等评选评比活动,建立相关创新激励机制,打造"有创新才有发展""创新人人可为""创新就在身边"的创新环境。具体抓好强化创新团队建设、开展职工合理化建议评选、建立创新激励机制等。

以"真心爱员工,真情系企业,真诚待同事"为主题,开展万人传温暖。在企业内组织开展关爱职工生活、维护职工权益、慰问困难职工、帮助解决实际问题等送温暖活动,同时鼓励有条件的企业成立公益志愿者队伍,积极组织企业内部公益活动,营造以人为本、关爱职工、团结互助的温馨环境。具体抓好开展"走企业优服务、有困难找干部",加大精准帮扶力度,鼓励企业加大关爱职工力度等。

以"感恩职工奉献,感受家乡美丽,共享发展成果"为主题,开展万人游嵊州活动。组织企业优秀员工、劳动模范成团免费游嵊州各大景区,达到锻炼身体、愉悦身心、增进团结、激发活力的目的,营造活泼健康、积极向上的人文环境。具体抓好劳动模范、优秀职工家乡游,职工疗休养等。让广大职工游览嵊州青山绿水,体验嵊州民俗风情,了解嵊州越乡文化。在游览中亲近大自然,读懂生产、生活、生态融合理念,陶冶情操,丰富员工精神文化生活。

(三)孝悌文化进农村

落实人员,确保助力到位。明确一名副主任作为专项活动的分管领导,落实一名干部专职负责,职责明确。制定方案,建立工作推进机制,并在全市召开的文化"三走进"会议上作出郑重表态,落实会议精神,有力推动活动进展。

加强协调,抓好工作落实。"孝悌文化进农村"是一项面向全市农村的系统工程,需要在市相关部门的领导统筹之下,相关部门、单位特别是乡镇(街道)加强彼此联系、沟通,对工作内容、工作队伍、工作机制等进一步明晰,做到分工协作、形成合力,充分发挥各自的资源优势、队伍优势、阵地优势,将"三走进"的要求变为现实。

讲究方法,注重实际效果。明确了"点"上示范、"面"上开花的工作思路,严格按照五个"万"的要求,从队伍、场地、资料入手,在黄泽镇青石桥村、鹿山街道东大湾村、王院乡丰田岭村进行示范,形成可复制的样本,在"面"上进行推广。

二、文化"三走进"系列活动的成效

开展"乡土文化进校园"活动,使广大青少年接受优秀乡土文化的熏陶,知乡史、懂乡情、添乡愁,并通过他们在全社会厚植乡土文化基因,增强嵊州人的乡土自豪感,从而使其热爱家乡、感恩家乡,立志回报家乡、建设家乡。

开展"人本文化进企业"活动,筹建国家级职工书屋1个,省级3个,绍兴市级5个。市图书馆已向企业职工发放借阅证1万张。"两重·两美"重点工程立功竞赛活动开始启动,对十大行业开展"月冠军、季冠军、总冠军"评比作了部署,全年1万人次各类专业技能培训计划开始实施,"劳模创新工作室"创建工作走向深入,"微心愿·大温暖"等形式多样的关爱职工活动在亿田、宏达制衣、长运集团等企业落地,万人游嵊州活动深受职工欢迎。

开展"孝悌文化进农村"活动,有助于弘扬传统美德,促进邻里和谐,推进社会治理,提升乡风文明。特别是去年 8 月 28—30 日连续开展了 3 场 "孝悌文化进农村"现场观摩活动后，以农村文化礼堂为平台，以"孝悌文化进农村"文艺专场演出为轴心，将讲孝悌故事、展示诗书画、上夜校听课、表彰孝悌楷模等活动有机串联起来，吸引广大村民踊跃参加，为各地深入开展活动积累了有益的经验，提供了鲜活的样本。到目前为止，已开展"孝悌文化进农村"文艺专场演出 200 多场，参与活动人次达 15 万。许多党员干部在活动后纷纷表示，被道德模范崇德向善大爱无疆的事迹所感动，从心灵和思想上接受了一次全新的洗礼，在孝悌典范的引领下，会将"小孝"化为"大孝"，增强责任担当精神，心系群众、服务人民，多办顺应民意、化解民忧、为民谋利的实事。广大群众进一步知道了孝、懂得了孝，真正地去孝，有力促进了"父慈子孝、兄弟和谐"和谐社会的建设。

此外，文化"三走进"系列活动突破了三个局限性：

一是突破了文化部门单打独斗搞文化的局限性。一个地方文化氛围的浓厚与否，不仅仅看文化部门怎么做，更要看文化之外的部门、社会组织怎么参与。在嵊州，文化"三走进"项目有相关部门的支持，各部门分工明确，形成协同效应，同时充分调动了社会力量广泛参与文化"三走进"活动。

二是突破了文化人崇尚文化的狭隘。一个地方的文化根植得深厚与否，不仅仅是看文化系统的文化人如何懂文化办文化管文化，更是要看社会各个层面是否都自觉地把文化需求作为精神层面的需求而自觉追求。在嵊州，企业里的工人、农村里的农民、学校里的学生，都有追求文化塑身的意愿，他们接受优秀乡土文化、人本文化和孝悌文化的熏陶，知乡史、懂乡情、添乡愁。

三是突破了一贯以来文化以文艺演出活动为主的局限性。文化的本质是以文化人，一个地方文化事业的推进，不仅要看文化演出活动的丰富性，更要看中华民族传统美德的传承弘扬和内化。在嵊州，文化活动的内涵和外延都得到深化和拓展，文化化为十五个触角直抵人心，成为农村、学校及企业的深厚力量。

三、文化"三走进"系列活动的感悟与思考

从开展文化"三走进"活动以来，我们深深感悟到新形势下推进基层群众文化供给侧改革的重点是必须以"需求侧"的实际情况为导向，以公共文化服务体系标准化和基层综合性文化服务中心建设为着力点，聚焦"城市化""老龄化"两大社会问题，瞄准公共文化服务存在精品不多、活动单一、配置错位等问题，着力在服务理念、运营模式、服务方式和服务网络等方面寻求突破，将文化"送"到基层，"种"入人心，从而推动群众文化活动蓬勃发展。

（一）坚持三个转变，树立公共文化服务新理念

坚持按需供给原则，从群众需求出发，以群众公共文化"需求侧"去指导"供给侧"的改革，从而达到公共文化服务供需的平衡。切实提升基层公共文化服务的供给能力，提高

文化产品的供给质量,尽快实现从办文化向管文化、从管微观向管宏观、从管"两馆"向管辖区内各类文化团体的转变。创新公共文化服务内容与形式,抛弃"硬需求"供给思维,树立"软需求"供给理念,积极培育"文化+"新业态,使文化实现从单一化发展到多元化发展,实现更多有效供给。

(二)创新运作模式,实现公共文化新繁荣

以文化"三走进"活动为载体,推行"政府主导、部门指导、街道监管、社区当家、市民做主、社会力量参与共建共享"的文化运作模式,努力实现公共文化服务在资源整合、群众需求、社会监督和全民共享上的良性循环,不断丰富公共文化服务的供给,满足广大群众的文化需求。秉承"不求所有、但求所在,只要所在,必有所为"的理念,在保持原有行政体制和自身特色基础上,打破部门体制局限,形成资源共享优势,将分散在文化、科技、体育、教育、工青妇等部门的公共文化资源通过协调机构有效整合,形成合力,产生同频共振效应,实现公共文化资源效益的最大化。

(三)推行"三单工作法",提升公共文化服务供给新成效

从供给侧改革入手,全面提升公共文化服务效能,持续推进"三单工作法":通过问需于民,梳理需求"清单";通过问计于民,提供公共服务"菜单";通过问效于民,收集分析工作"成绩单"。搭准群众需求脉搏,精心设计活动载体,创作传递正能量、群众喜闻乐见的文化精品,进一步深化文化"三走进"活动。

乡土文化走进校园,走出了中小学生知乡史、懂乡情、添乡愁、承非遗、爱家乡,并通过他们在全社会厚植乡土文化基因,增强了文化自信。人本文化走进企业,走出了工商企业的创新力、竞争力、凝聚力、生产力和品牌力,增强了企业在市场上的诚信度和美誉度。孝悌文化走进农村,走出了群众的孝心、善心、爱心、诚心和欢心,促进了乡风文明提升和农村和谐稳定。

嵊州市文化"三走进"活动,将进一步贯彻落实习近平总书记关于坚定文化自信,推动社会主义文化繁荣兴盛的指示,以及中共中央办公厅、国务院办公厅《关于实施中华优秀传统文化传承发展工程的意见》精神,为弘扬民族精神和时代精神,培育和践行社会主义核心价值观,激励人们向上向善、孝老爱亲,丰富人民群众精神生活而不懈努力。

数字文化赋能乡村振兴的新昌实践

新昌县文化馆　丁艺池

　　随着后疫情时代的到来和数字化改革的趋势,加快发展新型文化业态,改造提升传统文化业态,提高质量效益和核心竞争力,这是乡村文化振兴的重要内容。浙江新昌县文化馆作为全县公共文化服务的主体建设者,积极探索公共文化服务数字化建设路径,提高乡村数字文化服务水平,激活乡村文化内在动力,推动"互联网＋公共文化服务"发展。新昌县文化馆除了"送文化服务",还注重培育乡村自身的文化动力和生产力,有效实现了乡村文化服务的数字化业态创新,并取得了乡村文化建设的积极成效。

一、主要做法

(一)注入数字文化使乡村"活起来"

　　通过挖掘、创新、衍生乡村传统文化,赋予乡村新的生命气息。一是致力本地文化研究。新昌作为"浙东唐诗之路"首倡地和精华地,有着深厚的唐诗文化、禅茶文化、佛教文化等资源。新昌县文化馆通过对全县非遗文化、传统技艺、民间曲艺进行挖掘,将传统乡村文化与短视频、慕课、MV 等数字化形式相结合,修复和建设乡村的精神文化系统,利用微信公众号平台构建技能学习库,包含非遗传统制作技艺、调腔传承与学习、唐诗之路文化发源等内容,群众可利用手机自由点播,随时随地了解本地传统文化,增强对农村生产生活的认同感。二是提高数字服务水平。搭建智慧文化云、抖音、微信小程序、外接 App 等数字服务平台,创新文化服务模式,方便乡镇村民在"指尖"预约活动、获取信息等。同时,通过线下教学与线上慕课相结合的方式,每季度对乡镇文化员和业务文艺团队开展摄影、广场舞、书法、声乐、文艺创作等基本文化技能培训,并将培训成果以展览、文艺演出、舞蹈比赛、文艺作品比赛等形式展现,使其能够真正学透,并在基层发挥出实实在在的作用。三是数字推动全民艺术普及。结合新昌乡村传统文化,新昌县文化馆依托数字网络,探索现代数字文化服务,开展新文"艺＋E"慕课、云端培训等服务,结合业务干部下沉乡镇的形式,在新昌乡村中开展慕课教学、学员在社群同步打卡,最大限度将慕课资源和培训内容从线上转化至线下,促进了新昌乡村传统文化的有效传承。

（二）丰富数字业态使乡村"美起来"

培育乡村数字文化业态，用数字技术促进乡村文化发展。一是推出动态主题游线。根据天姥山"六大主导、两大特色"旅游产品体系，在唐诗之路研学之旅、禅茶一味佛缘之旅、天姥清风红色之旅等浙东唐诗之路新昌十大主题游线中加入文化体验，抓住节庆人流量较大的特点，在梅渚古村举办"行进式"文艺巡演，"天姥文工团"走进景区村，沿着天姥古道开展摄影、文学创作采风等活动，同时在线上同步直播，将主题游线体验内容进行动态数字提升。二是打响数字文化IP。立足新昌"吃住行游购娱"的文旅品牌，提升旅游配套功能，在景区村率先运用VR、5G、全息投影等数字技术，大胆创新音乐、舞蹈、文创产品等，例如目前已推出"新昌十二时辰"数字游玩地图、"李梦白"动漫IP形象等，通过打造数字文化IP，打响"诗意新昌""天姥山"等文旅品牌。三是建设数字诗路e站。结合新昌已建成的189家农村文化礼堂，实施新昌"数字诗路e站"项目，构建虚实结合的诗路数字化平台，调腔、砖雕、剪纸、竹编等非物质文化遗产在其中得到传承和发扬，带动文化体验式旅游的发展。例如，新昌横板桥村建设了唐诗文化驿站，通过墙绘、诗歌的形式展现了"一村一诗"的唐诗风情村；新昌梅渚村建成了"民俗艺术博物馆"，在体验方式中加入语音播报、沉浸式体验等，既最大限度保留了实体古村落建筑特色，又形成了自己的特色业态。

（三）多媒体矩阵让乡村"富起来"

利用好数字化平台可以让乡村手工艺和生态环境在文化传承、产业发展和文化富民方面发挥多元作用。一是智能技术"有处可学"。利用智慧文化云平台丰富的线上农学、电商、销售等视频资源，以乡镇街道为单位，提供不同主题的"配送菜单"，每个乡镇街道根据村民的选择进行精准"点单"，新昌县文化馆通过"点单""拼单"形成"文化订单"，将文化资源配送至基层，精准对接乡村村民的文化需求，提供多层次、多样化的数字文化服务，既丰富了村民的文化生活，又能够精准满足到村民需求。二是生态景观"有人会来"。多媒体矩阵将美丽风景变为美丽经济，化山水诗情为真金白银。通过抖音短视频平台传播的"新昌茹洪砩"网红瀑布爆红，整整一个暑假日均游客量超过1万人次，不仅促进了"新昌茹洪砩"的假日经济，还带动了附近村庄的旅游经济产业的发展，数字化传播给新昌乡村旅游带来了新的机遇。三是农特产品"有路畅销"。依托抖音、微信、微博、bilibili视频网站等线上新媒体平台，通过"主播带您游""县长陪您游"等各种主题形式，向社会大众介绍新昌乡村的美食、美景、美宿，同时推出相应的购买套餐，为当地农产品、民宿等文旅产品提供销路，将新昌大佛龙井茶叶、小京生花生、迷你番薯等农产品转化为农民家门口、指尖上就业致富的文旅产品。例如，新昌镜岭开发"镜岭味道"文创产品12个，线上开通"镜岭味道云上摊"，利用线上平台展现传统制作工艺，促进品牌传播，拓宽村民增收渠道，收益超过2000万元。

二、创新成效

（一）创新乡村文化业态

新昌县文化馆线上线下同步，挖掘唐诗文化、佛教文化、茶道文化，"精准服务"乡村民众，助力乡村文化振兴。因地制宜开展形式多样的公共文化服务活动，既丰富了乡村民众的文化生活，又加快了乡村文化振兴的步伐，满足了群众日益增长的数字文化需求。借助"互联网+"，使文化艺术资源线上线下齐开花，将"阳光文化进礼堂""天姥文工团""农村礼堂闹新春""文化走亲""农民歌手大赛"等文艺服务送到群众"家门口"，"艺+E""云端公益培训""云文化走亲"等文化服务新业态来到群众"指尖上"，驱动公共文化服务的业态创新，重构文化馆的公共文化服务现代职能。

（二）提升乡村文旅体验

围绕"吃住行游购娱"旅游六要素，着力推进"六个目的地""六个景区化"建设，提升旅游公共服务水平。在"吃"上大力推广"天姥唐诗宴"，发展以炒年糕为代表的新昌特色小吃，让游客吃得好、吃得过瘾、吃得有味。在"住"上推进文化主题酒店和特色民宿建设，构建多元化的住宿接待服务体系，进一步打响"天姥山居"民宿品牌，满足不同层次的市场需求。在"行"上推进通景公路和乡村道路连线成网，打造内畅外联的交通体系。在"游"上优化游览环境，提高旅游服务质量，打造智慧城市、智慧景区、智慧酒店，推出"新昌十二时辰"数字游玩地图，让游客游得便捷舒适。在"购"上建设天姥农味农产品品牌，线上线下齐上架，拓宽农产品销售渠道。

（三）盘活乡村文化资源

通过盘活各行各业的资源，着力做好"文化+""+文化"的文章，不仅丰富了文旅产业业态，同时增加了各行业的旅游附加值，以霞客古道、唐诗公园、天姥阁等为代表的唐诗之路精华地成为浙江诗路文化带上的璀璨明珠，达利丝绸世界旅游景区、万丰航空小镇、智能装备小镇等成为全国各省市的标杆，世豪中医药养生基地、馨馨养老家园等"旅游+健康"产业深受市场欢迎，文化游、茶乡游、科技游成为中小学生研学游的重要内容。

（四）拓宽乡村致富渠道

通过大力发展民宿经济、农产品经济、特色小吃经济和休闲体验经济，拓宽了老百姓创业就业的渠道，促进了村强民富。"天姥山居"民宿发生了从无到有、从点到面、从百元到千元的变化，160家民宿遍布全县13个乡镇街道；大佛龙井茶叶、小京生花生、迷你番薯、回山茭白、外婆坑玉米饼、沙溪红水蜜桃等丰富优质的农产品变成了旅游商品，成为游客手中的伴手礼。在国庆7天长假期间，镜岭镇外婆坑村仅玉米饼就销售了超过19万张，销售额达38万余元；巧云居民宿带动农产品销售2.6万元；新昌炒年糕、新昌芋饺、新昌榨面等特色小吃不仅让老百姓就业创收,一个个新昌特色小吃店还成为宣传推介的旅游窗口。

三、经验启示

(一)数字文化服务方式要有互动性,着眼乡村村民需求

线上公共文化服务主要依托自媒体平台展开,是对传统线下文化活动的传播和补充,要注重与乡村服务者的双向沟通。例如,新昌县文化馆开展的线上慕课教学、社群打卡,与学员之间产生双向互动,有助于激发学员学习兴趣,提高文化服务质量。

(二)数字文化服务对象要有针对性,贴合乡村生产生活

配送到乡村的数字文化服务要针对当地村民的实际需求,为不同年龄、不同需求的受众提供"精准定制"。例如,新昌县文化馆通过线上"点单"公共文化服务,线下配送到村的形式,让村民真正从数字服务中得到想要的公共文化服务内容。

(三)数字文化服务目标要有可持续性,打造乡村文化品牌

村民不仅是文化服务的接受者,更应该是乡村文化的传承者、传播者、创造者,要培养基层文化骨干和文化队伍,提升文化发展的内生动力,增强发展的可持续性。例如,新昌东茗乡石门坑村的乡贤何国门将陶渊明《归去来兮辞并序》按原尺寸(宽 35 米、高 4 米)凿刻在村西的摩崖壁上,创出了文化助力乡村旅游的"石门坑"模式。

(四)数字文化服务内容要有带动性,激活乡村文化生产力

乡村有着丰富的历史文化资源和生态环境资源,要通过数字文化服务,因地制宜挖掘并发展乡村手工艺、乡村旅游、乡村特色产品等,从文创设计、文艺创作等方面进行帮扶,从而促进乡村文化振兴,实现文化资源优势向经济发展优势的创造性转化。例如,新昌外婆坑村依托保存完好的古村落风貌和 13 个民族聚居的特点,打造"江南民俗村",将一张用于果腹的玉米饼做成了全年销售额达 600 万元的金名片。

参考文献

[1]后疫情时期文化馆公共文化服务展望[EB/OL].[2020-06-03]. https://mp.weixin.qq.com/s/jn32gRjN70TGG-0pFbs6fA.

[2]高晓琴.乡村文化的双重逻辑与振兴路径[J].南京农业大学学报(社会科学版),2020(6):87-96.

[3]彭剑波:数字赋能高质量乡村振兴大有可为[EB/OL].[2021-12-01]. https://mp.weixin.qq.com/s/59HncQIF4vzb4jUTjZNBVw.

[4]周珊珊.数字赋能盘活文化空间(人民时评)[N].人民日报,2021-03-29(8).

[5]疫情过后,线上公共文化服务如何乘风远航?[EB/OL].[2020-04-13]. https://mp.weixin.qq.com/s/v03bj5LO0W1f262Vohfmig.

创新残疾人文化艺术培训的江山实践

江山市文化馆　祝苏珊

一、案例背景

残疾人是一个特殊的弱势群体,关爱、扶助、保障残疾人的精神文化生活,不仅是全社会的共同责任,更是文化馆履行公共文化服务的题中之义。近年来,浙江江山市文化馆通过创建衢州市残疾人文化艺术基地,不断创新残疾人文艺培训形式、丰富残疾人文艺培训项目,拓展全市残疾人文艺培训工作新领域,初步形成了"形式多样、功能齐全、覆盖全面"的残疾人文艺培训体系。

二、基本做法

江山市拥有各类残疾人 2.07 万人,占全市总人口的 3.37%。针对如何因人施教做好残疾人文艺培训工作,把残疾人培训纳入全年免费开放计划,江山市文化馆的做法可总结为以下四点。

(一)精准施策,做好培训准备

培训前加大宣传力度,深入调查摸底,确保报名渠道多样化,这是文化馆做好公益培训的前提。一是要充分利用报纸、网络、广播、电视等新闻媒体及横幅、标语、微信、电子屏幕等载体,广泛宣传残疾人文化艺术培训的目的、意义及有关要求,为残疾人参加艺术培训营造良好氛围。二是要建立残疾人文化需求档案。通过问卷调查、入户访谈和召开座谈会等形式,对全市所有残疾人进行系统调查摸底,建立比较详细的档案数据库,对残疾人的文化需求、爱好等进行逐一登记造册,做到家底清、情况明,为逐步实现残疾人培训服务的规范化、常态化、信息化打下基础。三是报名渠道要多样。给予电话报名、QQ 报名、微信报名、网站报名等方式,方便残疾人报名登记培训。线上报名系统是最受欢迎的方式,弥补了残疾人线下报名不便的不足,是当下最便捷、最高效、最优模式。

(二)整合资源,加强培训力量

江山市文化馆强化整合内部培训资源,对优质培训资源进行统一协调,实现优质资源共享。一是依托馆内的业务干部,充分发挥文化馆表演艺术部、社会文化艺术培训部、视觉艺术指导部、社会文化活动指导部、民间艺术与理论调研部、非物质文化遗产保护中心等部门的作用和力量,通过文化馆各部的协作和整合,建立属于自己的会管理、懂业务、精专业的培训师资团队。二是聘用社会上有一技之长的文艺专家兼任培训教师,联合社会各界文艺师资力量,构建一支能胜任培训工作的师资队伍。三是加大经费投入。争取残联等部门的支持,增加对残疾人文化艺术培训的经费投入和器材配备,提高培训教室、舞蹈房及小舞台的使用效能,确保残疾人文艺培训的规范化发展。

(三)量身定制,提升培训效果

根据残疾人视力残疾、听力残疾、言语残疾、肢体残疾的不同情况及个体不同需求,因人制宜,量身定制,开设有针对性的培训项目。四年来,累计举办手语、自救互救等技能培训班3期,培训110人;举办书法、绘画、摄影等视觉艺术培训班2期,培训60人;举办声乐、舞蹈、婺剧等表演艺术培训班3期,培训80人;举办葫芦丝、竹笛、二胡等乐器培训班3期,培训60人;举办瑜伽、太极拳、木兰扇等健身类培训班3期,培训90人。每期培训班,教师们都从残疾人实际情况出发,细心耐心地讲解、演示,给予残疾人温暖与信心。

(四)搭建平台,培育文艺人才

为加强江山市残疾人文化服务体系建设,挖掘、培养和输送残疾人文艺特长人才,江山市文化馆常年开展才艺展演、艺术作品展示义卖、民间文艺采风等文化活动,为残疾人搭建文化交流平台,让更多残疾人文艺爱好者有机会展示才华,圆梦舞台。残疾人通过自身的努力学习及老师的辛苦教学培训,充分展现了自强不息、顽强拼搏的精神。2017年4月28日,在江山市文化馆举行浙江省第八届残疾人文艺汇演节目选拔(江山站),共有七个节目参与选拔,参赛的类别有声乐表演、器乐表演、舞蹈表演和婺剧表演。2018年12月21日,由江山市残疾人联合会、江山市文化广电新闻出版局联合主办,江山市文化馆承办了主题为"同在新时代 唱响'心'生活"的江山市首届残疾人歌手大赛。2020年4月7日,由江山市残疾人联合会、江山市文化广电旅游局联合主办,江山市文化馆、江山市音乐舞蹈家协会联合承办了关于"党的盛典、人民的节日——庆祝建党100周年"残疾人文艺汇演选拔赛。为了让参赛选手们在比赛中展现出更好的风采、发挥出更高的水平,每次赛事前都对参赛的残疾人进行专业的指导,有针对性地开展相关培训。近年来,江山市文化馆谋划与市残疾人联合会一起筹划组建江山市残疾人艺术团,有方向性地进行业务指导并提供展演平台,丰富残疾人群众的文化生活。

三、主要成效

通过分类型、分专题举办各类文艺培训,不仅丰富了残疾人的文化生活,培育了一批"草根"文艺人才,而且进一步提升了江山市文化馆的社会影响力。

（一）残疾人文艺队伍发展壮大

文化馆的授课教学及专业指导,促进了民间文艺团队的建设,并形成了两大团体,爱乐合唱团和解语花舞蹈团,这两大团体共有300多名团员,其中也有部分残疾人。这些文艺爱好者长期活跃在各乡镇文化礼堂的舞台及市级的各大中小型活动,以歌舞、朗诵、相声、器乐演奏等形式,为观众奉献了众多精彩节目,展示了残疾人自强不息、奋发向上的精神风貌,赢得了广大观众的喜爱。

（二）文化艺术培训成果显著

通过残疾人文化艺术培训,江山市文化馆残疾人文艺事业硕果累累,在参与各项评比中深受好评,在省市级比赛中获得佳绩。2017年5月18日,江山市选送婺剧《穆桂英挂帅——木瓜引路》参加衢州市庆祝第二十七次"全国助残日"暨残疾人文艺演出晚会。2017年6月7日,江山市选送婺剧《穆桂英挂帅——木瓜引路》参加浙江省第八届残疾人艺术汇演戏曲专场并荣获三等奖。2013年4月,时任浙江省省委书记夏宝龙一行来到江山市考察,在观看演出后,直夸是浙江最好的声音。

（三）文化馆的美誉度进一步提升

文艺培训得到了残疾人亲友和社会各界的高度认可及赞誉,也得到了爱心人士及同人们的大力支持。江山市文化馆常年开展各类培训,让残疾人朋友感受到社会的关爱与温暖,增强自信和活力,让社会力量和爱心人士心系残疾朋友,共创团结、友爱、美好的和谐社会。另外,各科目的授课教师通过残疾人专题培训,积累了不同于平日课堂的教学经验,提高了自身的知名度和价值,同时也提升了文化馆在群众心中的影响力,增强了群众文化的服务能力。

四、几点经验

把残疾人培训任务纳入文化馆免费开放项目,头绪多、难度大、任务重,需要自加压力,不断创新,切实提高残疾人文艺培训的协同性、灵活性、针对性、有效性。

（一）坚持培训方式的差异性

根据培训目标、培训要求和受训残疾人的特点,江山市文化馆因人而异,因内容不同,分类管理,逐一设置差异化的培训方式。综合运用讲授式、模拟式和体验式等多种教学手段,并积极探索访谈教学、论坛教学、翻转课堂等方法,变"满堂灌"为"多样式",由单一的课堂辅导向多元的、灵活的教学方式转变,以增强培训的适配性,使公益培训内容设置更加精准化。

（二）坚持培训形式的灵活性

形式多样的培训方式是提升培训质量的有效办法之一。一是集中培训与个别辅导相结合。针对残疾人残疾类别、文化高低、地域不同、年龄大小等因素进行分类培训，个别重点辅导。二是"请进来"与"走出去"相结合。近年来，江山市文化馆积极聘请文艺相关专业的教师来传授文艺知识与技能。"走出去"就是 2020 年在廿八都镇成立了"匠心残韵工坊"——江山市非物质文化遗产体验基地，采用理论授课、实践操作等相结合的方式为 30 名参训学员进行授课。这既是对非物质文化遗产的发扬光大，又是推进残疾人就业创业、提高残疾人收入、改善残疾人生活的有效探索，更是促进残疾人共享经济发展成果、共享全面小康的生动实践，我们坚信残疾人的明天一定会更加美好。三是线上培训与线下培训相结合。培训采取"线上＋线下"的方式进行，线下教学主要是让学员通过实操掌握基本技能，线上教学则是对线下技能培训的补充。学员可以对书法、剪纸等面授中未能掌握透彻或者未明晰的知识点，在网上通过视频课程再次深入学习。特别是 2020 年以来，江山市文化馆通过数字文化馆平台，开展了保健操、声乐、舞蹈、爵士舞、《诗经》导读等一系列丰富的线上培训教学课程。

（三）坚持培训内容的针对性

在培训需求调研的基础上，针对不同的培训项目、不同的培训类别、不同的培训层次和不同的培训人员，设计出系统性、针对性、实用性强的培训课件，把共同需求和个人需求结合起来，把一般需求和具体需求结合起来，把培训目标与现实问题结合起来，使培训内容更具针对性。针对残疾人群的婺剧表演项目，通过声腔、台步、形体、表情的系统面授，逐步培养学员肢体模仿与表达能力，让学员感受婺剧表演的艺术魅力；针对爱好演奏的残疾人群体开展了二胡、竹笛等器乐普及培训；针对具有一定婺剧演唱或表演基础的学员开展"一对一"授课、点评；对于喜爱上台表演的婺剧爱好者开设了戏曲妆容培训课，使其在舞台形象方面得到提高。只有培训内容有针对性，才能达到因人施教的目的。

（四）坚持培训机制的协同性

培训机制协同性也就是协同培训，建立由文化馆为主、各部门联动、全社会共同参与的联动机制，既是利用各方资源、发挥行业优势的需要，又是取长补短、增强合力的好方法。一是抓好制度上的协动，就是建立残疾人培训工作联席会议制度，由文化和旅游局及残疾人联合会牵头，定期或不定期召开相关部门参加的培训工作会议，共同研究解决培训工作中遇到的难题。二是加强形式上的协动，建立健全纵向协动、横向协动的工作机制。纵向协动，主要是文化馆与文化站、文化礼堂一起，各司其职，齐抓共管；横向协动，主要是针对相同主题或相同性质的培训内容，以主办、协办、承办的形式举办残疾人培训班，创新联合办班的体制机制。

参考文献

[1] 周航,王全吉.浙江残疾人文化生活调查[M].北京:中国文联出版社,2012.

[2] 刘芳,董永红.残障人员艺术素养培养的实践研究[J].求知导刊,2018（7）:135-136.

[3] 陆统.浙江省残疾人职业技能培训状况分析与对策思考[J].智库时代,2018（28）:150,152.

[4] 徐景玉.新时代残疾人职业技能培训发展趋势研究[J].中国校外教育,2019（17）:157,159.

勠力同心 共创共享

——滁州市创新开展"出彩滁州人演出季"活动

滁州市文化馆 朱学骏

一、背景

党的十九大报告指出："要深化文化体制改革,完善文化管理体制,加快构建把社会效益放在首位、社会效益和经济效益相统一的体制机制。完善公 共文化服务体系,深入实施文化惠民工程,丰富群众性文化活动。"近年来,滁州市在加快文化强市建设中,把打造基层公共文化品牌作为完善公共文化服务体系、实现公共文化服务高质量发展的重要举措。

2014 年以来,滁州市立足全市,为推动社会文化资源整合和综合利用,拓展公共文化服务空间,激发群众文化创造活力,以高密度、主题化的全民群众文化活动为载体,着力打造了"出彩滁州人演出季"(以下简称"演出季")品牌活动,演出季活动在每年 6 月至 9 月举办,由滁州市文化和旅游局主办、滁州市文化馆承办,分周赛、月赛和总决赛,凸显"群众演、群众赛、群众看、群众评、群众乐"特色。活动精彩纷呈,好评如潮,成为滁州人民展示才艺的大舞台,群众艺术交流的大平台,文化惠民成果的大展台。

二、主要做法

(一)突出主题,找准着力点

演出季活动紧扣"让全市人民都出彩"主题,通过舞台展示精彩生活和出彩人生,唱响主旋律,凝聚正能量。2014 年以来,演出季活动着重打造好声音、好舞蹈、好才艺三大系列活动和多个主题板块。其中首届演出季活动包含"青春风采""畅想未来""红旗飘扬""园丁放歌"和"歌唱祖国"五大篇章;2018 年以"乐享美好文化生活,同心共创文明城市"为主题,分六月"唱响滁州"、七月"舞动滁州"、八月"欢动滁州"、九月"乐动滁州"四大篇章;2019 年围绕"礼赞新中国,奋进新时代"主题,分六月"花开新时代"、七月"逐梦新时代"、八月"奋进新时代"、九月"辉煌新时代"四大篇章;2020 年因受新冠疫情影响,演出季活动暂停一年;2021 年,以"永远跟党走,奋进新征程"为主题的演出季线上展演活动再度起航。经过连续六届精心打造,演出季活动已成为全市参与、全民欢动、全员共享的"文化嘉年华"。

（二）突出参与，找准切入点

演出季活动为拓展活动参与面，不设年龄、性别和籍贯限制，团队、个人均可报名，吸引了众多文艺爱好者、"民间达人"、民间文艺团体和社会文化艺术机构的踊跃报名。各路"能人"齐聚舞台，飙歌、舞蹈、器乐、走秀、民间杂技、传统技艺等轮番登场，各显神通。"吹、拉、弹、唱、跳"等一批富有浓郁皖东地方特色的民间文化艺术绽放异彩，民歌、琴书、快板、花鼓、钱杆子等平日难得一见的"独门绝活"登台展演。台上精彩绝伦、台下掌声如雷，共同营造出全民狂欢的盛况，大大提升了品牌活动的影响力和知名度。

（三）突出创新，找准关键点

一是创新演出模式。演出季活动采取周赛、月赛和年度总决赛的演赛结合形式，环环紧扣，向前推进。每月安排3场周赛和1场月赛，周赛评出"每周之星"和"周赛最佳人气奖"参加月赛，月赛评出"每月之星"和"月度最佳人气奖"参加年度总决赛。每场比赛采用评委现场点评打分和线上投票的方式产生名次，提高了群众参与的热情。为克服新冠疫情影响，2021年演出季活动采取线上展演的形式，分类别征集音乐、舞蹈、戏曲等视频投稿作品，线上展评。

二是创新选拔模式。线上和线下参赛报名同步开展，前两届演出季活动节目评选采取大众评委和专家评委共同投票方式进行；2016年起借助新媒体影响力，开启线上投票通道，产生"最佳人气奖"，线上投票数达16万人次；2017年以后每届线上投票数均超40万人次，真正体现了"群众演、群众看、群众评、群众乐"。

三是创新运作模式。引入社会资本，鼓励社会力量参与，大赛通过冠名和广告、推介等方式吸引了包括古井集团、金种子酒业、北京城房、滁州1912文化商业街区等一批知名大型企业参与。通过引入社会资金来支持演出季活动，探索出了一条"政府主导、社会参与、市场运作"的群众文化发展道路。

（四）突出宣传，找准融合点

为提高演出季活动的知晓度和参与度，需要借助传统媒体和新媒体的力量，因此，从筹备阶段开始，充分依托报纸、广播、电视、网站等多渠道向社会发布活动情况、线上报名和投票通道、赛事预告和名次等，演出季活动的各种信息随时随地都能在网上查阅。第五届和第六届演出季总决赛活动邀请安徽公共文化云现场直播，国家公共文化云录播，在线观看量突破20万人次。借助传统媒体和新媒体的宣传报道和推介，"出彩滁州人演出季"已经演变成滁州市人气最旺、规模最大、持续时间最长、辐射范围最广的群众文化活动品牌。

三、创新成效

"出彩滁州人演出季"举办至今,从市直57个社区延伸覆盖到8个县市区,共举办约132场赛事,吸引了10000多人次登台献艺,600余支团队精彩亮相,线上线下400多万人次畅享文化盛宴。逐渐摸索出一条贴近群众、适宜操作的基层文化活动发展途径,有力提升了滁州市群众文化的影响力、传播力和凝聚力。演出季活动先后获评安徽省宣传思想文化工作创新案例、安徽省群众文化辅导优秀项目。

一是繁荣基层群众文化生活。演出季活动吸引了各类文艺团队精彩亮相,各年龄段人群争相登台献艺,有年过八旬的老翁,也有年仅四岁的小娃,充分体现了"零门槛"和"全民性"特色,调动了群众参与的积极性,丰富了基层群众的精神文化生活。2021年演出季线上展评活动,通过网络更进一步提升了群众参与度,让大家足不出户就能感受演出季活动的精彩纷呈。

二是提升基层文化实力。演出季活动把"台下观众"变身"台上主角",通过群众文化工作者和辅导员的"传、帮、带",提高了其艺术表演水平,也促进了基层文化队伍的发展壮大。2014年以来,演出季活动推出多个节目参加了安徽省群星奖、省"六一"少儿调演、皖江八市群艺大赛、滁州市春晚和网络春晚等重大群众文化活动。

三是促进社会文明和谐。演出季活动广泛吸引群众投身到健康向上的文艺活动中,实现了其追求自我、展示自我,超越自我的愿望,活动成为加强社会主义精神文明建设,培育和践行社会主义核心价值观的重要平台,增强了人民群众的获得感和幸福感。

四是探索群众文化活动举办的新模式。演出季活动的成功举办是对社会力量参与公共文化服务建设的积极探索,是对公共文化服务由政府"独唱"变政府和社会"合唱"的一种创新尝试,其运作模式作为"滁州市探索社会力量参与公共文化服务新路径项目"的内容之一于2021年7月获评文化和旅游部、财政部第四批国家公共文化服务体系示范项目。

四、经验启示

(一)体制保障是关键

"出彩滁州人演出季"的成功举办,体制建设是关键环节。近年来,滁州市连续出台了《关于加快构建现代公共文化服务体系的实施方案》《关于做好政府向社会力量购买公共文化服务工作的意见》《促进社会力量参与公共文化服务建设的实施方案》等多个文件,有力保障了"出彩滁州人演出季"活动的持续健康发展。

(二)协同合力是根基

"出彩滁州人演出季"活动通过周赛、月赛、总决赛举办模式和乡镇县区到市的多级联动,充分调动了全市上下参与热情,共同携手打造了共创共享的群众文化艺术交流的大平台,为提高公共文化服务水平,推动公共文化服务高质量发展夯实了基础。

(三)融合发展是路径

受新冠疫情影响,2021年演出季活动在"云"端精彩呈现,300多个节目投稿,80个节目参与线上展评,点击量火爆,反响强烈,充分显示出线上活动的大有可为,打开了"线上+线下"双翼齐飞、融合发展的新路径。

跨界　新生　合力　共赢

——福建省艺术馆农民漆画和唐卡漆画的创新实践

福建省艺术馆　陈新秀

中华优秀传统文化是中华民族的精神命脉,中华儿女应主动担当起传承和弘扬中华优秀传统文化的历史使命,顺应时代发展要求,不断升华中华优秀传统文化的内涵,创新中华民族民间传统文化的表现形式。福建省艺术馆打造的农民漆画和唐卡漆画两大创新品牌是从持续开展16年的"福建艺术扶贫工程"中拓展延伸出来的。简单说,农民漆画是"漆艺＋农民","唐卡漆画"是"漆艺＋唐卡",以大漆宽广的包容性,实现了一次次的跨界出圈,在传承古老传统技艺中获得新生与发展。在政府主导下,社会民间力量积极参与,统筹规划,通力合作,开辟了非遗传承的新路径,开创了精准扶贫的新模式,取得了艺术和市场的双重认可。为探索文化和旅游融合新项目、助力乡村文化振兴、构建公共文化服务体系和振兴中华优秀传统文化做出了新尝试。

一、创新背景

习近平总书记指出:"扶贫必扶智,让贫困地区的孩子们接受良好教育,是扶贫开发的重要任务,也是阻断贫困代际传递的重要途径。"从2004年开始,福建省艺术馆围绕关注农村、关注教育、关注贫困,积极组织动员各级文化馆专业干部和文艺志愿者,在全省贫困山区和农村小学广泛开展艺术启蒙和艺术普及教育,让乡村孩子与城里儿童一样受到艺术浸润,学会发现美、感受美、鉴赏美、创造美。随着活动的深入持续开展,"福建艺术扶贫工程"成为福建省规模最大、范围最广、时间最长的公益性文化活动。

曾经辉煌的"农民画",因绘画材料、技法简单等原因受到市场冲击,创作队伍日益萎缩。2016年,福建省艺术馆聚焦艺术精准扶贫,把视角对准困境中的农民画群体,启动"农民漆画创新工程",为福建漆艺与农民画"联姻",突破了农民画的创作瓶颈,创造出了农民漆画这一全新的艺术形态,大大提升了农民画的艺术价值与市场价值。

2018年12月,在首届中国农民漆画高研班上,加入了特殊的藏族学员,首次试水唐卡和漆画相结合,即引发"画"学反应。首幅唐卡漆画作品一经展出,就受到多方关注,为探索福建农民漆画的艺术精准扶贫模式复制推广到西藏昌都奠定了坚实基础。2019年7月,在昌都成功举办闽藏漆画技艺培训班,开创了闽藏艺术合作新模式,对增进民族感情、深化汉藏文化交流交融具有重要意义。

二、创新做法

福建省艺术馆积极响应国家文化扶贫的号召,在全国最先提出"艺术扶贫"的概念,并始终初心不改,守正创新,跨界融合,碰撞出新生力量,开辟艺术扶贫新途径。

(一)注重艺术启蒙,打造农村公共文化服务和文化精准扶贫的福建样板

建立了省、市、县(区)三级联动的工作机制和全省文化志愿者联盟,全省累计94个文化馆参与了艺术扶贫工作,2363支志愿者团队10000多名志愿者参与,526所偏远山区小学建立了艺术扶贫基地,累计开办577个校外辅导点,举办各类艺术兴趣班近1.5万个,受益学生1000多万人次。

(二)注重领域拓展,打造闽宁协作、闽藏援建精准扶贫的福建模式

一是闽宁协作新尝试。2016年11月,举办"闽宁农民画创作群体漆画技艺实验班",来自对口支援地区的宁夏学员接受40天由漆艺导师带班制的漆艺培训,巧妙地完成汉回艺术的精准融合,让西北农民画进入"漆语境",是"闽宁协作"在文化领域的有益尝试。随后,实验班的成功模式迅速得以复制推广。2017年5月,举办"全国农民画创作群体漆画技艺实验班",学员来自全国26个农民画乡,还包含来自回族、维吾尔族、彝族、满族4个少数民族的学员。这意味着农民漆画的艺术种子开始撒向神州大地。受益于培训班的宁夏学员杨晓梅创作的农民漆画作品《丰收时节》登上了哈萨克斯坦世博会,以她为主角介绍农民漆画的艺术精准扶贫模式在CCTV《辉煌中国》专题栏目中播出。

二是闽藏援建新气象。2019年,福建援藏工作队会同福建省委宣传部、福建省文化和旅游厅、福建省艺术馆以及昌都市文化局、昌都新区组建"唐卡漆画文化产业"小组团,着力加强唐卡漆画技艺的专门培训,以及唐卡漆画作品的市场转化。依托《昌都市人民政府与福建省文化和旅游厅联合实施"闽昌唐卡漆画小组团式援藏项目"战略合作框架协议》,借助福建"漆艺+"模式,把唐卡与漆画这两个有着几千年历史的非遗项目巧妙融合,带动艺术扶贫,共同推进民族融合、文化产业交流交融。同时,积极促成河仁基金资助唐卡漆画项目100万元,用于2020年闽昌唐卡漆画培训班小组团式支援项目,支持创作一批反映昌都解放70周年的唐卡漆画作品。已在雪域高原完成的4期"唐卡漆画"培训班,培训了复合型人才百余名,创作出唐卡漆画作品200多幅。唐卡漆画成为打造援藏工作"福建经验"的重要组成部分。

(三)注重产业带动,打造艺术帮扶农民脱贫致富的福建品牌

一是塑造文化品牌,逐步赢得市场青睐。用漆画技艺来呈现农民画,从材质、技巧等多方面整体提升农民画的格调和品质,使一幅农民画的价值从百余元升至数千元甚至上万元。漆画较之唐卡具有耐腐蚀、耐潮等特点,易长久保存,而且大漆是可再生资源,比矿物颜料成本低,创作漆画工期比传统唐卡短,有利于藏民打开新的市场,带动更多学徒

学习创作唐卡漆画,实现在家门口就业致富。二是积极与企业公司合作,将文化艺术作品转型为文化产品。例如,与福建唯美客文化创意有限公司签约,授权作品 IP,把农民漆画和唐卡漆画作品转化成手机壳、雨伞、日用品等文创产品,挖掘出其市场价值,实现经济效益最大化。第一个受益于唐卡漆画技艺培训班的藏族学员仁青朗加已实现经济创收十多万元,他还将唐卡漆画作品列入西藏玛吉阿妈唐卡绘画有限公司经营范围。可以说,打造农民漆画和唐卡漆画两大品牌既是传统文化的传承创新,也是文化产业扶贫的实践创新。有了艺术和市场的双重认可,进一步激发创作者创作出市场需要、人民喜爱的农民漆画和唐卡漆画优秀作品,实现良性循环,和可持续发展。

三、创新成效

通过探索实践,福建艺术扶贫工程相继获得 2009 年第三届文化部创新奖、2010 年国家文化创新工程项目、2013 年第十五届群星奖等荣誉,并入选全国首批创建国家公共文化服务体系示范项目。福建艺术扶贫文化志愿服务项目又荣获 2020 年全国文化和旅游志愿服务项目大赛二等奖。“漆艺 +”的艺术创新实践也成为可学习、可复制、可推广的扶贫模式。农民漆画和唐卡漆画作为“福建艺术扶贫工程”上开出的两朵新花,取得了不俗的成绩。

一是得到了国家领导人及省领导的高度赞赏和充分肯定。二是得到了权威媒体和社会主流的极大关注和点赞。新华社、《人民日报》、中央电视台、《福建日报》等媒体均有深度报道。2019 年底,央视新闻频道播出《唐卡漆画 穿越时空的跨界碰撞》,专门就唐卡漆画技艺人才培训助力脱贫攻坚作深度报道。三是在全国文旅领域形成品牌,助力中国文化走向世界。福建农民漆画工程获 2017 年全国文化馆(站)优秀群众文化品牌表彰。中国农民漆画创新实践在 2019 中国文化馆年会开幕论坛上作经验交流。2019 年,中国农民漆画获得国家艺术基金传播交流推广项目立项资助,赴日本、马来西亚、澳大利亚三个国家的福建海外文化驿站交流巡展,向世界传播中华优秀传统文化,成为“一带一路”的文化名片。四是带动了农民就业和增收致富。通过开展农民漆画和唐卡漆画进行艺术扶贫,带动当地从业人员 1000 多人,农民家庭年收入平均增加 5—6 万元,带动文创、旅游等上下游人员就业约 2.3 万人。

四、经验启示

百舸争流,奋楫者先。农民漆画的践行成效并未使福建省艺术馆停下前进的脚步,相反,在农民漆画之后对唐卡漆画进行大胆尝试,进一步让古老的唐卡艺术焕发生机。通过引入文创公司参与市场推广实现了农民漆画和唐卡漆画市场价值的转化,帮助汉农和藏农在精神和物质上获得满足。“漆艺 +”的创新实践在农民画、唐卡两个领域取得的成功经验,带给我们的启示有三点:一是大胆跨界,产生文化共振。找准本土定位,充分发挥福建漆文化的特色和优势,先后融合了农民画和唐卡的元素,运用漆画的技法进行创作表现,让具有几千年历史的优秀文化和劳动人民的价值观念互融互通,产生文化上的蝶变重生。这种做法不但弘扬了中华优秀传统文化,又为中国现代漆画艺术的发展做出了探索性的尝试。二是小心求证,以点带面。以福建最有代表性的漳平农民画为实验对象,举办了漳平农民画创作群体漆艺实验班,艺术扶贫的创新模式在省内深入发酵。在总结经验和充分调研的基础上,大步探索跨区域、跨民族合作,将农民漆画的创新模式复制推广到宁夏、西藏等西部地区,进一步提升"漆艺+"模式的创新效应,实现农民艺术作品的价值转化。三是深化东西部对口协作,加强民族团结。不论是农民漆画作品还是唐卡漆画作品,都是在充分尊重保留各民族特色文化的内容上,追求艺术形式、材料技法的变革创新,在民族文化交往、交流、交融的基础上开出灿烂的艺术新花。

2021 年 3 月,《中共中央　国务院关于实现巩固拓展脱贫攻坚成果同乡村振兴有效衔接的意见》出台。2021 年 4 月通过并于 6 月 1 日实施的《中华人民共和国乡村振兴促进法》进一步表明党和政府把繁荣发展乡村文化事业和文化产业摆在重要位置。因此,我们坚持因地制宜、循序渐进,今后将继续充分挖掘民族民间传统文化的潜力,大胆整合、开发利用资源,并借助国家艺术基金海外巡展和福建海外文化驿站平台,提振中华民族民间传统文化在全球范围内的影响力,向世界展示美好的中国农民农耕艺术和美丽的中国乡村文化。

让每一场旅游都能遇见"诗和远方"

——记厦门市文化馆文旅融合发展实践

厦门市文化馆　戴华妮

一、厦门市文化馆文旅融合发展实践的背景

（一）文旅体制机制与政策背景

2009 年 8 月,《文化部　国家旅游局关于促进文化与旅游结合发展的指导意见》首次指出"文化是旅游的灵魂,旅游是文化的重要载体",明确了文化、旅游融合发展的必要性。2018 年 4 月,文化部与国家旅游局合并组建为文化和旅游部,这意味着我国文旅融合在顶层体制机制改革上取得了创新性的突破。2021 年初,"十四五"规划纲要明确提出推动文化和旅游融合发展,文旅融合正式成为国家发展的重要战略规划。

厦门作为国内外著名旅游城市,也在"让每一场旅游都能遇见'诗和远方'"中积极探寻适合的模式。厦门市公共文化服务的一项特色优势就是市文化馆、市美术馆、市非遗中心"两馆一中心"合署办公,"三套牌子一套人马",本地群众和游客可以在同一地方获得三个馆所提供的多种文化服务,有效提高了全市公共文化服务的供给效率。同时,三馆所处的厦门市文化艺术中心,是市委、市政府为民办实事的最大文化设施项目,这里汇聚了市图书馆、市博物馆、市科技馆等,已然形成全国各地游客来厦门文化旅游的"网红"打卡之地。

（二）旅游产业发展背景

近年来,厦门旅游产业发展迅速,已成为全市重要的支柱产业。2019 年,厦门市累计接待国内外游客超过 1 亿人次,实现旅游总收入 1655.9 亿元,全市旅游业增加值约占全市生产总值的 11.7%。尽管在 2020 年受到新冠疫情影响,旅游收入有所下降,但随着疫情防控形势的好转,厦门市旅游市场加快复苏。仅 2021 年元旦期间,厦门市旅游人气持续攀高,共接待游客 128.63 万人次,实现旅游收入 12.21 亿元。目前,厦门市已位列国内旅游城市第一梯队,不断发展壮大的旅游产业为厦门市文旅融合打下了坚实的产业基础。

（三）区位特色文化背景

厦门是中国东南海防重镇与海上丝路的重要门户,是近代闽侨文化的集聚、传承与创

新地,是闽南文化的发源地和重要组成部分,是海峡两岸"同根同源、闽台一家"的桥头堡。厦门拥有 1 处世界文化遗产地(鼓浪屿)、2 处省级历史文化街区、5 处省级传统村落。截至 2020 年底,全市已完成正式公布、挂牌和建档的历史风貌建筑 450 栋。从 1961 年国务院颁布《文物保护管理暂行条例》至 2021 年,厦门市有 247 处各级文物保护单位被列入文物保护单位名单,1000 多个未定级不可移动文物点。

厦门长期以来高度重视非物质文化遗产的传承与保护工作。2021 年 3 月,厦门共有市级以上非物质文化遗产代表性传承人 177 名,其中国家级非遗传承人 12 人,省级非遗传承人 67 人,市级非遗传承人 98 人。2020 年 12 月,由厦门市推动的中国和马来西亚联合申报项目"送王船",被列入人类非物质文化遗产代表作名录。此外,厦门还拥有南音、厦门漆线雕、答嘴鼓、歌仔戏、高甲戏等一批著名的国家级非物质文化遗产。

二、厦门市文化馆文旅融合主要做法

(一)立足文化本职,坚持体制优势

在文旅融合的大浪潮中,一方面,厦门市文化馆始终坚持立足公共文化服务这一本职工作,在文化事业中牢固树立以人民为中心的工作导向,不断提升文化服务品质,守好公共文化服务的重要阵地,拓展公共文化服务覆盖面;另一方面,厦门市文化馆始终坚持发挥"三馆合一"的体制优势,在文旅融合的改革进程中注重凝聚共识,强化协调协作,从体制机制上顺应文旅融合改革的趋势。

(二)立足本地文化,打造差异品牌

近年来,厦门市文化馆积极依托闽南地区特色文化,灵活运用本地非物质文化遗产丰富资源开展系列活动。2020 年,厦门市文化馆举办了厦门市 2020 年"文化和自然遗产日"非遗宣传展示活动启动仪式、中马"送王船"联合申遗成功暨闽南海洋历史文化论坛开幕式、中马"送王船"联合申遗成功专场演出、厦门市第二十三届南音比赛等一系列世界级、国家级非遗文化活动,在海内外取得了良好反响,仅中马"送王船"联合申遗成功专场演出,全网在线观看总人数即达 150 多万。除此之外,厦门市文化馆深挖非遗资源,于 2020 年首次开展"非遗购物节",组织惠和影雕、锡雕等 21 家非遗项目保护单位参加活动,选送同安薄饼、南普陀素饼等 5 个项目参加福建省"八闽非遗美食购物节"。建立珠光青瓷、龙窑等非遗传承与旅游基地,制作非遗旅游地图,为旅游业注入优质、丰富的非遗文化内容。

(三)结合本土元素,发挥区位优势

结合厦门市对台工作这一优势区位条件,厦门市文化馆也将对台文化宣传工作纳入文旅融合发展范畴。2020 年,厦门市文化馆承办了"2020 闽台文化传承季"活动,同步推

出线上直播云分享,实现线上线下互动。此外,厦门市文化馆首次将台胞纳为市级非遗代表性传承人评选对象。

闽南文化是厦门市推进对台文化交流的重要优势。作为本地主流文化阵地,厦门市文化馆及各级文化机构可进一步充分挖掘闽南文化资源,以此为基础推进对台文化与旅游交流,吸引更多闽南文化背景的民众来厦旅游,以文促旅,发挥文化对旅游业的带动作用。

(四)结合本地景点,助推文旅融合

在探索文旅融合新路子方面,厦门市文化馆不是将文旅融合局限于文化馆舍内部,而是积极"走出去",与本地知名旅游景区(点)共同开展活动,将优质的文化产品直接带向旅游一线,以直面游客的形式开展文化宣传。2020年以来,厦门市文化馆与胡里山炮台景区开展合作,大力推进本土文化艺术与旅游景点的融合发展,组织厦门市歌仔戏研习中心、厦门市金莲升高甲剧团等非遗保护单位进驻胡里山炮台景区,为游客带去歌仔戏、高甲折子戏等精彩表演。2020年国庆期间,在胡里山炮台景区开展厦门市非物质文化遗产代表性项目巡礼进景区活动,约5万名游客观展;策划举办"文化惠民、爱心厦门、文明制度、你我同行"馆藏作品进胡里山炮台景区"美术大篷车"展览,为游客带去文化艺术旅游新体验;举办三场"文化惠民·爱心厦门·文明创建·你我同行"文化志愿者走进景区文艺演出,直接受益群众近7000人次。

三、厦门市文旅融合发展成效

(一)以文促旅,促进文旅产业呈现新亮点

近年来,厦门市旅游产业发展量质齐升,在福建省内持续保持示范领跑作用。从背景和产业基础来看,厦门市旅游业基础雄厚,尤其是依托世界文化遗产鼓浪屿、著名学府厦门大学等,紧扣文旅融合发展主题,推动研学旅游、非遗旅游、文博旅游等,文旅产业融合发展新模式亮点纷呈。从数据来看,2020年,厦门市全年接待国内游客6393.32万人次,同比下降33.1%,降幅较全国平均水平低了19个百分点;国内旅游收入875.67亿元,同比下降35.6%,降幅较全国平均水平低了25.5个百分点。2021年上半年,厦门市旅游业一扫疫情阴霾,接待国内游客5279.53万人次,同比增长186.3%,增幅较全国平均水平高出85.5个百分点;国内旅游收入694.47亿元,同比增长233.7%,增幅较全国平均水平高出75.8个百分点。

近年来,厦门市文旅主管部门主动作为,出台一系列政策推动文旅产业发展。如2020年,厦门市文旅局积极支持厦门侠侣旅行社"2020年百万亲子游厦门"活动,支持企业开展"直播带货"促销,实现成交额1500万。

（二）以旅惠文，促进文化事业高质量发展

从厦门市文旅融合发展的路径经验来看，一方面，文化发展可以吸引游客观光，推动旅游产业和地方经济高质量发展，促进产业结构优化；另一方面，大量游客观光又进一步扩大了本地特色优秀文化的传播覆盖面，并通过游客这个载体实现文化推广扩散，提升了地方特色文化的影响力和知名度。由此，文化和旅游融合发展形成了一个正向循环机制。

从实践来看，近年来，随着厦门市旅游行业的快速复苏和高速发展，厦门市文化发展呈现新格局。在全国"互联网＋文化"的文化新业态的洗礼下，厦门文化事业呈现出巨大的发展潜力，云录制、云展览、云旅游、短视频、网络游戏等业态增长迅速，线上文化产业蓬勃发展。尤其是 2020 年以来，线上文化产业发展更为迅猛。2020 年，厦门全市文化新业态特征较为明显的 16 个行业小类限额以上企业的资产总计达 294.88 亿元，同比增长 32.2%；实现营业收入 268.90 亿元，营业利润 58.91 亿元，同比分别增长 29.1% 和 101.5%，营业收入和营业利润的贡献率分别达 72.3%、111.4%。文化新业态发展成为全市文化产业发展的重要引擎。

四、文化馆文旅融合发展的经验

首先，文化馆文旅融合事业的发展可进一步结合本地景点"走出去"，进一步突破文化馆以固定馆舍作为文化传播主阵地的传统。一方面，可进一步增加合作景区数量。以厦门为例，除胡里山炮台景区外，可进一步加强与鼓浪屿、中山路步行街等热门景区（点）的合作力度，扩展景区（点）文化传播的覆盖面。另一方面，可以与景区（点）共同进行文化与旅游宣传，探索制定文化馆与当地各大景区（点）的融合宣传方案，综合利用互联网及新媒体渠道等进行联合宣传。

其次，增加本地特色文化知名度和吸引力，将全国游客"请进来"。厦门素有"漆画摇篮"美誉，全国最早的漆画专业 20 世纪 70 年代开在厦门、中国美术家协会漆画艺术委员会设在厦门、中国漆画双年展永久落户厦门……近年来，在市委、市政府的重视支持下，厦门市漆画发展取得可喜成绩，漆画成为厦门新名片，仅一个全国漆画展，全国各地慕名而来的游客就有 10 万人次，线上开辟 VR 展厅，线上线下浏览量达百万人次。

最后，除与旅游景点开展合作之外，文化馆应充分重视作为文化受众的游客与本地群众之间的差异性，从游客特性入手加强文化传播，推动文旅融合工作。一方面，可以着力拓展群众艺术的展示空间。充分运用《厦门经济特区闽南文化保护发展办法》等地方性政策法规，以本地民俗文化为主题，组织评选出有代表性的优秀群众文艺作品，如将厦门市同安区著名的农民画等本地特色文化，放置于公共服务机构等人流量较大的场所展示，或联合举办专项展示活动，让本地特色文化在更多游客中获得传播。另一方面，可根据游客分布特点，在机场、火车站、渡口等游客集中的交通枢纽定期或不定期举办文化活动，为南来北往的游客提供优质文化产品，提升本地区文化品牌和形象。厦门市在立足本地实

际的基础上,也可向外地学习,如 2021 年春运期间,广州白云国际机场内举办了以"广府最美骑楼街"主题的第三届迎春花市活动、"品南越故事,贺广州新年"——秦汉岭南历史及美食文化展,将有"最美骑楼街"之称的恩宁路打造成主场景,为南来北往游客提供新广府文化的沉浸式体验。

应该看到,在文旅融合的改革与创新浪潮中,文化馆作为公共文化的主要供给部门,在文旅融合发展中具有重要的地位。文化馆应找准自身定位,着力发挥自身文化宣传特长,助推文旅融合工作,在新的时代背景下更好地做好文化服务。

回顾十余年来的历程,文旅融合的发展并不是一蹴而就,而是在顶层设计与基层实践的磨合中不断探索前进。在这一过程中,各级文化馆大有可为,有着广阔的发展空间。从推广宣传文化到加强景区合作,从立足文化业务本职特长"请进来"到推动文化服务"走出去",文化馆在实际操作层面推动文旅融合的举措还有很多。在新时代深化改革背景下,文化馆人更应该坚定文化自信,守岗履职,以高度的政治站位和创新的开拓精神促进文旅融合,在文旅融合中推动文化事业的新发展。

参考文献

[1] 黄城煜. 适应与转型:文旅融合背景下文化馆职能调适 [J]. 中国民族博览,2020(22):68-70.

[2] 苏云龙. 关于文化馆站推进文旅融合发展的几点思考 [J]. 百花,2020(6):64-65.

[3] 耿佩君. 文旅融合发展背景下的文化馆(站)服务 [J]. 参花(上),2020(7):148.

[4] 王伟娜. 文旅融合为基层文化馆搭建新的平台 [J]. 剧影月报,2020(3):80-81.

[5] 余应木. 基于文旅融合下基层文化馆文化服务探索 [J]. 民族音乐,2019(4):58-59.

[6] 曹晶. 探索文旅融合环境下文化馆的创新发展 [C]// 魏大威. 新时代文化馆:改革 融合 创新——2019 中国文化馆年会征义狄奖作品集. 北京:国家图书馆出版社,2019.

[7] 于帆,卢章平. 中国文旅融合政策分析与启示 [J]. 中国发展,2020(5):31-39.

[8]2020 年厦门市规模以上文化产业发展情况报告 [EB/OL].[2021-09-08]. http://tjj.xm.gov.cn/zfxxgk/zfxxgkml/tjsjzl/tjfx/202109/t20210908_2581621.htm.

音乐云党课唱响初心　党史 E 起学 "声" 入人心
——漳州市艺术馆音乐云党课的创新实践

漳州市艺术馆　饶　箐

2021 年 2 月 20 日,习近平总书记在党史学习教育动员大会上强调:"要在全社会广泛开展党史、新中国史、改革开放史、社会主义发展史宣传教育,普及党史知识,推动党史学习教育深入群众、深入基层、深入人心。"文化馆作为党和政府联系人民群众的重要桥梁和纽带之一,是具有鲜明中国特色的公共文化机构,始终坚持以人民为中心,将根深扎在人民群众之中,其工作宗旨是向人民群众宣传党的政策方针。自党史学习教育开展以来,漳州市艺术馆不断探索如何让这项工作更贴近群众,让老百姓成为党史学习教育的主动参与者,让 "阳春白雪" 的党史理论飞入寻常百姓家。通过选定音乐云党课的具体工作实践,以党史为脉络,以红色音乐文化为载体,结合数字文化馆云端技术,深入浅出地引领人民群众沉浸式地感受中国共产党的百年光辉历程,使党史学习教育接地气、入人心。

一、开展音乐云党课的背景

（一）党史学习教育深入群众的实践探索

文化馆作为中国特色社会主义文化事业的重要标志,是党和政府为人民群众建立的,它包含各级文化馆、乡镇文化站和（社区）基层综合文化服务中心完整的六级公共文化服务网络体系,它的成长伴随着新中国发展的步伐,坚守为人民谋文化福祉、为民族谋文化复兴的初心和使命,把宣传党的路线、方针、政策,开展公共教育作为重要工作职责。在推进党史学习教育工作中,漳州市艺术馆领导班子深刻意识到,在全社会广泛开展党史学习教育是文化馆义不容辞的职责。为此,漳州市艺术馆先试先行,边实践边探索,大力发挥文化馆的优势,通过红色音乐文化解读中国共产党的精神密码,激发广大基层群众爱党爱国的热情,增强人民群众的文化获得感幸福感。

（二）献礼中国共产党建党百年的重要行动

著名的音乐人类学家梅里亚姆提出 "文化中的音乐研究" 和 "作为文化的音乐研究" 的概念,音乐的声音不再是孤立的存在,通过音乐行为、音乐概念的探讨,把音乐和人类社会、行为方式、思维等有机结合,从音乐中发现和阐释文化。

众所周知,红色音乐文化是在中国共产党正确文艺思想的指导下产生的凝聚民族精神和具有鲜明时代特征的艺术结晶。中国共产党自成立以来,就十分重视红色音乐作品在中国革命和建设发展中的重要作用。毛泽东曾说过,一首抗日歌曲抵得上两个师的兵力。无论是在中华民族最危险的时刻吹响了中华民族解放号角的《义勇军进行曲》,还是红色经典史诗《长征组歌》,都激励着一代又一代中华儿女顽强拼搏,勇往直前。

2021 年是中国共产党成立 100 周年。在百年的非凡奋斗历程中,红色音乐伴随着中国共产党一百年来前进的每一个脚步,从革命战争年代走向辉煌的 21 世纪。漳州市艺术馆用音乐云党课的形式向中国共产党成立 100 周年献礼,用激昂振奋、宛转悠扬、情真意切的旋律曲调,向人民群众充分展示中国共产党波澜壮阔的百年奋斗历程,一同追忆红色征程,重温誓言初心。

(三)顺应后疫情时代开展全民艺术普及的需要

2015 年 1 月,中共中央办公厅、国务院办公厅印发了《关于加快构建现代公共文化服务体系的意见》,强调"积极开展全民艺术普及",这项工作是党和政府在新时期赋予文化馆的重要任务和历史使命。在后疫情时代,面对新冠疫情的重大挑战,通过 5G、人工智能等新技术,加快"云文化场馆"建设,运用文化云、微信公众号、短视频等线上平台,探讨在云文化馆数字空间服务的创新方式,为满足人民对美好文化生活的需求提供新路径。选用红色音乐作为全民艺术普及的重要内容之一,通过线上艺术传播和普及,让广大人民群众可以足不出户、随时随地便捷地学习党史,树立正确的党史观。

二、音乐云党课的漳州实践

我国的红色音乐文化是在中国共产党的直接领导下产生的,漳州市艺术馆将音乐云党课作为推进党史学习教育的重要途径,在党史研究和音乐性转化中打造具有文化馆特色的"红色音乐党史课"。

(一)加强组织领导,组建音乐云党课工作团队

漳州市艺术馆在微信公众号开辟音乐云党课专栏,充分发挥数字文化馆线上教育作用,带来更生动、更鲜活的党课。一是特邀党校党史研究专家、高校中国近现代音乐理论教授作为音乐云党课的学术支持力量。坚持在科学的理论指导下,树立正确的党史观,强化音乐云党课的思想引领,推进课程深入发展,真正经得起实践、人民和历史的检验。二是成立漳州市艺术馆音乐云党课领导小组,在馆支部下设办公室,并从活动策划部、培训部、数字化部等多部门调集精兵强将,其中有从事党务工作多年的老党员,也有音乐理论专业的研究生,还有对接数字化线上技术的馆员等,负责音乐云党课策划、选题、撰写、排版等任务。三是领导小组每月月初召开一次主题研讨会,紧扣音乐云党课内容,精心策划选题。同时,为了保障选题和内容的质量,小组成员充分与学术理论指导专家进行沟通交

流,听取指导意见,及时修改完善,确保每周二的音乐云党课保质保量准时向公众发布。

（二）深入挖掘研究,确定音乐云党课学习内容

红色音乐文化承载着中国共产党和中国人民探索社会发展规律的历史记忆,是广大人民群众追求自由、幸福的情感表达。通过认真梳理红色音乐与党史的关系,深入挖掘其中蕴含的思想资源,尤其是党史上的重大事件、重要会议及重要人物等,研究和确立音乐云党课内容。参照中国共产党的发展历程,漳州市艺术馆音乐云党课分为四个篇章。

1.艰苦卓绝,开天辟地（1921—1949年）

中国共产党在新民主主义革命时期完成救国大业。这个时期的大量红色音乐作品讴歌了中国共产党带领广大人民群众战胜艰难险阻,实现中华民族彻底解放的伟大成就,成为推动中国革命红色音乐文化向前发展的主流。音乐云党课将中共一大13位与会代表在嘉兴红船激动地唱响《国际歌》作为开篇,接下来是打倒列强除军阀的《国民革命歌》,中国创作的第一首抗日歌曲《抗敌歌》,抗战歌曲《游击队歌》《八路军进行曲》《黄河大合唱》等。

2.立国兴邦,改天换地（1949—1978年）

中国共产党在社会主义革命和建设时期完成兴国大业。在党的正确领导下,这一时期的红色音乐,一方面继续发扬革命战争年代的光荣传统,另一方面表现了人民群众歌颂党、歌颂领袖、歌颂新生活、歌颂社会主义建设、保卫祖国美好家园以及人民群众翻身当家作主的现实生活与精神面貌等,如《歌唱祖国》《革命人永远是年轻》《歌唱二郎山》《唱支山歌给党听》《我爱北京天安门》等。

3.改革开放,翻天覆地（1978—2012年）

中国共产党在改革开放和社会主义现代化建设新时期推进富国大业,这一时期的红色音乐主要以反映人民群众的爱国主义情感、歌颂党和歌颂祖国大好河山为题材,代表作有《我和我的祖国》《在希望的田野上》《我的中国心》《春天的故事》《走进新时代》《北京欢迎你》等。

4.筑梦复兴,惊天动地（2012年至今）

中国共产党在中国特色社会主义新时代推进并将在21世纪中叶实现强国大业,这个时期的红色音乐与时代脉搏同频共振,反映中国强国强军的梦想和实现中华民族伟大复兴的梦想,如《强军战歌》《不忘初心》《天眼》《我们都是追梦人》《灯火里的中国》《万疆》等。

（三）创新方式方法,推动音乐云党课见行见效

将文化馆受众细分,针对不同的受众群体,提供各类艺术风格的红色音乐,如催人奋进的革命战歌、拥军爱民的经典民歌及朗朗上口的红色儿歌等。采用菜单式文化服务,为群众定制"音乐菜单",人们可以线上"自助点餐""自由点单"。创新供给方式,运用文字、图片、音频、短视频等呈现形式,满足社会公众不同的文化需求,充分发挥音乐云党课的宣教服务功能,让更多群众看得明、听得懂、记得住。第一讲嘉兴红船唱响《国际歌》在漳州市艺术馆微信公众号一经推出，阅读点击量和转载率有很大突破，群众说阅读通俗易懂的文字和聆听耳熟能详的经典红歌旋律，感触颇深，领悟到没有共产党就没有新中国的深刻内涵。

三、音乐云党课的实践成效

随着音乐云党课学习平台的搭建，越来越多的人关注到这种学习方式，并产生浓厚兴趣。"人人皆可学"的音乐云党课既学得有意义，又学得有意思。通过"云+"的新手段，有效地整合碎片化时间，增强参与性和互动性，传播党的好声音，叙述党的好故事。

（一）增强了学习的主动性

音乐云党课搭建了一个人人都可随时随地学党课的便捷平台，创新选用红色音乐，结合新媒体讲述党史，着力破解了党史理论学习过程中存在的大课堂难以集中、大灌输难以吸收等问题，促使被动听课者转变为主动选课者，有效地推动"要我学"转变成"我要学"。

（二）提升了教育的持续性

在馆领导的带领下，围绕音乐云党课团队的建设，定期讨论课程内容，借助微信公众号、学习交流群等数字平台，规范网络信息安全工作，安排专人负责维护和运营，形成一系列长效教育机制，全面提升了党史学习教育的持续性。

（三）打造了公共数字文化服务特色品牌

音乐云党课从"听进去"到"学进去"，得到群众广泛认可和好评，成为漳州市文旅系统推进党史学习教育走深走实的创新学习形式和特色品牌亮点。音乐云党课内容丰富、覆盖广泛、传播快捷，为广大人民提供便捷常态化的公共数字文化服务，真正地融入人民群众日常生活与工作学习，为全民共享。

四、音乐云党课经验启示

党史学习教育是全党的一项重要的长期性工作。开展音乐云党课不能毕其功于一役，而应融入日常，久久为功，使之成为文化馆党史学习教育的长期、常态、长效工作。这项工作越是往深里走，越需要增强多元性和创新性，如此才能保证音乐云党课"有滋味""耐回味"。

（一）聚集资源，拓展音乐云党课的课程形式

利用阵地丰富红色文化资源，漳州市艺术馆将推出"音乐党课知识竞赛""音乐党课我来讲""红歌E起学""红歌E起唱""红歌歌咏会""最美红歌献给党"，以及直播、慕课

等线上课程活动,从发展的角度优化音乐云党课课程设计,通过自由学习式、课堂讲授式、参与实践式等教学形式,不断地提升音乐云党课的互动性、参与性、趣味性、共享性,让音乐云党课"燃"起来,让更多的群众关注、喜爱并积极参与,真实地感受红色音乐文化的力量,从中获得启迪。

(二)扩大覆盖,优化数字化服务平台

音乐云党课借助 PC、平板电脑、智能手机等设备,打造一堂"行走的党课",让广大基层群众随时随地接收、学习和使用音乐云党课的文化资源。同时,通过文化馆总分馆数字化点对点服务,打通服务基层群众的"最后一公里",实现音乐云党课优质资源对城镇、社区、乡村的全覆盖,实现信息资源共享,使音乐云党课文化普及真正融入人民的生活,让党的声音久久响在人民的耳边、跃在人民的指尖、暖在人民的心田。

(三)走进校园,融入青少年的思想政治教育

青少年是国家的未来和民族的希望,加强青少年思想政治教育是推进青少年党史学习教育的重要举措。推进音乐云党课进校园,将学校传统的灌输式教育转化为互动式、体验式视听教育模式,突破了学校推进思想政治教育的时空局限性,通过"音乐＋党史＋思政"的云碰撞,构建文化馆、学生、家庭、学校四位一体的学习教育网络。吸引更多的青少年主动学习感受革命精神、家国情怀,让红色文化走进青少年心中,让这颗红色种子生根发芽、开花结果。

"十四五"规划纲要明确提出要推进公共图书馆、文化馆、美术馆、博物馆等公共文化场馆免费开放和数字化发展。音乐云党课是文化馆推进党史学习教育的一个全新的尝试,在实践中需要不断完善,期望有更多的专家学者献策献计,以期让音乐云党课成为文化馆全民艺术资源总库建设的重要内容,在新的阶段、新形势下,为数字化文化馆建设添砖加瓦。

参考文献

[1] 刘辉 . 红色经典音乐概论 [M]. 重庆:西南师范大学出版社,2015.

[2] 李淑琴 . 共和国音乐记忆 [M]. 长沙:湖南电子音像出版社,2019.

[3] 周畅 . 中国现当代音乐家与作品 [M]. 北京:人民音乐出版社,2003.

[4] 李颖 . 文献中的百年党史 [M]. 上海:学林出版社,2020.

推动乡村文化脱贫 下基层"三区"帮扶创新

——江西省文化馆"三区人才支持计划"实践案例分析

江西省文化馆 李 灵

省级文化馆发挥资源、人才及技术优势,下基层到红色革命老区、边远贫困地区、边疆民族地区(以下简称"三区")提供帮扶,符合公共文化服务的均等性、基本性及公益性要求。2014—2020年,江西省文化馆连续7年对42个县(市)50个单位,选派文化工作者154人次,对口帮扶基层文化馆工作者近千人,在下基层人才帮扶中摸索出了"江西经验"。

一、案例背景

2011年,国家多部门联合印发《边远贫困地区、边疆民族地区和革命老区人才支持计划实施方案》,倡导优秀文化工作者到"三区"提供服务。党的十八大以来,脱贫攻坚工作如火如荼开展。治贫先治愚,扶贫先扶智,推动乡村文化脱贫对身处红色革命老区的江西省文化馆提出了更高要求。

下基层到"三区"开展人才帮扶,增强基层馆站的"造血"功能,是江西省文化馆致力提高乡村公共文化服务水平的帮扶路径。

二、创新做法

推动基本公共文化服务向乡村延伸,扩大乡村文化惠民覆盖面,完善基层文化人才队伍是关键。下基层培训文化馆(站)文化干部是江西省文化馆的重要工作。

(一)从帮扶需求侧供给

精准提供服务供给,才能精准地满足基层馆(站)对公共文化服务的需求。着眼受援的需求侧,是江西省文化馆下基层帮扶的第一步。

1. 注重精准帮扶,从帮扶需求侧入手

从召开对接协调工作会、召开动员大会、搭建交流平台、制定援助项目计划书、确定援助方式到赴实地开展帮扶,因每年受援方的需求不同,所以帮扶的类别有所变化,具体见表1。

表 1   2014—2020 年江西省文化馆从帮扶需求侧入手的帮扶项目

年份	项目个数 / 个	帮扶项目类别
2014	2	①兴国山歌发掘、整理、研究和表演 2 项
2015	40	①音乐 8 项;②舞蹈 6 项;③美术书法摄影 4 项;④文化活动 6 项;⑤文化管理 4 项;⑥电视片后期制作 1 项;⑦计算机 1 项;⑧非遗保护 10 项
2016	26	①音乐 8 项;②舞蹈 7 项;③戏剧 2 项;④美术 1 项;⑤书法 1 项;⑥摄影 1 项;⑦活动策划 2 项;⑧非遗保护 2 项;⑨数字化建设 2 项
2017	26	①音乐 7 项;②舞蹈 4 项;③戏剧 2 项;④美术 2 项;⑤书法 2 项;⑥摄影 1 项;⑦文化活动策划 3 项;⑧数字化建设与管理 4 项;⑨非遗保护 1 项
2018	21	①音乐 8 项;②舞蹈 3 项;③戏剧 1 项;④美术 1 项;⑤书法 2 项;⑥摄影 1 项;⑦活动策划 4 项;⑧非遗保护 1 项
2019	21	①音乐 6 项;②舞蹈 4 项;③戏剧 2 项;④美术 2 项;⑤书法 2 项;⑥摄影 3 项;⑦活动策划 1 项;⑧数字化建设 1 项
2020	18	①音乐 5 项;②舞蹈 8 项;③戏剧 1 项;④书法 1 项;⑤摄影 1 项;⑥数字化建设 1 项;⑦活动策划 1 项

2. 延伸帮扶链条,在人才培养处行动

国以才立,业以才兴。实现新时代群众文化事业的大发展大繁荣,离不开基层人才的培育与凝聚。江西省文化馆采取"下基层""请上来"及"走出去"等方式,每年不定期为受援对象提供上门工作指导、业务辅导和讲座培训,见表 2。

表 2   2014—2020 年江西省文化馆帮扶人才培养数据

年份	受援县区 / 个	派出人数 / 人	培训方式	培训人数 / 人
2014	1	2	—	—
2015	8	40	"请上来"培训	82
2016	6	26	"走出去"交流	—
2017	7	26	—	—
2018	7	21	"请上来"培训	72
2019	7	21	"下基层"辅导	517
2020	6	18	"下基层"辅导	300

3. 实现帮扶闭环,在服务效能上检验

没有面向需求侧的高质量帮扶,下基层也无法深入推进公共服务均等化。为保证服务效能,江西省文化馆在帮扶中采取分队责任制,以"前期有计划、过程有日志、完成有总结、结束有评价"的工作闭环建立起帮扶档案,见表 3。

表 3 2014—2020 年江西省文化馆帮扶建档情况

单位:份

年份	选派工作服务档案	项目计划书	团队计划书	日志与总结
2014	2	2	1	1
2015	40	40	11	42
2016	26	26	8	28
2017	26	26	7	33
2018	21	21	8	30
2019	21	21	7	27
2020	18	18	6	27

注:项目计划书包括个人自己评价、受援单位评价

(二)与资源共享相结合

坚持创造性转化、共享性帮扶的理念,江西省文化馆在下基层过程中主动实行资源共享的加法运算。

1. 与扶贫工作结合

宁都县田埠乡东龙村是江西省文化和旅游厅的扶贫点,同时宁都县文化馆也是江西省文化馆"三区计划"的受援单位。江西省文化馆干部在驻村工作期间,同步开展"二区"帮扶;在东龙村村委开展书法培训,组织"群星奖""百姓大舞台"等获奖优秀节目走进扶贫点开展慰问演出,邀请文艺界的专家及业务骨干加入下基层帮扶团队,与当地村民共享文化建设的发展成果。

2. 与"春雨工程"结合

新疆维吾尔自治区克孜勒苏柯尔克孜自治州(以下简称"克州")阿克陶县是江西省定点援疆地。2019 年,根据文化和旅游部、中央文明办统一安排,江西省文化馆以"大讲台"形式参与"春雨工程",开展跨地域公共文化服务。在完成好任务的同时,应克州文化馆请求,江西省文化馆结合当地实际加开了书法课程,给来自 300 公里以外县区、乡镇的书法爱好者授课。优质的公共文化服务赢得了学员们和受援县的一致肯定。

3. 与非遗传承结合

兴国山歌是江西省兴国县地方传统音乐,也是国家级非物质文化遗产。自 2014 年起,江西省文化馆持续派出音乐干部定点帮扶,指导收集、整理兴国山歌,提升兴国山歌艺术水平。2019 年,江西省文化馆就兴国山歌和民族音乐在兴国县城举办专题培训班,培训兴国县文化馆的专业干部、各乡镇文化站业务人员、兴国山歌民间歌手、文化志愿者100 余人。兴国县文化馆获得兴国山歌项目保护单位资格。

三、帮扶成效

2014年至今,江西省文化馆干部像蒲公英的种子,在一次次下基层帮扶中,将文化播种,将艺术传播。

(一)为群众"送"演出

江西省文化馆下基层开展公共文化服务(见表4),让"三区"人民享受文化惠民的成果,以文化文艺之力助推脱贫攻坚。

表4　江西省文化馆为群众"送"演出

年份	"送"演出
2015	"百姓大舞台,大家一起来"——"放歌赣江源"声乐大赛在受援县石城举行
2016	帮扶会昌县采茶歌舞剧院,送参与编创的《畲山情歌》下乡20场,好评如潮;帮扶修水县文化馆,打造的《助耕鼓乐》被作为2017年修水县春节联欢晚会的开场节目
2017	为扶贫点东龙村送慰问演出,受到全体村民欢迎

(二)为基层馆(站)"送"指导

江西省文化馆帮扶指导基层馆(站)的赛事活动(见表5),结出了累累硕果,提振了基层文化队伍的自信心。

表5　江西省文化馆帮扶成果获奖表

年份	帮扶对象	帮扶"送"指导
2015	瑞金市	赣南采茶戏《试夫》获第一届华东六省一市地方小戏大赛银奖
2016	安远县	帮扶小品《分房》获第十三届华东六省一市戏剧小品大赛银奖
2018	修水县	帮扶小品《养兔逸事》在"为了庄严的承诺"——江西省庆祝改革开放40周年脱贫攻坚小戏小品曲艺大赛中获小品优秀奖
2018	宁都县	赣南采茶小戏《茶树凹风情》在"为了庄严的承诺"——江西省庆祝改革开放40周年脱贫攻坚小戏小品曲艺大赛中获小戏优秀奖
2020	修水县	帮扶小品《出点难题》获第十五届华东六省一市戏剧小品大赛金奖
2020	赣州市南康区	帮扶小品《兄弟》获"江西省扫黑除恶专项斗争原创小戏小品大赛"二等奖

(三)为同人"送"知识

江西省文化馆下基层"送"知识(表6),培养出了一批批热心群众文化事业发展、业务水平过硬的队伍,提高了基层文化馆(站)的业务水平。

表 6　江西省文化馆下基层帮扶 "送" 知识

年份	帮扶 "送" 知识
2018	举办 "三区" 人才宁都县书法培训班,来自宁都县各乡镇、村的书法爱好者及文化馆辅导干部共 60 人参加
2019	举办 "三区" 人才石城县书法培训、会昌县广场舞培训、修水县舞蹈培训、兴国县民族音乐培训、会昌县合唱培训,参训人员 550 余人次
2020	举办 "三区" 人才宁都县书法培训、会昌县曲艺培训、修水县广场舞及旗袍秀培训,参训人员 300 余人;组织脱贫 "颂党恩" 宣讲走进鄱阳,为程家村村民送去精彩演出

四、经验启示

进入新发展阶段,实现公共文化服务的高质量发展,离不开全省各级文化馆人的共同努力。

(一)下基层着眼需求性

从需求侧切入,有的放矢才能精准帮扶。前期建立沟通机制,帮扶做到供需调配,为全省文化馆总分馆制的改革摆好 "一盘棋"。

(二)过程中把握全局性

工作千万条,帮扶第一条。资源共享,健全体制机制,结合社会背景,扩大影响效能。实施共享性帮扶,为全省文化馆的联盟拉起 " 张网"。

(三)帮扶下突出人才性

开展人才支持培养,发挥省级馆的 "领头羊" 作用。授人以渔,"种下梧桐树",为各地实现文化的大发展、大繁荣拧成 "一股绳"。

参考文献

[1] 江丽君,李灵 . 试论贫困及老少边远地区文化帮扶 [J]. 参花(上),2020(12):143-144.

[2] 陈建红 . 广西图书馆 "三区" 人才支持帮扶项目实践与思考 [J]. 农业图书情报学刊,2016(8):223-225.

[3] 何寿峰,赵昭 . 河北省图书馆在 "三区" 人才支持工作中的实践与思考 [J]. 科技风,2019(1):211-212.

[4] 白婧 . 欢乐送基层　文化进万家——"三区" 人才支持计划专项工作总结 [J]. 艺境(山西艺术职业学院学报),2016(2):49-50.

[5] 唐占宇 . 浅谈文化工作者深入基层的作用——以海东市互助县文化馆 "三区" 工作为例 [J]. 中国土族,2018(3):53-54.

"赣南文化云"战新冠

——赣州市文化馆数字文化服务助力疫情防控工作案例

赣州市文化馆　康诗俊

一、活动背景

突如其来的新冠疫情打破了人们平静的生活,因为这场疫情,人与人之间面对面沟通的机会减少了,即使见面也隔着口罩这层保护伞,人与人之间的距离看似很近却又很远。同时因为居家隔离,人们内心承受着巨大的压力。公共文化如何服务大众? 如何提升服务效能? 赣州市文化馆开始了大胆的探索,并摸索出一条适合欠发达地区的公共文化服务新路子。

二、活动成效

在全国上下众志成城、全力以赴抗击新冠疫情的特殊时期,赣州市文化馆专业人员作为文化先行者,以高度的文化自觉,宅家谋划创作文艺作品,在馆微信公众号、网站、文化云平台推出系列栏目"群文战'疫'——赣州市群众文化工作者抗击疫情公益作品展示",共推送35期,举办线上直播等6场,数字文化服务的受益人次为103.3万。此举打破时间、空间的限制,用丰富、优秀的文艺作品,让习惯于线下看演出、看展览的观众获得了一种全新的审美体验,及时快速地传递正能量,进一步凝聚了人心,彰显共克时艰的坚定信念,为打赢这场战"疫"提供了强大精神力量。

三、主要做法

(一)文艺创作"繁花似锦"

在疫情防控期间,赣州市文化馆积极行动,自觉担当,用文字、声音和画笔,创作出了一批有思想、有温度、有品质的文艺作品,共计 37 个,在全省抗疫作品评选中,有 5 个作品入选。2020 年 2 月 1 日,赣州市文化馆创作的公益原创歌曲《爱是桥梁》正式推出,其音频和视频 MV 均被"学习强国"平台、中国艺术头条微信公众号登载;2 月 9 日,创作了配乐诗《在赣州静候曙光》,以诗歌抒怀,以诗歌鼓舞斗志;3 月 27 日,歌曲《久别重逢》推出,表达了对胜利必将到来的坚定信念,以及久别重逢后的澎湃心潮,致敬新时代最可爱的人;歌曲《黎明时刻》的演唱者们还在赣州机场为返赣的抗疫英雄们献唱。

(二)网上授艺"鼓足斗志"

以馆内原创歌曲《新长征,再出发》为配乐,赣州市文化馆组织专业舞蹈人员刘鸿英、刘淳创新编创了一套采茶健身操,并在馆微信公众号、网站、文化云平台上发布了视频教程。热心推广的文化志愿者居家教学,带动"宅男宅女"在家观看视频学习,采茶健身操在各网络平台掀起学习热潮,众多舞蹈爱好者通过"云端"以舞寄情,共战疫情。随后,采茶健身操被推广至当地校园,供广大中小学生课间练习,进一步提升健身操覆盖人群率,这既有利于学生合理安排作息时间,又能使学生增强自身抵抗力,使身体保持活力和健康,保障了学生全面发展、身心健康。

(三)线上展览丰富多彩

在疫情防控期间组织开展作品征集活动,收集了一批涵盖文学、音乐、美术、书法、摄影、曲艺等多种艺术形式的人民群众喜闻乐见的作品,其中的精选作品在馆微信公众号、网站、文化云平台推出的系列栏目"群文战'疫'——赣州市群众文化工作者抗击疫情公益作品展示"上展出。

(四)数字文化资源精彩纷呈

赣州市文化馆积极探索服务群众新方式,一改以往的线下培训模式,将工作模式由线下转为线上,做到闭馆"不谢客",线上服务"不打烊"。于 2019 年赣州市文化馆开启了"文化云"服务新模式,其文化有约、艺术慕课、文化直播、文化动态、精准扶贫、志愿者、地方特色库等资源,满足了人民群众足不出户在线求知求乐的精神文化需求,将公共文化服务触角延伸到千家万户。

四、经验启示

(一)强化了文艺创作精品意识

习近平总书记说:"文艺是时代前进的号角,最能代表一个时代的风貌,最能引领一个时代的风气。"明确要求文艺工作者创作生产更多"思想性、艺术性、观赏性有机统一的优秀作品"。唯有思想精深、艺术精湛、制作精良的数字文化作品,才能够在群众中产生较大影响,才能够体现先进文化的前进方向,时刻引导着人们向美、向善、向上。

（二）创新了文化服务方式

文化馆不断开拓思维，勇于创新，将传统艺术与现代技术相结合，利用网络平台和资源优势，突出抓好线上文化公共服务和文化抗击疫情文艺作品创编、网展等工作。春节是中华民族最隆重的传统佳节，但受疫情影响，2021年我们过了一个不一样的年。在营造欢乐祥和的节日气氛的同时，结合疫情防控的实际情况，赣州文化馆策划了"线上过大年　好戏连连看"——2021年赣州群众文化精品节目云展播，精选并展播了一批赣州市广大群众近年来创作的精品文艺节目。赣州市文化馆积极探索服务群众新方式，一改以往的线下培训模式，将工作模式由线下转为线上，做到闭馆"不谢客"，线上服务"不打烊"。

（三）丰富文化服务内容

赣州市文化馆更新服务内容，扩大服务范围。推出的精品慕课内容丰富、形式多样，既有古代名剧鉴赏，也有古典诗词鉴赏、美术鉴赏、舞蹈艺术、人人爱设计、剪纸技法等课程内容。旨在提高大众的鉴赏能力，提升大众品位。此外，慕课内容不仅包括知识的推广，也有生活技巧的推广，增加服务的实用性。

（四）文化服务和疫情防控两手抓，两不误

疫情防控期间，赣州市文化馆一方面把疫情防控作为重要的工作来抓，切实履行责任，不折不扣地落实好党中央各项决策部署，加强疫情监测，强化人员进出管理；强化防范措施，做好单位内部的消毒措施；全力落实疫情防控用品等物资保障；充分发挥宣传栏、微信公众号作用，加强对疫情防护知识的宣传科普。另一方面，将党建工作融入文化服务工作，全面统筹谋划文化服务，重点做好全国第五次文化馆评估定级、文化志愿服务、文化馆联盟、精准脱贫等工作，细化了责任、举措，将任务落实到专人，鼓干劲、争上游、创新高，全力推进全馆业务工作再上新台阶。

悠悠采茶韵　亲亲红土情

——赣州市章贡区文化馆推进"赣南采茶戏进校园"活动案例

赣州市章贡区文化馆　张　璐

一、活动背景

赣州是一座具有浓厚文化底蕴的城市,是一处具有丰厚的精神滋养的红色沃土。国家级非物质文化遗产赣南采茶戏生于斯,长于斯,也成于斯,其对于提升赣州的文化品位、丰富文化内涵、扩大文化影响、增强文化自信,有着不可比拟、不可替代的重要作用。做好赣南采茶戏的传承与发展,既是历史责任,又是时代需要。为做好这项工作,从 2007 年 9 月起,赣州市开始探索"赣南采茶戏进校园"活动。章贡区作为赣州市的中心城区,发挥了先锋队、主力军作用,广泛激发调动辖区内大、中、小学学生的兴趣和参与热情,推动"赣南采茶戏进校园"活动有序开展。

二、主要做法

(一)营造一个氛围,渲染赣南采茶戏的艺术力

在校园文化规划建设中,把"采茶文化"融入其中,将班牌做成了一把把小采茶扇,构建"采茶文化"特色环境。如艺术长廊"采撷茶韵""漫步茶苑""茶韵飘香""茶园新曲",展现赣南采茶戏的起源和最具特色的动作示范,介绍采茶戏经典剧目,让孩子们与"采茶戏"对话,营造出一个地道的采茶戏园子。

(二)创新两项机制,永葆赣南采茶戏的生命力

一是建立联动机制。与家庭联动,开展了"采茶知识知多少"家庭调查问卷活动;与社会联动,聘请了专业教师指导"采茶戏进校园"活动,对采茶曲牌重新填词,推陈出新,共同打造品牌节目,使之在保护中创新,在传承中发展。在家庭、社会与学校的联动下,孩子们还创编了不少校园赣南采茶戏。二是建立考评机制。考评,既是指挥棒,也是动力源。将"赣南采茶戏进校园"活动纳入学校学生思想道德建设考评内容,对各班活动开展情况进行检查、考评,并对先进学校、班级和个人进行表彰。开展赣南采茶形象大使评比活动,评选出了一批"赣南采茶形象大使"。

(三)搭建三个平台,增强赣南采茶戏的感染力

一是课堂平台。课堂是"赣南采茶戏进校园"活动的主阵地。开设"赣南采茶戏"校本课程,组织学生学习赣南采茶戏相关知识,引导学生接受乡土乡情的教育。把采茶戏的舞蹈音乐列为音乐课教学内容,组织学生观看采茶戏优秀传统剧目,学跳采茶舞,学唱采茶调,学编采茶谣。二是交流平台。交流是普及赣南采茶戏的关键。赣州市章贡区文化馆联合学校并聘请专业剧团指导,举行了赣南采茶形象大使人物评选暨颁奖晚会,展出了章贡区近几年的传统节目和多个赣南采茶戏精品节目,引起了强烈反响。三是网络平台。网络是传播各种信息较为快捷的途径。文化馆、学校的网站设有"青青采茶"栏目,把"赣南采茶戏进校园"的一些活动动态,通过网络传播到各地。

(四)以活动为抓手,提升赣南采茶戏的吸引力

只有让学生感兴趣,赣南采茶戏才能在青少年中推广普及。为此,章贡区文化馆根据学生的特点组织开展了赣南采茶"四个一"活动。活动一:争当采茶小戏迷。在学生中开展以"赣南采茶知识"为主题的"争当采茶小戏迷"知识抢答赛。比赛包括"必答""抢答""风险提速""互选""视听"五个环节。活动二:采茶小调大联唱。在学校课前举行"小小斑鸠声声唱,幸福唱响和谐曲——采茶小调联唱赛"活动。活动三:齐跳采茶韵律操。根据赣南采茶戏《斑鸠调》曲调改编采茶韵律操,把赣南采茶戏独特的矮子步、扇子花、单长水袖等元素融入其中,当作学生课间操、教师工间操。活动四:形象大使齐争当。在学校开展"采茶知识形象大使"和"采茶才艺形象大使"评选活动。

三、活动成效

从 2007 年 9 月起,章贡区就启动了"赣南采茶戏进校园"活动,覆盖大、中、小学校,广泛激发并调动学生的兴趣和参与热情。开展"赣南采茶戏进校园"活动以来,取得了初步成效,呈现出"有人知""有人爱""有人学""有人会""有人干""有成果"的喜人局面,达到了传统文化育新人的目的,提高了学生的综合素质及文化自信。

(一)学生综合素质得到提高

通过开展"赣南采茶戏进校园"活动,编创的采茶健身操得以推广,学生既锻炼了身体,又愉悦了身心。学习了采茶戏,学生们行为习惯得到了改善,不良行为在减少。每个学生在了解采茶戏知识的过程中,感受了家乡戏曲的魅力,激发了了解家乡、热爱家乡的情怀,涌现出大批学采茶戏、爱采茶戏、传唱采茶戏的孩子。

(二)校园文化品位得以提升

"赣南采茶戏进入校园",对弘扬中华优秀传统文化、保护和传承赣南采茶戏这一非物

质文化遗产起到了积极作用。校园处处彰显出赣南采茶戏教育的独特魅力,民族艺术的种子悄然种在孩子的心中,客家优秀文化逐渐深入人心,在传承创新传统文化的过程提升了"和谐健康、高雅向上"的校园文化品位,使学校历史底蕴和文化积淀更为丰厚。

(三)社会传承队伍逐步壮大

"老少不接""人才断层"等问题,直接影响着赣南采茶戏的传承与发展。通过开展"赣南采茶戏进校园"活动,学校培养了一批具有赣南采茶戏知识的教师,在学生中组建了一支优秀的演出队伍,不仅在师生中掀起了一股学采茶戏、唱采茶歌、跳采茶舞的热潮,而且通过学生影响了家庭,影响了社会,壮大了赣南采茶戏传承队伍,为队伍增添了新生力量。

(四)赣南采茶戏知名度得到提升

开展"赣南采茶戏进校园"活动以来,赣南采茶戏在各类比赛中频频亮相,进一步提升了知名度和美誉度。2018年7月,在由中国戏剧家协会主办的第22届中国少儿戏曲小梅花荟萃活动中,章贡区选送的赣南采茶戏《茶童戏主》选段《搭船巧遇》荣获"传承类"节目第一名,并被授予"最佳节目"称号;2019年7月,在第23届中国少儿戏曲小梅花荟萃活动中,选送的《刘二与四妹》荣获金花奖,并获得参加颁奖晚会演出的资格。《茶林青青》《斑鸠声声》《山花花开》《脐橙熟了》《采茶梦》等几个采茶戏精品节目,分别被选送参加第三届、第四届、第八届全国校园春节联欢晚会并均荣获金奖。许多省内外教育同行纷纷来章贡区参观学习。新华网、《中国教育报》、《江西日报》、江西教育电视台也纷纷对"赣南采茶戏进校园"活动进行了宣传报道。

四、经验启示

(一)加强组织领导,切合传承活动的规律性

在全区宣传教育工作会议中,明确将"赣南采茶戏进校园"活动纳入学校学生思想道德建设考评内容,列入学年德育工作计划,成立了"赣南采茶戏进校园"活动领导小组。聘请市级以上传承人及赣南采茶歌舞剧院的专业人员指导开展传承活动。

(二)以学生为中心,切合学生认知的趣味性

根据小学生年龄段的求知特点,编创了赣南采茶戏少儿普及教材,开发了一批反映时代、充满童趣、贴近儿童生活的新节目,表演形式、舞台效果实现了推陈出新,作品形式也从原来较为单一的采茶小戏发展到相声、小品、情景剧、快板、小组唱等多种喜闻乐见的形式,贴近了学生生活,满足了不同学生的审美需求。

（三）滋养校园文化，实现文化教育的双赢性

一是提升校园文化的竞争力。校园处处彰显着赣南采茶戏教育的独特魅力，民族艺术的种子悄然种在孩子的心中，客家优秀文化逐渐深入人心，在传承创新传统文化的过程提升了"和谐健康、高雅向上"的校园文化，使学校更具丰厚的历史底蕴和文化积淀。二是展现文化传承的活力。通过"赣南采茶戏进校园"活动，文化传承队伍逐步壮大，"老少不接""人才断层"等问题得以解决，在学校培养了一批具有赣南采茶戏知识的教师，在学生中组建了一支优秀的演出队伍，而且通过学生影响了家庭，影响了社会，为赣南采茶戏增添了新生力量。

红色是赣州最鲜明的底色，红色基因是这座城市最引以为豪与弥足珍贵的历史财富。在这块红土地上，我们将坚定地开展"赣南采茶戏进校园"活动，让它在校园里扎根、发芽、开花、结果，护佑着孩子们的心灵健康和快乐成长，让更多的孩子了解、喜欢、迷上赣南采茶戏，成为赣南采茶戏的实践者和传播者！

百般红紫共芳菲

——山东省文化馆推动公共文化活动进景区深化文旅融合

山东省文化馆　孙海箴

用文化的理念发展旅游,用旅游的方式传播文化,真正实现协同与融合成为文旅公共文化服务的发展方向和目标。从文化馆提供的公共文化服务的角度看,我们要做的是用文化的眼光看待旅游,提升旅游发展中的文化内涵、文化品质。同时,借助旅游的方式传播文化、扩展公共文化服务的对象和方式。全国的文化馆系统都在探索文旅融合发展的路径,特别是经历了新冠疫情的突然重创,创新实践更加迫切地成为文化馆提升公共文化服务效能、深化文旅融合的时代命题。山东省文化馆大胆尝试,推出升级版的公共文化活动进景区,进行了一系列有益尝试,并收获理想效果。

一、创新背景

2020年那个不平凡的春天过后,全国的文化和旅游系统马上谋划重启线下活动并将重点放在助力遭受重创的旅游业复苏。全国文化馆行业积极行动,将公共文化活动的开展和文旅融合、脱贫攻坚紧密结合,探索新的工作思路。

山东省文化和旅游厅等部门出台了《第四届山东文化和旅游惠民消费季实施方案》《关于开展"五个大家"系列活动搭建群众文化活动平台的实施意见》《关于进一步促进文化和旅游消费若干措施》等文件。各级文化馆贯彻落实文件精神,开始尝试或升级公共文化活动进景区。文化馆优质的文化艺术资源走出场馆融入景区,能丰富景区文化内涵,提升景区文化品位,扩大文化馆公共文化服务活动的对外影响力,同时也是深化文旅融合、拉动文旅消费、培育夜间经济产业的一项重要举措。

二、创新做法

据统计,2020年山东省、市、县三级文化馆公共文化活动进景区共走进各级景区356个,开展各类展演活动3400场,受益群众达2000万人次。其中山东省文化馆公共文化进景区活动包括演出进景区、书画创作展览进景区、非遗进景区等内容。

（一）文化惠民演出品牌"百姓大舞台"常驻景区，扮靓景区夜色，提升旅游体验

7月，泉城济南进入酷暑时节，市民们都迫不及待地走进自然找寻一丝清凉，开启夜娱乐模式。山东省文化馆大胆创新，将自己的文化惠民演出品牌"百姓大舞台"的演出主场从省文化馆广场搬到了济南市九如山度假风景区，开展"山东人游山东 放心开心游山东"旅游主题活动。2020年共开展"相约消费季 百姓大舞台"系列活动18场，其中9场走进了济南市九如山度假风景区。

7月25日晚，2020艺术进景区启动仪式——"百姓大舞台"走进九如山活动在九如山度假风景区成功举行。歌曲、舞蹈、曲艺、杂技等精选节目轮番上演，本地高人气乐队组合和现代舞团的登场嗨翻全场。传统绝活技艺和现代"网红"的碰撞配合精彩的舞台灯光电技术，为现场2000余名市民游客奉上精彩绝伦的视觉盛宴。山东省文化和旅游厅官网、《齐鲁晚报》、大众网等多家省级主流媒体跟踪报道，多家平台同步网络直播。之后又采取线下演出和线上同步直播的方式，推出了迎合各类观众喜好的电声乐队、摇滚、流行歌曲、街舞等专场演出，并精心策划了高水平的"纪念抗美援朝胜利70周年专场演唱会"。

九如山度假景区斥重金打造了"豪蒙聚集地"综合体，集用餐、会议、游憩于一体，还配备了无边界泳池，吸引了众多时尚都市人的目光。露营基地有设施完备的豪蒙民宿，舞台两侧还有极具特色的三角形帐篷式房间。在免费露营区，游客们可以选择租赁天幕帐篷产品，亦可自行搭建帐篷进行露营。舞台区域增加了餐饮服务，济南特色烧烤小吃应有尽有，充分满足了游客的多元化露营需求。游客白天在九如山壮美的大小瀑布群间穿梭，感受广袤山林的自然之美。夜幕降临，星空下的音乐盛宴上演，"百姓大舞台"精彩的演出成了景区露营基地的吸睛点。绚烂的舞台灯光在景区山水间流转，舞台上动感的旋律、热辣的舞姿将基地的气氛一次次推向高潮，现场观众吃着美食看着演出，尽情享受盛夏的快乐。公共文化活动与景区携手，完美结合，成就了这个夏天诗意动感的九如山之旅。

据统计，活动参演人员1500余人，现场观众达到40000人次，网络直播观看量突破500万人次，景区收入增加近千万元，成功打造了泉城文旅融合新名片。

（二）书画创作展览走进景区，增添景区文化内涵，拓宽文化馆美术活动平台

2020年，山东省文化馆的"书画艺术进景区"活动在省、市、县、乡四级共同开展。山东省文化馆组织省内著名书画家、本馆专业画家36人分别走进济南水帘峡风景区和泰安东平县水浒影视城。活动包括组织景区写生笔会、美术展览、共建艺术创作基地三大项目。

组织省内书画名家和省馆及景区当地美术业务骨干参与景区写生活动。通过示范、评画等方式对培训人员进行专业的美术辅导，系统提升各级文化馆美术干部的业务水平。在活动期间还以现场笔会的形式，组织书画家和当地书画爱好者进行艺术交流，增强地域间文化交融、提高两地美术工作者专业水平。共创作书画作品130余幅，全部无偿赠与景区。

在景区举办美术作品展，组织书画家现场创作书画精品，搭建艺术长廊展示，为游客提供高品质的美术作品盛宴，丰富旅游体验。不仅提升了景区的服务质量，还达到了提高大众艺术审美水平的目的。

山东省文化馆还分别在济南水帘峡风景区和东平水浒影视城举行挂牌仪式，建立艺术创作基地，启动与景区的长期合作模式，同时为将来培训省内群众文化系统美术专业人才提供写生基地，打造了硬件平台，真正实现了文旅公共服务的双赢互惠。

（三）非遗技艺展示、精品展览走进景区，以展促售，助力脱贫，弘扬传统文化

各级文化馆同时也是当地非物质文化遗产保护中心，非遗保护传承工作相较于文化馆的其他职能工作来讲，与旅游的合作推行要更早一些。各地在保护振兴当地非遗项目时，大都早就采用了和旅游业合作的方式，如建非遗小镇、将非遗技艺展示作为景点的日常展示项目、在景点宣传售卖非遗产品等。泉城济南市中心的明府城百花洲景区在打造伊始就明确定位为历史文化街区，集中提供非遗、民俗展示，主打体验式旅游。山东省文化馆组织非遗项目与景区长期合作，几年间已完善发展为非遗展示传承的样本景区。文化馆的非遗保护工作一直在拓宽视角，在"服务"上做文章，应时应景地将非遗活动与时尚生活方式结合，借助新兴媒体扩大活动影响和普及面。在总结前几年经验的基础上，山东省文化馆充分发挥全省非遗工作龙头单位的优势，筛选非遗项目和传承人，提供全方位服务并与景区沟通协调确保了将最富地域代表性、最利于景区展示展卖的非遗项目走进景区。

2020年7月至10月的每个周末，山东省文化馆组织非遗传承人带着自己的拿手绝活和非遗产品进景区，举办了"大家创·非遗传承发展成果系列活动——非遗长廊展"走进济南水帘峡风景区活动。利用景区观光长廊等设施，组织非遗产品展示展销活动。共组织12次11个项目20名代表性传承人（艺人），非遗产品总销售额达157万元，包括桃木雕刻、刻瓷、糖画、面塑等。景区的景观长廊成了游客集中聚集区，各个短视频平台都有游客上传的随手拍视频。非遗展览展示进景区活动，作为非遗助力脱贫、促进乡村振兴的有力举措，实实在在增加了传承人（艺人）和景区的收入，提高了景区的知名度，更为重要的是起到了弘扬传统文化的作用。

山东省文化馆艺术进景区活动（大家创·非遗传承发展成果系列活动——非遗长廊展走进济南水帘峡风景区）入选了2020年度山东省文化旅游工作典型案例。

三、创新成效

山东省文化馆在策划公共文化活动进景区的尝试之初，就对成效有所规划预期，实践证明，也确实收获了多赢的效果。

（一）锻炼了文化馆业务干部

文化馆普遍面临业务人员不足、工作头绪多的难题。业务人员在完成常规创作、培

训、演出、调研等工作的同时,难以抽身进行自身业务能力的再提升。进景区的演出活动多与专业院团和社会文艺团体合作,在同台筹备演出的过程中,人员间可以进行专业技能的互相切磋学习;美术干部利用集中封闭的进景区写生活动,与专家吃住同行,高效率地得到指导和切磋;省级馆肩负着培训市级、县级馆业务人员的职能,在景区挂牌写生基地,为自己建立了"自留地",在组织美术干部培训时不再是单一地坐在省馆听专家授课。现场取景、构图色彩、画作点评,每次的进景区写生活动都是报名火爆,每天的评画讲解都会延续到深夜,学员们还是意犹未尽。

进景区演出活动的灯光电舞台效果和线上直播在技术层面都要求更高,这也锻炼了省馆的直播能力,对于省馆云平台建设积累了实战经验,创新了公共文化服务机制。

(二)扩宽馆办团队和志愿者队伍的展示舞台

山东省文化馆自有的公益展演品牌和公益培训品牌活动培养了大批能上台、爱上台的学员,还有多支馆办团队和志愿者队伍。这些参与团体都是馆里演出活动的中坚力量。文化馆一直是以教技能、搭舞台、秀风采的方式来为群众办实事。常驻景区的演出活动,为馆办团队成员们扩宽了展示舞台,极具吸引力。同时暑期也是大、中专学生志愿者的活动旺季,迎合了他们的需求,既满足学生们积累志愿服务时长的需要,又为文化馆演出活动解决了人员不足的难题。

(三)为文化馆吸引社会力量参与文旅融合积累了实践经验

进景区的演出相较省馆主场和日常下社区进基层的演出而言,规模大、对现场设备和气氛营造要求更高。加强项目合作,促进资源整合,向专业院团、社会培训机构、民间剧团、社会组织等抛出橄榄枝,与主流媒体和新兴平台密切合作,多方共造声势,解决日常公共文化活动出力不少却声势不大的痛点。在实践中浇筑了合作的坚实基座,在创新中拓宽了文旅携手发展的路径。同时,公共文化活动进景区也存在无限商机,对吸纳社会机构投资公共文化和旅游产业有助推作用,有助于找到公益性的文化资源和专业性的社会运作的结合点,是吸引社会力量参与公共文化活动,在资金、社会影响等方面寻找全新互惠共荣模式的有益尝试。

(四)丰富了景区文化内涵

有了公共文化活动的加持,济南水帘峡风景区和九如山度假风景区有了温度和吸引力,在游客数量、营业收入和旅游体验满意度方面都有了大幅提高。公共文化进景区系列活动,以让人民群众更好享受艺术文化为目标,有效把优质舞台展演、书画展创、非遗资源融入景区,不断丰富景区文化内涵,延长旅游产业链,打造文旅融合新名片,构造文旅深入融合发展新业态。全方位、多角度宣传推广了本地旅游资源,实现了让文化借助旅游传播得更好,使旅游依托文化发展得更快。

四、经验启示

（一）公共文化活动进景区是实现公共文化服务与旅游公共服务融合的重要举措

在文旅融合的大背景下，文化馆提供的公共文化服务与原有概念上的旅游公共服务在探索寻求融合的路径，从供给侧拓展文化旅游服务的外延，使公共文化服务群体扩大，空间拓宽；丰富旅游公共服务内容，增加人文色彩。文化馆提供的公共文化服务与旅游公共服务继续融合发展将是承载着诸多可能的漫漫长路。

（二）公共文化活动要提前谋划，配合当地当季旅游工作重点热点展开

各地政府每季都有自己的工作重点热点安排。公共文化活动与之配合提前谋划，活动嵌入整个地域的整体规划中，不是为了办活动而办活动，而是润物无声地将公共文化服务融入城市乡村的每一天。比如近几年大力发展"夜经济"。要培育夜游、夜购、夜娱、夜读、夜宿等多元化夜间消费业态，群众文化活动必然要有，也必须以多元的方式融入其中，为旅游活动增加文化内涵，丰富体验。各级文化馆可以组织各种规模的进景区、进商区惠民演出展览，借助夜经济的热度扩宽群文活动的辐射面。

（三）公共文化活动进景区的成果启发文旅融合还应不断开拓多种可能

公共文化活动进景区的有益尝试达到了文化馆、景区、游客、政府多赢的理想效果，我们群文人收获颇丰，初尝硕果。以最广泛的"公共服务"为目的，实现文化旅游创新性、时效性、针对性更强的综合性的公共服务是伟大时代赋予的全新使命。打造具有地方特色的公共文化空间，通过精准定位来实现省级馆和市级馆、县级馆区别化提供公共文化服务内容等都是未来群众文化活动需要实现的目标，不断扩宽群文人展示风采、发挥作用的舞台将是我们今后工作的重要方向。

积极探索以秧歌"非遗"助推乡村振兴、驱动文旅融合的新路径

商河县文化馆　张广超

商河县历史悠久,文化底蕴深厚,孕育出了两项国家级非物质文化遗产——鼓子秧歌和花鞭鼓舞。其中被誉为"北方汉民族男性舞蹈代表"的商河鼓子秧歌是黄河文化的典型代表。自 1996 年起,商河县连续荣膺"中国民间文化艺术之乡"称号,2012 年又荣获"中国秧歌之乡"称号。根植厚重的传统文化沃土,商河县实施了一系列保护传承发展鼓子秧歌的新举措,不断探索以秧歌"非遗"助推乡村振兴、驱动文旅融合发展的新路径。

一、实施背景

以鼓子秧歌为代表的"非遗",在商河有着广泛的群众基础,全县 516 个村(居),村村都能跑秧歌,"上到九十九,下到刚会走,人人都会扭"是商河鼓子秧歌民间普及率高的真实写照。秧歌与商河群众的生活息息相关、紧密相连,已融入商河血脉之中,成为商河传统文化的根与魂。随着经济和社会的快速发展,尤其是 20 世纪 90 年代以来,打工潮兴起,作为"非遗"传承主体的青壮年农民进城务工,出现了鼓子秧歌后继乏人、趋于式微的局面。为跳出这一困境,让鼓子秧歌这一传统文化瑰宝在新时代持续传承、发扬光大,同时结合乡村振兴战略的实施,探索将丰富的"非遗"文化资源与乡村旅游相融合,使之转化为助力乡村振兴的产业支撑,成为新时代文旅发展面临的崭新课题和创新实践。

二、创新做法

(一)强化顶层设计,凝聚保护传承合力

商河县把"非遗"的保护传承当作头等大事来抓,历届县委、县政府都把鼓子秧歌作为文化名片来培育和打造,做到领导职责到位、政策到位、资金到位、人员到位,确保保护计划落实。在"非遗"保护工作中实施"三个突破":突破"非遗"专属文化部门的观念,形成全县联动大格局;突破传承人分散式传艺方式,以覆盖城乡、设施完善的文化站点为阵地,进行集中培训;突破时间、空间、人群的制约,将"非遗"转变为全时、全城、覆盖男女老少的新时尚。以鼓子秧歌汇演、鼓子秧歌擂台赛、"非遗"传承展演、"非遗日"传统舞

蹈展演等大型演出为引领,以各文化活动站点、群众秧歌队伍开放式演练、节庆表演为辅助,推进鼓子秧歌形成"常态表演、活态传承"的创新发展模式,使其获得了可持续的保护与传承,夯实了以鼓子秧歌为首的"非遗"艺术根基。

(二)注入发展动能,实施"内引外联"驱动

商河县坚持与时代同步,在"非遗"保护传承上既向深处挖潜力,又向广度谋拓展,实现"内引外联"双驱动。开展"鼓乡记忆"采风活动,利用三年时间走访全县千余名老艺人,建立"非遗"人才库。对200多个鼓子秧歌重点村进行动态关注,按不同流派分门别类登记造册,全面保存有生力量。引导调动社会力量,形成以退休干部、文化站点及庄户剧团骨干、青少年学生为主体的"非遗"传承梯队。在县域内扶持和打造了10余处涉及鼓子秧歌内容的历史文化展示馆;与县职业中专合作,设立鼓子秧歌研培基地,在商河县文化馆开办"非遗大讲堂"和鼓子秧歌传习所,在秧歌古村设立鼓子秧歌学校,邀请各级"非遗"传承人及专家现场授课,为商河鼓子秧歌持续培养民间艺术骨干;常年与国家、省市级舞蹈家协会保持联络协作,与20余所高校协同推进商河鼓子秧歌融入高校教育,为"非遗"传承保护提供专业支撑。

(三)立足特色优势,推动"非遗+"融合创新

文化兴乡村兴,文化强乡村强。在实施乡村振兴战略的过程中,商河县立足特色文化优势,实施"非遗+"模式,在融合发展中为乡村振兴"铸魂"和"塑形"。按照地域分布打造"非遗"特色突出的庄户剧团和活动站点,结合"一村一年一场戏"活动走进千村万户,弘扬鼓乡精神,蓄积乡村文化振兴动能。12个镇街立足区域特色,适时组织的广场舞选拔赛、特色文化节等贯穿全年,很多村庄自发举办的"文化大集""乡村舞台"等如火如荼。乡土文化的复兴繁盛拉动了乡村旅游的发展,立足文旅融合,坚定不移打造鼓子秧歌这一"金字招牌",实现文化与旅游互融共生、经济与社会互动共赢的效益叠加。商河县围绕鼓子秧歌体验,打造了系列民俗旅游品牌活动,如花博会、赏花及采摘节、渔乐节、绿色骑游节等,形成了全域旅游新格局。

三、实践成效

(一)商河鼓子秧歌成为黄河文化亮点品牌

商河鼓子秧歌汇演活动已举办39届,是山东省北部规模最大、参与人数最多的品牌文化项目;鼓子秧歌先后到亚洲其他国家、欧洲国家、澳大利亚参加文化交流活动,在国际上展示了中国文化的魅力;面向全国开展"非遗"传承展演、秧歌文化旅游节等秧歌文化品牌活动。2018年在北京钓鱼台国宾馆召开"国家级非遗项目秧歌汇演暨山东商河鼓子秧歌走出去"新闻发布会。自2020年以来,还参加了"山花奖优秀民间艺术表演"展演、

中国"非遗"博览会、中国"非遗"春晚,"商河鼓子秧歌"短视频入选文化和旅游部"视频直播家乡年"活动首批推荐项目,鼓子秧歌《秧歌少年》入选第十二届山东文化艺术节群众优秀新创文艺作品汇演名单,商河鼓子秧歌入选2020年山东省"六好"优质文化和旅游产品名录之"悦听好声"。

(二)构建起全龄层、立体化非遗保护传承体系

以鼓子秧歌为代表的"非遗"根植民间、深得民心,以秧歌"非遗"为基础,商河县成功构建了涵盖社会各界的全龄层、立体化非遗保护传承体系。"非遗进校园"成效显著,从幼儿园、小学、中学到职业中专,全县60多所学校均组建了"非遗"传承队伍。"娃娃鼓子秧歌队""娃娃花鞭鼓舞队""娃娃花棍舞队"探索低龄化传承的经验,少年鼓子秧歌特色突出,曾受邀参加中央电视台少儿春晚、北京天安门"万名青少年文体展演"等大型活动,商河鼓子秧歌进校园入选山东省"非遗进校园"典型实践案例。商河县还通过举办民间舞蹈会演活动,创编鼓子秧歌广场舞、健身操,推动鼓子秧歌在中青年、老年群体中传承。

(三)秧歌传承引领群众文化蓬勃发展

在日益繁盛的鼓子秧歌、花鞭鼓舞等"非遗"传承的引领下,各类群众文化活动蓬勃发展。广场文化活动贯穿全年,"一村一年一场戏"、消夏晚会、乡村艺术采风活动覆盖全县516个村(居),广大农村群众积极参与其中,为弘扬中华传统文化、加快乡风文明建设、助力乡村振兴提供了精神动力。秧歌文化成为群众文化繁荣发展的内核,也借助文化活动得以更广泛传承发扬。全县打造了350余支文化活动队伍,扶持建立50个城区文化活动站点。在此基础上,组织开展演出培训、艺术创作和文艺技能大赛等活动,搭建群众文化活动平台,广大群众积极参与,商河县群众文化获得感、幸福感、满意度不断攀升,群众满意度连续两年位列济南市第一。

(四)秧歌"非遗"有力促进文旅深度融合

商河县密切融合鼓子秧歌"诗和远方"的文化、旅游二重性,充分发挥"民间文化艺术之乡"和"中国秧歌之乡"的优势,通过举办秧歌大赛、秧歌文化旅游节、秧歌汇演等构建起春赏桃花节、夏游啤酒节、秋逛花博会、冬看大秧歌等全时令、无缝隙的地域节事活动,吸引了大量游客,增加了村民收入,为乡村文化振兴提供了助力;通过不断宣传推介,提升了商河县的社会知名度,优化了营商环境,为招商引资渲染了社会氛围。"秧歌古村"袁窦村通过开展鼓子秧歌实景演出,开通面向小学、幼儿园及培训机构的研学旅游线路,年接待游客10万人次,旅游收入500万元,实现了整体脱贫致富。2021年花博会期间,17支鼓子秧歌队伍常驻主会场和各镇分会场为游客表演,仅主会场接待游客数量就超过20万人次。

四、经验启示

（一）有效解决了"由谁来教、让谁来学"的非遗传承主体问题

针对"非遗"传承这一共性问题，通过"建立传承人梯队、乡土艺术民俗化、参与人员全龄化"的方式巧妙破题，打破了鼓子秧歌保护传承的时间、地域空间、人员年龄限制。

（二）有效解决了更好实现活态、持续传承的问题

通过增强秧歌"非遗"的内生动力，让鼓子秧歌"自己养活自己"，同时带来可观的社会效益和经济效益。也为濒临失传的花鞭鼓舞、花棍舞、扇鼓舞、高跷、商河民歌等非遗项目传承发展提供了有益借鉴。

（三）有效解决了县域层面文旅融合缺乏抓手的问题

从"非遗"的保护传承出发，探索了"非遗"项目与旅游产品结合的路径，为农业大县文旅融合、助力脱贫攻坚、乡村振兴进行了有益探索，也成为引领县域精神文明建设的重要支撑。

"艺术彩虹"青岛市文化志愿服务
进景区系列活动的创新发展实践案例

青岛市文化馆　李凤艳　赵　涛

2020 年底,由青岛市文化馆报送的"艺术彩虹"青岛市文化志愿服务进景区系列活动,获得文化和旅游部主办的 2020 年全国文化和旅游志愿服务项目线上大赛二等奖。这一奖项的获得既是青岛市多年深耕培植"艺术彩虹"文化志愿服务品牌的结果,也是青岛市文化馆在文旅融合中创新发展公共文化服务模式的具体体现。

一、项目实施背景

(一)适应文旅深度融合发展的需要

经过多年的发展,青岛市形成了良好的文化旅游环境,青岛市文化馆打造了一批文旅融合的文化活动品牌。连续举办了 20 多年的"欢乐青岛"广场周周演,每年 4 月底至 10 月中下旬,活跃在青岛旅游地标五四广场,成为浮山湾一道文化旅游风景线。连续举办 8 年的"青岛夜色美"街头文化艺术汇系列活动,每年旅游旺季逢周二、四、六、日晚,在全市沿海一线景区、广场,设立多个演出点,以时尚、开放的"街头"娱乐文化大餐服务广大市民和游客。这些文化活动为市民和游客提供了更多元、丰富的文化体验。随着这些文化旅游资源的成熟和固定,人们渴望更深层次的文化体验。对于文化馆而言,不断满足消费者多方面的文化消费需求,进一步丰富公共文化服务方式,创新公共文化服务内容,是适应文旅深度融合发展需要、激发公共文化服务活力的重要举措。

(二)"艺术彩虹"青岛市文化志愿服务品牌的创新与升级

"艺术彩虹"青岛市文化志愿服务进景区系列活动是青岛市文化馆在"艺术彩虹"文化走基层公益演出多年发展的基础上,升级培育的又一文化品牌。2014 年,青岛市文化馆以"请进来,走出去"的公益文化服务方式,把五彩缤纷的文艺演出、艺术培训带到部队、学校、社区、农村等基层,并把这种公益演出形象称为"艺术彩虹"文化走基层系列活动。多年来,青岛"艺术彩虹"文化走基层活动以文化惠民为宗旨,不断创新升级服务内容和方式。2019 年 9 月 28 日,"我和我的祖国"——文化新生活全国广场舞展演暨"遇见青岛"首届传统秧歌广场秀在岛城又一旅游地标奥帆中心举行,让"艺术彩虹"青岛市文化志愿服务进景区系列活动应运而生。这场传统秧歌广场秀汇集了山东省内 15 支优秀广场舞队伍、上千位演员，集齐了山东三大秧歌，吸引了上万名游客围观。美丽景区、传统秧歌、极具地域特色的文化符号的加持，让"艺术彩虹"青岛市文化志愿服务进景区系列活动充满着文化的魅力和蓬勃的生命力。

（三）应对疫情防控，为文化馆创新线上服务提供了契机

2020 年，受疫情影响，公共文化机构面临向哪里突围、该如何更好生存的困惑。在青岛数字文化云落地实施的基础上，青岛市文化馆将资源向线上转移突围。为了更好地推介青岛，展现青岛的文化旅游资源，青岛市文化馆相继推出了"遇见青岛"及"大奇说青岛"两个微视频线上活动板块，以"艺术彩虹"文化志愿服务小分队的形式，利用舞蹈、曲艺的艺术风格，通过网络更大范围地推广青岛各区市的风土人情，吸引更多人遇见青岛、爱上青岛。

二、项目发展概况

（一）实施目标及项目构成

围绕提升服务效能，青岛市文化馆进行了相关调研，进一步收集了服务对象的有关建议，他们提出开展景区文化志愿服务最好的场所是景区，同时还要利用互联网短视频，让海内外游客及视频另一端的人能领略沿海景观，让游客对这座城市的文化底色有更深入的了解。

为丰富线上线下文化生活，促进文化和旅游的深度融合，提升城市文化品位，由青岛市文化和旅游局主办，青岛市文化馆及各区市文化和旅游局共同承办的"艺术彩虹"青岛市文化志愿服务进景区系列活动，通过线上线下多元化方式，开展了包括"青岛夜色美"街头文化艺术汇、"遇见青岛"微视频、"大奇带你逛青岛"微视频等系列活动。

（二）服务内容及服务模式

该项目充分发挥总分馆制优势，汇集全市各艺术门类优秀演艺人才文化志愿者，利用互联网短视频，以互动式演出、快闪舞蹈表演、曲艺评说等综合式服务内容，突破演出场地的限制，把景区公共场所变成文艺表演的舞台，引领带动全市十区市"艺术彩虹"青岛市文化志愿服务进景区系列活动蓬勃发展。让游客互动体验的同时，更好地满足他们差异化、沉浸式的旅游需求，感受"开放、现代、活力、时尚"的青岛魅力。

"遇见青岛"微视频，由"艺术彩虹"青岛市文化志愿者以舞蹈的形式，打卡栈桥、情人坝、崂山、大学路等青岛各大景点，以岛城"网红"地标为背景，伴着动感的音乐，用舞蹈和激情，展现青岛这座城市的魅力。

"大奇带你逛青岛"短视频，以"景点＋故事"的模式在 2 分钟的解说中，将绛雪、崂山道士、石老人等景点，穿插在故事传说、名人轶事中。刘宗琦是青岛市文化馆的曲艺干

部,有多年的舞台经验,曲艺功底扎实,由他主持的"大奇说青岛",故事有节奏,视频有张力,每个景点由一段往事、一个故事组成,富有内涵,给还未出行的人"种草"青岛。

(三)项目现状及发展

连续举办 8 届的"青岛夜色美"街头文化艺术汇,每年 6—10 月旅游旺季的晚8:00—9:00 点,在全市沿海一线景区带动各区市各主要街区、公共场所开展文化惠民活动,培育引领岛城的本土乐队、驻青高校及周边城市的音乐新人,为岛城市民及中外游客献上展现开放、现代、活力、时尚城市形象的艺术表演。据统计,截至 2019 年 8 月底,全市十区市相继开展"夜色美"街头文化活动累计超过 5000 场,参与的文化志愿者达 10 万人次,观众达百万人次。每年长达 5 个月的"青岛夜色美"街头文化艺术汇系列活动,已成为夏日岛城广大市民的狂欢节,欢乐、祥和的城市氛围,带动岛城"夜经济"同频发展。

"艺术彩虹"青岛市文化志愿服务走基层系列活动,常年与驻青部队、共建单位及农村社区开展经常性、周期性的公益培训、辅导,专业化的艺术辅导,为军营文化、农村生活增色添彩。

"遇见青岛"微视频,"大奇说青岛"微视频作为全新的板块,截至 2021 年 5 月已分别录制发布 20 期、10 期,服务线上观众 110 余万人次。微视频在前期制作的基础上,将继续把固态的文化旅游资源与动态的文化故事、节庆文化结合起来,拓展、强化岛城的深度旅游。

三、创新做法及成效

(一)创新"景区文化"发展模式,增强文化活力

为受众人群提供多元精细文化产品服务,通过"街头""遇见青岛""大奇说青岛"的培育与磨砺,文化志愿服务参与团队日益壮大,"艺术彩虹"这一品牌成为全市公共文化服务的又一强劲力量,并由此带动培训、辅导、展览、巡展的全面开花,让全市公共文化服务焕发新的生机和活力。"艺术彩虹"文化志愿服务团队积极进景区、进社区、进商场、进贫困村,用新鲜、灵活的表演形式,把文艺表演送到群众身边,成为岛城文化志愿服务的制胜法宝。

(二)合理配置人才资源,提高文化志愿服务水平

青岛市文化馆发挥总分馆制优势,联合各区市文化馆组建的 2500 余人的"艺术彩虹"群文辅导团,依托在全市建立的 20 个市级示范辅导点、100 多个区级示范辅导点,年培训群众和基层文化骨干 20 万余人次,带动了岛城公共文化的蓬勃发展。"艺术彩虹"志愿服务团队能及时调整,上下联动,起到"带动一条线,激活一大片"的作用,同时也为岛城的文化志愿服务者搭建起一个交流的平台,充分调动文化志愿服务者的工作热情,提高了

文化志愿服务水平。

(三)融合线上线下服务模式,拓宽服务边界

"艺术彩虹"文化志愿服务进景区创新融合线上线下文化艺术表演,通过抖音、微信公众号等新媒体,向网民推送景区的文化及演出信息,从而吸引、培养消费者群体。线上,青岛市文化馆"青岛群众文化云"平台,借助移动设备为本市市民提供触手可及的公共文化服务,网民利用网络可以了解到满足自身需求的旅游景点。线下,"艺术彩虹"文化志愿服务团队提供沉浸式、互动式演艺活动让游客对这座城市的文化底色有了更深入的了解,同时也让城市景区因为文化生活的点缀更有品位,更有吸引力。这种形式灵活、随时随地的文化服务形式,填补群众文化活动在不同公共场所活动的空白,拓宽了公共文化服务的边界。

四、经验启示

(一)打造有辨识度的景区文化,提升城市核心竞争力

一个景区如果没有特定的文化主题,附着于其上的产品和业态就成了无源之水,旅游者只会走马观花,游而不兴。"艺术彩虹"青岛市文化志愿服务进景区系列活动,在融合人文环境和生态环境于一体的同时,需要加持有主题、有辨识度的街头文化、互动式演出、乐队驻唱,为岛城的景区旅游资源烙上独特的文化印记,旅游文化氛围独一无二,才能提升城市旅游的核心竞争力。

(二)拓宽演出空间,创新演出模式

消费群体的年轻化是旅游市场的总体趋势。针对年轻观众的文化需求,青岛市文化馆文化志愿服务要找到新的着力点与突破口,吸纳觉悟高、技能强、专业水平高的青年人,利用他们的专业和人气,组建各种专业队伍,同时开展戏剧表演、曲艺演出等高精尖的文化活动。而年轻人的视野和喜好反过来又促进了文化旅游的创新发展。从演出到培训,多面开花,用形式多样、内容丰富的文化志愿活动,盘活文化与旅游资源,从而拓宽演出空间,创新演出模式。

(三)提升游客体验,讲好"青岛故事"

在"互联网+"强力作用下,我们要善于发掘旅游在互联网中的文化属性。下一步,"艺术彩虹"青岛市文化志愿服务进景区系列活动需将文化活动与旅游景点深度融合,不断丰富文化产品供给,实现旅游供给更平衡、更充分、更优质地发展,让游客了解青岛的风土人情、市井文化,讲好青岛故事。而如果能有更多非物质文化遗产的展示,或者一些文创产品,则会给旅游体验增添更多美好回忆。

夜文化助力城市软实力提升的实践与思考

——以"青岛夜色美"街头文化艺术汇系列活动为例

青岛市文化馆　杨惠麟　高　璐

一、"青岛夜色美"街头文化艺术汇系列活动基本情况

由青岛市文化和旅游局主办,青岛市文化馆及各区市文化和旅游局共同承办的"青岛夜色美"街头文化艺术汇系列活动,荣获"2019 青岛国际时尚季"最时尚活动。它以兴起于海岸线的夜文化作为撬动岛城公共文化服务新样式的杠杆,并带动夜经济等多种业态同频增长,成为这座美丽海滨城市夜晚最动人的风景。

该活动 2013 年始办。每年 6 月至 10 月的旅游旺季,每周二、四、六、日晚 7:00—10:00,在全市沿海一线景区及各区市各主要街区、公共场所,来自岛城的本土乐队、文艺团体为岛城市民及中外游客,带来展现开放、现代、活力、时尚城市形象的艺术表演。据统计,2019 年 5 月至 10 月间,全市十区市相继开展"夜色美"街头文化活动累计超过 5000 场,参与文化志愿者 10 万人次,观众达百万人次。

"青岛夜色美"街头文化艺术汇系列活动呈现多样性、创新性、示范性、转换性的特点。

(一)多样性

一个地区文化的丰富性与参与度,是衡量城市文明及市民幸福程度的标尺之一。夜文化较之日常文化活动,具有独特的特质和乐趣,更多样甚至特立独行的生活样式为更多人期待。"青岛夜色美"街头文化艺术汇系列活动,从海边、街头的小提琴、萨克斯风等小型器乐表演,到沿海一线景区大范围的文艺活动,直至形成覆盖全市十区市,遍及各大景区、广场、社区的夜间生活新潮流。其活动形式不仅包括小股街头行为艺术,还包括有规模的综艺秀场,近年来的"网红"直播、VLOG 等新玩法层出不穷,多种活动样式,让夜色更"潮",让生活更多变。

(二)创新性

灵活演出形式突破演出时间、场地的限制。在时间上,夜晚演出,丰富各区市夜生活;在地点上,街头互动演出,突破演出场地的限制。新颖灵活的活动样式,不仅丰富岛城夜生活,还为岛城市民提供更多元的生活方式和别样的生活乐趣。夏日里,无论是

城市的公共场所,还是乡村的田间地头,都是文艺表演的舞台,这种游走在城市肌理的文艺形式,切实走进基层、走进百姓,不仅消除文化盲点,同时还与青岛这座浪漫城市的气质不谋而合,有媒体称其为"城市里,一份流动的文化礼物,让市民在日常生活中随时与艺术相遇"。

由"表演"到"景观"的功能拓展。融入沿海一线旅游景点的街头艺术表演,由单一的文娱活动升级为复合型的文艺景观。青岛市南区、崂山区、西海岸新区都有优美的海岸线,每年旅游黄金季,在栈桥浴场、麦岛金沙滩、西海岸唐岛湾等地举办系列夜间文娱活动。"夜色美"的含义,不仅包括景色的优美与宜人,还因艺术氛围的加入,让游客对这座城市的文化底色有更深入的了解,也让城市夜晚因为文化生活的点缀更有品位。

(三)示范性

由青岛市文化馆组织实施的"青岛夜色美"街头文化艺术汇系列活动,在逐步克服资金短缺、人员不定、天气多变、场地难协调等各种困难后,其新颖的演出形式,亮眼的演出效果,备受社会各界赞誉。经过几年网络带动、形式复制、创新发展,该活动由街头小股公益表演,逐步发展出各区市群众文化艺术节、时尚综艺秀、夏日欢乐大舞台等公益文化品牌,逐步点亮整个城市的文化版图。

(四)转换性

城市的区域特质与人文资源,通过文化资本再生产和相关的运作过程,能够让文化资源实现更多自身价值。"青岛夜色美"街头文化艺术汇系列活动,在丰富岛城夜生活的同时,逐步将活动地点、活动方式放置在经济运行轨道中。以青岛市北区"夜色美"活动为例,每年夏季在台东三路步行商业街、青岛啤酒街、青岛文化街、婚纱一条街、科技街等举办 HOT 街头音乐会。夜色中,一场场啤酒与音乐相碰撞的夏日街头,在凸显城市热络的烟火气与幸福感的同时,餐饮、娱乐、购物、交通等多种经济业态,也随之持续增长。2019 年 11 月,在首届中国夜间经济论坛上,青岛入选全国"夜间经济十佳城市"。

公共文化是城市文明的窗口,也是城市的无形广告。"青岛夜色美"街头文化艺术汇系列活动,在提升公共文化服务效能的同时,成为城市魅力的代言人。

二、"青岛夜色美"街头文化艺术汇系列活动产生的积极社会影响

(一)聚焦时空洼地,提升全市公共文化服务效能

1. 发挥夜文化"造血"功能,增强公共文化活力

通过街头的培育与磨砺,文化志愿服务参与团队日益壮大。据统计,参与该项活动的文化志愿者,2013 年达上千人,至 2019 年,已有 10 万人次,参与形式也由单一个体发展

为团队、机构的集体参与。该活动有效激活全市公共文化服务"造血"功能,并由此带动各区市培训、辅导、展览、巡展等文化活动全面开花。

2.延伸公共文化服务的广度与深度

兴起于海岸线的"夜色美"活动,具有强大的生命力和号召力,并着力贫困村、田间地头,成为点亮乡村田野的希望之灯。该系列活动中"希望的田野"文化志愿服务进农家活动,借助全市优秀文化志愿者力量,平均每年在黄岛区、城阳区、即墨区、胶州市、平度市、莱西市等地演出100场次、展览30余次、辅导培训50余次,不仅高效利用各类文艺资源,更为当地营造良好的文化扶贫、文化脱贫氛围。

3.依托文化馆总分馆制,形成点线面全域欢动

囿于资源、环境等差别,各地区文化发展参差不齐。该活动依托文化馆总分馆制,以青岛市文化馆总馆的活动模式为样板,由总馆向分馆逐级复制,并开创巡演、巡展等流动服务模式,演出团队、演出设备等各类资源都能有效利用,形成人、物、渠道的通畅与融合。经过多年的累积,各区市不仅将市级示范活动样式有效复制,还因地制宜,形成当地特色文化品牌。

4.巧借外力,优化公共文化资源配置

通过项目招标、政府购买等多种方式,吸纳社会组织参与。2019年为全力配合打造青岛国际时尚城建设,提升夜文化的影响力与传播力,决定在行业内部进行公开招标,最终有3家公司竞标成功,成为首批"夜色美"项目的外援。经过一段时间的实践证明,项目招标的方式,既招来一批"性价比"较高的文化企业,又筛选出一批"信价比"高的体制外团队;既降低了活动成本,提升了演出效果,锻炼了队伍,丰富了市民精神食粮,又受到社会广泛好评,可谓一举"多赢"。

政府购买也是岛城夜文化成功运作的另一模式。2019年8月,通过政府购买的方式,由岛城某演出公司操刀,举办了青岛市首届"乐吧"艺术节,该艺术节是2019"青岛夜色美"系列活动的重要项目。在多个网络平台现场直播助推下,近百万市民踊跃参与,线上、线下场面火爆,反响热烈。政府以购买服务的形式,推动音乐产业与时尚经济并驾齐驱,在优化公共服务资源配置的同时,挖掘利用社会资源,有效促进文化资源供给侧改革。

5.促进全社会和谐发展

该活动有重点地面向农民工、新市民等弱势人群倾斜,不设门槛、没有围墙的街头露天文艺活动,为没有经济能力去大剧院、电影院、音乐厅体验高雅文化的群体,提供了免费的精神食粮,有利于促进全社会和谐发展。

(二)升级"夜文化"活动形式,拓宽城市软实力的发展路径

1.着眼文旅融合,讲好城市故事

街头,是城市风情的焦点。对青岛这座美丽海滨城市而言,海滨街头,更是"海滨风情"与"青岛故事"完美契合点,在此孕育出的"青岛市夜色美"街头文化艺术汇系列活动,成为青岛开放、现代、活力、时尚的城市形象"代言人"。

其一,着力旅游景点。在全市黄金地段沿海一线景区、中心广场及各区市主要街区设定演出地点,在标志性景区或地点,开展多元化的艺术活动,内容丰富具有正能量,让市民在日常生活中感受经典文化艺术氛围,幸福欢乐的场景与美景融合交汇,形成这个城市幸福的基调。

其二,地域特色鲜明。在遍及全市十区市的"青岛市夜色美"街头文化艺术汇系列活动中,各区市彰显各自地域特色。如南区依托老城区举办的"爱尚市南·走进老城",北区 HOT 音乐微演艺,李沧区"八月戏曲艺术汇 增添李沧夜色美"惠民演出,崂山区"石老人原创沙滩音乐季",城阳区鲁邦国际风情街"一站式品质夜生活"等,鲜明的区域特色活动,形成千姿百态的城市风情。

2. 依托城市发展战略,打造有温度、有性格的城市氛围

自 2017 年 7 月青岛开展"全面提升城市环境品质建设美丽青岛三年行动"(以下简称"美丽青岛行动")以来,两年多时间,"美丽青岛行动"夜景亮化提升工程,让浮山湾周围成了新晋"网红",而点缀其中的夜晚文艺演出,与灯光秀融为一体,成为闪亮的青岛名片。

3. 建立城市现代文化传播体系,增强夜文化辐射力

传播是文化的内在属性和基本特征,一切文化都在传播的过程中得以生成和发展。

首先,拓宽城市多业态生长空间。遍及全市十区市的夜色美主题活动,如分布在全市景区的珠子,在文艺的纽带牵引下,点燃夏季夜晚,同时以夜色美活动区域为中心,延伸出多元、有形的产业,如旅游、餐饮、住宿、购物、艺术、交通等,并以点带面向外辐射、延伸,形成一个个活力群体,带动城市夜经济繁荣发展。

其次,打造时尚城市,吸引年轻群体。近年来,青岛着力打造国际时尚城建设,而时尚的主要特征就是吸引全球年轻人来青工作、生活,这对于招贤纳士的青岛来说,或许也构成启示:既然年轻人喜欢夜经济,那么打造更有吸引力的城市夜经济,培育更适合年轻人居住的休闲环境,也能成为一种城市"软实力"。

再次,运用多元手段,营销城市文化形象。通过互联网、短视频、新媒体等多元手段,挖掘文化内涵、彰显城市精神,开启城市品牌由依赖"硬"推广到"软"传播的转变。

三、提升夜文化的建议及路径

一是优化夜间生态体系。目前,优化夜文化生态体系主要着眼于以下几个方面。

首先,充分挖掘本地夜间旅游观光资源、娱乐休闲资源、餐饮美食资源,合理布局"夜文化""夜美食""夜旅游""夜娱乐""夜购物"等夜间业态功能区。

其次,充分挖掘本地文化内核,串联文化资源,推进历史文化、地方生活文化与夜间文化深度融合,结合数字文化、影视文化、移动文化、网红文化等创新文化的场景和玩法。

最后,培育特色精品夜间文化示范区,打造特色化的夜间休闲生活聚居区和旅游景观带,推出更多亲民化、特色化、精品化的夜间活动项目。

二是以开放的胸襟、改革的思路,吸引更多社会力量,释放夜文化活力。各级政府应加大策展支持力度,鼓励公共文化服务供给从文化系统"内循环"转变为外界社会"大循环",使百姓成为公共文化服务的真正受益者。

经过多方实践与论证,大力发展夜文化,对于助推多业态发展及打造城市形象具有重要作用。但目前,夜文化无论是发展规模还是影响效能,都处在初级阶段,接下来,还应加大政策支持力度,挖掘地域文化内核,优化夜间文化、旅游、经济环境,培育特色精品夜间消费功能区和示范区,多方一起发力,共建美丽家园、魅力城市!

将国家级非遗项目"蓝关戏"打造成舞台精品

莱州市文化馆　马栋升

一、案例背景

在中国漫长的历史长河中,勤劳的中国人民创造了宝贵的文化财富,非物质文化遗产以独特的方式潜移默化中影响各族人民的思想观念,以强大的民族凝聚力和激扬向上的活力,维系着中华民族五千年文明历史绵延不断,这是中国文化之魂,是民族精神之根。

国家历来重视挖掘和保护非物质文化遗产,2014年2月25日,习近平总书记在北京市考察工作时指出,"历史文化是城市的灵魂,要像爱惜自己的生命一样保护好城市历史的文化遗产"。2021年中共中央办公厅、国务院办公厅印发《关于进一步加强非物质文化遗产保护工作的意见》指出,以习近平新时代中国特色社会主义思想为指导,深入贯彻党的十九大和十九届二中、三中、四中、五中全会精神,坚持以社会主义核心价值观为引领,坚持创造性转化、创新性发展,坚守中华文化立场、传承中华文化基因,贯彻"保护为主、抢救第一、合理利用、传承发展"的工作方针,深入实施非物质文化遗产传承发展工程,切实提升非物质文化遗产系统性保护水平,为全面建设社会主义现代化国家提供精神力量。到2025年,非物质文化遗产代表性项目得到有效保护,工作制度科学规范、运行有效,人民群众对非物质文化遗产的参与感、获得感、认同感显著增强,非物质文化遗产服务当代、造福人民的作用进一步发挥。到2035年,非物质文化遗产将得到全面有效保护,传承活力明显增强,工作制度更加完善,传承体系更加健全,保护理念进一步深入人心,国际影响力显著提升,在推动经济社会可持续发展和服务国家重大战略中的作用更加彰显。

2006年5月20日莱州市的传统戏曲剧种"蓝关戏"成功入选国家级第一批非物质文化遗产保护名录。"蓝关戏"是流传于胶东半岛莱州及招远等地的一个古老的高腔剧种,始于明末,兴于清初。蓝关戏"帮、打、唱"三位一体,交映生辉,成为该剧种音乐的三大支柱,当地群众"会唱者,颇入耳",素有"蓝关开了台,婆娘跑掉鞋"之说。蓝关戏是一部声腔剧种的发展史,蓝关戏的衍变和传承,是我们探索古老文化内涵的"向导",具有突出的学术价值和历史资料价值。发掘、抢救和保护这一古老剧种对丰富完善中国戏曲史和发展民族音乐事业大有裨益。

二、大型新编蓝关戏《四知太守》的创新性实践

为了让更多的人认识、喜欢、传承和弘扬非遗项目，我们将优秀、适宜的非遗项目打造成艺术精品搬上了舞台，塑造有人格魅力的历史人物形象，赋予其舞美、音效、灯光的包装，以更为直观、更加唯美的演出形式呈现给广大观众。

（一）题材选择

选择适宜的非遗项目，是打造艺术精品的关键。首先要考虑运用题材的历史背景、教育意义、舆论导向、故事架构（情节）等方面，是否符合当前形势及舆论导向，是否是群众喜闻乐见的创作题材。莱州市文化馆的领导、业务干部及非遗传承人经过仔细研判和反复推敲，最终决定将蓝关戏这个国家级非遗项目结合当地的另一个地市级非遗项目（民间故事）《四知堂》，打造成大型历史舞台剧，把非物质文化遗产搬上舞台，让更多的观众了解历史、喜欢非遗，弘扬中华民族优秀的传统文化及廉政文化。

《四知太守》讲的是东汉年间，杨震受命东莱太守，赴任途经昌邑县，县令王密因报杨震举荐之恩，深夜怀藏黄金，客店答谢杨震，被杨震拒绝，并严厉告诫王密说："天知，地知，你知，我知，怎能说是无人知晓！"王密顿悟，羞愧难当。店内，杨震恰巧救下被知县秦槐德派人追杀的王直之女春姑，得知秦槐德贪腐实情，杨震极为震惊、愤怒，遂携春姑回东莱县。途经东莱县上疃村，恰逢暴雨，灾民欲造反，被杨震说服。灾民痛诉秦槐德贪赃枉法。杨震到任后，心系百姓，开仓赈灾，并以王直被害为线索，寻根求源。秦槐德依仗姑母为皇上乳娘，设计陷害杨震。面对太仆讲情，秦槐德毒计诬告……杨震不畏权贵，不怕丢官，依然将秦槐德绳之以法。杨震辞官悄然回乡，不料百姓却早已等在路边，前来含泪相送。杨震告别众乡亲欲行，突然接到皇上圣旨，念杨震四知却金，清正为官，擢升太仆赴任洛阳。杨震故事流传至今，昭示后人。一生"四知"为警钟，免失足成千古恨。

（二）政策支持

《四知太守》作为一部廉政题材的文艺作品，得到了市纪检部门、文化和旅游部门的高度重视，同时给予了其创排工作大力支持，从撰写剧本、谱曲到排练成形，参与人员都付出了艰辛和努力。2018年8月组织选拔了5支优秀民间艺术团队，排练非遗项目《四知太守》《仁义胡同》等剧目选段，参加由中共莱州市纪委、莱州市监察委员会、莱州市文化和旅游局举办的"全市优秀廉政文艺作品巡演活动"历时3个多月，共计演出100多个场次，观众达8万余人，所到之处得到了当地机关干部及广大群众的大力赞誉和好评！"蓝关戏《四知太守》这样具有本土特色的廉政教育，比单纯的上课、听报告更生动、更给力，更能触及党员干部内心，时刻提醒自己作为党员干部要严格自律，保持清正廉洁！"观看结束后，一位党员干部深有感触地说。这次巡演活动既营造了崇廉尚德的文化氛围，又丰富了当地群众的文化生活，更让广大群众认识了非遗项目。把舞台搬到老百姓的家门口，

通过老百姓喜闻乐见的形式宣传廉政文化,打造"四知"廉政文化品牌,讲好廉政故事,增强全民反腐倡廉意识,在全市营造崇廉尚廉的良好风尚。

大型历史舞台剧蓝关戏《四知太守》从策划立项、组织创排到首演,历时一年多。为整合资源、放大优势,莱州市文化和旅游局专门成立创作专班,聘请多名专家参与指导、调研。从文化馆、京剧团、吕剧团等单位选拔专职人员,聘请专业老师、民间剧团演员,组建了全市最优秀的表演团队,全力以赴做好创作排演工作。

(三)创新创作

改良创新是打造艺术精品的基本保障,传统的蓝关戏表演形式过于单一,已经不能迎合现代人的欣赏水准,创作专班全体成员心怀敬畏地创作,满腔激情地排练,走访采风、研读史料、修改剧本、精研音乐舞蹈、细磨服装道具,使其表现形式更加丰富完美。

1. 音乐创作

蓝关戏上演的剧目有近百出,主要为《东游记》与《西游记》两部大型连台本戏。蓝关戏有平腔、高腔、悲腔三大腔,表现形式分唱腔、帮腔和打击乐,形成了有别于其他剧种的特有风格。

在严格遵循原始唱腔旋律形态和唱、帮、打基础上,根据剧情和人物需要,将唱腔板式做了相应的扩充。如平腔增加了尖板、导板、散板、垛子板、紧板和三眼板的慢板。武场在原始锣经基础上,向其他剧种借鉴补充。如流水、马腿、梆子穗、紧急风、回头、滚头子等。同时增添了开幕、闭幕曲和气氛音乐,吸收了民间曲牌如四季花等。试验性地研制了主奏乐器蓝胡,搭配部分民族乐器增加了弦乐伴奏乐队,使蓝关戏的唱腔不那么生硬了,增添了韵味,开创了蓝关戏文场和武场在一部戏中同台亮相的先河。

2. 艺术形式

传统的蓝关戏演员在表演过程中的动作过于单一而且幅度较小,也不美观。为了增强剧目在舞台的表现力,导演在剧中适当运用了舞蹈元素,使演员的肢体语言更加丰富、更加唯美流畅,让观众赏心悦目。如杨震赴任途中突遇洪水,冲毁桥路,当地百姓不畏艰险,下河搭起百米人桥……这段就运用了舞蹈的跳、转、翻等技巧动作,给整个剧目增添了视觉冲击力,从而更好地渲染了剧情,带给观众更加直观和深入的体验。

3. 舞美设计

以往的蓝关戏表演场地一般在空旷平坦的田间地头或场院里面,现在大多在村委大院或文化广场,服装、道具简便缺乏美感,让蓝关戏走进剧场,搬上舞台,就要赋予其灯光、音响、大屏等舞美特效的包装,如剧中杨震在赴任途中,突遇暴雨,河水大涨将桥冲毁,这种场景在传统的演出中是无法直观展现给观众的,只能通过唱词和动作来呈现,效果甚微。现在我们可以用大屏播放暴雨、洪水的画面;用灯光、音响营造电闪雷鸣的场面;变化相应的灯光,采用对应的音响效果,运用烟雾道具,以及更换不同的电子大屏素材全方位打造灯光、音响、舞美等特效场景,让演员和观众都能身临其境,快速引起现场的共鸣。另外,演员的服装、舞台的布景也聘请了专业的设计师给予创新指导。

4. 表演形式

蓝关戏的传统表演形式为演员在中间区域表演,伴唱演员坐在左侧,乐队坐在右侧。伴唱演员一般 6—8 人,整个演出过程坐着不动,有些呆板而且浪费了舞台资源。经剧组主创人员反复揣摩,进行了一个大胆的尝试,让伴唱演员融入剧情,与主演和观众形成互动,在适宜的剧情中站起来、动起来。这样,既为主要演员做好陪衬,又为空场部分做了铺垫,让整个舞台活起来、满起来。

这样的创作既尊重历史又融入了艺术塑造,既保留传统元素又进行探索创新,为打造立得住、叫得响、传得开的舞台精品不遗余力。

三、取得成效

2019 年 4 月 26 日,国家级非物质文化遗产代表性项目大型蓝关戏《四知太守》,其开排仪式在莱州市文化馆多功能厅举办。市级相关领导为"国家级非物质文化遗产项目——蓝关戏《四知太守》剧组"和"莱州市廉政文化作品创作排演基地"揭牌。

11 月 3 日晚 9 时,在观众雷鸣般的掌声中,蓝关戏大型剧目《四知太守》首演圆满落下帷幕。此次首演,既是汇报演出,同时也是 2019 年烟台市繁荣舞台艺术"双演"工程剧目的选拔演出。近两个小时的演出,节奏紧凑、跌宕起伏、冲突激烈、饱含深情。描绘出有血有肉,贴近生活的舞台形象,直击观众的内心。整场演出蓬勃大气,高潮迭起,得到了专家评委和现场观众的一致好评,全体观众起立鼓掌持续不息!"天知、地知、你知、我知"道出了公而忘私,自律慎独的为官之道,"反贪腐""扬正气"刻画出一个心系百姓、不屈权贵的清官形象。

2020 年 5 月《四知太守》成功入选戏剧类烟台市"文艺精品工程"重点作品创作生产扶持项目。经过再次修改雕琢,完成创新编排和录制,2020 年 11 月《四知太守》剧目组受邀赴江苏昆山参加文化和旅游部举办的"2020 年戏曲百戏(昆山)盛典"演出活动,取得了圆满成功,受到了专家及昆山观众的一致好评!

四、成功经验

1. 蓝关戏大型剧目《四知太守》的成功打造,是深挖地域文化、打造艺术精品的重要成果,也是开展"不忘初心、牢记使命"主题教育的生动实践。作为 2019 年烟台市繁荣舞台艺术"双演"工程选拔出的优秀剧目之一,创新性地将国家级非遗项目"蓝关戏"与烟台市级非遗项目《四知堂》相结合,对宣传廉政文化、树立崇廉尚德风尚、打造诚信政府、推进非遗保护传承均具有重要的历史和现实意义。

2. 把非遗项目打造成舞台精品是保护、传承非遗项目一举多得的有效方式。首先,剧组的演员在排练、演出的过程中学会了蓝关戏的唱腔及表演,这个过程使非遗项目得到了有效的传承;其次,对非遗项目进行改良,迎合了现代观众的欣赏水准,在演出的过程中非遗文化得到全方位的普及,同时又弘扬了廉政文化。观众在欣赏演出的过程中,了解了非遗项目,又受到了廉政教育。

3.有了蓝关戏《四知太守》的成功经验,2021年我们又打造了蓝关戏《小事也是事》这是一部以新时代文明实践为主题的剧目,成功入围第十二届山东省文化艺术节群众艺术优秀新创作品会演活动。2021年启动了全市蓝关戏传承发展暨公益性百场巡演活动,将蓝关戏的舞台搭到群众的家门前,切实保护、传承、发展了非遗项目。

"保护文化遗产,守护精神家园"继续深挖传统地域文化,凝聚各界文艺创作力量,持续提高艺术创作水平,将更多的非物质文化遗产代表性项目精心打造,搬上舞台甚至拍成影视剧搬上荧幕,让全国乃至全世界人民了解中国的非遗、喜爱中国的非遗。这样才能让中国非物质文化遗产在世界的舞台上熠熠生辉,代代相传!

潍坊市文化馆"益佳艺"公益培训联动工程创新实践案例

潍坊市文化馆　陈　彤　邱纯伟

随着人民群众物质生活水平的改善和提高,人们对精神文化的需求也转型升级,单一的培训模式显然已不能适应新时代文化馆对提升公共文化服务效能的需求和标准,山东省潍坊市文化馆"益佳艺"公益培训联动工程创新实践案例(以下简称"益佳艺"),整合当地优秀的社会资源,通过招募签约、辅导培训、成果检验,突出公益性,侧重效能性,引导社会力量加入社会公益事业,积极探索公共文化服务如何打通文化惠民公益的"最后 50 米"。

一、"益佳艺"公益培训联动工程创新背景

党的十九大报告开宗明义,即永远把人民对美好生活的向往作为奋斗目标,"美好生活"既包括物质方面的追求更包括精神层面的提高,从"必然王国"到"自由王国",从而最终实现人的全面发展。随着全国 832 个国家级贫困县全部脱贫摘帽,全国脱贫攻坚目标已经完成,这意味着"美好生活"在精神层面的探求更具实践意义和价值。"人民对美好生活的向往"不再是简单的口头目标,也不仅是追求丰衣足食,而是追求物质生活小康与精神文化丰富高度融合的"美好生活",这已成为一种普遍的价值认同和文化自觉,正是这种自觉的目标认同成为内在驱动力吸引优秀的社会力量志愿加入公益培训队伍,为实施"益佳艺"提供丰厚的土壤。

"十三五"时期,我国的公共文化服务体系建设取得了瞩目的成就,据文旅中国公众号官方数字统计,目前,全国已建成 3196 个公共图书馆、3326 个公共文化馆、5132 个公共博物馆,公共文化设施日益完备,多种形式数字化手段的运用,提高了公共文化服务的便民性和便捷性。

随着大众爱好兴趣的延伸和现阶段群众需求的多元化和层次化,如果仅依靠当地文化馆一己之力,受限于场地、师资等因素,就会出现供不应求的情况。潍坊市内有大量的培训机构,资源丰富,涵盖器乐、舞蹈、美术、书法等内容,因此,联合社会上优秀的艺术培训机构,既可以借助他们的力量缓和文化供求关系,又可以提供优质的社会公共文化服务供给,实现辅导培训和宣传推广的双赢效果,为"益佳艺"提供源源不竭的动力。

正是在各种利好的文化背景和时代背景下,"益佳艺"对接公共文化服务和大众精神生活需求,"益"强调社会公益性,"艺"侧重艺术的全民普及,不断推动社会力量参与公共文化服务体系建设。

二、"益佳艺"公益培训联动工程创新做法

一是招募联盟单位,实施动态管理。针对培训机构数量众多、良莠不齐的问题,潍坊市文化馆通过单位公众号发布招募信息,面向社会吸纳符合条件的各类组织、机构或协会,基本条件包括:热心公益文化事业,有一定的师资力量和场所,依法在当地民政局或文化和旅游局等部门登记注册,能承担文化艺术培训任务等,符合条件的社会团体根据报名要求参加面试答辩,通过馆内专业人员的资质审核和面试后,与潍坊市文化馆签订有关协议,最终共有18家热心公益的社会机构加入潍坊市文化馆"益佳艺"公益联盟。潍坊市文化馆对加入"益佳艺"公益联盟的单位实行动态管理,破除公益联盟单位一劳永逸的慵懒心态,制定相关考核、管理制度,保证联盟单位培训质量,对不履行有关培训协议的公益联盟单位实行淘汰制,形成健康的公益联动发展模式。

二是加强公益联动,提升公共文化服务效能。潍坊市文化馆通过公众号发布公益联盟单位的资质、地址、培训范围及师资力量等信息,让大众知晓培训机构信息、培训内容,做到公开透明,以便他们根据自身条件自愿报名选择课程。潍坊市文化馆与公益联盟单位签订协议,并根据联盟单位的师资力量、培训内容和市民需求,按春夏、秋冬和暑假分别组织针对成年人和未成年人的培训,内容涉及摄影、书法、钢琴、曲艺等,潍坊市民均可免费参加公益培训课程,真正让市民学有所获、学有所成、学有所乐,凸显"益"和"艺"的惠民特性,在此过程中,联盟单位开展公益培训所产生的费用全部由文化馆给予资金扶持,为他们提供教学保障,帮助其解决后顾之忧。在潍坊市文化馆"益佳艺"公益培训联动工程教学成果汇报演出上,通过"益佳艺"参加培训的学员,展示自己的才艺,"益佳艺"为他们提供卜台表演和交流的平台,真正成为市民的"才艺大舞台"和"文化会客厅"。通过"益佳艺",潍坊市文化馆发现了大量业务能力强的学员,为文化馆储备了一批高质量、高素质的文化人才,同时,招募的公益联盟单位自身也得到了免费宣传,提高了他们的社会知名度,形成了公益联动的强大合力,有效解决了公共文化服务的最后痛点,最大程度地提高了公共文化服务效能。

三是借助节会、展会等平台,提升"益佳艺"影响力。在不断尝试探索中我们发现,仅仅依靠成果汇报展示还不足以全面发挥"益佳艺"的最大社会效益,因此,潍坊市文化馆借助中国画节·中国(潍坊)文化艺术展示交易会、潍坊市市民文化艺术节、潍坊国际风筝会等具有影响力的文化活动品牌,把学员的最终学习成果展示出去,回馈社会,真正实现文化育人、文化惠民、文化共享,提高了"益佳艺"的影响力和美誉度。

三、"益佳艺"公益培训联动工程创新成效

潍坊市文化馆"益佳艺"公益培训联动工程的开展,整合了社会资源,撬动整个培训市场,自"益佳艺"启动以来,和过去的培训模式相比,直接增加培训教室面积近10000平方米,增加优质培训师资近百名,公益课学员较比传统模式增加300%。结合2020年疫情

防控的要求，"益佳艺"春季还采取了网上培训授课模式，切实做到线上线下一样学，处处有精彩，2020年共开设培训班4期75个班，艺术门类涵盖了器乐、舞蹈、声乐、美术、摄影等，参训学员既有老年朋友、中青年朋友，同时还为未成年人及外来务工人员提供了参加学习艺术的机会，培训学员达到千余人，受到社会广泛好评。潍坊市文化馆"益佳艺"公益培训联动工程获批中共潍坊市委市直机关工作委员会公布的2020年度市直机关第一批批准立项的优质服务项目。

四、"益佳艺"公益培训联动工程经验启示

潍坊市文化馆"益佳艺"公益培训联动工程的实施，鼓励社会力量参与公共文化服务供给，活跃了整个培训市场，有效整合了社会资源，在公共文化服务提质增效方面取得了以下三点经验启示。

一是"群众满意度"始终是评价公共文化服务效能的有效依据。在全国一级馆的评估定级中，"群众满意度评价"单项单列，作为一项重要的指标，这更能彰显文化馆"以人民为中心"的文化惠民服务宗旨。因此，在平常的文艺演出、辅导培训、文艺创作等文化活动中，各地的文化馆应该主动对接市民实际需求，摒弃"一刀切"的服务形式，采取订单式服务，满足个性化的文化定制服务，不断提高广大群众的文化获得感和幸福感。

二是打造公共文化服务与社会运作互惠合作共赢模式。目前在提升公共文化服务效能过程中，公共文化服务的均等性一直被强调，社会力量参与力度弱，忽略了群众的特殊文化需求。"一枝独放不是春，百花齐放春满园"，我们理应吸纳众多的社会力量，借助外界的专业人才和专业技术进行社会化运作来不断丰富文化产品的供给，在把公益性放在主要地位的前提下，将公益性的文化资源和专业性的社会运作相结合，不断创新文化服务手段，实现公共文化服务与社会运作互惠合作共赢。

三是公共文化服务应注重线上线下双轮驱动。线下辅导培训是目前大多数文化馆主要的培训方式，这种直观、形象的面对面辅导交流长期以来深受群众好评，也取得了一定成效。面对新时代新要求，各地文化馆利用抖音、快手、B站等新媒体进行云辅导、云培训、云课堂等也已进入日常的培训模式，极大地丰富了文化传播的内容和形式，在特殊情况下受到了广大群众的青睐，让他们居家学习，足不出户享受文化资源，激发了他们强烈的兴趣和热情。这种线上线下结合双轮驱动的培训方式不光在各地文化馆备受欢迎，在博物馆、美术馆等公共文化服务机构也获得了满堂彩，不断创新公共文化服务机制。

"十四五"规划开启了文化建设的新征程，提出了建设文化强国的远景目标，明确指出"不断完善公共文化服务体系，创新公共文化服务运行机制，鼓励社会力量参与公共文化服务供给和设施建设运营。"这条路任重道远，需要我们联合多方力量探求更多路径，不断创新服务运行机制，以满足人民对美好生活的追求和精神文化生活新的增长点。

淄博市"5+N"模式升级版基层综合性文化服务中心建设创新实践案例

淄博市文化馆 孟 凡

一、创新背景

2018年,为进一步提升村(社区)基层综合性文化服务中心服务效能,原淄博市文化广电新闻出版局创新性提出建设"5+N"模式基层综合性文化服务中心示范点,在完成"五个一"基本建设标准的基础上,根据自身优势,创建个性化的公共文化服务项目。2020年,淄博市文化和旅游局结合时代新需求及基层问题导向,再次对"5+N"模式进行升级,提出"五个一"+"十个一"的创建目标,进一步明确了基层公共文化服务供给项目,以提升基层群众的文化生活品质为目标,努力创建基层公共文化服务模式的"淄博样板"。

二、创新做法

一是制定样板建设标准,明确"建什么"问题。淄博市文化和旅游局制定下发了《"5+N"模式升级版基层综合性文化服务中心示范点建设推进方案》,明确总体要求、建设路径、建设标准和推进步骤。本着扩展功能、提升效能、创造品牌的要求,提出"五个一"+"十个一"的建设升级标准,在"5"上重点引导各村(社区)基层综合性文化服务中心配齐一个农家书屋、一个文体活动室、一套文化活动器材、一个文体小广场、一名专职文化管理员;在"N"上引导各村(社区)基层综合性文化服务中心增加具有拓展性、创新性的功能,因村而异创建一个村史馆、一本村史志、一个百姓大舞台、一条文化走廊、一支庄户剧团或文化志愿服务队、一个群众文化品牌、一张"二维码"名片、一个文化宣传片、一个主题宣传口号、一处文化地标等。以"5+N"模式升级版示范点为引领,带动全市基层综合性文化服务中心功能升级、效能放大。

二是明确样板管理责任,解决"有人管"问题。淄博市文化和旅游局制定下发了《"5+N"模式升级版基层综合性文化服务中心建设推进工作方案》,明确"五个一"+"十个一"的建设标准,采取申报—建设—验收—公布的创建路径,划分每年创建完成100家的任务分解。为全市3084名基层文化管理员制定扶持奖励办法,市、区(县)两级给予每人每月50—100元补贴。明确"5+N"模式升级版基层综合文化服务中心示范点文化管理人员工作责任,通过建立激励机制,调动基层文化管理员的积极性和主动性。为"5+N"

模式升级版基层综合文化服务中心示范点统一制作、配置文化标识牌、公示牌和文化活动档案记录本,实现文化标识全覆盖。对建成、验收合格的"5+N"模式升级版基层综合性文化服务中心示范点进行媒体公布,采取以"以奖代补"的形式给予补贴或配套文化设备,增强基层创建的工作热情。

三是加强样板培训引导,提升"人"的服务品质。召开全市"5+N"模式升级版基层综合性文化服务中心示范点建设现场会,抓典型、树标杆,通过观摩学习、典型发言、交流指导的模式,推广临淄区"5+N"模式升级版基层文化服务中心示范点建设经验和高青县"社区钥匙"典型经验。分期对300家创建"5+N"模式基层综合性文化服务中心示范点文化管理员进行文化专题培训,推广"淄川文化云"、张店区大学生协管员国家级公共文化服务体系示范项目经验做法,依托文化馆、文化志愿团队等阵地人才资源优势,建立文化辅导员队伍,实行文化辅导员入驻"5+N"模式升级版基层综合文化服务中心示范点定点培训机制,定期指导开展文化活动策划、创作和展演,增强基层文化创作、活动组织的能力和水平。

四是建立样板督导机制,实现"长效管理"目标。建立健全"5+N"模式升级版基层综合性文化服务中心示范点效能发挥监督考核、规范管理、效能评估等制度和管理办法,狠抓督导落实,推动效能发挥常态化、规范化、制度化。建立媒体定期曝光制度,组织开展不定期抽检,注重发挥第三方效能评估测评,通过良好监督机制保障基层文化中心效能提升最大化。将"5+N"模式升级版基层综合性文化服务中心示范点建设项目纳入全市民生实事重点任务,对各区县创建单位定期进行考核督导。

三、创新成效

一是打造基层公共文化建设新地标。"5+N"模式升级版基层综合性文化服务中心的建设,使得更多优秀的资源向基层倾斜,功能成效更加明显,村(社区)公共文化设施条件得到进一步提升和改善,农家书屋、党员活动室、文化活动室、儒学讲堂、村史馆、文化广场等文化设施更具时代特点,二维码、宣传片、宣传口号、志愿服务队等更能满足现代群众的生活习惯和文化需求。综合性、一体化、多功能建设发展的趋势得到实践检验,使得越来越多的群众愿意走进公共文化空间,在这片区域获得文化体验的幸福感和满足感,成为展现基层群众文化生活和幸福指数的新地标。

二是打造基层群众文化服务新领地。"5+N"模式升级版基层综合性文化服务中心的建设有效丰富了基层群众的文化生活,文化聚人心、增认同、化矛盾、促和谐的积极作用得到更进一步发挥。示范点根据群众对文化生活的实际需求,开设了合唱、乐器、读书、广场舞、瑜伽等文化服务项目,面向群众免费开放,成为乡村文化振兴战略的主阵地,实现从单一的文化活动载体向综合的精神家园转变,从重建设向"建、管、用"一体化转变,从群众视角出发,开展公益性质的文化服务,搭建"百姓大舞台"。

三是打造基层公共文化服务新模式。"5+N"模式升级版基层综合性文化服务中心的建设是创新公共文化服务方式,精准匹配文化需求的新模式,有效解决了基层群众需求与公共文化服务内容精准对接的"最后一公里"问题。"互联网+"居家养老中心、缤纷四季工作法、四色学堂、暖心家园、巧手制作、关爱后代、时间银行、家风家训、就业培训、社区钥匙、志愿服务等特色化服务模式正在基层遍地开花,实现了文化服务供需与精准匹配,有效扩大了公共文化服务的覆盖面,使得群众公共文化生活得到了优化,全市公共文化服务效能稳步提升。

四、经验启示

"十三五"期间,我们已经基本实现了市、区(县)、镇(街道)、村(社区)四级公共文化服务体系全覆盖。2021年是"十四五"开局之年,也是城乡公共文化空间创新拓展之年。"5+N"模式升级版基层综合性文化服务中心示范点创建项目立足城乡特点,在村或社区因地制宜打造有特色、有个性、有品位的公共文化空间,不仅可以扩大公共文化服务覆盖面,增强实效性,而且可以适应城乡居民对高品质文化生活的新期待。基层综合性文化服务中心是公共文化服务体系建设的"最后一公里",是距离群众生活最近的公共文化设施。要提高城乡居民生活品质,为城乡居民提供更高质量、更有效率、更加公平、更可持续的公共文化服务,使城乡居民更好地参与群众文化活动,共同享受改革开放国家强盛给群众带来的文化红利,提升基层综合性文化服务中心建设标准和服务水平是必经之路。"5+N"模式升级版基层综合性文化服务中心示范点创建项目只是我们在提升基层文化设施工作中实施的一个"样板",首要解决的是"建什么""有人管""人性化服务品质"和"长效管理"的问题。未来我们还要不断加强基层文化志愿团队建设并加大文化志愿服务项目供给力度,形成一整套"文化菜单",通过"淄博文旅云"数字化公共文化服务平台"线上点单"的形式,不断为"5+N"示范点输送文化产品和文化服务,真正实现由"样板体验"到"生活常景"的跨越。

"我为山村种文化"山东日照志愿服务项目

——探索文化精准扶贫新模式

日照市文化馆　王西江

2012 年底新时代脱贫攻坚序幕正式拉开,8 年间我国脱贫攻坚成果显著,区域性整体贫困得到解决,完成了消除绝对贫困的艰巨任务。2021 年 2 月 25 日,习近平总书记在全国脱贫攻坚总结表彰大会上发表重要讲话,庄严宣告我国脱贫攻坚战取得了全面胜利!

脱贫攻坚是党领导全国各族人民共同奋斗的艰苦历程。在勠力同心、拼搏追梦的长路上,同样有文化志愿者奉献有为的身影。自 2016 年春天开始,山东省日照市文化馆(以下简称市文化馆)主导创建了"我为山村种文化"志愿者服务品牌,以创新务实、锲而不舍的志愿者精神,为山村少儿文化启蒙做出了积极贡献。该品牌以项目运作的模式,通过定期为省、市级贫困村及偏远山区的孩子们上艺术课,将"城乡一体、权益均等"落到了实处。项目创新性在于,变"送"文化为"种"文化,以"润物细无声"的"定向滴灌"办法,在孩子们的心灵净土上撒下了梦想的种子,使温润的文化在贫困山村的孩子心里扎下追求美好未来的根须。据不完全统计,目前该项目累计服务 20 余所学校、提供志愿服务超过 30000 人次,收到良好效果,引起强烈反响。

一、项目实施背景

2015 年,随着扶贫工作的逐渐深入,"精准、精细"扶贫措施日益成为各级各部门扶贫工作的发力点。在扶贫工作关键阶段,山东省日照市各级各部门单位凝聚"合力"助推脱贫攻坚,对各方面政策、措施做了具体明确和细化,推出"1+26"脱贫攻坚方案,形成了日照市比较完整的扶贫开发政策体系,有效推进了精准扶贫开发工作的全面铺开。山东省日照市有省定贫困村 130 个、市定贫困村 170 个,贫困户 51493 户,贫困人口 88412 人。在日照市委、市政府印发的《关于坚决打赢脱贫攻坚战的实施意见》中,提出了十大精准扶贫行动,计划于 2018 年全部兜底完成,确保农村贫困人口全部脱贫,进而实现"两不愁三保障"(不愁吃、不愁穿,义务教育、基本医疗和住房安全有保障)。

俗话说:"扶贫先扶智,治贫先治愚"。文化扶贫在推进精准扶贫、精准脱贫中具有基础性、先导性、根本性的作用。市文化馆"我为山村种文化"项目在启动之前,精准对接贫困村和建档立卡贫困家庭学龄人口,到省、市级贫困村的中、小学做了调研。经过实地调研发现,大多数省、市级贫困村学校校舍简陋、师资配备不齐全。即使有的贫困村在资助下拥有新建的校舍和相对完备的硬件设施,但仍很少能够配备专业的艺术师资。其中大部分的学校都没有正常开设音乐课、美术课等艺术课程。有的学校勉强开课,也是由其他科目的老师临时兼职艺术课老师。部分学校的美术课是让孩子们比着教材自己画,音乐课则用录音机放歌曲;还有少数学校的美术课、音乐课干脆改成了语文课、数学课。在调研过程中,学校领导、老师也谈到了对艺术课程的期望和对师资紧缺的无奈,学生们更是对各类艺术课程充满了好奇与期待。

二、主要创新点

一是政府主导,社会参与。"我为山村种文化"项目由市文化馆主导,全市文化志愿者共同参与,有效地凝聚合力、助推脱贫攻坚。项目开展的过程也是一个有效示范、广泛带动的过程,许多爱心企业、爱心人士不断加入,逐渐形成了全民助推精准扶贫的正能量。

二是以点带面,多点开花。该项目以发展志愿者小分队的方式,以更专业的师资队伍做支撑,以更丰富全面的教学课程做载体,以"新型科普大篷车"为亮点,以艺术课堂、科普体验、送教下乡、扶贫助教、捐资助学、医疗救助等更丰富的项目内容,因地制宜,实事求是,把"精准扶贫"模式真正落到实处,切实为贫困山区的孩子们送去丰富精神食粮,为偏远农村输送先进教育理念,为提高农村教育教学质量、师资水平进行了积极的探索。

三是让爱一步之遥,让梦触手可及。根据各区县志愿者报名情况,安排相关志愿者服务就近贫困村学校,为下一步志愿者队伍进一步扩充和志愿工作顺利开展打好基础。

四是建立信息台账,精准对接。建立贫困村学校、贫困生的资料数据库,全市范围内的每一个贫困村、每一所学校、每一个贫困家庭、每一个贫困生都要有相应的信息资料,并根据实际情况进行动态管理,最大程度地发挥文化精准扶贫资源的作用,确保文化精准扶贫工作稳步实施。

五是加强舆论引导,规范师资考核。整合宣传资源,充分利用电视、广播、报刊、手机短信、微信、手机报、宣传画、宣传横幅、板报等各种形式,依托文旅局"文旅日照"、文化馆"群文微视听"等平台,宣传好文化精准扶贫重大意义、帮扶内容和典型事迹等,进一步提高广大干部群众思想认识,激发文化扶贫攻坚信心,形成共识、汇流智力。同时,完善文化志愿者管理章程,规范代课老师考核制度,采取"先培训后上岗"的办法,确保代课老师将文化精准扶贫工作落到实处。

三、创新成效

自开展至今,"我为山村种文化"项目先后走进了 20 余所贫困村学校,累计提供志愿服务 3 万余人次。该项目先后被《文化报》、文化网、《日照日报》、《黄海晨刊》等各级各类新闻媒体重点报道,引起高度社会关注,受到社会广泛好评。

(一)项目实践性强、精准度高、示范性强

对于山里的孩子来说,城里孩子司空见惯的艺术课程竟然是他们的"人生第一课",其意义不言而喻。该项目的特点是:以日照市当地的省、市级贫困村中小学生为服务对象,以"扶贫先扶智,治贫先治愚"为出发点,以全市文化志愿者为活动载体,先后走进了五莲县松柏镇店子小学、五莲县松柏镇中心小学、五莲县户部中心小学,五莲县户部乡槎河小学、岚山区黄墩镇粮山小学、岚山区黄墩镇玫瑰园希望小学、东港区黄墩镇中心小学、竖旗小学、石沟崖小学、惠家下河小学等 20 余所学校,足迹所到之处,心灵之花绚丽绽开。

(二)开创了"一站多点"模式

项目运行过程中,文化志愿者采取"一站多点"模式,在贫困村比较集中的乡镇对接2—3 所学校,持续开展不低于一学期的艺术课程,固定每个周四上午,风雨无阻为山村孩子们举办艺术熏陶与体验的课程。从一开始大部分孩子们连 1(Do)、2(Re)、3(Mi)都不认识到如今孩子们不仅能够完整识乐谱、学唱歌,甚至自信地登台表演节目,这其中遍洒文化志愿者们的辛勤汗水。2016—2018 年的"六·一"儿童节,"我为山村种文化"的志愿者朋友们都是与山区里的孩子们一起度过的。

(三)播种文化,收获信心和希望

项目如火如荼展开的那几年,每个周四都是山村小学的孩子们最盼望的日子。当志愿者老师们走进校园、走进课堂,孩子们都像小鸟一样叽叽喳喳地簇拥在老师身边,期待着老师带来新的知识、新的欢乐。课堂上,孩子们睁大一双双充满饥渴的眼睛,像海绵吸水,汲取着艺术的营养。一个学期的艺术课程上完,孩子们的进步非常大,他们的性格也在丰富多彩的艺术熏染中发生了喜人的变化,性情越来越活泼,笑容越来越丰盈。

(四)以点带面,击鼓传花

随着项目不断深化,社会上许多爱心企业、爱心人士开始关注"我为山村种文化"项目,纷纷以不同方式加入志愿者队伍。其中,日照乾方北京汽车为项目提供了"种文化"车辆,每个周四全程接送志愿者,风雨无阻;日照利伟建筑公司向黄墩镇玫瑰园希望小学捐赠了校园广播系统、生活用品、体育用品、图书、文具、食品等物资,累计超过五万元;民盟日照市委的"我为山村种文化"志愿者分队为孩子们捐赠了图书、文具、体育用品、乐器等;每周四出发之前,都会有好心人主动追随,给孩子们带去各类食物和学习用品……

四、经验启示

一是实事求是,精准扶贫。针对贫困村的学龄儿童,坚持扶贫对象识别到村到校到班级。建立贫困村中小学生信息档案,建立文化精准扶贫电子信息系统。

二是志愿服务，培训上岗。针对"我为山村种文化"项目，分批次举办志愿者服务培训班，由参与志愿服务经验丰富的市文化馆工作者讲课培训，从上课模式、课程安排、留守儿童心理疏导等多个方面对招募的社会志愿者进行统一培训。

三是文化结亲，对点帮扶。"我为山村种文化"项目以艺术课程为载体、以文化志愿者为纽带、以文化精准扶贫为目标，在后续发展中，逐渐与"小手拉小手"同龄儿童互帮互学、"我还有个家"城市乡村互换体验等系列项目进行融合，以家庭为单位，让城里孩子走进贫困村所在学校体验生活、让山村孩子走进城区学校学习交流，真正实现了"文化结亲、对点帮扶"，实实在在地将文化精准扶贫工作落到了实处。

"我为山村种文化"项目先后荣获首届日照市志愿服务项目大赛金奖、山东省文化志愿服务典型项目。根据此题材拍摄的微电影荣获省扶贫办举办的"我眼中的脱贫攻坚"影像档案征集活动微电影纪录片类一等奖。项目发起人之一的群文工作者卢莉娜，获得山东省"十大学雷锋标兵"。

以文助人　携手筑梦

——帮扶心智障碍特殊群体的郑州探索与实践

郑州文化馆　李桂玲

随着中国特色社会主义进入新时代,社会主要矛盾转化为人民日益增长的美好生活需要和不平衡不充分的发展之间的矛盾。不平衡不充分作为长期性问题依然存在,尤其是心智障碍特殊群体,由于先天智力功能显著低于常人,并伴随适应性行为缺陷,难以适应社会,甚至被社会排斥,成为被"遗忘"的边缘群体,生活质量较低,是全面建成小康社会后需要重点关照和救助的群体。从市残联的统计情况来看,郑州市 16 岁以下持证的未成年残疾人有 6576 人,其中智力残疾人达到 3400 人,占到 42%,成为制约家庭发展,并导致家庭陷入贫困的重要因素。为帮扶心智障碍人士,2012 年郑州文化馆启动了"点亮繁星、益路同行"关爱心智障碍人士行动,9 年来坚持以文助人、携手筑梦,帮助 400 多个心智障碍人士及家庭走出困境,让理想照进现实,帮助实现美好生活的愿景,履行着公共文化服务主体应有的责任和担当,践行党和国家赋予的使命和任务,为伟大中国梦的实现提供文化助力。

一、文化筑梦心智障碍特殊群体的时代抉择

(一)全面建成小康社会"一个都不能少"

习近平总书记强调:"中国有几千万残疾人,全面建成小康社会,残疾人一个也不能少。""一个都不能少"的承诺与要求,展现党为人民服务的宗旨意识,包括全社会所有成员,尤其是重点考虑到残疾人这一特殊群体。郑州文化馆"点亮繁星、益路同行"公益项目,让小康社会发展成果惠及心智障碍特殊群体,帮助个人和家庭走出困境,补齐发展中的短板和弱项,彰显"一个都不能少"的大爱情怀。

(二)公共文化服务均等化"一个都不能少"

党的十九届五中全会指出,"健全关爱残疾人服务体系和设施,完善帮扶残疾人的社会福利制度"。在我国公共文化服务均等化、全覆盖、可及性的实践中,维护好心智障碍特殊人群的公共文化服务权益,让他们享受到高质量的公共文化服务,是改善心智障碍人士生活品质的重要途径。郑州文化馆通过公益性文化艺术培训、非遗技艺教授、思想心理

关爱等,让心智障碍人士通过文化教育培训,真正感受艺术熏陶、提高思维水平、增强交流能力,打通公共文化服务"最后一公里",让文化惠民阳光普惠社会最深处。

(三)美好生活新需求"一个都不能少"

习近平总书记强调,"让广大残疾人安居乐业、衣食无忧,过上幸福美好的生活",幸福美好生活是社会矛盾转化下人民群众的共同期盼,也是我们党全心全意为人民服务宗旨的重要体现,是我国社会主义制度的必然要求。新时代下美好生活不仅是物质生活的保障,更是精神层面的富足、社会的和谐及制度的公正。郑州文化馆坚持美好生活"一个都不能少",通过以文化人、以文润心,凝聚社会力量,打造美好文化家园,塑造公平正义社会环境,努力把心智障碍特殊人群的美好生活向往变成美好生活的现实。

二、因爱而为:郑州文化馆的责任与担当

(一)用爱温暖

自古以来,中国就把"爱""善"作为基本的伦理规范,蕴含着厚仁贵和、乐善好施、扶贫济困美德,并延伸为善与人同、志愿服务、友好关爱等核心价值。郑州文化馆以文化志愿服务中心为抓手,在"全国最美志愿者"李桂玲带领下,组建了100余人的文化志愿服务队伍,坚持以爱为名、用心设计内容、爱心传递温暖,帮扶教育孤独症、智力障碍等心智障碍人士400余人,帮扶治疗智力障碍,协助解决就业、生活困难,用大爱之心为特殊家庭送去希望,让文化志愿服务之爱充满社会,让善之举动引领时代潮流。

(二)敢于担当

敢于担当是党员干部无畏艰难、敬业负责、攻坚破难政治意志的体现,是对新时代党员干部的应有要求。面对国家公共文化服务均等化的战略要求,面对社会特殊群体美好生活的期盼,郑州文化馆志愿服务者多是文化工作者、非遗传承人,他们义无反顾、敢于担当,舍小家为大家,坚守岗位和使命,文化馆馆长和志愿者坚持每堂课陪伴心智障碍人士,兢兢业业、尽心竭力做好每项工作,把帮扶关爱心智障碍人士当成一项事业,维系社会公平、正义,补齐社会发展中的短板弱项,让弱势的心智障碍人群共享社会发展的成果。

(三)同舟共济

在美好生活的幸福路上,坚持不放弃任何一个人,文化志愿者走访入户,了解心智障碍人士情况及其家庭需求。面对孤独的残疾人群体,并未置身其外,而是展现关爱弱势群体的社会情怀。在遭遇困难时,同舟共济、守望相助、攻坚克难、命运与共,化解社会难题,不断推进社会凝聚、团结,并赢得了心智障碍个人及家庭的信任。

三、精心设计：文化筑梦心智障碍特殊群体的体系构筑

（一）立足需求

郑州文化馆携手河南精神残疾人及亲友协会，坚持精心、热心、耐心、专心、细心，聚焦孤独症、智力障碍等心智障碍人士及家庭，掌握每期100多名心智障碍人士的特点，关注他们的潜在需求，并记录他们的思想和行为变化，有针对性地采取措施，制定类型化、差异化的方案，改善他们的思维方式，提升他们适应社会的能力。

（二）优选内容

郑州文化馆设立了书法、声乐、美术、陶瓷、心理等20多种公益课程，根据心智障碍人士的身体情况、性格特点及智力状况，以及家庭情况、生活环境等，科学选择文化项目或内容，有针对性地进行文化教育和智力启迪，并结合课程开展中的情况及遇到的问题，不断调整文化内容和教育方式，帮助心智障碍人士改善智力状况，提高他们的行动能力和交往能力。

（三）创新方式

心智障碍人群适应能力不足，接受知识能力极弱，生活自理能力缺乏。引导心智障碍人群回归社会、融入社会，需要采取多元方式。郑州文化馆以文化技能培育为重点，通过文化技艺传承、文化知识输入、文化心理治理等，增强他们的动手能力，以行动塑造思维，改善智力发育和成长状况；创新文化科技教育手段，采取线下与线上结合方式，通过制作音频、视频等进行常态化文化培育；突出公共文化活动开展，通过组织作品展、文艺汇演、集体交流、手工协助等活动，增强了心智障碍未成年人的人际交往和社会适应能力，帮助他们树立了自信。

（四）建立机制

通过制度闭环管理，打造针对性、精准性和互动性突出的全周期文化项目，为心智障碍人士营造优质的文化服务空间。在学习教育管理上，制定周计划、月计划及年度方案，精心设计学习内容、课程时间，并由专人记录项目全流程，做好活动开展的准备工作，观察和反思项目进行过程中的问题、不足，并及时总结和改进。注重项目的评估，每月月底开展评估，实行项目过程评估，及时把握活动开展情况，调整完善具体活动内容。

（五）务求长效

坚持把文化救助纳入文化馆日常工作，长期开展活动，发掘特殊群体潜能；链接外部资源，做好对外宣传，通过电台、报社、网站、微信、微博等融媒体方式进行项目活动宣传，被人民网、《河南日报》、河南广播电视台、《郑州日报》等媒体报道百余次，在郑州市

乃至河南省都产生了广泛的影响,让更多人关注、关心、融入帮扶关爱心智障碍特殊群体的公益事业。

四、"文化 +":凝心聚力实现心智障碍特殊群体幸福梦

自 2012 年以来,郑州市文化馆通过社会资源的广泛链接,扩大服务能力与辐射面,协同全市文化艺术干部、非物质文化遗产代表性项目传承人、志愿者,从非遗技艺、声乐技巧、书法绘画、艺术创作、艺术扶贫等方面,对心智障碍人士开展综合性、针对性的艺术知识培训,组织开展了 500 多期课堂教学,以"文化 +"服务心智障碍人士,为特殊家庭提供了实实在在的帮助与支持,促进了特殊群体"平等、参与、融合、共享"目标的实现。

(一)文化(手工制作)+ 扶智

郑州文化馆以文化技能教育为抓手,以手工技艺教授改善心智障碍特殊群体动手能力,促进孤独症及心智障碍人群的思维改善和治疗。郑州文化馆开辟 1000 多平方米活动场地,组织非遗传承人、文化志愿者等搭建起多元化非遗文化课堂,开设面塑、泥塑、陶艺、编发、纸艺花等非遗手工艺的公益课程,通过内容的精心设计,技巧技艺的有序安排,老师的细致讲解、手把手教导,传授多种形式的非遗文化知识、技能,不仅增强了心智障碍群体手脑协同的能力、行动能力,而且提升了他们的创造力、想象力、审美感知力,经过半年多的文化技艺传授,心智障碍儿童掌握了基本的制作方式,而且能创作出相对精美的作品。

(二)文化(音乐律动)+ 共鸣

音乐是现今世界公认较好地介入孤独症、心智障碍等特殊人群的艺术形式,并且具有较好的治疗作用。郑州文化馆注重利用音乐律动打破心智障碍人群封闭的世界,根据孤独症儿童的特点和个性,运用专业性较强的声乐、奥尔夫音乐、戏曲、二胡、钢琴等音乐培育,以聆听、欣赏、演奏、律动等形式,让心智障碍群体通过音乐舞蹈的情感体验,增强听觉、感官和心理体验,缓解他们急躁、易怒、烦躁等不稳定情绪,唤醒他们的情感认知和语言记忆。郑州文化馆还以孤独症患者为原型编排了双人舞《流动的暖意》、歌曲《我有一个梦想》并在全市公演,以感人肺腑的音乐演绎真情故事,吸引了社会的高度关注,引起了社会大众的共鸣。

(三)文化(绘画书法)+ 启蒙

"点亮繁星、益路同行"活动开展以来,郑州文化馆以文化人、以文启智,发挥省市书法名家、国画老师及高校教师等作用,以集体指导与个别辅导相结合的方法,免费向心智障碍人士教授书法、绘画等传统实用艺术,培养孩子的兴趣和爱好,对有困难的孩子进行重点指导,并观察记录孩子的变化,以设计针对性的培训和教授方法。通过涂鸦、互动绘画、手工作业治疗、书法体悟交流等,满足他们的交往需要和兴趣需求,激发内在愉悦体

验,以转移和释放他们的负面情绪,鼓励他们正确和适当表达自己的情绪和感触,减少不当言行,帮助情绪行为障碍人群的康复。

(四)文化(群体交流)+互动

郑州市文化馆立足助人自助的公益理念,积极推动心智障碍人士及家庭与文化志愿者、社会公共力量的互动、交流和沟通,组织公共活动,引导父母及家庭互动,帮助心智障碍人士敞开心扉,努力打造一个为心智障碍群体提供文化救助、治疗和服务的公共互动空间,为心智障碍群体及家庭走出困境提供支撑。定期积极组织校外课堂,让孩子们走进博物馆、科技馆、非遗传习基地学习观摩,组织公共演出和活动,让他们在舞台上展现才艺,以孩子之间的沟通、集体活动的互助,引导心智障碍人士回归社会、融入社会;为家长开办 100 多期心理学专题课堂、手工制作课堂,让家长课下辅导孩子,与孩子开展互动。建立了家长教育微信群,通过日常性交流互动,分享家庭教育的经验、分享孩子进步的喜悦,增进家庭关系,改善家庭生活环境,克服了心智障碍人士个人及其家庭对环境和社会的排斥,增强了他们在行动和语言上的自信。

(五)文化(脱贫增收)+扶贫

多数心智障碍患者家庭都相对贫困,因为治疗、照料等原因,家庭生活窘迫,而有些家庭碍于面子,不愿接受政府和社会救助,家庭改变困境的手段缺乏。郑州文化馆在提供公益课堂、温馨陪伴、文化惠民等活动的同时,不定期举办作品展、公益集市,邀请设计师对作品进行加工设计,并进行公益售卖。与郑州同舟中心结合,对心智障碍人士的作品进行公益拍卖,筹得公益善款 6 万余元,用于大龄心智障碍人士的日间照料和职业训练。同时,积极协调企业、园区及相关单位,帮助心智障碍人士解决就业等问题,以文化技艺传承帮助他们增强发展能力,努力实现自身价值,增加家庭收益,改善经济状况。

"中国汉绣圈"的探索与实践

武汉市江汉区非物质文化遗产保护中心　余培鸣

2019年6月8日,湖北省"文化和自然遗产日"武汉市主会场活动暨"中国汉绣圈"揭牌仪式在江汉区汉口文体中心成功举行,标志着"中国汉绣圈"初步形成。"中国汉绣圈"是以任本荣汉绣精品展和汉绣代表性传承人工作室为基本构成,吸收目前汉绣在荆州、武汉、洪湖等三个地域的主要代表性传承人,集设计、制作、教学、体验、展示、交流、销售于一体的国内唯一的汉绣聚集地,是江汉区的非遗保护工作特别是汉绣保护工作的里程碑。两年以来,经过江汉区的努力,"中国汉绣圈"现已初具规模,集聚效应凸显。

一、汉绣简介

汉绣是国家级非物质文化遗产代表性项目之一,入选第一批国家传统工艺振兴目录。

汉绣是以荆楚刺绣文化为背景,以湖北荆州、洪湖、武汉为生产中心的区域性绣种,其历史悠久,可以追溯到东周时期的楚绣。在长期的艺术实践中,汉绣凝练出色彩鲜明富丽、线条挺拔分明、造型拙朴生动、针法规范灵巧,专于装饰的艺术特色,逐渐形成以铺、压、织、扣、盘、套为主要针法,平金夹绣为主要表现形式的刺绣艺术体系。汉绣强调"花无正果,热闹为先",一般从外围起绣,逐层向内走针,直到铺满绣面为止。根据绣品不同的质地和花纹,刺绣时需灵活运用各种针法,做到下针果断,讲究图案边缘的齐整即"齐针",讲究分层破色的层次感和立体感。

汉绣起源于荆州,流传于洪湖,发展壮大于汉口。后由于日军侵华,汉口绣花街(今大兴路一带)毁于战火,汉绣逐步衰微。江汉区是汉绣当之无愧的核心所在,对保护传承汉绣有着义不容辞的责任。令人欣喜的是,经过江汉区非遗保护中心多年的努力,汉绣从濒临失传逐步发展壮大,截至目前,汉绣共申报各级代表性传承人22人,其中国家级1人,省级2人,市级6人,区级13人,形成了一支老中青结合的传承梯队。

二、"中国汉绣圈"的实践背景

(一)各级政府对非遗保护的重视程度不断加深

非物质文化遗产是中华优秀传统文化的重要组成部分,是增强文化自信的重要内容。

近年来,随着《中华人民共和国非物质文化遗产法》《湖北省非物质文化遗产条例》《武汉市非物质文化遗产保护条例》等相关法律法规的相继出台,中共中央办公厅、国务院办公厅《关于实施中华优秀传统文化传承发展工程的意见》,以及2017年文化部等三部委联合发布《中国传统工艺振兴计划》,对非物质文化遗产,尤其是传统工艺的重视程度,提到了前所未有的高度。

(二)汉绣传承梯队已经形成,从业者众,有一定市场规模

汉绣传承人由最初的几个人到现在申报认定的各级传承人已达到22人之多,老中青三代呈金字塔形,结构合理,可持续性强。同时,遍布武汉三镇的汉绣工作室也吸引了绣工等从业者近2000人。但因布点分散,且多延续传统作坊式生产,未能形成产业链,亟须整合资源,优化配置。另外,汉绣作为武汉地理商标,早已同热干面等文化名片一样成为武汉文化的代表。无论是作为政府礼品,还是代表武汉赴国内外展示等,均少不了汉绣的身影。汉绣在老武汉人的生活中扮演着十分重要的角色。虽然今天汉绣式微,但依然深受群众喜爱,汉绣围巾、箱包、挂件等,均有一定的市场规模。民俗、宗教、戏曲服装等传统元素在振兴传统工艺,弘扬中华优秀传统文化的氛围中也得以保存。但不可否认的是,由于缺乏设计、创新不足、无序竞争,导致汉绣市场规模长期处于瓶颈,难以突破。

(三)汉口文体中心的修缮升级提供了场馆

汉口文体中心地处西北湖畔,是少见的位于市中心的综合性文化体育场馆,2019年第七届世界军人运动会足球决赛曾在此举行。区委、区政府投入3.85亿元对该场地进行了全面修缮升级,赛后该场地用于开展公益性文化体育活动,以满足辖区居民日益增长的文化体育需求。修缮后的汉口文体中心,功能设施齐全,充分兼顾公益性文化事业与文化产业,这为"中国汉绣圈"的打造提供了场馆条件。

(四)江汉区文化和旅游局充分调研,提出了基本构想,开展了前期工作

2017年9月,江汉区文化局(2019年改名为江汉区文化和旅游局)工作人员专程赴荆州了解汉绣传承情况,并拜访了荆州汉绣省级代表性传承人张先松。一行人在与张先松的交谈中,充分了解了汉绣的发展历史及其现状,在双方的交流启发下,江汉区文化局进一步思考,提出并完善了打造"中国汉绣圈"的基本构想。后又多次拜访荆州汉绣省级传承人任本荣及各市级传承人,认真听取他们的意见,最终形成了较为完备的"中国汉绣圈"构想。

(五)各级文化主管部门支持打造"中国汉绣圈"

2017年12月,中国艺术研究院院长、中国非遗保护中心主任连辑一行调研江汉区非遗工作,在参观荆楚金石博物馆时,现场听取了区文化局对汉绣保护传承工作的报告,对江汉区致力于保护传承汉绣表示肯定,对打造中国汉绣圈构想表示支持,并欣然为"中国

汉绣圈"题字。此后,区文化和旅游局先后向省文化和旅游厅非遗处、市文化和旅游局非遗处等汇报打造中国汉绣圈的构想,均获得肯定与支持。

二、"中国汉绣圈"的具体做法

(一)汉绣工作室多点开花

在具体打造"中国汉绣圈"的过程中,为各汉绣传承人建立工作室是最基础也是至关重要的一步。《武汉市非物质文化遗产保护条例》第十四条明确提出,"文化主管部门应当按照下列规定对非物质文化遗产代表性项目及其代表性传承人实行分级保护:①对国家级非物质文化遗产代表性项目实行重点保护,编制专项计划,配套单项扶持资金,设立专题展示场所或者博物馆,为国家级代表性传承人设立工作室,并对其授徒传艺给予补贴。②对省级非物质文化遗产代表性项目可以设立专题展示场所或者博物馆,可以为省级代表性传承人设立工作室"。为此,江汉区根据汉口文体中心的功能布局结合"中国汉绣圈"的规划构想,先后建立了黄春萍汉绣艺术馆、张先松汉绣工作室、任本荣汉绣工作室,各汉绣工作室各具特色,多点开花,分布在汉口文体中心的功能区内,为展现江汉非遗的丰富性和多样性,在江汉区非遗展示中心及武汉荆楚金石博物馆已建成的基础上,又配合布置了任本荣汉绣精品展,建立了汉派石雕工作室、金石器物全形传拓技艺工作室,形成了以汉绣工作室、汉绣展为主阵地的"中国汉绣圈",展陈总面积超过1500平方米,构建了集设计、制作、教学、体验、展示、交流、销售为一体的非遗生态链。

(二)非遗活动精彩纷呈

随着各汉绣工作室的成功建立,围绕着让"中国汉绣圈"保持活力这一目标,江汉区举办了一系列非遗活动:2019年12月,江汉区文化和旅游局联合湖北省妇联举办了为期12天的中国汉绣圈首届汉绣技艺技能培训活动暨"楚凤起航"手工培训班活动,参加培训的学员近300人,活动规模大,持续时间长,掀起了一股学习汉绣的热潮,对中国汉绣圈的打造与汉绣文化的推广传播起到重要的作用;2020年1月6日,第四届武汉煨汤百姓擂台赛在汉口文体中心成功举办,居民群众在品汤吃面的同时,还能领略汉绣带来的视觉盛宴,营造了浓浓的非遗过大年的节日氛围;2020年复工复产后,在端午节、中秋节、国庆节等重要的时间节点,江汉区又举办了以汉绣为主的非遗体验课、非遗直播之夜、非遗展示、非遗线上课堂等各类活动,慕名前来参观体验的各级领导、游客、社会各界团体络绎不绝,"见人见物见生活"的非遗理念更加深入人心。

(三)谋求合作共赢发展

在阵地建设基本完成,非遗活动持续热潮的基础上,积极奉行"走出去"工作思路,在社会相关领域和阶层,谋求与汉绣的深度合作,互利共赢,为"中国汉绣圈"锦上添花。"中国汉绣圈"建成以来,汉绣进学校、进社区、进企业等工作也是持续不断开展:江汉区非遗保护中心长期与教育部中华优秀传统文化传承基地(汉绣)——武汉纺织大学等高校保持密切联系,谋求合作,进一步夯实了汉绣的文化内涵并扩宽了理论深度,使汉绣的保护工作有了强有力的学术支撑;2020年,武汉关小学与江汉区非遗保护中心合作,共同编写了汉绣教材,践行"汉绣要从娃娃抓起"的理念;在江汉区花楼水塔街,汉绣是"非遗在社区"的常驻非遗项目,汉绣传承人王子怡定期在各社区巡回授课,向广大居民群众传授汉绣技艺,取得了非常好的授课效果;2021年,汉绣与著名中式茶饮品牌——茶颜悦色进行了跨界合作,这是一次全新的探索和尝试,在融合汉绣元素的基础上结合茶颜悦色的"新中式茶饮"打造最潮国风饮品店,目前茶颜悦色(凤彩)汉绣主题概念店已在江汉区花园道开业,年轻顾客对汉绣这一国家级非遗项目充满了好奇,人气爆棚。

下一步,项目组将与文化和旅游部恭王府博物馆密切接洽,谋求参加"锦绣中华——中国非物质文化遗产服饰秀"系列展览展示活动,借助这一权威、专业、有国际影响力的非遗展示平台,将汉绣推向世界。

三、"中国汉绣圈"的创新成效

(一)正本清源,形成合力

"中国汉绣圈"的打造,结束了汉绣山头林立、无序竞争、伪汉绣混淆视听的乱象,并将汉绣传承人聚拢到一起,共谋发展,形成一个交流学习、合作共赢的平台,提升汉绣的研发、设计、生产、销售的整体水平。同时,"中国汉绣圈"的建立,极大增强了江汉区在汉绣传承保护中的话语权和核心地位,便于将汉绣这一宝贵文化资源用足、用好。

(二)对外展示江汉形象和区域文化软实力

"中国汉绣圈"的成功打造,对外展示了江汉区的文化形象。通过展示美轮美奂的传统汉绣作品和各汉绣传承人工作室,能让观众充分领略老汉口与新江汉的独特魅力。同时,2019年第七届世界军人运动会足球决赛在汉口文体中心成功举行,来自世界各地的选手和嘉宾充分领略了江汉非遗之美和中华文化的博大精深,这不仅是江汉区,乃至武汉市文化软实力的体现,更向全世界展示了中华优秀传统文化的魅力。

(三)助力西北湖文体旅休闲片区建设

凭借汉口文体中心得天独厚的区位优势和精心设计的功能布局,"中国汉绣圈"与已建成并开放多年的荆楚金石博物馆相辅相成,深度融合汉口文体中心其他文化、体育、旅游业态,并结合周边的西北湖公园、花园道艺术街区、雪松路美食街等文化旅游资源,形成西北湖文体旅休闲片区,从而成为江汉区一个新的城市旅游地标和文化产业增长点。

四、经验启示

（一）非遗保护应结合实际，因地制宜

江汉区是武汉市的中心城区之一，历史悠久，非遗资源丰富，但江汉区面积较为狭小，仅有 28.29 平方千米，这种现状在一定程度上束缚了江汉非遗在空间上的纵向发展。多年以来，文化场馆匮乏的现状与人民群众日益增长的文化需求形成巨大反差，这种现状亟待改变。2019 年，因世界军人运动会在武汉举办，汉口文体中心作为足球决赛场地，迎来了一次修缮升级的重大契机，江汉区为谋求文化事业的长足发展，对汉口文体中心场馆的赛后复合利用，做了深远谋划，形成了"一场三馆"（体育场、文化馆、图书馆、博物馆）"一圈四中心"（中国汉绣圈、非遗保护中心、艺术培训中心、全民阅读中心、全民健身中心）的文化体育功能布局，极大地缓解了江汉区文化场馆匮乏的现实状况。"中国汉绣圈"的成功打造及汉口文体中心的功能布局提升了江汉区的文化服务品质，汉口文体中心也成为军人运动会场馆赛后利用的典范和标杆。

（二）坚持传承人的主体地位不动摇

非物质文化遗产作为一种活态文化，依托于人而存在，以口传心授为延续方式，其延续与发展离不开传承人的传承与传播。在实际工作中，应当尊重传承人的主体地位和权利，注重社区和群体的认同感，为传承人做好服务工作。江汉区扶持非遗传承人建立工作室，打造"中国汉绣圈"，是践行《武汉市非物质文化遗产保护条例》的具体体现，广大传承人的创作热情得到激发，更加积极地履行传承义务，为江汉非遗做出应有的贡献。

（三）给服装设计提供借鉴，与汉派服饰产业互利共赢

未来，随着"中国汉绣圈"的发展成熟，可与汉派服饰研发合作。依托"武汉国际时装周"，汉派服装在设计上或可增加汉绣元素，挖掘非遗内涵，推陈出新，打造出有"汉味"的汉派服饰。而汉绣与汉派服饰的结合，也将有效扩展和创新汉绣产品种类。并且现代服饰的设计理念将进一步推动汉绣设计的创新，找到汉绣产业化发展的落脚点。

打造版画品牌　创新公益服务

——以荆门市群众艺术馆"版画进万家"活动为例

荆门市群众艺术馆　吴姗姗

一、创新背景

版画作为一种喜闻乐见的艺术形式,一直受到大众的欢迎。荆门是一个因工业而建、因工业而兴的城市。20世纪70年代,随着荆门炼油厂的兴建,以工业为主题的版画逐渐兴起,形成了以荆门炼油厂职工为代表的工业版画创作群体,陆续有多幅版画作品在全国崭露头角。2012年3月,荆门工业版画研究院在荆门市群众艺术馆挂牌成立,成为推动版画艺术创造发展的专业机构。2014年以来,荆门市群众艺术馆、荆门工业版画研究院以创作、展览、教学等活动为载体,开展"版画进万家"活动,通过送版画艺术进学校、进社区、进企业、进机关、进农村、进军营,探索创新荆门工业版画艺术复兴、传承发展的新路子,有力推动了群众美术推广普及,打造了独具特色的工业城市文化品牌。

二、创新做法

"版画进万家"活动是荆门市群众艺术馆精心打造的文化品牌。主要内容是以荆门工业版画研究院为平台,以版画公益培训、版画作品展览、版画艺术推广为载体,积极推动版画艺术繁荣,培养版画创作人才,推出优秀版画作品,助力文化荆门建设。2012年以来,已开展"版画进万家"活动30余场,举办版画专题展览50余期。

一是融入公益培训播种子。坚持把推动群众美术普及作为"版画进万家"活动的首要任务,将工业版画创作与公益培训相结合,吸引了一大批版画艺术爱好者学习版画,不断扩大版画创作队伍,增进了群众对工业版画的了解,扩大了工业版画创作人群。依托市群艺馆主阵地开设版画创作公益培训班,与版画创作基地和县、市、区文化馆联合开展基层版画骨干培训,推荐优秀学员参加"湖北省现实题材美术创作研修班"等国家、省市研修。通过馆校合作、市县联动、常年办班、外送培训,一批版画艺术骨干脱颖而出,版画创作骨干人才达100余人。

二是融入文明创建定调子。坚持把践行社会主义核心价值观作为"版画进万家"活动的重要使命,聚焦城市精神塑造、文明创建进行精准定位,结合荆门市创建全国文明城市、传播荆门地方传统文化，积极创作引领时代风尚、彰显荆门特色的优秀版画作品，并通过定期举办巡展、向优秀志愿者、最美家庭赠送作品等形式，唱响时代主旋律，弘扬社会正能量。

三融入基层建设扎根子。坚持把服务基层作为"版画进万家"活动重要对象，在学校、农村、社区、企业建立版画创作室和创作基地，定期组织版画艺术家、文化志愿者走基层普及版画知识、传授版画技艺，开展创建文化特色社区、以艺战"贫"、以艺战"疫"等活动，真正把版画艺术的根扎在群众中、扎进泥土里。

四是融入精品创作树牌子。坚持把创作生产优秀作品作为"版画进万家"活动的中心环节，组织和引导版画艺术爱好者以"深入生活、扎根人民"的理念，开展"中国梦""社会主义核心价值观"题材文艺创作，不断拓展工业版画艺术创新领域，积极参加全国、省、市各类展览活动，以有温度、有筋骨的优秀作品提升荆门工业版画的艺术引领力、吸引力和影响力。

五是融入网络云端扩圈子。坚持把互联网作为"版画进万家"活动的重要推广平台，通过建设群众艺术网站、开辟工业版画展示专栏、建立工业版画微信公众号等形式，推动"版画进万家"活动腾云架网、扩大朋友圈，经常性举办"荆门版画进万家"网上作品展示、点评、交流活动，得到大量网民参与点赞、艺术爱好者关注分享。

三、创新成效

一是营造了版画发展环境，群众美术氛围更加活跃。在"版画进万家"活动影响下，荆门市形成了学习版画艺术、发展群众美术的独特"小气候"。2012 年以来，除荆门市群艺馆工业创作室以外，还相继在荆门石化文化宫、中国彭墩乡村世界、荆门爱飞客小镇、荆门市实验小学组建多个版画创作室、艺术馆和创作基地，年均举办各类版画展览交流活动30 多场，学习版画蔚然成风。

二是培养了版画艺术骨干，群众美术群体发展壮大。在"版画进万家"活动的带动下，荆门市以版画艺术为特色的群众美术群体不断壮大，涌现出了一批投身版画事业的艺术家，荆门市工业版画研究院院长宫建国被评为首届"荆门文化名家"，一批年轻有为的版画作者迅速成长。这批版画作者队伍年纪最大的已近七旬，最年轻的只有 20 多岁，他们刻下的每一刀都代表着荆门工业版画的实力与水平。活动开展以来，已累计完成 3000多人次版画公益培训，全市现有国家、省、市各级版画家 40 余人，较为活跃的版画艺术爱好者 100 多人，形成了一批以工人、教师、公司职员、青年学生组成的版画艺术创作群体，多位作者已在版画领域崭露头角。

三是促进了版画作品创作，群众美术精品大量涌现。在"版画进万家"活动持续推进过程中，荆门工业版画群体的创作激情和艺术灵感被有效激发，在版种、形式与风格上不断推陈出新，依托彭墩村和爱飞客小镇分别形成了"新农村建设版画""航空工业版画"特色，作品质量和数量都上了一个新台阶。近年来已经有 400 多幅版画作品入选国际、全国、全省美术作品展等专业展览,70余件作品被国内美术馆及国外官方艺术机构收藏,近30件作品入选湖北省艺术节优秀群众文化作品展览。2021年,有22幅作品初步入选中国工业版画研究院庆祝建党100周年"百年百幅百画"版画展览。

四是打响了版画城市品牌,群众美术效益得到彰显。"版画进万家"活动已经成为荆门市的城市名片和文化宣传重要阵地,中央、省市媒体多次进行专题报道。2015年,"荆门版画进万家"活动被湖北省文化厅评为全省公共文化志愿服务示范项目;2017年,荆门市承办了中国工业版画研究会年会,举办了中国工业版画优秀作品展览;荆门市群众艺术馆连续多年被中国工业版画研究院评为先进集体。

四、经验启示

荆门市群众艺术馆依托"版画进万家"活动,开展群众美术普及工作的创新实践,主要有四点启示。

第一,政府支持是基础。"版画进万家"活动能够取得成功,首先得益于政府部门的大力支持,将"版画进万家"活动作为全市文化建设的重要内容,并纳入了政府购买公共文化服务目录,从政策和经费上给予了保障。

第二,公益培训是支撑。艺术的推广普及,离不开爱好者群体的培养。荆门"版画进万家"活动影响力的提升、品牌的形成,依靠的不仅是以宫建国老院长为代表的一批国家级工业版画艺术家,还有通过各类公益培训班培养的大批艺术骨干、新生力量,这些力量将共同支撑起荆门工业版画和群众美术的现在和未来。

第三,服务发展是重点。服务时代和人民是艺术的价值所在。"版画进万家"活动坚持以人民为中心的文艺导向,主动融入社会主义核心价值观宣传、全国文明城市创建,以及抗疫战贫、乡村振兴等各类中心工作,发挥了文艺凝心聚力、抚慰心灵的独特作用,既为城市发展增添了助力,也为工业版画推广、群众美术普及找到了方向。

第四,多元参与是保障。文化共建共享才能结出累累硕果。荆门市群众艺术馆在"版画进万家"活动中起到的主要是引导和撬动作用,馆社(村)联动、馆校联动、馆企联动、馆政联动、馆军联动,全社会共同参与,才是有效地提升活动影响力,增强群众美术普及效果的根本。

荆门市匠心打造旗袍秀品牌的创新实践

荆门市群众艺术馆　张　薇

一、开展旗袍秀培训的背景

荆门市群众艺术馆一直着眼于群众文化需求,不断创新,倾力打造特色群众文化品牌,2016 年夏季,由副馆长向金凤亲自授课,在公益培训班中尝试推出旗袍秀课程,立即受到群众热烈追捧,两个班全部爆满,还有不少学员闻讯而来,要求增加班次并常年开班。鉴于旗袍秀在群众心中认可程度,荆门市群众艺术馆迅速行动,克服教室不足、师资不足等困难,全力推进旗袍秀公益普及培训,目前已开设培训班九期,培训学员 3000 人次,培养旗袍秀文艺骨干 58 人,选送节目多次获得国家、省、市级奖励,品牌效应凸显。

二、打造旗袍秀活动品牌的创新做法

(一)内容创新,丰富精神内涵

1. 注重党建引领。荆门市群众艺术馆紧贴"党的十九大""建党 100 周年"等主题,把群众文化活动当作党的群众工作重要阵地,坚持旗袍秀思想性、群众性、健身性、艺术性的有机统一,不断凝聚和激发正能量。在选曲和音乐设计上,不拘泥于传统走秀曲目,将《红梅赞》《不忘初心》《同怀中国梦》等革命歌曲、红色歌曲改编成走秀曲目,引导旗袍秀爱好者自觉践行社会主义核心价值观。

2. 贴近百姓生活。旗袍秀公益培训学员来自全市各个县市区,年龄、身高、文化素养、个人需求、艺术基础等方面差异较大,在设计课程时,向金凤充分考虑到学员的个体差异和共性目标,将社交礼仪,日常站姿、坐姿训练,形体矫正,服饰搭配,化妆基础等实用性知识引入课堂,授课内容实用性强、接地气,极大提升了学员兴趣,增强了培训效果。

3. 弘扬正能量。荆门市群众艺术馆引导旗袍秀班业务能力强、思想境界高、身体素质棒的资深学员注册成为馆文化志愿者,对其实行科学化管理和正面引导。旗袍班文化志愿者热心于各项公益事业,关注特殊困难群众,并将敬老爱老助老活动作为一项常态化工作,每年组织开展进养老院、进军营、进社区展演和联谊等公益文化活动 50 多场,好评如潮。

（二）形式创新，绽放时代华彩

1. 服装设计别出心裁。突破传统旗袍形式，将民族特色和非遗技艺融入服装设计中，运用创新设计表达传统服饰之美。如"最炫民族风"中，以民族服饰为主题，选取龙纹、水波、祥云、百花等图案，裁剪方式运用了传统的贯头衣"T"字形制，与现代解构主义相结合，令人眼前一亮；"菲雅 style"采用绸缎面料结合中国传统立体刺绣装饰工艺，融合了西方服装立体结构特点，契合现代审美。

2. 道具应用画龙点睛。很多旗袍秀表演注重服饰、妆容和台步编排，没有安排道具，或忽略了道具对节目表达效果的烘托作用。向金凤对旗袍秀表演的细节掌控入木三分，道具应用也是得心应手。在元宵踩街快闪活动中，选用了中国红祥云纹大号折扇，营造出节日喜庆氛围；"最炫民族风"里，满族旗服搭配鎏金护甲、花卉旗头，苗族服饰点缀银质圆形耳环、多层项圈，民族风呼之欲出。

3. 动作编排契合主题。根据不同观众的审美趣味和演出效果，向金凤在动作设计上做了大量创新。在进军营联谊活动中，强化腰部力量，强调动作卡点，搭配干净利落的敬军礼、向右看齐、跨立等动作，迅速引发战士共鸣，赢得满场喝彩；在纪念汶川地震十周年活动中，动作编排轻柔舒缓，加入手语舞蹈，赋予节目深刻含义。

（三）管理创新，提升队伍素质

1. 精准分类，建立台账。按照学员身高和学习程度编制班级，每个班控制在 30 人以内，保证最佳学习效果。学员报名时规范填写报名表，学员资料全部登记造册存档，专人管理，科学规范。每年考察遴选 10—15 名学员，发展为文化志愿者，完成网络注册，按照文化志愿者管理办法开展日常活动，所有志愿活动轨迹清晰明了。

2. 配置班委，自治管理。每个班配置教练 1 名，助教 2 名，开课一周后选举班长（负责协助教练管理班级日常事务）、组织委员（负责建立微信群，组织协调并通知各项活动）、纪律委员（负责每次上课、活动的考勤管理）、活动委员（负责每次演出活动服装、饮水、吃饭、化妆等事务后勤保障）、宣传委员（负责每次活动的图片、文字收集整理），最大程度调动学员积极性，有力提升活动效能。

3. 分层推进，激发活力。对于刚报名的学员，引导其认真学习《公益培训班学员管理制度》，强调课堂纪律，确保培训效果。每年开展公益班汇报演出，评选优秀学员，给学员提供展示舞台，增强学员获得感。对于社区文艺骨干，定期进基层开展培训，通过总分馆构架，将培训和活动延伸到群众身边。每年举办社区文化节、老年才艺大赛、红色轻骑兵文艺演出等活动，设置优秀节目和最佳组织单位等奖项，吸引群众广泛参与，形成旗袍秀普及与推广互相促进的有机循环。

三、旗袍秀普及以来的创新成效

（一）业务成绩硕果累累

2018年12月，荆门市群众艺术馆选送配乐旗袍秀"书香·荆门"荣获"中国好节目"——CCTV群星跨年晚会一等奖，同时受邀参加CCTV其他主题春晚演出。2019年8月，大型时装秀"国韵天香"在第八届"中华艺术盛典"获得金钻奖。除此之外，还获得省级奖项数十个、多次市级奖励。

（二）学员人数持续增长

目前，馆办旗袍艺术团常年保持近300人。馆办公益培训班一年举办2期，培训200人（次）。每年开展基层文艺骨干培训12—15期，培训约2000人次。设立社区分点，培养旗袍秀文艺骨干，变"送文化"为"种文化"，以点带面扩大群众参与面。与全市各大企事业单位工会携手，发展工会会员参与旗袍团，广泛开展推广普及活动。

（三）公益效应日渐显著

在2020年馆办旗袍艺术团积极行动，一天内向荆门市慈善总会捐款近两万元，用于抗疫。各县市区旗袍秀爱好者也一呼百应，用各种方式助力抗疫，充分彰显了新时代群众文化品牌正能量的号召力和凝聚力。

四、荆门市旗袍秀品牌建设带来的经验启示

（一）响应群众需求，不断推陈出新

旗袍秀成为继广场舞之后最受欢迎的群众文化项目，迅速在全市传播推广，充分说明了新时代人民群众审美趣味不断提高，对美好生活的向往日益增长，对先进文化的需求意愿强烈。各地文化馆应定期开展调研和交流学习，准确把握群众对文化生活需求，深度思考如何与时俱进，提升群文活动文化内涵，不断创新，打造新时代群众文化活动品牌。

（二）整合各方资源，实现上下联动

近年来，荆门市文化和旅游局持续加大基层文化阵地建设力度，2020年新建村文化广场165个、村（中心村）文体广场30个，建成了东宝文体中心区级文化场馆，完成全市59个乡镇（街道）综合文化站提档升级任务，督促县（市、区）落实乡镇文化站人员经费，阵地建设和人员配置为群众文化活动进一步夯实了基础，文化馆乘势而为，以总分馆建设为契机，高效组织群众文化活动，形成上下联动、场地互联、人才互补、活动共办、资源共享的工作机制。

（三）加强思想引领，注入文化内涵

文化馆应提高政治站位，以习近平新时代中国特色社会主义思想为指导，突出地方特色，围绕传统文化，因地制宜打造群众文化品牌，让本地的人文精神引领思想潮流，如钟祥"莫愁女"故事千古流传，可发展民间舞蹈、民歌传唱等项目；京山"绿林好汉"声名显赫，熊门拳历史悠久，可将二者融合一体，打造"学地方历史　练非遗武术"品牌，进校园、进社区广泛推广；东宝有诸多红色革命遗迹和梁山调戏曲，可培养"文化推广员"，借助数字文化馆建设，依托互联网，直播讲解本地革命事迹和非遗技艺，立足本地，面向全国，传播新精神，展现新风采。

（四）实行科学管理，打造品牌形象

荆门市旗袍秀从开班尝试到全市推广，从市群众艺术馆建立群星旗袍艺术团到各县（市）区成立分支，发展迅速稳定且口碑良好，离不开品牌创始人向金凤对旗袍秀"美与爱心同在"的公益性定位和对传播过程的严格把控，为群众文化品牌推广提供了有益范本：一个成功的群众文化项目必须有严格规范的管理制度，循序渐进的发展程序，丰富多彩的活动内容，深入人心的品牌形象，才能行稳致远，为群众文化事业发展做出最大贡献。

创新楚剧传承机制　打造戏剧旅游品牌

孝感市群众艺术馆　李　玮

楚剧是著名的湖北地方戏剧,2006 年被国务院公布为第一批国家级非物质文化遗产。湖北省孝感市是楚剧的发源地,多年来,孝感市以"孝感楚剧展演"为抓手,建立常态化的组织协调、投入保障、人才培养、展演等传承机制,取得了令人瞩目的成就,2016 年"湖北孝感市楚剧展演活动"被命名为第二批国家公共文化服务体系示范项目。在国家示范项目后期建设中,孝感市积极开展楚剧与旅游融合,打造戏剧旅游活动品牌,既起到保护传承楚剧的作用,更带动了地方旅游的发展。

一、楚剧与旅游的历史渊源

(一)楚剧的形成过程与民间旅游密切相关

楚剧集成于鄂东北的"以戏访友"。楚剧于 1926 年由黄孝花鼓戏更名而成。而具有"黄陂腔、孝感调"的黄孝花鼓戏,则源于鄂东民间的哦嗬腔。哦嗬腔是一千多年前就流行于黄冈、罗田、麻城、英山、浠水、黄梅、广济等地的一种地方曲调。哦嗬腔与流传地的民歌小调融合,产生了位于麻城举水河以西的西路子花鼓戏,位于安陆、云梦的府河路子花鼓戏,位于应山、大悟的北路子花鼓戏。各路花鼓戏"以戏访友",相互交流学习融合,形成楚剧。因此,楚剧是集鄂东北一带千百年来流传、演变的三路花鼓戏之大成的地方戏剧。

楚剧发展于戏游民间民俗活动。历史上,楚剧是湖北省群众普及面最广,群众参与度最高的地方剧种。民间楚剧班子走门串户,开展楚剧演唱活动时,往往是一人演出,全家参加,亲戚朋友到场观赏。家庭的红白喜事,都要请戏班子演出。久而久之,各地产生了很多民间楚戏班子,每一个楚戏班子又不乏一批戏迷,跟随戏班子游于民间"捧场"。这一习俗一直沿袭至今。例如,孝感市双峰风景管理区红旗村,每年正月初一至十五,天天由村业余楚剧团表演楚剧,村民们接亲请友,前来看戏,家家户户把请客看戏作为新春厚礼送给至爱亲朋。这种群众性的楚剧展演、欣赏活动,提高了楚剧展演活动的影响力和辐射力,带动了民间旅游。

(二)孝感楚剧展演催生大规模地方戏剧旅游活动

如今,在新媒体广泛应用的信息时代,楚剧处于"夕阳红"状态。为此,孝感市举办楚剧艺术节来推动楚剧的保护、传承、传播、发展。

早在1990年,第一届湖北省楚剧艺术节在楚剧发源地孝感市举办,深受孝感乃至湖北人民群众的欢迎。2006年5月,湖北楚剧被纳入第一批国家级非物质文化遗产名录。当喜讯传到孝感时,全市上下为之振奋。为了振兴楚剧艺术、盘活地方剧团、解决人民群众看戏难的问题,2006年9月,由孝感市委宣传部和孝感市文体局主办,福星集团冠名赞助,举办了第一届孝感楚剧展演。通过整合全市7个专业楚剧团、市体育艺术学校、汉川市歌舞团等文化资源,将戏台搭在市人民广场,连续举办9场楚剧晚会,自此开创了孝感市政府主导、企业资助、剧团展演、群众免费看戏的服务新模式,拉开了孝感戏剧旅游的序幕。

2009年,为了进一步扩大楚剧的影响力和社会参与度,经省文化厅与孝感市委市政府组织协调、共同商定,将第四届湖北省楚剧艺术节与第四届孝感楚剧展演合办,组织了湖北省楚剧团、武汉市楚剧团、黄陂楚剧团等全省所有16个楚剧团参加,共展演剧目40余个,观众达13万人次。省市楚剧联展活动的成功,给人们树立了进一步振兴楚剧的信心,省文化厅将孝感定为湖北省楚剧艺术节永久举办地,全省专业楚剧团每三年一次齐聚孝感,实现了节演联办,形成了"每年一展演,三年一盛节"的活动定式。从此,孝感楚剧展演,带动了广大戏迷和游客集聚孝感看楚剧,到孝感去旅游的方式,催生孝感大规模地方戏剧旅游活动。

二、戏剧旅游融合

(一)建立常态化的组织协调机制,共推戏剧旅游活动

孝感楚剧展演,已形成"每年一展演,三年一盛节"的格局。鉴于孝感楚剧展演的成就,2013年10月,"孝感楚剧展演"被列为"第二批创建国家公共文化服务体系示范项目"。在创建中,成立了孝感市示范项目工作领导小组,领导小组由孝感市文体局局长任组长,孝南区、汉川市、应城市、云梦县、安陆市、大悟县、孝昌县等7个地区的文体局分管领导为成员;明确孝感市文体局文化科长为主任,7个县(市、区)文体局相关部门负责人为成员,组建创建工作办公室;并明确了专家委员会专家名单。通过建立市政府主导、县(市、区)联动、相关部门分工负责、社会团体参与、专业剧团联演的协调工作机制,促进孝感楚剧资源和公共文化服务共建共享。"孝感楚剧展演"经国家专家组验收合格,于2016年被命名为第二批国家公共文化服务体系示范项目。在国家示范项目后期建设中,孝感市积极开展楚剧与旅游融合,打造戏剧旅游活动品牌。

(二)建立常态化的投入保障机制,共筹戏剧旅游发展资金

孝感楚剧的保护传承,经费投入是基本保障。通过孝感楚剧展演活动和湖北省楚剧艺术节举办的经验探索,形成政府引导、企业赞助、多元投入保障机制,共筹楚剧保护、传承、旅游发展资金。

公共财政投入引导。为充分发挥政府公共财政的主导作用,建立楚剧保护、传承、发展投入保障机制,孝感市财政每年拨款130多万元用于楚剧展演。制定了《孝感市人民政府关于公共服务领域推广运用政府和社会资本合作模式的实施意见》,探索建立多元化投入机制,引导、鼓励社会力量对文化建设的投入,拓宽经费共筹渠道。为了进一步加强楚剧保护、传承的力度,湖北省文化和旅游厅(原文化厅)在每届楚剧艺术节和湖北戏剧牡丹花颁奖会之前,都会下拨一定数额的专项资金。

企业冠名赞助。出于企业文化建设的需要,出于对楚剧的热爱,出于对地方旅游的推动,民营企业福星科技集团自发组建了专业性的福星楚剧团,并且由福星科技集团旗下的星惠誉房地产公司独家冠名,向每年举办一届的孝感市"福星"楚剧展演拨付30万元冠名费,向每三年举办一届的湖北省"福星"楚剧艺术节拨付60万元冠名费。湖北戏剧牡丹花颁奖盛会在孝感举办期间,福星楚剧团出资邀请省内15家院团到汉川各乡镇演出梅花奖、中国戏剧奖等大奖剧目。通过楚剧展演,福星楚剧团的专业水平得到极大提高,被中宣部等评为"全国服务农民、服务基层先进集体"。

(三)建立常态化的人才培养机制,共建戏剧旅游服务人才队伍

楚剧的保护传承、旅游发展,人才是关键。孝感市采取切实可行的措施解决楚剧人才队伍建设问题,实行楚剧活态传承。

实施楚剧新苗培养计划。市政府先后投入350万元,在孝感市体育艺术学校开办了"楚剧新苗班",从各县(市)区挑选9—14岁的戏曲艺术好苗,进行为期3年的专业楚剧培训,毕业之后的优秀生,由市编委落实编制,分配到各专业剧团工作。

开展楚剧讲座培训。孝感市群艺馆及各区县文化馆,分别举办楚剧艺术培训班、戏迷交流会,夯实楚剧的群众基础。

开展楚剧非遗代表性传承人申报。面向各县(市)区开展楚剧传承人申报工作,每一个传承人都能享受每年三千元的传承活动经费,确立国家级、省级、市级楚剧传承人12名。

设立楚剧传承奖。在组织楚剧展演过程中,面向孝感楚剧艺术工作者,开展"楚剧传承贡献奖""楚剧传承特别贡献奖""孝感名家"的评选和表彰,用激励措施鼓励各路人才发展楚剧。

(四)建立常态化的展演运行机制,共创楚剧文化旅游品牌

百年楚剧,传承发展。"孝感楚剧展演活动"在湖北省、孝感市、各县(市、区)、乡镇(街道)、村(社区)五级实现联网,满足了广大城乡居民看楚戏、唱楚剧、演楚剧的文化旅游需求,创建了系列楚剧文化旅游品牌。

1.市县同步联动,建立楚剧展演观众戏游的运行机制

以孝感市人民广场为主会场举办楚剧展演活动的同时,在7个县(市、区)设立分会场,以流动舞台车为戏台,将展演活动从城市延伸到农村,从街头巷尾延伸到景区景点,参演楚剧团深入到各乡镇,为农村群众免费唱戏。国家级、省级戏剧艺术名家下基层、进乡

村、进景区，为人民群众送戏、种戏，与观众面对面交流互动。戏迷、普通观众都能看楚戏，学楚戏，在现场向艺术名家学唱腔、学表演，使城乡居民和游客共享楚剧盛宴，产生了楚剧展演观众戏游的文化旅游效应。

孝感市登记建档的业余剧团20多个，民间戏班327个，全部参与公共文化旅游服务和各类演出。在社区、公园、广场，在节庆活动和乡村红白喜事中，处处活跃着民间艺术团队，并且广受人民群众的喜欢，使业余剧团和戏班，形成良性互动，共同发展。据不完全统计，业余剧团和戏班每年演出上万场，推动了楚剧与旅游的融合。

2. 各行各业联盟，共创戏剧旅游品牌

通过孝感楚剧展演活动，带动了孝感各县（市）区打造了特色鲜明、影响广泛、常态化发展的"一县一品"戏剧旅游品牌。

黄香是江夏安陆（今湖北云梦）人，以孝闻名，以才著称，其"扇枕温衾"的孝行载入《三字经》，被列入中国古代"二十四孝"之一。成为"孝"的典范、"廉"的榜样、"忠"的楷模、"能"的范本，千古传颂。黄香孝行故事列入湖北省非物质文化遗产保护名录。在楚剧展演活动的带动下，云梦县以"传承黄香文化、共建美丽云梦"为主题举办黄香文化节，弘扬中华孝文化传统。以"黄香故里，忠孝之乡"为主题，投资5300万元，建成集忠孝文化、品德教育、旅游观光多功能于一体的"中华黄香文化园"。

安陆市发挥特色资源优势，举办"九九重阳楚剧节"，深受人民群众的欢迎，带动了老年文化旅游活动的开展。

大悟县是一块千秋彪炳的红色胜地，是全国著名的革命老区和将军县，红色历史璀璨，文化底蕴深厚，"金秋好时节，大悟赏红叶"已成为大悟生态文化旅游业的风景线。通过看楚剧、观红叶、思先烈、树信心、强身体、奔小康，深化了红叶文化旅游节的内涵。

应城市"喜迎新春·文化赶集"活动，有楚剧、高跷、舞狮、民间唢呐、打莲湘、手拍鼓、秧歌、体育舞蹈，形成你方唱罢我登台的热闹场面，营造了健康文明、喜庆祥和的节日氛围，丰富了人民群众的节日文化旅游生活。

汉川市重点打造的"中国楚剧之乡·福星"文化品牌，获得省委宣传部、省文化厅、省文联联合表彰的2015年第三届湖北省"一县一品"文化品牌奖。民营企业福星科技集团自发组建了专业性的福星楚剧团，长期坚持为基层群众免费演出4200余场，培养出一批又一批楚剧戏迷，在汉川呈现出"企业兴办剧团、民间自建剧团、社会关爱剧团"和全市男女老少爱看楚戏、爱哼楚戏、爱迷楚戏的喜人景象，形成了"楚剧之乡"的基本格局。

在福星科技集团的支持下，"福星杯"湖北楚剧艺术节、牡丹花奖颁奖演出活动，吸引了楚剧、汉剧、黄梅戏、京剧、豫剧、南剧等6大剧种、10个戏剧院团、32台经典剧目参与展演，活动不仅惠及当地居民，还吸引从孝感、天门、仙桃、应城、云梦等周边市县乡镇闻讯赶来的外地群众，有力地推动了孝感戏剧旅游发展。

3. 开拓融合路径，创新戏剧旅游新模式

2020年疫情解封后，孝感市文旅局专门下文转发《湖北省文化和旅游厅关于开展"与爱同行 惠游湖北""双进双促"行动的通知》，要求各县市区文旅局组织全市各楚剧团开展进景区展演活动,复兴孝感文化旅游事业。其中:湖北省实验楚剧团,分别进双峰山风景区、金卉庄园、槐荫公园、董永公园演出 20 余场次。应城市楚剧团,进汤池风景区、楚珍园风景区和应城市国家矿山公园;安陆楚剧团,节假日进白兆山、盛世文樱等景区演出,参加桃花节、牡丹节等开园活动,形成重点景区固定模式吸引游客,传统楚剧和歌舞相结合,取得很好的文旅融合效果。

2021 年,为庆祝中国共产党成立 100 周年,新编革命题材楚剧《大将军吴禄贞》、新编楚剧《骄杨》,改编楚剧《弯树直木匠》,积极申报参加省四艺节展演活动,活跃节日氛围,拉动旅游经济。这些新编楚剧,用艺术的方式,弘扬时代主旋律,传播社会正能量,进一步培育和践行社会主义核心价值观,凸显百年楚剧的时代魅力。

三、对策建议

为加强文化旅游融合,景区为优秀传统戏剧提供保护传承基地,为现代新创作戏剧提供展演舞台,戏剧院团为旅游锦上添花,共同打造戏剧旅游品牌,根据游客需求和文化旅游服务的特点,特提出如下建议。

(一)景区建戏台

景区景点的风景秀丽、场地开阔,在方便演出的地方,应该建设戏剧舞台,用于戏剧和其他各类演出活动。

(二)送戏进景区

各类戏剧院团,进一步加强戏剧进旅游景区演出活动,形成戏剧院团、旅游景区、游客等多方共赢的局面。

(三)创作旅游戏

旅游景区演出活动的服务对象是广大的游客,他们不大可能有足够的时间看一整场大戏。所以,戏剧院团和旅游景区应该根据游客需求,共同创作轻松活泼、适合大多数游客口味的旅游戏。

(四)全沉浸体验

为适应文化旅游发展和数字服务新趋势,应建设具有地方特色的戏剧全沉浸体验空间,以 5G 新技术打造游客参与的数字戏剧体验活动。

(五)信息全覆盖

充分发挥群艺馆、文化馆、文化站、基层综合文化服务中心的信息发布功能,线上线下同时、及时发布戏剧旅游等文化旅游服务信息。

赤壁市群艺馆总分馆驻馆制与派遣制实践研究

赤壁市群众艺术馆 王 霞

赤壁市是隶属于湖北省咸宁市的一个县级市,版图面积1723平方千米,辖14个乡镇(街道)、184个村(社区),户籍人口53.15万人。是"湖北省第四批公共文化服务体系示范区"创建单位、"全国新时代文明实践中心试点县市""全国旅游标准化示范城市""中国诗词之乡""湖北省民间文化艺术之乡""中国优秀旅游城市"。为满足基层居民的精神文化需求,有针对性地解决乡镇(街道)综合文化服务中心人才缺失问题,赤壁市委、市政府以市群众艺术馆总分馆建设为抓手,以文化站为基地,采取"市聘乡用"的方法,着力创新基层公共文化服务人才队伍建设机制,取得了显著的成绩,为全省提供了具有操作性、复制性的制度建设和实践经验,具有较强的典型示范作用和推广价值。

一、总分馆制人才队伍建设创新背景

(一)基层需要新型复合型人才

在构建现代公共文化服务体系,推动文化大发展大繁荣的进程中,赤壁市公共文化空间设备设施不断完善,群众文化活动大量增加,但是,由于2005年前后,湖北省在乡镇七站八所体制合并时,撤销了文化站,现存的基层公共文化人才数量和结构均不适应公共文化工作的开展。随着文化馆总分馆制建设全面实施,赤壁市群众艺术馆在全市14个乡镇(街道)文化站挂牌成立了分馆,分馆的日常运行缺乏人员管理。加之文化和旅游事业的深度融合,基层迫切需要复合型的公共文化服务人才。

(二)省政府强力推进"县聘乡用"政策

为了进一步贯彻落实《中共中央办公厅 国务院办公厅关于加快构建现代公共文化服务体系的意见》《中华人民共和国公共文化服务保障法》《湖北省公共文化服务保障条例》,加快构建湖北省现代公共文化服务体系,省文化和旅游厅、财政厅在开展湖北省公共文化服务体系示范区创建工作中,始终坚持夯实基层文化队伍建设,把"落实乡镇(街道)综合文化站'县聘乡用'政策,确保每个乡镇文化站有1名事业编制,有2名工作人员,每个行政村有1个政府保障的公益性文化岗位"写进《湖北省公共文化服务体系示范区创建和管理工作方案》，直接列为《湖北省公共文化服务体系示范区创建指标》。并且，在湖北省公共文化服务体系示范区、湖北省文旅名县等申报和验收评审时，作为"一票否决"的条件，强力推进。

二、赤壁市"市聘乡用"的创新做法

（一）创新"以钱养事"选聘机制，公开招聘乡镇综合文化服务中心公益性人员

赤壁市通过深入调查研究，为了认真落实全市乡镇综合文化服务中心公益性服务工作，更好地保障人民群众基本文化权益，建立健全农村公益性服务"以钱养事"新机制，确保新时代农村文化体育旅游事业不断蓬勃发展，认真制定《赤壁市乡镇综合文化服务中心公益性岗位人员招聘工作方案》，于2019年2月1日开始，将招聘的对象和条件、岗位设置等具体要求，通过各种媒体对外发布，在广泛宣传的基础上，进行报名登记、资格审查，对符合条件的人员进行张榜公示、考试录用。2019年5月，实行第三方考评，由招聘领导小组负责对拟聘任人员19名公示一周，无异议者录用，任期两年。

（二）创新"以钱养事"用人机制，实行乡镇（街道）群艺馆分馆辅导员驻馆制

按照赤壁市基层文化服务"以钱养事"增补人员和经费拟定方案，全市增补乡镇办综合文化服务"以钱养事"人员19名，分别派驻到14个文化站（赤壁市群众艺术馆分馆）担任辅导员。其中，赵李桥镇等5个乡镇（街道）分别派驻2人，余家桥乡等9个乡镇（街道）分别派驻1人。

（三）创新公共文化服务机制，实施"五个一服务标准"

赤壁市群众艺术馆总分馆，结合乡镇（街道）社会经济发展实际，根据群众的文化需求反馈，创新辅导员"五个一"公共文化服务标准（见表1）。

表1　赤壁市群艺馆总分馆业务辅导员"五个一"服务标准

序号	项目	标准	备注
1	策划组织一场高质量的群众文化活动	①主题：符合党委政府中心工作和"我们的节日"活动内涵； ②形式新颖、内容丰富； ③人数：参与展演50人以上，观众500人以上	有全套资料；确保活动安全
2	辅导一支群众文化艺术团队	辅导行政村（社区）社会文艺团队不少于2支，每年开展文化活动不少于2次	有团队花名册，活动记录

序号	项目	标准	备注
3	举办一项群众文化艺术培训	具体组织举办一项具有地方特色、时代特点的群众性文化艺术培训班。人数 10 人以上,时长 5 天每次以上	有授课提纲,有培训班培训资料
4	创作一个(件)群众文艺作品	主题鲜明,内容健康的本土特色作品,体裁不限	参加展演或发表
5	撰写一篇论文(或调研报告)	结合所在地综合文化服务中心建设和公共文化旅游服务实际,撰写具有一定创新性、示范性、引领性、推广价值的调研报告或研究论文	2000 字以上

说明:①总分馆业务辅导员原则上执行"五个一"服务标准,在年度考核时,提供各种证明材料。

②鼓励总分馆在实际工作中进行服务项目创新,自主创建新的服务标准。

③"五个一"服务标准,以工作年度为时间单位,在年度业务工作考核中验收。

(四)创新绩效管理机制,实行"五个统一"的管理模式

市文化和旅游局对派驻到 14 个文化站(赤壁市群众艺术馆分馆)的招聘人员,实行"五个统一"管理。即场馆阵地统一管理,文化资源统一配置,文化服务统一标准,文化活动统一安排,绩效考核统一评价。以便更好地落实现代公共文化服务的公益性、基本性、均等性、便利性要求。

三、"以钱养事"驻馆制创新成效

(一)夯实了综合文化服务中心"六务合一"基本功能

派驻到 14 个文化站(赤壁市群众艺术馆分馆)的"以钱养事"人员,依托赤壁市现代公共文化服务体系建设,积极协助配合乡镇(街道)的中心工作,做到基层阵地有人管,设备设施有人用,文化活动有人抓,艺术团队有人办。全市范围的乡镇(街道)和村(社区)普遍建成集宣传文化、党员教育、科学普及、普法教育、体育健身、旅游信息等"六务合一"功能于一体,设备较齐全、服务较规范、保障较有力、文旅资源基本融合、群众满意度较高的基层综合性文化服务中心。

(二)彰显了赤壁"文化 + 文明实践 + 旅游"的基本特色

经过公共文化服务体系建设实践探索,结合赤壁市"全国新时代文明实践中心试点县市""全国旅游标准化示范城市"建设体系,基本建立了市群众艺术馆、文化站、村(社区)综合文化服务中心与新时代文明实践中心、所、站实体空间融合机制,建立公共财政保障长效机制,建立公共文化服务人才队伍提升机制,建立新时代文明实践活动与公共文

化服务活动的融合机制。创造性地实现群艺馆、文化站、文化室与新时代文明实践中心、新时代文明实践所、新时代文明实践站及旅游景点的机构融合、人员融合、服务融合、效能融合。

（三）促进了群众文化艺术繁荣发展

"市聘乡用"招聘人员，均具有一定的专业知识和技能，在街道、乡镇、村、社区群众文艺团队的艺术活动中，发挥着组织、培训、辅导作用，在一定程度上促进了群众文化艺术繁荣发展。例如，分配到赤马港办事处文化综合服务站的刘丹丽，因其酷爱舞蹈艺术，又有较强的业务能力，到岗后积极开展群众性的舞蹈培训辅导工作，经常带领舞蹈爱好者参加赤壁市送文化下乡等各项文化活动，受到领导和群众的称赞。她参与编导并领舞的广场舞蹈《竹玲珑》，参加2020年湖北省第五届广场舞展演，荣获一等奖。近两年，经过层层选拔，她分别代表赤壁市群众艺术馆参加了全省群文系统技能大赛，她主跳的舞蹈《月狐吟》《蓝色的风》连续两届获得湖北省群文系统业务技能大赛一等奖。

（四）成功申报为赤壁市2021年度人才工作计划和重点项目

根据《湖北省公共文化服务体系示范区创建和管理工作方案》和中共赤壁市委人才工作领导小组办公室"关于报送2021年度人才工作计划和重点项目的通知"要求，为创新赤壁市现代公共文化服务体系人才建设体制机制，打造在全省具有示范带动作用的基层公共文化服务人才队伍建设项目，《赤壁市"市聘乡用"基层公共文化服务人才建设工程》成功申报为赤壁市2021年度人才工作计划和重点项目。以便进一步总结基层公共文化服务人才建设经验、实现再创新，为全市其他系统甚至省级其他地区公共义化事业单位提供借鉴。

四、"以钱养事"驻馆制存在的主要问题

赤壁市实施"市聘乡用"基层公共文化服务人才建设工程，创新"群艺馆总分馆'以钱养事'的驻馆制用人机制"，创建在全市、全省具有示范带动作用的基层公共文化服务人才队伍建设项目。但是，也存在以下主要问题。

（一）"以钱养事"公益性服务人员的业务素质有待提高

乡镇（街道）文化站"以钱养事"使得人员配齐，他们分别具备文学、舞蹈、艺术设计、幼儿师范、英语教育、行政管理、电子商务、计算机应用、会计等专业知识，但是，他们有一部分人实施基层公共文化服务效能比较低，从事公共文化服务的技能亟待提高。

（二）全心全意为基层群众服务的意识有待加强

尽管在招聘时非常明确地提出招聘条件为：拥护党的领导，能自觉贯彻执行党的路线、方针、政策，具有较高的思想政治素质和良好的思想品德修养；热爱文化体育事业，忠

于职守,甘于奉献事业和责任心强,有开拓进取、改革创新精神的;遵纪守法,廉洁自律,品行端正,作风务实,具有团结协作精神的;能服从当地政府及上级业务部门统一领导。但是,在乡镇(街道)文化站工作的人员,思想稳定性、工作主动性、奋斗长期性、事业创新性普遍不足。

五、下一步工作创新措施

(一)实行公共文化事业编制体制创新

通过调查研究,赤壁市将在市群众艺术馆增加 14 个公共文化事业编制,公开招聘 14 名事业单位工作人员进入市群众艺术馆,其工资福利均享受政府全额拨款。

(二)全面实行群艺馆分馆业务辅导员驻馆制

在新招聘的事业单位工作人员或原群众艺术馆专业技术人员中,遴选适当人员,直接派驻到乡镇(街道)分馆担任业务辅导员。

(三)实行群艺馆分馆业务馆长派遣制

在 14 个乡镇(街道),全面试行事业单位法人治理结构改革,经过一年的试点试用,选拔德才兼备的优秀业务辅导员,直接派遣到乡镇(街道)分馆任业务馆长,支持配合分馆馆长(原文化站站长)开展各项公共文化服务工作。

(四)实行基层公共文化服务人才队伍培训与使用机制创新

制定《赤壁市公共文化服务人才队伍建设培训方案》《赤壁市群众艺术馆总分馆联席会制度》《赤壁市公共文化服务机构法人治理结构改革办法》《赤壁市公共文化服务绩效评估制度》等制度。系统规范地开展现代公共文化基础知识、服务理念、服务方式方法、服务技艺等培训,培养具有较高技艺的专业人才和较高层次基层创新型人才与复合型人才。

(五)实行基层公共文化服务人才队伍绩效评估机制创新

创新总分馆公共文化服务人才聘用、遴选、培养机制,创新公共文化服务人员的使用途径,创新分馆业务辅导员驻馆制、分馆业务馆长派遣制与总分馆制建设的绩效评估机制。市文化和旅游局、市人社局、市编办、各乡镇(街道)组织联合考核组,实行任期考核,人员动态管理,保障总分馆人员能进能出。

按照《湖北省公共文化服务体系示范区创建和管理工作方案》要求,创新现代公共文化服务体系建设体制机制,建立符合社会主义市场经济体制要求、符合文化自身发展规律的现代公共文化服务体系建设模式和具有带动作用的示范项目。《赤壁市群艺馆总分馆

"市聘乡用"驻馆制派遣制用人机制创新实践》已经被列为第四批湖北省公共文化服务体系示范区创建工作中的示范项目之一,《赤壁市"市聘乡用"人才队伍建设机制研究》被列为省级公共文化服务体系制度设计课题之一。赤壁市的"群艺馆总分馆'市聘乡用'的驻馆制、派遣制用人机制创新",在过去两年的实践基础上,又经过两年的示范创建,进一步创新机制、完善措施,必将在"文化＋文明实践＋旅游"三大体系深度融合发展中发挥重要作用,为满足基层群众日益增长的精神文化需求和对美好生活追求做出贡献,为省市基层公共文化服务人才建设作出可操作、可借鉴、可复制的示范。

智慧生活加油站：为中老年人点亮"生活的美"

——株洲市文化馆"智慧生活加油站"中老年人数字技能培训创新案例

株洲市文化馆　龙晶晴　许　珺　赵小茵

一、相关背景

随着信息技术、网络技术、数字技术的快速发展和广泛应用,数字化服务已成为当前公共文化服务的主要形式。当前,由于大部分老年人自身数字技能不足、智能设备操作不熟练、技能学习途径缺乏等原因,导致老年人逐步成为"数字生活"的"局外人"。

2020 年 11 月,国务院办公厅印发《关于切实解决老年人运用智能技术困难的实施方案》,就进一步推动解决老年人在运用智能技术方面遇到的困难,坚持传统服务方式与智能化服务创新并行等做出部署。2021 年 3 月,十三届全国人大四次会议通过的《中华人民共和国国民经济和社会发展第十四个五年规划和 2035 年远景目标纲要》明确提出"加快数字社会建设步伐"的目标,要求各地"加强全民数字技能教育和培训,普及提升公民数字素养。加快信息无障碍建设,帮助老年人、残疾人等共享数字生活"。特别是近日,文化和旅游部、国家发展改革委、财政部三部委联合印发了《关于推动公共文化服务高质量发展的意见》,着重强调"积极适应老龄化社会发展趋势,提供更多适合老年人的文化产品和服务,让老年人享有更优质的晚年文化生活"。这些为公共数字文化服务体系建设提供了遵循,指明了方向,凝聚了力量。株洲市文化馆按照相关要求,精准对接中老年人需求,率先开设"智慧生活加油站"中老年人数字技能培训,在拓展服务能力和传播范围等方面进行有益探索,创新之处可圈可点。截至目前,全市共开设班次 70 场次,培训人员 3000 人,200 人成为志愿者助教。

二、创新举措

(一)"重实际、轻理论"的互动式课程设计

"智慧生活加油站"系列课程包含 5 个课时,分别为认识智能手机、手机基本操作、常用生活软件使用、微信实用操作小技巧及防范网络诈骗等,通过 PPT 图文并茂、视频播放演示及现场投屏实况操作。同时注重互动交流,通过邀请学员上台进行操作演练,强化学

员记忆,提高学员注意力,实现有效课堂。学员一次性完成 5 个课时的学习,并按时提交作业,就能获得课程结业证书,顺利结业。

(二)"青出于蓝而成为蓝"的助教式培养模式

作为操作课,面对众多学员,需要助教老师在学员自主操作时段进行一一指导,也要求助教老师对课程内容了然于心。针对需求远超助教老师数量的难题,采取"培训普通群众—培训助教老师"双线并存的教学模式,鼓励顺利结业的学员提交申请,通过面试考察和规范培训后入选志愿者助教库,根据课程时间及上课人数安排助教任务,一期课程(5节课)结束后,学员将对志愿者助教工作进行评分,评分低于及格线的志愿者助教将淘汰。

(三)"一个总站、多个分站"的全域化覆盖范围

以市馆作为"智慧生活加油站"项目"总站",其他授课地点作为"分站","总站"实行周期性循环开课,其他"分站"则"按需开课"。"分站"组织实现全域化,主要构成:一是总分馆体系内的县市区文化馆,全市共有 9 家总馆,每期每个分站参训学员为 40 人左右;二是选择基础设施较为完善,有一定的数字服务能力,且中老年人口较多的社区作为分站,每期参训学员为 20 人左右;三是选择老年大学、家政服务中心、康养医院等老年人比较密集的社会机构作为分站。

(四)"湘赣联动、区域交流"的互联网思维培育

湘赣两地以"老表"相称,地缘相近、人缘相亲、文缘相通。近年来,湘赣两地聚焦湘赣边区域合作示范区建设,着力打造全国革命老区推进乡村振兴的引领区、多省交界地区协同发展的样板区、绿色发展和生态文明建设的创新区、城乡融合发展和产业转型发展的先行区。我们将培训作为区域合作的突破口、乡村振兴的催化剂。把湖南炎陵、茶陵,江西湘东区、井冈山市作为"智慧生活加油站"的培训重点,传授中老年人智能手机操作技能,转变大家的传统观念,引导大家树立"互联网+"思维,推动特色农产品销售和红色旅游发展。

三、主要成效

(一)帮助中老年人建立信心,让公共文化服务更有温度

我们开设的课程内容由易到难、由原理到实践,循序渐进、贴近生活,适应大脑学习掌握的规律,帮助中老年学员克服使用智能手机的畏难心理,缓解使用智能手机的抵触情绪,提高警惕防范各类新型网络诈骗,逐步建立起手机操作信心,产生探索的兴趣,丰富精彩的生活。

（二）建立志愿服务崭新模式，让文化志愿服务更具活力

公共文化服务要吸引更多志愿者参与，才会更有生命力。我们打破以往面向社会无定向招募志愿者、依据志愿者特长安排相关工作的方式。通过技能培训，学员在掌握技能的同时根据个人兴趣、时间自愿申请加入志愿者助教工作，经考察、培训筛选出具备辅导能力的学员，作为课程助教，成为社会公益的受益者和参与者。

（三）跳出文化馆"做文化"，让数字文化服务扎根更深

通过"智慧生活加油站"，破除了中老年人的"数字鸿沟"，弘扬了中老年接受数字文化服务、乐享数字文化生活的理念，有效实现了公共文化服务的多样化、便利化和高效性。同时，它为文化馆传统供给式服务向现代化的体验式、交互式、参与式、精准式服务转变奠定了坚实的基础，特别是对公共文化服务数字化发展具有积极的作用。

全面小康离不开文化的小康，全民幸福离不开老年人的幸福。将老年人作为数字文化服务对象，推动数字文化服务发展。

新形势下广府庙会的数字化推广探析

广州市越秀区文化馆　张　蓉

如何面对疫情常态化防控背景下的新形势对文化产业带来的结构性挑战与压力,通过加速数字化转型、线上线下活动相结合等形式持续保持或提升品牌知晓率、活跃度和活动参与度,是当前文旅产业面临的重要战略命题。本文以广府庙会为例,探索如何更好地利用多种新技术、新媒体形式,将文化活动的数字化推广服务向立体纵深推进,从而进一步擦亮文化品牌IP。

一、广府庙会的发展概况

广府庙会创办于2011年,按照"广府统领,兼容并蓄;传统风采,现代气息;政府搭台,民间唱戏"原则,围绕"广府庙会,幸福相约"主题,每年元宵节在广州市北京路文化核心区及其周边举办,为期7天。其内容包含祈福文化、民俗文化、美食文化、商贸文化、休闲文化等,在突出广府味、民俗味、文化味的同时强调亲民性、互动性和创新性。经过多年的打造,广府庙会民俗文化展示活动从9场发展到45个主题、279场,参与商家从不足20个发展到308个,客流累计超过4600万人次,中央电视台等多家主流媒体都进行了报道,广府庙会逐渐发展成为大众参与度高、社会美誉度高、传媒关注度高的广府文化嘉年华活动和"广东省特色文化品牌活动"。《人民日报》评价广府庙会已成为"全国性的民俗文化活动品牌",实现了丰富人民群众文化生活与增强城市文化综合实力的"双赢"。自2011年起连续举办9年的广府庙会,2020受新冠疫情影响全面停办,2021年为适应新形势,广府庙会以线上为主、线下配合的云游庙会形式与大家重新见面。

二、新形势下广府庙会的数字化发展

(一)广府庙会的数字化运营背景

广府庙会自2011年创办以来,主要基于线下活动。但主办方在最初活动策划时已充分意识到广府庙会是当代文化服务与传统文化交融的产物,必须与现代社会相协调,才会获得更广泛的群众基础和更强的传播力。广府庙会创办初始,主办方便非常重视传统媒体与互联网宣传的结合,积极融合全媒体及成员单位全平台联动推广,强势助力广府庙会品牌传播力和影响力。如 2013 年广府庙会的"开门办庙会"活动,开展了"金点子"征集令、微博达人秀、广府摄影 show 等线上线下互动。在数字产业飞速发展的带动下,公共文化服务数字化建设也处于持续推进的过程当中,文化活动的内容已不再只依赖纸质书、电视等传统载体,移动终端和网络的普及为文化消费注入了更多新鲜血液,移动互联网推动消费模式共享化、设备智能化和场景多元化,也为数字文化的发展奠定了基础。依据《文化部"十三五"时期文化发展改革规划》及中共广东省委、广东省人民政府《关于加快构建现代公共文化服务体系的实施意见》的要求,广州市越秀区于 2016 年开始调研和推动建设公共文化数字化项目,2017 年至今共投入 230 多万元,已建成综合性、一站式公共数字文化服务平台"越秀文化云"。

越秀文化云平台搭建后,广府庙会积极尝试融入"互联网 + 科技"手段,创新服务方式,利用数字科技促进广府庙会在多元发展中走出新机遇。2019 年广府庙会首次利用越秀文化云推出"在线逛庙会"系列活动,通过打造庙会线上微平台,为市民游客整合庙会整体信息,解决以往参与者获取信息渠道零散、内容碎片化的问题。市民可通过微信进入手机端越秀文化云平台的庙会主页,获取动态信息,并可完成免费抢票、场馆导航、打卡兑奖、购买文创手信、领取优惠券等。"在线逛庙会"在活动现场布置二维码入口,同时在多平台设置菜单链接,市民点击任意公众号"广府庙会"链接,均可进入庙会线上平台。

越秀文化云平台的建立,线上数字文化体验、线上线下互动交流、现实与虚拟相结合的尝试,大大提高公共数字文化服务的互动性、便利性,最大限度地利用现有文化资源为人民服务,也为 2021 广府庙会的全面线上化打下了坚实的基础。

(二)广府庙会的数字化发展现状

广府庙会自创办以来以积极的数字化推广态度和近五年来对各种线上线下相结合的活动探索,为疫情防控新常态下广府庙会的融合创新实践提供了可行性依据。2021 年,广府庙会组委会在全面研判疫情防控风险后,决定取消线下巡游、文艺展演、美食区等大规模聚集活动,创新推出了"云游庙会",通过数字化方式,开展以线上活动为主、线上线下相结合的庙会全新玩法,继续为推动传承传播广府文化、提升公共文化服务效能而努力。

1. 2021 "云游庙会"的创新特色

入口简单,群众参与方便快捷。2021 广府庙会通过媒体通气会、越秀发布、越秀文体旅游公众号、在传统庙会活动现场放置宣传架等方式,向市民宣传云游庙会的全新玩法。庙会参与方式简单快捷,市民可通过扫码直接进入庙会主页参与庙会活动,同时可通过搜索微信小程序和关注公众号等多种方式参与庙会。

动静结合,文化服务立体多元。庙会主页的固定主题静态展示包括文艺展览、非遗展示、动漫资源、游船资讯、慈善活动、往届庙会精彩回顾、抗疫小贴士、商贸等多个模块,全方位呈现充满广府特色的优秀文化资源。同时做到多元结合,线上体验 + 线下打卡、文物

古建 + 非遗寻踪、传统游览 +VR 观光,涵盖十几处线下打卡点和数个线下 VR 设置点,让参与者亲身体验广府文化的千年传承。

多维互动,活动内容精彩纷呈。线上猜灯谜、广府十二时辰打卡、重走红色之旅、元宵庙会展览、庙会在线购等多维活动设计,无不与广府文化、传统文化及红色文化相结合,丰富的奖品设置、有趣的获奖方式和方便的参与形式,都极大程度地调动了市民参与活动的积极性。

科技融合,文旅产业携手联动。通过 5G+VR 直播技术使群众足不出户便可进入 VR 实时参观广州知名文化景点和展览,包括广府庙会文化展、广州博物馆、珠江灯光秀、花果山特色小镇等,利用最新的数字化技术让群众更便捷地了解广府文化及越秀景点。"5G+VR 慢直播"的创新展示,为此次广府庙会线上云游活动注入科技活力,更为深入探索 5G+VR 智慧云游,助力文旅产业进一步创新化、智慧化、精细化发展,提供了宝贵的实践经验。

时尚赋能,传统潮流碰撞并进。2021 年,广府庙会联动腾讯知名游戏品牌《和平精英》,首次推出 2021 广府庙会之"'线上逛庙会'×《和平精英》",实现了传统文化和潮流文化品牌的强强联合,将广府元素嵌入 3000 万玩家的世界之中,一同打造"四圣吉市"的文化盛会。在共创的思维下,数字 IP 和广府文化基于传统年俗不停碰撞,全新内涵的联动满足年轻人对节日体验的新需求,也让广府文化在传统节日中更具魅力,让广府丰厚的精神文化资源在数字 IP 技术的赋能下焕发出新的活力,实现潮流文化的优质碰撞。

2. 从云游庙会看广府庙会的数字化发展现状

广府庙会能够顺应移动互联网发展趋势,由最初的只注重互联网传播到搭建自运营的公共文化服务平台,从互联网宣传推广到移动终端直接参与活动,在 2018 年开始升级线上支付、线上商圈、"美食地图""线上直播"等多样化线上合作,打造"庙会 + 互联网"的新模式。支付宝和口碑的接入,不仅可以帮助商户完成移动支付、线上店铺搭建的工作,还可以通过"支付即会员",利用口碑的消费大数据,形成广府庙会的消费数据报告。同时,组委会还与今日头条、中国联通、支付宝等合作,对广府庙会的关注人群、参与人群及消费人群进行大数据分析,精准提升活动品质。2019 年,广府庙会释放品牌价值,与国内金融科技领域的先进企业中国银行股份有限公司广州分行、拉卡拉支付股份有限公司广东分公司展开深度合作,融合不同的活动场景推出"开心付",打造庙会的"互联网 + 金融"新模式,"民俗文化巡演"通过广东广播电视台荔枝台、触电新闻、联通 5G+VR 实景直播观看人数超过 100 万,同时开始试水在越秀文化云平台开展"在线逛庙会"活动,引导市民线上线下相结合参与庙会。2020 年广府庙会停办,新冠疫情对线下文化和旅游消费冲击巨大,倒逼产业加快数字化进程,线上文化和旅游消费蓬勃发展。2021 年,为适应新形势,广府庙会取消主要线下活动,创新推出"云游庙会"理念,主要以线上线下互动的形式开展活动,共吸引超过 50 万人次参与,参与者中年龄占比最高的为 18 至 29 岁,达到 48.14%,30 至 39 岁的参与者达到 30.10%,40 至 49 岁及 50 岁以上的参与者均各占约 10%,其中 2 月 26 日元宵节当天,共有 109155 人次选择了线上逛庙会。"云游""云看展""云演艺""线上直播"等业态和产品的创新,线上线下业态融合发展,是广府庙会化"危"为"机"、以数字科技创新加快推动产业提质升级的结果。

发展至今,从各项数据可以看出,庙会主办方充分认识到数字化背景下文化传播形式的多样性,广府庙会的数字化发展已经在有序推进,但在执行的过程中仍暴露出一定的问题。如后台维护人员不足、系统不够稳定、部分活动参与环节出现技术问题、活动主页版面设计有待提升等。

(三)广府庙会的数字化发展方向

广府庙会的数字化发展应以满足人民对美好生活向往为导向,进一步优化大数据分析,严格把控开发进度质量,优化现有平台的立体化、一站式应用构建,用先进科技手段,将线下的民俗文化、节庆文化的参与体验与线上活动结合,通过互联网,运用 App、直播平台、微信群等网络新平台,加速开展云游庙会、云逛景等线上文化活动,进一步开拓市场空间,助推文旅领域供给侧结构性改革和需求侧服务模式创新。

1. 强化文化品牌核心和精神内涵

未来的数字化市场将是各类产品的大规模跨界合作,好的创意让品牌联动成为新常态,但创新发展绝对不是新理念、新科技、新模式的简单堆砌,尤其运用新技术的同时要牢牢把握优秀传统文化的精髓,传承和发扬广府文化、打造具有岭南特色的民俗文化活动。

2. 完善数字化设施和平台建设

应把握数字中国建设的机会,加快推动越秀文化云平台三期建设,完善数据中心、智慧导览系统、直播系统等板块建设,同时应对公共文化场地、文旅场所、文旅企业的智能设施进行升级,建设夯实广府庙会数字化发展基础。

3. 提升数字化管理和服务能力

应提升广府庙会主办方在行业监管、市场推广、人才培养等方面的数字化管理能力。通过建设文化和旅游产业数字化监管平台,借助数字技术,准确掌握区域内文化产业资源分布、相关企业发展动态、游客文化偏好和消费习惯等,为活动主办方制定方案、优化服务等提供科学参考,同时应积极引导政府、企业及相关机构间的数据开放共享,打破数据孤岛,营造良好的数字化发展环境,从而提升管理能力和服务水平。

4. 推动数字文化产品和服务创新

应推动广府庙会线上活动及其相关衍生品的数字化开发,不断完善数字文旅产品和服务供给,将科技成果渗透到文化活动、传播和消费各环节,利用"互联网+"、人工智能、虚拟现实、全息、大数据等技术,继续推进云游、云展览、云演艺、云娱乐等不断创新发展,促进文、商、旅、体、教等产业的全方位融合发展。

综上所述,随着数字经济的快速发展,具有可视化、交互性、沉浸式等特性的数字化文旅产品和服务不断涌现,虚拟现实、云计算、物联网、人工智能等多领域技术的迅猛发展将带来文化和旅游产业呈现方式和体验感受的颠覆性改变。在文旅融合的背景下,面对疫情防控常态化的新形势,文化和旅游产业数字化发展,是适应消费需求变化的客观要求。以广府庙会为代表的公共文化活动应以满足人民群众日益多元的文化需求为目的,利用科技产业的转型机会,不断创新运行机制,转变服务方式,从单纯利用公共空间设施开展线下服务向利用"互联网+""5G+VR"等科技化手段开展线上线下相结合的服务转变,贴近群众生活,提升服务效能,不断擦亮优秀的广府民俗文化特色活动品牌IP。

参考文献

[1] 聂敏 . 推动文化与科技在数字化背景下的融合发展 [J]. 文化产业,2020(12):106-107.

[2] 刘珂辛 . 以数字化转型助推文化产业发展 [N]. 河北日报,2020-06-03(7).

[3] 吴丽云 . 打造数字文旅　推动产业高质量发展 [N]. 中国旅游报,2021-03-09(3).

广州市越秀区公共数字文化云平台的数字技术应用创新

广州市越秀区文化馆　谭　莎

一、创新背景

随着社会信息化、数字化程度不断提高,群众文化的管理及活动的开展遇到了不少瓶颈,缺乏科学有效的方式将现有资源发挥更多更大的作用,为满足人民群众不断增长的精神文化需求,进一步加强公共数字文化建设,广州市越秀区累计投入 330 多万元建设越秀文化云,将信息数字技术和丰富的传播手段应用于公共文化服务体系建设。

目前,广州市大部分区级文化馆均依托微信公众号、微博、门户网站等开展数字化服务,但由于经费、人才、技术等因素制约,尚未形成系统的、标准化的服务体系。越秀区以精细投入建设符合数字化标准的基层公共数字文化服务平台,上接省、市数字文化资源,下达基层文化馆站、社区文化服务点、社会文化机构等,发挥中转效应联动文化网络,推动了各级公共文化资源的有效对接。

本案例着重研究如何借助数字技术,优化公共文化服务,推动基层各类公共文化设施、优秀文化资源联网成片、形成一体,从而提升公共文化服务的生产供给能力。另外将基于丰富的数字资源,探索满足群众文化需求和激发群众文化参与及创造的有效途径。同时寻求通过数字化手段实现文化资源的优化配置,对接共享模式,广泛吸引社会资源参与文化建设,助推文化产业发展的可行办法。

二、创新做法

(一)建设标准化基层数字平台,主动融入公共数字文化服务网络

越秀文化云遵循经济性、实用性、开放性与可扩充性原则,结构以 1 个数据中心为基础,解决文化大数据累计及应用难题;搭建 3 大界面,通过门户网站、移动端服务、内部管理界面为供需双方提供便捷、全面的数字服务入口;建设 9 个子系统,涵盖资讯、场馆、活动、培训、团队、非遗、志愿服务、数字资源、文创板块。

系统设计以满足文化需求为目标,尽量多考虑文化馆(站)在工作中的实际需求,为基层文化单位量身打造一套实用的系统,操作简洁、易懂、易用,尽量降低培训及维护成

本。为保证文化资源向街道、社区延伸,平台为各文化馆站、文化服务机构、文化电商等预留接口,充分考虑平台的多样化和可持续发展。

在搭建过程中,平台应严格按照国家、省、市提出的数字化标准进行建设,这是融入多级公共文化服务网络,持续发挥基层数字平台效能的重中之重。2021年,越秀文化云完成了与广州公共文化云的对接,可把资讯、活动、线上展览、场馆场地等多个模块数据自动共享到省、市数字平台,既有助于上级文化资源的下沉,也以更严格的要求把基层的优质服务推送到更高的平台,打造了区域特色文化平台融入公共文化服务网络的成功案例。

(二)社会力量共同参与运营,撬动文化机构、文艺团队等资源,打造社区文化地图

越秀文化云以共建共享为原则,整合线下文化渠道,开放接入打造文化地图,共享平台技术成果,保证持续不断的文化资源注入。平台以越秀区为中心,通过资源聚集,使区内文化资源连点成片,以完整的文化地图呈现,并把更广阔范围的文化企业、协会等纳入文化地图。平台鼓励社会机构、团队以低于市场的公益价格提供文化场地、票务、演出等服务,并吸引用户关注。

博物馆、美术馆、书店、创意空间等均是平台邀请入驻的对象,入驻机构可自主使用发布、预约等系统模块,无须技术开发,就可共享文化业务数字化实施功能,轻松解决各类发布、名单管理、线下签到等问题。另外,平台邀请有一定文艺专业素质且保持较高活跃度的文艺团队入驻,涵盖声乐、舞蹈、器乐、戏剧等各类型,入驻团队可获得发布权,搭建团队主页等,并获得一定的文化权益鼓励。

(三)避免重复建设,依托优势线下场景创新应用,为多级文化平台提供资源整合

越秀文化云在对接广州公共文化云后,获得了市级平台的模块共享,在基础业务功能的拓展上可避免重复建设。越秀文化云着力依托线下活动需求开发特色功能板块,多年来结合省、市、区级重点活动,已开发出多个特色应用场景模型,先后为广府庙会、广州市园林博览会、红色场馆打卡等活动提供线上线下技术支持。

传统节庆互动模型:含线上打卡线下互动、5G+VR直播、节庆主题专页、预约报名、积分商城、资讯等模块。此模型可继续开发沿用于红色文化、羊城美景、主题游览等多种活动的大型打卡互动。大型主题活动预约导览模型(如博览会、文交会等):含主题专页预约系统、身份核验端、360导览、视频图片专区、资讯等功能模块。

(四)为红色场馆、非遗展馆等提供数字技术支撑,打造线上场馆云互动

越秀区是广州市红色文化最为集中的一块热土,红色史迹、全国重点文物保护单位等数量在全市占比较高。越秀文化云自2020年推出线上"红色场馆AR展示",为中共三大会址纪念馆、中共广东区委旧址纪念馆、广东省农民协会旧址等红色场馆打造模型,并串联成红色游览路线,提供网上预约服务,累计线上访问超过400万人次,同时带动了线下场馆的游览参观。VR、AR等技术运用于各类场馆的线上展示与互动,能产生一定的推

广作用,并迅速吸引年轻受众。另外,越秀区积极探索"云互动"形式,曾结合社会力量多次开展非遗"云逛展"、5G 空中课堂、"5G+VR"慢直播等线上线下相融合的活动,通过实时导赏和多点实时授课等形式,探索非遗传承的实践路径,活动均受到主流媒体的关注报道。

三、创新成效

1. 按照公益性、示范性的基本要求,对公共文化设施、资源、惠民项目等进行综合智能管理,打破软硬件壁垒,实现文化资源线上线下充分融合,打通数字生活的"最后一公里"。2020 年越秀区内 18 个街道分馆均已实现平台入驻,街道分馆入驻率达到 100%,并全部配备一体机为社区群众提供数字化服务,促进了区内文化馆(站)的场地、活动、人员、信息等因素互联互通。

2. 统筹整合社会文化资源,鼓励社会力量参与公共文化服务,进一步扩大公共文化服务的辐射范围。截至 2021 年 10 月,越秀文化云累计用户约 7 万人,发布线上场馆 114 个,入驻文化机构 50 个,入驻文化团队 229 个,提供 400 门文化慕课资源,发布线上活动约 500 场,提供可预约票数 7 万余张。

3. 搭建特色场景互动平台,提升数字文化活力。2021 广府庙会因疫情防控取消主要线下大型活动,越秀文化云推出"云游庙会"共吸引近 60 万人次参与,参与者中年龄占比最高的为 18 至 29 岁,为 48.14%,"云游""云看展""云演艺"等应用创新,通过数字化手段实现了新形势下基层文化服务的革新。曾为广州园林博览会越秀区海珠广场分会场搭建网上园博会,360 度全实景展现园博会的精彩盛况,近 10 万人次群众进行了线上参观及预约。

四、经验启示

数字化平台建设的浪潮过去后,留给各级平台的难题将是如何进行长效的运营,包括如何维持及增强用户的活跃度和黏度、如何维持平台资源可持续自增长等。越秀区通过结合基层实际,重点以"活动 + 社区"作为双重驱动力,即以群众喜闻乐见的线上线下文化活动资源提升平台用户参与积极性,把数字化资源下沉到社区,让社会共同参与数字文化资源的共建共享,激发文化创造力,最终提升区域公共文化服务供给能力。

今后,越秀文化云作为立足基层、极具区域特色的数字平台,应进一步发挥区域文化集聚效能,形成以文化为纽带的互动平台,使公共文化产生于群众、服务于群众。

参考文献

[1] 李宏,魏大威. 文化馆蓝皮书——新时代文化馆创新发展(2017—2018)[M]. 北京:国家图书馆出版社,2019:80-95.

[2] 钟文汐. 数字媒体艺术在文化馆中的应用研究 [D]. 南京:南京航空航天大学,2017.

融合与创新：
民俗文化对现代文化活动品牌打造的引领性意义
——以广东省东莞市寮步镇"香博会"为例

东莞市寮步镇文化服务中心　黄静婷

文化发展的连续性是一个国家、民族文化传统得以继承与发展的重要因素之一，随着党和国家关于增强文化自信的精神在全国范围内的推行落实，人民群众对传统文化的关注度有了日益明显的提高。而民俗文化来源于人民群众在生产生活过程中所创造、共享、传承的一系列非物质内容，与人民群众息息相关，以此为核心精神开展各种各样主题明确、亮点突出、内容丰富、全民参与的现代文化活动逐渐成了有关文化部门的重点工作之一。而位于岭南之地的广东省东莞市寮步镇，牢牢把握沿袭已久的莞香文化，并引领人民群众顺着莞香的袅袅香气，进一步拓展平台走向世界，打造"香博会"现代文化活动品牌，共享这一融合与创新兼备的文化成果。

一、背景介绍

（一）莞香文化概况

莞香是瑞香科沉香属乔木，又名牙香树、女儿香。据史料记载，由于东莞地质贫瘠多砂，与莞香的种植条件正好相契合，换了其他地方种植则不宜结香，因此从宋朝开始东莞即有广泛种植莞香树的历史，也为东莞的经济贸易带来了重要的发展机遇和形成了重要的产业支柱。其中，明末清初著名学者屈大均在著作《广东新语》及6000多首诗词作品中屡屡提及莞香文化，他在《将往琼南口占别司香者》其五中写道："多栽香子傍芙蓉，家有香田即素封。欲向东官金桔岭，尽将妻子作香农。"[1]可见莞香在东莞经济文化中的重要地位。

尽管在明清时期由于商户贪利几经垄断香农的经济来源，后又加之战事的摧残，莞香产业一度濒临绝境。然而，正如具有顽强生命力的莞香树及络绎连绵的莞香香烟，勤劳坚韧的莞人在不懈地努力之下让莞香披上现代的外衣，经过有心之士的种植和文化包装，莞香重新登上市场的舞台，莞香文化也成为各艺术门类的创作热门题材，与之相关的文化活动层出不穷，莞香的独特气息渗透其中。

（二）寮步镇"香市"之名的历史由来

寮步镇隶属广东省东莞市管辖,寮步之名始于唐贞观年间,距今已有 1350 多年历史,当时村民在寒溪河上游搭茅寮而居,后成商埠,故此得名。也正因靠近河流码头,在明万历年间,无数的莞香从东莞运至香港,再从香港分散到东南亚乃至世界各国,莞香因而得以和茶叶、陶瓷等成为同期出口海外的名贵货物,在这期间形成来往频繁、经济社会效益巨大的市集贸易活动,故素有"香市"之称,被誉为广东四大名市之一。2014 年 12 月,广东省东莞市申报的寮步香市经国务院批准列入第四批国家级非物质文化遗产代表性项目名录,这为莞香文化的传承发展奠定了坚实的基础,并提供了有力的支持。

二、香博会在现代文化活动品牌打造中的融合与创新

香博会全称为"中国(东莞)国际沉香文化产业博览会",自 2009 年举办第一届以来截至 2019 年已顺利举办十届,下文将以 2019 年在东莞市寮步镇举办的第十届香博会及系列活动为研究对象展开分析阐述。

（一）融合

1. 民俗文化与现代文化的融合

"中国拥有丰富的民俗文化资源,形式多样各具特色,涉及生产劳动民俗、日常生活民俗、社会组织民俗、岁时节日民俗、人生礼仪、游艺民俗……"[2] 莞香文化追根溯源,可溯源至中华民族崇尚香道的传统习俗,使用熏香的历史自屈原时期便已深深扎根。香道是指通过识香、六根感通、香技呈现和香法修炼等环节,在规范的示范流程中,观众或参与者能对人生百味有另一番高品位的领悟。但对于习惯了现代快节奏生活的人民群众来说,如何近距离感受香道魅力和用现代的认知审美去认识香,都具有一定的困难。

为此,第十届香博会在琳琅满目的系列活动中特开辟一片"天地",在会场集中展示各项传统民俗文化,固定在活动期间每日下午安排茶道艺术展演、香道表演、禅修茶道二十四节气大雪茶会等活动,向人民群众展示带有历史沉淀气息的传统民俗文化,并借鉴多媒体平台惯用的"打卡"手段,设置每日活动印章集点抽奖活动,引导群众积极参与各项活动;另外,在分会场西溪古村举办"香之夜"文艺晚会,热情洋溢的歌舞表演在古民居的一砖一瓦中诠释着新时代的精神面貌,在民俗文化主导的文化活动中融入现代文化的内容,从活动形式上实现民俗文化与现代文化的融合,打破群众对香道、莞香为代表的传统民俗文化"古板、保守"的标签认知。

2. 人文价值与市场价值的融合

个体文化的认同不仅是个体在不同的时空背景下对文化系统的识别和判断,更重要的是在实践中的认同[3]。香博会作为民俗文化系统性、民族性传播的具体实践活动,参与者能从中收获的精神文明成果取决于活动的人文价值,组织者能从中收获的经济社会效

益取决于活动的市场价值,两者相互融合才能把各方面的效果最大化,继而全面提高对该活动核心精神内涵的共同认可和该活动举办实践的可取性、可行性。

第十届香博会系列活动中,《文化的魅力——香与人文生活方式》主题研讨会汇聚了各界文人学者,针对香与人文生活方式展开学术讨论;第二届全国沉香协会会长联席会议围绕莞香会展联盟、沉香药食同源标准的推动等进行了深入探讨和交流。这些看似专业领域的活动实际上研究成果却是广大群众可享的,并且群众由此可窥探莞香文化的背后饱含着极为丰厚的文化内涵和学术理论、产业技术等,以香为主角的一批别具匠心的文创产品也在展位中出现,如参展的某家从事香文创产品开发与生产的企业表示已取得中国沉香文化博物馆相关 IP 授权,并已逐步申请十多项专利,除了传统的原料种植、成品交易,各种新的市场需求逐渐在从业者和消费者的观念中萌发。

(二)创新

1. 建成首座沉香博物馆实现形式创新

中国(东莞)沉香文化博物馆　摄影:戴国辉

民俗文化的继承与发展需要各种各样的传播方式获得更全面的文化认同感,以此为精神内涵的文化活动品牌若能拥有一个固定的场馆场所为其提供物质载体,在一定程度上便可打破时间、空间对传播的局限,让民俗文化成为局面的"主导者",吸引更多的"有心人"前往一探究竟。基于莞香在寮步镇的悠久历史、技术产业链相对完整、莞香文化根基扎实,2014 年 12 月 18 日,由华南理工大学教授、中国工程院院士何镜堂主持设计的中国(东莞)沉香文化博物馆正式开馆,占地面积 8199 平方米,建筑总面积 8800 平方米,是中国首座最具规模的沉香文化博物馆。这座沉香文化博物馆体现着中国沉香文化史上的"三最":"一最"——世界最大香盒,是指由何镜堂院士设计的博物馆外观,源于古时装莞香的香盒;"二最"——最具价值题字,是指博物馆牌匾"中国沉香文化博物馆"由国宝级国学大师饶宗颐亲笔题写;"三最"——亚洲最大香炉,博物馆内珍藏一铸造于乾隆年间、当时亚洲最大的沉香香炉。

中国（东莞）沉香文化博物馆成为历届香博会的主会场之一，也是集中展示中国香文化的重要场所之一。中国（东莞）沉香文化博物馆内除了传统博物馆对所展示主题对象的历史发展过程、产品成果等用实物、图文并茂等形式进行展览外，还运用了现代声光电技术，让从前局限在文本纸张的莞香文化历史画面活灵活现重现眼前，再现往日寮步香市的繁华景象，为莞香文化的继承与发展提供了规模大、格调高、可塑性强的文化建筑载体，体现了寮步镇在探索民俗文化与现代文化活动品牌打造结合时追求的形式创新。

2. 打造香博会品牌活动实现内容创新

文艺节目《香市情怀》表演照　摄影：方灿林

除了不断提高人民群众对民俗文化的认同感，强化人民群众对民俗文化传承的责任感是驱使民俗文化迸发生命力的重要源泉。香博会在每一年的举办过程中，或多或少都会体现出目前文化活动品牌打造的不足之处：群众可参与度不高、行业/专业领域特性太强、艺术水平与群众审美能力不相符……这些不足根据不同民俗文化所在的地区经济、政治、文化水平不同，会有各不相同的表现，但会导致一个相同的结果：群众对活动的关注度和参与度逐年下跌。因此，香博会的活动会紧密贴合当年最具时代社会共鸣的热点，以人民群众日益增长的精神文化需要为根本出发点进行内容调整与创新。在第十届香博会中，含开幕式在内的系列活动多达 20 余项，包括专业领域的全国沉香协会会长联谊会、中国沉香产业发展高峰论坛、第二届全国沉香协会会长联席会议、"文化的魅力——香与人文生活方式"主题研讨会；民俗文化普及领域的茶道艺术表演、香道艺术表演、香博园周年庆典、"香市之夜"文艺晚会；延伸发展经济合作的帮扶县区农副产品展销会意向采购签约仪式、寮步镇十大旅游手信暨旅游研学基地颁奖活动等。对于组织者、参展商和人民群众来说，犹如"菜单式"的活动内容供给，可根据自身的需求选择进行文化体验。

香博会提供的从"莞香—莞香文化产业—莞香文化—传统民俗文化"这样的文化体验呈现了从"点—线—面"逐步扩大范围的文化辐射圈，对其他类别的民俗文化传承发展或文化活动品牌的打造具有良好的可借鉴性,体现了寮步镇在探索民俗文化与现代文化活动品牌打造结合时追求的内容创新。

3. 开启文旅融合道路实现概念创新

文旅融合是近年来全国各地文化与旅游部门关注度极高的话题,全国上下有关部门都在积极推动文旅融合发展工作的落实,加强"文化是旅游灵魂,旅游是文化载体"的共识。从世界旅游发展来说,文化旅游和自然旅游是两大市场主题,文化旅游依赖于历史文化,自然旅游依赖于生态环境。对于香博会来说,有了固定的文化建筑场馆、有了丰厚的莞香文化,开启文旅融合道路是香博会进一步扩大影响力的必经之路。

在第十届香博会中,除了邀请周边东南亚地区沉香企业参展外,沙特阿拉伯、韩国、马来西亚等国家的相关组织团体前来交流、采购。由此可见,一个成熟完善的文化活动品牌可吸引不同地区的各阶层人群到场参与,以往单场活动能获得的群众效益与社会效益经过活动连续多年的举办实现效益最大化;同时为该地区所在的城市形象、民俗文化提供往外传播的无限可能。香博会正是牢牢把握了旅游业发展的内在规律和文化和旅游高质量融合发展的必要性,体现了寮步镇在探索民俗文化与现代文化活动品牌打造结合时追求的概念创新。

三、从香博会延伸的引领性意义探索

(一)民俗文化奠定了现代文化活动品牌的核心精神内涵

香博会以莞香文化为核心精神,从立足点就有了悠久的历史背景、颇具影响力的文化产物做奠基石,在打造过程中把传统民俗文化中优秀的精华内涵进行呈现,可见民俗文化奠定了现代文化活动品牌的核心精神内涵,但两者结合的前提,是对民俗文化本身进行全面深度的剖析,分离开民俗文化的制度内核和物质外壳,还有无形的精神内涵,经过严谨的筛选后选择包容性更大的内容做进一步的深化和文化活动品牌的打造,营造多维度的文化体验环境。

(二)文化活动品牌的形成为民俗文化的活态传承提供可借鉴经验

在推动民俗文化走向世界的过程中,活态传承成为民俗文化和文化活动品牌连接桥梁的"钢筋",起着重要的支撑作用。在相当长的一段时间内,民俗文化的传承个体对传承责任的意识不强,面对外来文化的冲击,人民群众尤其是年轻一辈对民俗文化的兴趣更是低迷,民俗文化的传承一度陷入"静止"局面。而以香博会为例把民俗文化融入文化活动品牌中,结合群众喜闻乐见的文体活动形式以崭新的面貌呈现,加上各种新媒体作为媒介强化了文化传播途径的灵活性与多样化,让民俗文化变得鲜活灵动,有更实质性的内容提供给群众了解认识,搭建起一个有互动、有质量的活态传承平台。

（三）进一步凸显人民群众在文化传承中发挥的主体性作用

文化内容的丰富性和表现方式的多样性归根于人民群众在日常生活中物质精神方面需要的多样复杂和强大的文化创造力，通俗地说，文化传承想要达到预期的效果须从源头做起，回归文化的创造者——人民群众本身，反复确立群众在文化创造、文化传承中能发挥的主体地位。香博会在逐年调整的系列活动内容中充分展现了这一点，始终围绕"以人为本"的中心，举办能增强群众对民俗文化认同的活动，拉近"人"与"文化"之间的距离，给予广阔的空间让群众认识、表达自身对文化寄托的物质、情感需求。

（四）文化活动品牌在城市形象打造与宣传中起到积极作用

城市的形象构建包括自然地理环境和人文环境，拥有成熟文化活动品牌的城市往往有繁荣可观的经济基础实力及积极的政策扶持，有了这两者作为基础，文化方面才能有勇于创新的实践和有前瞻性的大局视野。香博会的成功举办赋予了东莞市寮步镇"传统与现代兼备"的"现代香都"美誉，为"香市"之名在新时代环境下写下与时俱进的一笔，把寮步镇重视现代新工业发展、更重视传统民俗文化的态度展现在世界舞台前，用一个个文化活动品牌的成功打造证明了在提升公共文化服务效能道路上前仆后继的探索。

包括民俗文化在内的传统文化是维系一个国家或地区人民群众的重要纽带，增强民俗文化的认同感对增强文化自信意识有着重要的现实意义。有了客观准确的民俗文化选择并将之融入现代文化活动品牌的打造中，并为现代文化活动品牌提供核心精神内涵的内在发展动力。借助从香博会的案例延伸而出的启发性经验总结，继续期待民俗文化的传承在现代文化活动中将迸发的新的精彩内容，为中华民族积累更有意义的文化沉淀。

参考文献

[1] 万静 . 屈大均与莞香文化 [J]. 五邑大学学报（社会科学版），2017（1）:32-35,93-94.

[2][3] 丁如伟,王毅 . 跨文化传播视域下的中国民俗文化认同 [J]. 山东农业工程学院学报,2020（9）: 136-140.

主题文化馆:福田文化馆总分馆制建设的创新探索

深圳市福田区公共文化体育发展中心　邱　婷　方东林

一、福田打造主题文化馆的背景

(一)政策背景

党的十八大以来,以习近平同志为核心的党中央高度重视文化事业发展。2015 年 1 月,中共中央办公厅、国务院办公厅印发《关于加快构建现代公共文化服务体系的意见》。2017 年 2 月,文化部、国家新闻出版广电总局、国家体育总局、国家发展和改革委员会、财政部五部委联合印发《关于推进县级文化馆图书馆总分馆制建设的指导意见》。

(二)福田基础

对文化高度重视是历届福田区委、区政府的传统。2003 年即在全国率先提出并在两年内完成星罗棋布、遍布社区的"一公里文化圈"公共文化设施体系建设。2005 年,成功创建全国文化先进区。2009 年,顺利通过全国文化先进区复查。2016 年,成功创建全国公共文化服务体系示范区。特别是 2012 年,福田区将 7 个区属文化场馆全面回收,率先成立了区级公共文化体育发展中心,统筹负责区属公共文化场馆的管理和运营,并依托场馆开展公共文化体育服务。这为创新探索总分馆制的主题馆文化馆发展方向奠定了坚实的场馆基础。

二、福田打造主题文化馆的主要做法

(一)突出主题文化馆的特色化定位

发挥场馆众多的优势,采取主题定位的方式,着力打造戏剧、音乐、书画、舞蹈、钢琴、非遗、梦工场(青年)等七大主题文化馆,各主题馆在满足日常进馆活动团队和群众开展活动需求的基础上,致力于各主题领域内业务功能统筹发展,人才队伍高度集聚的区域文化核心,满足不同艺术需求,避免千馆一面的弊端。

(二)建立"7+3"的标准化模块

"7"即每个主题馆打造一组品牌活动、培育一批精品团队、举办一项常规赛事、发展一支文化志愿者队伍、举办一个艺术沙龙、开设一批公益培训班、创作一件艺术作品等 7 项软件建设。"3" 即每个主题馆配备一个剧场、一个展厅和一所主题图书馆等 3 项硬件建设。

（三）开展"理事会"社会化改革

加快公共文化建设从传统政府主导向现代社会共同治理转变，以理事会为平台，进一步提升主题文化馆在管理运营、人才结构、产品供给等方面的规范化、社会化水平。7 个主题馆的理事总数为 87 名，包含了各艺术领域专家学者、社会组织、文化企业及市民代表等多样化主体。

（四）着力加强数字文化馆建设

2015 年，福田区以"全国首批数字文化馆建设试点"为契机，建成包含了 8 大系统、26 个功能模块，"网站—微信—手机 App"三位一体的线上服务平台，在打通公共文化服务"最后一公里"的同时，推动基层文化馆的管理服务方式向"数字 + 文化"转变，实现文化服务在线化、数字化。

三、福田主题文化馆建设主要成效

（一）进一步激活了人才队伍的创造力

"正确路线确定之后，干部就是决定的因素"，通过差异化、特色化的主题文化馆发展定位和"7+3"工程主抓手，辅以《主题文化馆主管负责制实施方案》《专业技术人员绩效考核办法》《品牌活动项目负责制试行办法》等制度，培育和激活了各主题馆管理团队的竞争意识和精品意识，服务方式和内容"千姿百态"，各有招牌。

（二）进一步激发了社会参与的积极性

一是公共文化产品融入更多社会资源。近年来，主题馆文化馆艺术节、莲花山青年文化节等品牌活动和话剧《我去哪儿了》、歌曲《深圳之夜》等精品创作、"都市 100"、百场文化活动进社区、百场公益培训等惠民项目都积极探索社会化、市场化运作模式，既节约了政府投入成本，保障了公共文化供给的公益性，又激发了社会参与文化、创造文化的活力。

二是培育了大批精品群众文化团队。深入推进"百团千队工程"，在全区十个街道百个社区挖掘培育群众自发组织的文艺团队达到 1000 余支，其中精品团队 103 个。各主题馆通过开放场地、指导培训、提供舞台、考核评估等方式进行培育扶持，引导群众文艺团队不断提升品质，参与公共服务。

三是文化志愿者队伍蓬勃发展。各主题文化馆各自组建文化志愿者队伍，广纳社会名人、能人、热心人参与公共文化服务。现有 1 个服务总队,25 个分队,超过 6000 人的"橙马甲"队伍,年均参与公共文化服务活动超过 1 千场次,近 1.9 万小时,服务群众 16 万人次。

(三)进一步丰富了产品供给的多样化

一是以青年文化为突破。在七大主题文化馆中专门打造一个属于年轻人的梦工场,通过场馆功能提升,配备先锋剧场、BAND 房、DJ 体验室、摄影棚、创意图书馆等设施,为都市青年提供造梦的工具、追梦的资源和圆梦的平台。同时,通过举办莲花山青年文化节、中国(深圳)国际嘻哈文化节、深圳国际打击乐文化节、粤港澳校园乐队交流音乐会等以青年文化为主题,青年为受众主体的系列文化活动,构筑起与深圳这座青春、时尚、活力的先锋城市相匹配的,属于年轻一代的青年文化风景。

二是以现代戏剧为引领。针对福田中心城区年轻都市白领群体的文化需求,以戏剧主题馆为主阵地,大力发展现代戏剧文化,致力打造南方"戏剧高地":利用区属中、小剧场推出孟京辉戏剧福田演出季,打造百场演出、百元票价的"都市 100"本土戏剧品牌,开办"戏剧百脑汇"戏剧艺术沙龙,创办名家戏剧工作室,组建"戏立方"第三职业戏剧联盟,培育本土戏剧人才。

三是以普惠均衡为基础。在突出特色,打造品牌,彰显品质的同时,办好文化民生实事,整合资源持续开展"公益培训""阳光工程""午间音乐会""星空音乐会""圆梦工程"等文化惠民项目。每年举办各艺术门类和体育项目"公益培训"班三期 200 余个班,惠及 6000 余人次,并为外来务工群体和特殊儿童群体提供"优零免送"(优先报名、零门槛、免学费、送基本用具)服务,成为最受广大市民群众好评的服务项目。"午间音乐会"和"星空音乐"保持每月 4 场的频率,分别在午间和夜间为 CBD 商圈都市白领送去小而精的演出节目。

(四)进一步提升了"互联网 +"管理服务能力

一是以数字服务提升公共文化服务便利性多样性。"福田文体中心"网站、微信公众号两大线上服务平台,涵盖活动抢票、场馆预订、公益培训、文化慕课、在线辅导、网络直播等 23 个功能模块,建有初级艺术辅导、艺术作品鉴赏等各类音视频数字资源共计 80235 小时。2019 年度,开展线上线下相结合的服务活动共计 479 个,服务总人次达 173.2 万。

二是以数字管理提高主题馆智能化管理水平。在数字文化馆建设试点中,福田区相关部门建立了一套涵盖视频监控、人脸识别、门禁出入、事件预警、数据统计等功能于一体的智能管理系统,既方便了场馆和活动的管理,也优化了市民的服务体验。

三是以数字平台拓展文化服务功能。2020 年,实体文化场馆服务受疫情影响遭到了较大限制,福田区依托数字平台,将莲花山青年文化节升级打造为线上青年文化季,策划了"名画 cosplay 秀""身体里的戏精"等一批比脑洞、拼创意、展才艺的活动项目,通过整合抖音、B 站、快手、微视等新媒体矩阵资源搭建线上才艺舞台,市民轻触手机,即可在线完成参赛报名、作品上传、围观转发、点赞投票,活泼有趣的创意内容和富有人气的视频平台吸引了近 40 万市民尤其是青少年参与,既是一次成功的线上文化互动,也完成了一次文化馆从文化活动的"实体供给商"到"平台运营商"的身份转变实验,为今后多向拓展文化馆文化服务功能,实现公共文化服务的供给侧结构性改革提供了新的实践参考。

参考文献

[1] 关于加快构建现代公共文化服务体系的意见 [EB/OL].[2021-05-01]. https://www.gov.cn/xinwen/2015-01/14/content_2804250.htm.

[2] 关于推进县级文化馆图书馆总分馆制建设的指导意见 [EB/OL].[2021-05-01]. https://www.gov.cn/gongbao/content/2017/content_5216448.htm.

[3] 琚存华 . 浅谈文化馆的公共数字文化资源建设 [J]. 参花 (上),2020 (10):137-138.

深圳市盐田区文化馆激活社会力量参与分馆建设

深圳市盐田区文化馆　庞　文

深圳市盐田区文化馆激活社会力量开展分馆建设,建成了传统文化分馆等多个主题社会分馆,完善公共文化设施网络,丰富公共文化服务内容供给,推进公共文化服务供给侧结构性改革,形成了特色鲜明的公共文化服务新模式。

一、建设背景

2016年,原文化部等五部委联合印发《关于推进县级文化馆图书馆总分馆制建设的指导意见》对文化馆总分馆制建设提出指导意见,其中要求积极引导社会力量参与总分馆制建设。深圳市盐田区贯彻执行国家、省、市关于实施文化馆总分馆制的有关要求,于2018年印发了《盐田区文化馆总分馆制建设实施方案》,明确总分馆建设"三个统筹""五个统一"的目标任务和"1+5+18+N"建设模式,要求建成"N"家社会分馆。深圳市盐田区文化馆通过总分馆制建设统筹全区公共文化经费、人员、资源,统一领导管理、服务目录、资源配置、人员培训、绩效考评,逐步推进基本公共文化服务均等化和标准化,保障人民群众基本文化权益。

在实现文化馆总分馆制在街道、社区全覆盖的基础上,盐田区文化馆立足盐田区实际,依托社会力量,充分利用社会上优质的文化场馆资源,开展社会分馆建设。

二、创新做法

2020年,盐田区文化馆开展社会分馆建设,在面向社会公开征集、实地调查研究的基础上,积极探索吸纳可面向公众开放、为公众提供文化服务的优质社会文化场馆作为盐田区文化馆社会分馆,以盘活社会文化资源,促进资源共建共享。

(一)规范完善服务标准

为促进社会力量参与公共文化设施建设,盐田区文化广电旅游体育局出台《盐田区文化馆社会分馆暂行管理办法》《盐田文化馆社会分馆服务标准》等管理办法及服务标准,为推进社会文化分馆建设工作提供制度保障,从制度层面规范文化馆社会分馆的设立条件、服务和管理、人员和经费、检查和考核,以便更好地发挥社会分馆在公共文化设施建设和公共文化服务供给等方面的作用。

（二）整合拓展社会资源

盐田区的社会文化场馆设施资源比较丰富,且不少社会文化场馆具有独特性、专业性等特点,但大都只是面向企业内部员工开放,市民群众难以进入参观或参与相关文化活动。盐田区文化馆主动到辖区企业走访调研,同时在政府网站发布关于申报文化馆社会分馆的公告,面向社会公开征集优质文化场馆资源和公共文化服务,提升社会分馆建设的公众知晓率。根据申报资料,组织专家通过查看资料、实地查验、座谈交流等方式进行评审,择优遴选确定文化馆社会分馆。

（三）精心供给特色服务

截至2020年底,盐田区建成了传统文化分馆、习学文化分馆、钱币文化分馆、唐卡文化分馆、环保文化分馆、健康文化分馆等6个主题社会文化分馆,各个社会文化分馆根据本馆特色,面向公众开展专业化公共文化服务。

传统文化分馆依托故宫丰富的文化资源,面向社会公众开展国学等传统文化培训、工艺美学等文化讲座,艺术沙龙分享等文化交流活动、非遗手工艺互动体验和传习活动等,弘扬和传承中华优秀传统文化。

习学文化分馆为公众开展国学经典能量诵读、国学经典亲子共读、国学经典千人诵读、国学夏冬令营、古诗赏析、传统文化知识竞赛等文化活动,将国学与现代生活相结合,营造传承国学经典的良好社会氛围。

钱币文化分馆陈列展示了夏商周至现代的历代钱币1000多枚(张)贝币、刀币、圆钱、铜圆、银币、铜币、纸币等中国钱币实物,基本涵盖了中国古钱币文化的整个历史过程,让市民能够直观感受中国钱币历史文化的深厚内涵。

唐卡文化分馆陈列展示了古代现代、国内国外几百幅珍贵的唐卡艺术品,让市民群众能观赏和领略唐卡这项国家级非物质文化遗产。

环保文化分馆主要分为综合楼展厅、科普连廊及环保厂区三个部分,立足厂区内的大型科普教育基地,率先开展垃圾焚烧处理行业开放式参观,以互动体验方式让市民直观了解垃圾焚烧过程、烟气处理流程,普及垃圾分类和焚烧的环保知识。

健康文化分馆规划有消毒实验室、医疗消毒防护、国防消毒防护、生活消毒防护、养殖消毒防护等7个科普专区,全年面向群众开放,定期开展公益性消毒清洁教育普及活动,使参与的群众能够学习知识、动手操作、亲身体验,提高群众的消毒清洁意识,做好疾病预防。

（四）强化督导检查考核

盐田区文化馆总馆定期对社会分馆的公共文化服务情况、经费使用情况进行监督检查,对社会分馆的公共文化服务情况进行日常评估和年度考核,开展服务对象满意度测评,考评结果作为下年度资金分配的参考。同时,社会分馆实行"能进能出"的灵活机制,社会分馆年度公共文化服务考核合格者可延续其社会分馆资格,考核不合格者可取消其社会分馆资格,以促进社会分馆主动谋划、积极开展特色文化服务。

(五)注重文旅融合发展

盐田区文化馆社会分馆建设与全域旅游示范区建设相结合,在开展公共文化服务过程中拓宽思路、创新服务,注重文化和旅游公共服务融合。盐田区文化馆各个主题社会分馆各具特色,特别是钱币文化分馆、唐卡文化分馆、环保文化分馆,能吸引游客前来参观。充分发挥社会分馆的文化和旅游双重特质,把社会分馆列入盐田全域全景旅游地图、盐田手绘文化地图,形成新的旅游路径,营造城区文化氛围、提升城区文化品位。同时,加强各项文化活动与辖区旅游企业资源对接,形成高效引流效应,带动旅游消费提升。

(六)加强数字文化服务

社会分馆充分利用盐田区文化馆数字文化平台开展公共文化线上服务。在盐田区文化馆数字文化服务平台为每个社会分馆设立专门页面,介绍社会分馆的服务内容、场馆地址、免费开放时间等内容,社会分馆在平台上发布活动信息,市民群众可以在网上报名参加,形成线上线下结合的社会文化分馆服务模式。

三、创新成效

盐田区文化馆激活社会力量参与社会分馆建设,拓宽了社会力量参与公共文化设施建设和服务供给的渠道,完善了文化馆社会化合作机制,培育公共文化服务社会化力量,促进文旅融合发展,形成文化馆社会化发展新模式,为推进社会力量参与文化馆事业发展提供了借鉴经验,为文化馆社会化发展提供了实践样本。

(一)实现公共文化多元供给

盐田区文化馆与社会力量共建共享社会分馆,充分利用社会的丰富资源和优质服务,更好地发挥社会力量的创造性,有力推进了公共文化服务供给主体及服务内容的多元化,既能提高公共文化服务质量,又能满足公众多元化和个性化的文化需求。

(二)拓宽公共文化设施覆盖面

通过将政府和企业资源深度融合,大力支持和培育优秀社会文化场馆,广泛开展文化馆社会分馆建设,扩大公共文化设施覆盖面。2020年,盐田区通过共建共享文化馆社会分馆,增加公共文化设施面积47000平方米,扩大了公共文化设施网络覆盖面,进一步完善了15分钟公共文化服务圈。

（三）文旅融合助推事业发展

盐田区文化馆社会分馆既是文化场馆,也是旅游景点,是具有文化和旅游双重属性的公共文化设施。在当前全域旅游的大背景下,盐田区把文化馆社会分馆列入盐田全域全景旅游地图、盐田手绘文化地图,向游客推介并提供社会分馆等文化场馆的公共文化服务,吸引游客积极参与。充分利用社会分馆文化资源,以文促旅,社会分馆成为旅游打卡点,丰富了旅游资源,提升旅游吸引力,助推旅游事业发展。

（四）数字平台延伸文化服务

盐田区文化馆数字文化服平台设有资讯动态、活动预约、场馆预订、线上云辅导、线上云展览、直录播等页面和功能,社会分馆可充分利用总馆数字文化服务平台,发布各类信息,接受评价反馈,有力促进供需精准对接,提升供给能力和水平,为市民群众提供"零门槛""零距离"的公共文化服务。

四、经验启示

盐田区文化馆社会分馆建设实践取得的成功经验,带给我们的启示有三点:一是整合社会资源,统筹兼顾推动文化馆社会化发展,有助于构建开放多元的公共文化服务供给体系。通过政策引导扶持,积极引入社会力量参与文化馆建设管理,支持社会力量承接政府公共文化服务项目,为公众提供更多特色化、多元化、个性化的公共文化服务。二是立足本土资源,因地制宜打造特色鲜明的公共文化空间,有助于破解基层公共场馆设施建设的困境。通过共建共享方式建设各具特色的社会分馆等公共文化空间,用少量的政府财政资金撬动和盘活大量的社会场馆资源,补充基层公共文化场馆设施不足的短板。三是强化标准建设,加强过程监管及评价考核,有助于提高公共文化服务效能。通过制定管理办法和服务标准,对社会力量开展公共文化服务进行督导考核,助力文化类社会组织专业化发展,提高其开展公共文化服务的能力。

社会化发展是新形势下公共文化服务的新趋势。社会力量参与公共文化设施的建设管理和公共文化服务内容的供给,能提高公共文化服务体系建设的开放性、包容性和多元性,是公共文化服务供给侧结构性改革的有效路径。我们要深刻认识公共文化服务的新特征、新要求、新规律,积极创新工作理念,引导社会力量参与文化馆的建设、管理和服务,探索和培育文化馆行业新业态、新模式,建设形成普惠均等、便捷高效、优质多元的公共文化服务体系。

参考文献

[1] 李宏,魏大威. 文化馆蓝皮书:新时代文化馆创新发展 2017—2018[M]. 北京:国家图书馆出版社, 2019.

[2] 傅才武. 中国公共文化政策研究实验基地观察报告（2016--2017）[M]. 北京:社会科学文献出版社, 2017.

深圳市龙岗区横岗街道"原创+"模式推进
文艺创作繁荣群众文化

深圳市龙岗区横岗街道社区社会组织联合会　严　勇

在推进基层文化发展过程中,发挥人民群众的主体作用,引导他们在学习传承中华文化基础上发挥聪明才智与创造力量,拿起手中的笔创作更多富有生活特色的文化作品,以满足自身文化生活需要,是一个重要课题。深圳市龙岗区横岗街道在这方面进行了有益探索,通过对"原创 + 文娱"拓展群众文化内容、"原创 + 书画"提升群众文化品质、"原创 + 文学"增强群众文化功能进行实践尝试,搞活文艺创作,繁荣群众文化,取得了很好的效果。本文对横岗街道的做法进行剖析,抛砖引玉,以助推群众文化在新时代新征程上有新发展。

一、创新背景

横岗街道地处深圳市东部中心的核心区,辖区总面积 23.1 平方千米,9 个社区,常住人口 25.2 万。因历史原因,之前横岗街道属于深圳经济特区关外(海关管理控制线之外),由于市镇基础较差,群众文化发展滞后。2010 年横岗街道被纳入深圳市一体化发展之后,随着经济发展文化事业也快速发展。党的十八大、十九大之后,在共建共享、文化自信和建设学习型社会理念与浪潮推动下,横岗街道的群众文化事业持续发展,尤其是近年进入发展快车道,走在了龙岗区前列。

群众文化的发展为横岗的改革创新注入了新智慧、新动能,同时改革创新又加速了群众文化发展。在此双向促进、共同发展过程中,横岗街道积极探索群众当好文化"主角"的道路,运用"原创 +"模式推进文艺创作繁荣群众文化,以更好满足群众精神文化生活需求,群众文化建设取得可喜成效。

二、创新做法

(一)"原创 + 文娱",拓展群众文化内容

"原创"就是群众自己创作作品和节目,"文娱"是文化的一种表现形式即文化娱乐活动,包括社区常见的戏剧曲艺、广场舞、模特走秀、特色艺术活动等。"原创 + 文娱",就

是通过引导,使社区的文娱节目逐步从模仿为主向原创为主发展,从照搬向创新转变,发动和组织居民群众自创自演更多更好反映自身生活的节目,满足群众日常文化生活需要。

习近平总书记指出,"社会主义文艺,从本质上讲,就是人民的文艺"。原创文娱的目的就是围绕为人民服务的宗旨,向文化的广度和深度进军,拓展内容,为社区居民及社会大众提供丰富多彩的文化娱乐服务。横岗街道在实践中主要从以下方面发力。

一是戏剧、曲艺。为庆祝深圳经济特区创建40周年,2020年5月龙岗区文化广电旅游体育局发出通知,组织第三届原创作品(成人戏剧、曲艺类)大赛,加上之前的两届原创活动开展,为原创文娱带了个好头。横岗街道9个社区均组织节目参加,不少群众文艺骨干和文学爱好者投入原创活动,一批原汁原味带着社区生活芳香的节目诞生了。其中怡锦社区戏剧《这里是横岗》,四联社区客家快板《幸福横岗　快乐四联》,华乐社区诗朗诵《中国真好》等节目受到好评。

二是广场舞。经过小区广场舞活动多年开展,再经过自学或参加街道与社区的培训班学习,许多居民文艺骨干掌握了广场舞的基本知识与要领。在街道社区的指导下,他(她)们结合自己的体会和经验,在实践中着手创作适合自己和居民喜欢的广场舞。例如,红棉社区、怡锦社区的部分楼盘小区,每到晚上或周末早上,居民们就跳起自创或改编的广场舞,十分热闹。六约社区、红棉社区的部分小区还举办原创广场舞与柔力球交流展示活动,吸引了不少居民观看。原创广场舞相对简单易行,深受群众欢迎,在基层社区大有用武之地。

三是模特走秀。随着群众文娱活动的兴起和发展,近年原创模特走秀成了横岗文化活动的新时尚、新潮流。从居民需求看,原创模特走秀亦文亦乐,健身美体,易学易行,大有可为。在社区支持下,红棉社区2015年成立了美貌时装模特队,从开始的8人发展到现在100多人,年龄最大的82岁,最小的40岁。该队以模特表演和自创自演舞蹈、打连厢为主,兼有声乐等内容,创办5年多来,在深圳的大小舞台及"民生微实事·大盆菜"项目展演、中柬文艺交流、敬老探访等活动中演出了上百场。在她们的影响带动下,华乐、志盛等社区也办起了模特走秀队,有的还走出小区社区,参与各种公益演出活动,为社会服务,影响很好。

四是客家山歌快板。横岗是客家人居住地,百年"茂盛世居"是横岗历史文化标志,客家山歌和快板是客家文化的精华。在传承基础上,不断创新发展客家山歌和客家快板,是横岗原创文娱的亮点。成立于2013年的四联社区乐天艺术团,就是传承创新客家文化的佼佼者。乐天艺术团有成员60人,平均年龄65岁,建团以来,原创和排练客家文化为主题内容的节目近30个,每年新创作客家节目2到3个,每年参加各种演出十几场,年服务人群上万人次。其中客家歌舞《农家姑娘忙》、客家快板《幸福横岗　快乐四联》是该团的保留和创新节目,多次获奖。

(二)"原创 + 书画",提升群众文化品质

在群众文娱活动发展带动下,以"原创 + 书画"为特色的群众性书画艺术在横岗也得到了广泛发展,发挥了书画艺术传承中华文化、休闲娱乐、延年益寿等作用,不断提升群众的欣赏水平和审美情趣,使生活更丰富、更阳光、更有品位。

1. 发挥"民生微实事·大盆菜"项目作用

龙岗区政府为推进民生事业发展,打造了"民生微实事·大盆菜"项目在全区开展。得益于该项目,横岗原创书画艺术得到较快普及发展。其中,2019年街道社区社会组织联合会承接了"大盆菜"书画培训班项目,来自街道9个社区近百名书画爱好者参加了书法基础、书法提升和国画3个班的培训学习,打下了书画技艺基础。项目按期结束了,但其影响和作用没有结束,在各级支持下,联合会继续发挥3个班与相关书画平台的联动作用,通过线上线下组织交流互动,组织师生参与原创书画活动。童碧琳、徐芬、吴达香等学员在老师吉新民、刘在金、曾土生等带领下,不但继续学习提高书画技巧,进行原创实践,还积极参加龙岗区和街道组织的书画展和抗疫专题征稿活动,部分作品获奖。他们还参与为复退军人写对联、为居民送春联等公益活动,深受群众欢迎。

2. 组织现场写生

部分社区利用周末假日时间,组织书画爱好者到莲花山、大小梅沙海边、甘坑小镇、大芬油画村等景点和旅游胜地现场写生,创作作品。现场写生,对景作画,生活气息浓厚,学员之间观摩交流,老师现场点评,对提高大家的书画技艺很有帮助,是开展原创书画的有效方法之一。

3. 编印群众书画册

有条件的社区通过编印群众书画册,鼓励书画爱好者原创作品,创出精品。怡锦社区从2017年开始,用好"民生微实事·大盆菜"项目经费,连续3年编印群众书画册,其中2019年7月编印的《怡锦丹青·廉政清明——怡锦社区书画艺术作品展》画册,刊登了居民原创书画作品40幅,提升了居民原创书画的兴趣和能力,推动了原创书画活动持续开展。华乐社区、红棉社区及街道老年大学通过办画展、微信公众号推文等形式,展示群众书画作品,营造原创书画氛围,效果很好。

4. 设立书画专家室

在街道支持下,怡锦社区设立了龙岗区第一个书画专家工作室,首批签约入驻专家5名,为社区和街道书画爱好者提供书法、国画等基础培训和原创指导服务。专家室成立以来,先后有300多人次书画爱好者参加书画培训或接受专家指导,每年还组织一至两次书画展,每次参展作品约有30幅。2018年为庆祝中华人民共和国成立69周年,该社区在龙岗区文化中心展厅举办了首个社区群众书画艺术展,参展原创作品69幅,被居民群众誉为"小社区大画展",社会影响很大。有专家指导,群众性原创书画活动得到了更好发展。

(三)"原创 + 文学",增强群众文化功能

"原创 + 文学",就是社区居民自己动手创作诗歌、散文、小说、剧本等文学作品,反映和歌颂时代火热生活,进而发挥文学的认识作用、教育作用和审美作用,增强群众文化在

社区共建共治共享中对居民群众的精神陶冶和思想引领作用。这方面横岗街道的探索包括以下内容。

1. 发动群众参与创作

实践中横岗街道领导层认识到，群众不但是文学的阅读者，也是文学的创作者，只要发动群众，尤其是发动广大文学爱好者参与文学创作，就能真正实现文学的百花齐放，繁荣昌盛。2020年5月横岗街道启动"奋斗40年·引领新时代·庆祝深圳经济特区建立40周年横岗风采"征稿活动，短短两个月时间，就收到群众文学、摄影、影视方面的原创作品2000多件，作品题材广泛，内容丰富。经专家评审，有9篇原创文学作品获奖。2021年10月横岗街道举办第四届"红棉文学奖"活动，不但有大批当地原创作者参加，还吸引了一批国家、省级作家参与，影响很大。由此可见，群众的文学创作潜力巨大，前景无限。

2. 组织作家指导创作

横岗街道有一支以国家、省级作家为骨干的作家队伍，他们不但自己带头创作文学作品，还响应各级作家协会号召，组织起来为本地文学创作服务，用行动指导帮助业余作者和文学爱好者进行创作。作家虞宵、阮雪芳、胡世民、江飞泉、王伟华等，不但在文学培训班或专题研讨会上现身说法，无私交流创作体会，而且在社会实践中耐心指导爱好者进行文学创作。在作家们手把手指导和带领下，黄春燕、朱德斌等一批本土文学作者迅速成长起来，成为原创文学的有生力量。

3. 搭建平台引领创作

横岗街道《红棉》文学季刊2015年创办以来已出刊30期，发表了大批原创文学作品，培养了一批文学新人。杂志还专门开辟"新人新作"和"热点专题"栏目，分别发表包括辖区中小学生在内的业余作者的原创作品或专题作品。如2020第1期开设"深圳横岗创业者专访"和"抗击新冠疫情作品专辑"栏目，发表了一批专稿和4首抗疫诗歌。经《红棉》搭台引导，近年横岗街道群众性文学创作活动十分活跃，成绩斐然。街道社区社会组织联合会注重发挥"五老"优势，抗疫期间在公众号平台创办"万众一心抗疫情"特别专栏，出专刊13期，采用居民各类原创抗疫作品百余篇，其中被政府和公众媒体转载采用约30篇（次）。

三、创新成效

"原创＋"模式在横岗街道群众文化发展实践中取得很好效果，主要有：

（一）丰富群众文化生活

通过"原创＋"活动，横岗的群众文化活动不断活跃起来，喜闻乐见的文化娱乐内容和形式得到丰富。无论是节假日还是平时，社区的居民走出家门就可以就近参与适合自己的文化活动，广场上有文娱活动，书画室有书画培训，长青老龄大学有文学创作及手工技艺讲座等。据横岗街道华乐社区调查统计，该社区有社区文化驿站、长青老龄大学和党群服务中心 3 处较大活动场所，辖区 6 个小区均有室内和户外活动场地，居民业余文化活动的参与率达 76%。该社区艺术团常年保留文艺节目 20 多个，每年参与街道和社区的演出活动 10 多场，年服务人群约 3 万人次。

（二）推进学习型社区街道的创建

在"原创 +"模式文化活动助力下，横岗街道学习型社区、学习型街道创建工作扎实推进，卓有成效。至 2019 年底，街道 9 个社区全部评估通过成为深圳市学习型社区；在街道和社区及广大群众共同努力下，2021 年 11 月横岗街道以 98 分的优秀成绩通过评估，成为龙岗区首个学习型街道。学习型社区和街道的创建成功，标志着横岗街道群众文化发展和学习型社会创建工作取得阶段性成果，同时又为"原创 +"模式文化发展创造了更有利条件，提供了更广阔舞台。

（三）创立了横岗特色文化品牌

经过"原创 +"模式活动开展，涌现出一批独具特色的文化品牌，引领群众文化持续发展。横岗街道传统项目——交谊舞焕发新春，多次获得国际大赛奖项，2018 年在横岗街道举办了"中传横岗"WDC-AL 摩登舞拉丁舞世界锦标赛，吸引来自 38 个国家和地区的 2300 余名选手参加，成为深圳迄今为止举办的最高级别国际标准舞赛事。以 200 年历史客家围屋为特色的"茂盛世居"文化，经过创新优化，通过家规家训、客家锣鼓、麒麟舞等客家传统文化元素，传承本土特色文化，弘扬客家优良家风，成为横岗街道特色文化和爱国主义教育基地。以《红棉》文学季刊为代表的横岗"文学现象"，成为深圳特区文化领域的一朵奇葩，涌现出一批文学创作人才，其中文学骨干 100 多人，文学爱好者 1000 余人，出版本土文学作品 20 余部，获得市级以上奖项 100 余个。

（四）促进了文明创建活动

在"原创 +"模式影响下，横岗街道文明创建活动蓬勃发展，涌现出大批文明建设先进单位和个人。横岗街道荣获省市文明创建先进单位称号，一批社区和单位荣获了各级文明创建先进集体称号。2020 年横岗街道辛均辉家庭入选第二届全国文明家庭，2 个家庭获得区级"绿色家庭"称号，8 个家庭获得区级"最美家庭"称号，3 个家庭获得市级"最美家庭"称号。横岗街道的宣传工作也取得新突破，仅新冠疫情期间，横岗街道宣传稿中，有 14 篇登上"学习强国"App，20 篇转载在央视新闻移动网平台。

四、经验启示

横岗街道探索"原创 +"模式推进群众文化繁荣发展，其经验启示有以下三个方面。

（一）构建长效机制，原创有动力

横岗街道领导层认识到，新时代要想有新作为，就必须重视文化发展，形成机制，常抓不懈，抓出实效。街道党工委、办事处主管领导直接抓文化和学习型创建工作，通过中长期规划、年度计划、人员配备、经费保障等措施构建长效机制，形成动力，推动落实。从2010年开始，街道连续两个五年规划将文化学习型创建工作纳入其中；在年度工作计划中将文化创新与经济发展、社会建设、生态文明同安排、同检查、同落实；重视社区文化队伍建设，建设一批专兼职文化骨干队伍，街道现有社区文化专干10人，专兼职教师187人，社区文化服务志愿者389人；经费落实方面，2019年投入130.2万元，2020年投入138.12万元，2021年投入预计达150万元，专项用于文化和学习型街道创建发展。与此同时，街道还用好政府"民生微实事·大盆菜"民生项目政策，为群众提供文化教育方面的具体服务，如2020年就申报开展"民生微实事·大盆菜"项目110个，金额1800多万元，2021年比上年又有增加，金额可达2000万元。

（二）推进共建共治，原创有活力

习近平总书记在党的十九大报告中指出："打造共建共治共享的社会治理格局。"《中共中央、国务院关于加强新时代老龄工作的意见》指出："培养服务老年人的基层文体骨干，提高老年人文体活动参与率和质量。"在这些精神指引下，横岗街道在组织社会共建的同时，动员各方力量参与文化共创，为文化创作注入了新鲜活力，加快了文化发展。2017年专门注册成立了街道社区社会组织联合会，现有各类注册和备案社会组织160多家，居民骨干成员3000多人。这些社会组织和骨干成员在参与社区共建共治的同时，发挥自己的聪明创意，拿起手中的笔参与"原创+"活动，成为繁荣文化的生力军。其中，社会组织联合会2018年评聘首批街道级五星社会组织38个，2019年评聘社会服务指导师39名，2020年街道创新园选聘社会创新智库专家9名，他们是群众文化创新发展的中坚力量。

（三）打造新型阵地，原创有定力

文化阵地是开展文化创新的重要支点和保障，横岗街道建设打造了完善的网上网下新型文化服务阵地，使"原创+"模式有了发展的底气和定力。依托街道各级党群服务阵地、新媒体综合文化服务中心及"茂盛世居"等载体，建成了街道社区文化学习网络和服务阵地，形成了较强的原创文化平台。在9个社区大学基础上，街道社区学院设立在怡锦社区，面积1800平方米，分上下两层，设置有多功能厅、舞蹈室、四点半课堂等15个功能区。横岗图书馆面积1000平方米，藏书10万余册，订阅报刊280种，读者座位200个，每年接待读者近百万人次，举办活动800余场，到馆读者2.5万人次。在这些场地上，居民群众安心学习，用心创作，在自我提升的同时，还为他人提供文化服务，生活的获得感、幸福感、安全感不断提升。

横岗街道"原创+"模式推进文艺创作繁荣群众文化的做法,仅为初步探索,尚需不断完善。我们深知,实施新模式面临许多未知和困难,但只要坚定信心,勇于探索,在传承的基础上不断实践创新,就一定能推进群众文化事业更好发展,在丰富群众文化生活的同时,为助力龙岗区实施"高水平东部中心"战略、当好建设"两区"排头兵做出应有贡献。

参考文献

[1] 坚持以人民为中心创作导向 [EB/OL].[2021-12-01]. http://www.banyuetan.org/chcontent/zx/yw/2017928/237067.shtml.

[2] 习近平 . 习近平谈治国理政 第 2 卷 [M]. 北京:线装书局,2023.

以创新为动力 推动公共数字文化高质量发展

——重庆市群文系统公共文化服务大数据采集探索实践

重庆市群众艺术馆 金 勇 文思琦

近年来,重庆市群众艺术馆积极顺应时代潮流,坚持以人民为中心,以问题和需求为导向,以现代科技为支撑,不断创新服务手段,大力推进数字文化建设,全面推行线上线下结合的一体化服务模式,着力解决发展不平衡、不充分问题,以不断满足广大群众美好精神文化新需求。

一、主要举措

重庆市群众艺术馆自 2013 年开启数字文化馆建设,并于 2014 年底完成重庆公共文化物联网和重庆群众艺术馆数字文化馆平台建设,正式向广大群众提供公共数字文化服务。为进一步加快数字化建设,重庆市群艺馆申请了国家公共数字文化建设试点项目,并以此为契机,启动了全市群文系统融合发展建设,经过几年的努力,目前已基本建设完成功能齐全、运行高效、性能良好的一体化网络服务平台,为公共数字文化服务大数据采集探索实践奠定了坚实基础。

(一)按照"六个统一",推进网络服务平台建设

实行市馆牵头,区县文化馆(站)配合的形式,按照"六个统一",合力共建,采取"试点先行、积极稳妥、逐步推开、注重实用"的原则,建立起了"1+40+1100+N"的一体化网络服务平台,并建立和完善了相关体制、机制,出台了 57 项数字化建设和服务推广相关制度,公共数字文化建设有力推进,网络总分馆基本形成。

(二)开门办文化,引进社会力量共担服务

着眼 5G 技术发展方向和未来新需求,及时调整工作思路,坚持开门办文化,合力开展公共数字文化服务。一是社会参与,不断深化合作求成效。通过事企合作,依托企业人才和技术优势,承担起网络服务平台开发、功能完善、性能提升、网络机房建设管理和平台的运行、维护和安全监管等业务,确保平台各项功能的完整性、运行的稳定性、升级迭代的及时性和管理维护的科学性。二是多方协同,形成联动保运行。坚持以重庆市群众艺术馆为主导,各区县文化馆(站)为重要组成部分,平台开发、网络支持、云服务中心、安全保

障等企业为支撑,共同参与建设、管理、运行网络服务平台,建立和完善了相关机制,责任明确,分工细致,要求具体,配合协调极为默契,确保了重庆群众文化云PC、App和微信端的稳定运行和各项业务工作的顺利开展。

(三)推进"六个融合",开启数字文化建设新领域

按照创新、融合、协调、高效的原则,不断进行体制、机制、思路、手段、方法和内容的创新,着力推进平台融合、资源融合、队伍融合、服务融合、机制融合、文旅融合,着力推行公共数字化与党务、行政和业务各项工作的融合,上下左右和各系统之间的融合。力求通过融合发展,真正实现平台共用、资源共享、活动共办、服务共担、宣传共推和要素流动的一体化、协同化、全域化的服务新模式,为不断满足广大群众高品质精神文化需求夯实基础。

二、主要成效

重庆市群众艺术馆以公共文化服务大数据应用实践基地建设为契机,充分利用数字文化服务云总平台和各分平台每日产生的大量数据,积极开展大数据采集、分析和应用实践。

(一)线上线下,国家地区数据资源共享

通过将重庆市群众文化系统的公共文化数据与国家平台打通,为国家公共文化服务大数据体系建设提供数据支撑,实现国家对重庆地区公共文化数据的采集服务,完成服务对接数据试点建设。一是与平台开发公司协作,对重庆群众义化云平台进行历史数据采集治理,主要采集重庆市群众艺术馆的历史服务数据、重庆群众文化云开展线上服务所产生的历史服务数据、重庆地区部分公共文化服务单位的历史服务数据。二是汇聚平台实时数据,主要采集重庆群众文化云场馆设施数据,包括采集市群众艺术馆及40个区县(含经济开发区、高新区)和30%以上乡镇(街道)群众艺术馆的预约量、发布量、场馆类型、使用率等数据;采集重庆群众文化云用户行为数据,采集市群众艺术馆及40个区县(含经济开发区、高新区)所有乡镇(街道)使用平台的用户注册量、浏览量、收藏量、评论量等数据。三是数据进行对接共享;活动数据对接实现重庆群众文化云市群众艺术馆及40个区县(含经济开发区、高新区)和30%以上乡镇(街道)活动数据同步到公共文化服务大数据系统;场馆数据对接实现重庆群众文化云市群众艺术馆及40个区县(含经济开发区、高新区)和30%以上乡镇(街道)群众艺术场馆数据同步到公共文化服务大数据系统;用户数据对接实现重庆群众文化云市群众艺术馆及40个区县(含经济开发区、高新区)乡镇(街道)用户数据同步到公共文化服务大数据系统。结合重庆地区地方公共数字文化平台与国家大数据系统进行数据、资源对接工作,就对接机制进行研究,形成可推广的对接工作路径,并以实践报告的方式呈现。

2021 年数字资源统计

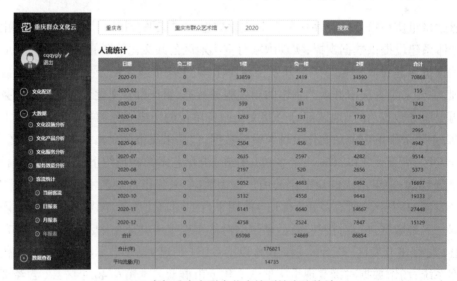

日期	负二楼	1楼	负一楼	2楼	合计
2020-01	0	33859	2419	34590	70868
2020-02	0	79	2	74	155
2020-03	0	599	81	563	1243
2020-04	0	1263	131	1730	3124
2020-05	0	879	258	1858	2995
2020-06	0	2504	456	1982	4942
2020-07	0	2635	2597	4282	9514
2020-08	0	2197	520	2656	5373
2020-09	0	5052	4683	6962	16697
2020-10	0	5132	4558	9643	19333
2020-11	0	6141	6640	14667	27448
2020-12	0	4758	2524	7847	15129
合计	0	65098	24869	86854	
合计(年)			176821		
平均流量(月)			14735		

2020 全年重庆市群众艺术馆到馆客流统计

（二）指标量化，考核评价更加科学规范

一是以全市文化馆系统公共文化服务大数据为基础，建立起了较为科学、全面、实时的公共文化服务效能考核评价指标体系，主要通过对 6 个一级指标、120 多个二级指标，进行多维度、多角度的定量定性分析，全面、科学、准确地进行公共文化服务效能的评估。

二是通过机器学习和大数据系统分析,对数字文化服务设施、内容、方式、群众需求等方面进行趋势预测。及时了解用户特征、喜好和需求趋势等,为其提供更精准的服务。

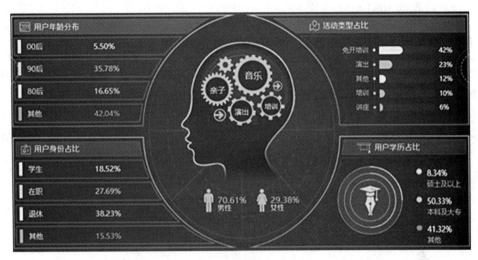

用户分析

(三)多措并举,数字文化资源不断丰富

一是通过对接、外链、共享等方式,及时与国家、省市、企业等相关网络平台,进行纵向、横向的对接融合,不断丰富平台资源,实行资源共享;二是着力资源特色建设,通过自建、购买、合作共建等方式,着力打造适合网络传播,具有时代性、趣味性、娱乐性和艺术性的微视频、微电影、脱口秀、动漫动画及其他各个门类的艺术作品等,以不断满足广大网民的需求;三是开发个性化功能板块,如全民K歌、网络直播、艺创空间、个人展台等,采取UGC(用户生成内容)的模式,不断吸引网民自发参与,激发网民创作、创造的热情、激情和能力,力求开启网民自发参与、自发创作、自我展示、自我传播、自我赏析,真正做到大众创作、创作大众的新局面。

目前,重庆群众文化云平台数字资源门类齐全,内容丰富,数字资源存储空间达65TB,可供实时调配的数字资源40.6万个。

(四)强化宣传推广,群众参与更加踊跃

一是平台吸引力不断提升。截至2021年9月,重庆群众文化云平台访问量达9917.13万人次,注册用户达964666人次,其中"80后""90后"占54.34%。二是服务效能不断提升,通过对用户访问多维度数据进行分析,了解用户需求,大大提高了需求的匹配度,服务效能大幅提升。三是使用线上与线下结合,直录播与现场展示相结合,市级和区县联办的方式,通过各个省市数字文化馆等平台和媒体终端进行了全方位宣传推广。截至2021年9月,重庆群众文化云平台发布文化资讯5.1万条,文化活动预约10890项,预约15.8万人次;发布文化培训7358个,预约14.8万人次;发布场馆及功能空间资源

4033个,预约2.15万次;发布文艺演出等文化服务产品1.48万个,服务时长162万小时,服务2.5万人次。开展文化活动网络直录播40场,全国各地群众网络参与达2336.32万人次,视频收看达1084.41万人次。

(五)改革创新,服务供需匹配不断趋近

通过大数据的分析,不断调整服务方式、手段,拓宽服务渠道,增强服务体验,不断提升供需的匹配性。着力由"政府配送"向"百姓点单"服务模式转变,推行精准服务、个性化服务和网络化服务。目前,重庆市公共文化志愿服务产品涉及7大类7.51万个,全市群众文化志愿者总数达3.2万人(含志愿团队2234个),累计受理群众"点单"预约服务13.1万次,完成配送13.1万次,惠及群众2963.8万人次,为广大群众带来了更多的文化获得感和幸福感。

三、经验启示

(一)政府主导,形成合力是推进数字化建设的关键

近几年来,重庆群文系统公共数字文化建设快速发展,有序推进,取得了显著成效。一是坚持政府主导,上下协同,采取由市文旅委主导、主抓、主管,负责数字化建设统筹、协调、下发文件和确立工作目标、工作重点、工作步骤、工作要求和全市文旅委及群文系统相关人员的培训;重庆市群艺馆负责编制全市群文系统数字化建设总体规划、工作计划和工作指导、技术支持及工作督导、检查与效能考核等;各区县文旅部门及文化馆(站)负责具体抓落实,步调一致,整体推进。二是持续发力,一以贯之,坚持按照五年规划,自上而下整体推进,持续推动,不断将公共数字化和大数据采集建设引入深入。坚持采取试点先行,分批实施,由主城到远郊区,由区县到镇街,以强带弱,由点及面,持续加力,久久为功。为有效推动工作,每年初确立建设重点、主要任务和工作要求,年中进行专项指导、督导和检查,定期晒成绩、晒亮点、谈经验、比成果,年底进行考核,有力地推进了工作,确保了各重点项目按时按质完成。

(二)社会参与,开门搞建设是有力支撑

坚持政府主导,社会参与,企业主体,市场运作。为吸引社会力量参与公共文化服务和建设,重庆市政府相关法律法规,市级文旅主管部门出台相关政策,明确了社会参与的准入机制和优惠政策,不断拓宽参与渠道,搭建更多参与平台。尤其是在文化配送、技术创新、技术保障、科研攻关、智能监测、平台营运、大数据采集分析等方面,积极引入社会资本、先进技术、先进管理等,推进事企融合发展,为公共数字文化建设不断注入新的活力,提供了强大技术支撑。

（三）以需求为导向，不断提升供需匹配性是核心

坚持以公共文化服务大数据采集为契机，以群众需求为导向，不断探索准确掌握群众需求的新技术、新手段、新方法。近年来，重庆市采取与科研机构和院校合作等方式，不断推陈出新，研究开发了网络服务新技术、新应用、新功能，改进升级了重庆群众文化云服务平台，各项功能更加完善，性能更加稳定和优化，操作和管理更加智能。重点是增加了大数据采集、处理、分析、存储和大数据应用研究系统，着力准确把握好站位与定位、品位与口味、艺术与技术、对象与现象四大关系，及时了解需求、把握需求、引导需求，为公共文化资源配置和各公共文化服务要素流动提供科学依据。同时，还研发了数字资源加工新方法，即基于群众满意度的文化馆数字资源加工方法，该方法于2021年8月获得国家知识产权局发明专利。其次，加大了网络平台智能推送技术创新力度，平台智能推送能力大幅提升，平台访问量、注册用户量、栏目点击量等，不断增长，每年数字化服务超过4千万人次，服务效能大幅提升。

（四）创新求变是公共数字文化高质量发展的强大动力

一是不断更新观念和理念，坚持与时代同步，遵循网络特性和规律，树立线上线下整体联动的立体服务理念，全面推行网络化、便利化、智能化、精准化和全天候、全方位、全时空的立体服务模式。二是不断创新创造，根据网络特性、网民特点、资源特色等，加大技术和服务创新，加强适于网络传播和服务的，广大网民喜闻乐见的优质数字资源建设，不断增加平台吸引力、影响力和辐射力。三是着力网络品牌文化活动打造，增加网上互动体验式、带场景的创新服务栏目、服务档期和各种特色文化活动，着手打造适于网络传播、服务和具有时代气息的品牌文化活动，不断拓宽线上线下两大服务渠道，实行公共文化服务双轮驱动。同时，充分利用现代先进的生产工具，创作生产了适宜网络传播、契合时代审美、符合网民需求的，具有一定趣味性、娱乐性、艺术性和科技感、体验感的数字文化资源，大大增强了平台吸引力。

记忆场所视域下小剧场 PPP 运营模式的创新实践

——基于重庆市沙坪坝区文化馆巴渝书场的个案分析

重庆市沙坪坝区文化馆　王　枫

中华优秀传统文化是中华民族的根和魂,党的十九届五中全会《中共中央关于制定国民经济和社会发展第十四个五年规划和二〇三五年远景目标的建议》提出传承弘扬中华优秀传统文化。重庆市沙坪坝区文化馆巴渝书场始建于 2005 年,面积 400 平方米,座席 120 个,是我国优秀传统文化和巴渝特色文化独特的记忆场所和文化载体,也是非遗文化交流的重要平台,更承载着沙坪坝区人民的集体记忆,时代烙印鲜明。本文将基于记忆场所理论,解析巴渝书场文化记忆场所,主体性解读其 PPP 创新运营模式,总结其保护传承弘扬优秀传统文化、满足新时代群众对美好生活的需要、打造文旅融合小剧场特色品牌 IP 的成功路径,以期成为我国类似小剧场的样板示范场所,并提供一定运营思路与传承策略。

一、表征空间为主的巴渝书场记忆场所

法国哲学家亨利·列斐伏尔(Henri Lefebvre)在《空间的生产》一书中基于空间本体论建构了一个三元一体的社会理论框架,提出空间实践、空间表征和表征空间三种不同的空间关系,是一种从物理空间到精神空间的立体空间体系[1]。因此,作为空间本体的巴渝书场小剧场,空间实践即可视化的物理空间、物理载体。空间表征则为有主体参与的概念化的空间,即群众观看演出时的承载空间。表征空间依托空间实践和空间表征而存在,是符号化的空间形态,是人们以精神符号为介质,通过精神生产实践,对空间进行叙事、想象、隐喻、塑造等,赋予空间文化内涵[2]。换言之,巴渝书场的表征空间则是优秀传统文化展示、传播、消费等场景与"漂浮其上的精神文化"[3]结合而形成的象征性空间,也是巴渝书场的核心空间。

(一)记忆场所理论

记忆场所(Place of Memory)概念由法国历史学家皮埃尔·诺拉(Pierre Nora)提出,是集体记忆得以保留、传承、建构的载体场所,具有物质性、功能性、象征性特点,是历史和记忆催生下的产物,也是连接二者的特殊通道。法国社会学家莫里斯·哈布瓦赫(Maurice Halbwachs)认为集体记忆具有双重属性,既是一种物质客体、物质现实,又是一

种象征符号,或某种具有精神含义的东西、某种附着于并被强加在这种物质现实之上的为群体共享的东西[4]。巴渝书场小剧场已成立 16 年,是重庆市历史文化名区沙坪坝区重要的文化传承保护的场所,具有扎根传统历史文化,纯粹表征化的内涵。几千场演出承载了一代代沙坪坝人的文化集体记忆,也激发、唤醒了群众对我国优秀传统文化的喜爱和认同。反之,群众共享的文化集体记忆和文化认同又构建了巴渝书场的精神和灵魂。

(二)记忆场所认知倾向

巴渝书场小剧场得以延续至今,与群众对场所记忆的依恋息息相关。本文通过对巴渝书场历年观演群众的调研分析,发现群众对巴渝书场记忆场所的认知主要表现为以下四种倾向。

一是生物性记忆强烈。巴渝书场经过 16 年精心运营,流量资本可观,受众囊括了幼、少、青、中、老各个年龄阶层。长期以来,巴渝书场固定时间段固定传统文化门类的文艺演出,使群众形成强烈的生物钟式记忆,产生情感性依赖,主动参与观看演出。

二是体验性记忆丰富。巴渝书场提供的文艺演出种类丰富,既有儿童剧,又有优秀传统戏剧和曲艺,能充分满足各类群众对文化艺术的个性化需求,群众对巴渝书场的体验性记忆表示满意。

三是交往性记忆激活。泛在时代,一定程度消融了人与人之间面对面的情感交流。巴渝书场的运营,能充分激活和唤起具有相同认知符号的群众的身份感,并通过交往互动仪式链,不断强化情感连带,提升彼此文化身份认同和对中华优秀传统文化的归属感。

四是集体性记忆深刻。同一物理空间,相同元素组成的场所,人们的记忆具有相似性,进而形成集体性记忆。在巴渝书场,中华优秀传统文化经过展示、传播、建构、消费,形成了对优秀传统文化有着相同感观的共同体的集体记忆,唤起共情。

二、巴渝书场记忆场所 PPP 创新运营模式

为更好满足群众高层次、个性化文化艺术新需求和新期待,应在集体记忆之上进行创新性发展、创造性转化,赋予记忆场所新的文化信息荷载能力和精神符号内涵,从而进一步建构群众对巴渝书场记忆场所的情感共鸣,熔铸强化集体文化记忆及文化认同。

PPP(Public-Private Partnership)模式,即政府与社会资本合作,近年来广泛应用于公共文化服务领域。《国务院办公厅转发财政部 发展改革委 人民银行关于在公共服务领域推广政府和社会资本合作模式指导意见的通知》(国办发〔2015〕42 号)、《文化和旅游部 财政部关于在文化领域推广政府和社会资本合作模式的指导意见》(文旅产业发〔2018〕96 号)、《文化和旅游部 国家发展改革委 财政部关于推动公共文化服务高质量发展的意见》(文旅公共发〔2021〕21 号),指出进一步强化社会参与,加大政府购买公共文化服务力度,规范推广政府与社会资本合作(PPP)模式,引导社会资本积极参与建设文化项目,兼顾公共文化服务和文化产业发展,为稳定投资回报、吸引社会投资创造

条件[5]。一系列文件的出台，既为社会资本参与公共文化服务提供了政策支撑，也优化了文化市场资源配置，政府公共文化服务不断提质增效。

（一）"巴渝书场天天演"项目 PPP 模式

习近平总书记指出，对传统文化中适合于调理社会关系和鼓励人们向上向善的内容，我们要结合时代条件加以继承和发扬，赋予其新的涵义[6]。因此，为创新巴渝书场小剧场文艺演出供给机制，传承弘扬中华优秀传统文化，增强人民群众文化认同感，2017 年沙坪坝区文化馆进一步扩大优质资源整合。并根据群众文化集体记忆，积极引进新的社会资本，设立"巴渝书场天天演"项目，实施"公共项目 + 社会运作"模式，盘活存量资产，充分释放社会主体动能，延长供给链，赋予巴渝书场新的时代精神内涵。

"巴渝书场天天演"项目是文化馆 PPP 模式的典型代表，共购买八支社会团队精品服务。文化馆为其免费提供场地及后勤服务，驻场团队则需免费提供一定数量公益门票。驻场演出团队既有传统曲艺类的"重庆逗乐坊"、重庆"原声社""重庆朝天椒文化公司'曾说真演'演出团"，又有传统戏剧类"重庆市京剧爱好者协会""重庆市川剧戏友协会""沙坪坝区群星京剧团""沙坪坝区群星越剧团"，还有儿童剧类"小甲龙移动剧场"等。每周演出活动 8 场以上，年均演出 400 余场，吸引观众达 5 万人次，成为全市乃至全国影响力较大的传统文化展示平台和传承基地。

此种以共识为导向的 PPP 模式，提高了群众主动参与度，群体之间情感能量明显增强，集体凝聚力显著提升，群众多元化文艺需求得到充分满足，群众对传统文化认同度提高，自愿参与传统文化传播及文化资本再生产愿望强烈，有利于中华优秀传统文化的传承和资本转换。同时，也增强了社会效应，助推了团队发展，促进了巴渝书场文化记忆场所可持续发展，也对沙坪坝区文化馆特色文化品牌 IP "出圈"具有积极推动作用。

（二）巴渝书场 PPP 模式创新延伸

依托"巴渝书场天天演"项目，以及群众对巴渝书场小剧场的文化集体记忆，引进的社会团队服务除驻场演出外，还创新延伸到农村、社区、学校、军营等地，充分发挥了文艺轻骑兵作用。例如，致力于传统文化推广，追求相声艺术时尚化、本土化的重庆首个青年相声团体重庆"逗乐坊"和重庆唯一一个致力于挖掘、展现重庆本土曲艺的"90后"演出团体重庆"原声社"，深受青年群体喜爱，粉丝中 90 后高达 85% 以上，弥补了文化馆传统活动青年参与度较低的短板。同时，重庆"逗乐坊"和重庆"原声社"用相声、金钱板等形式参与"春雨工程""防范邪教宣传"等公益活动，用传统曲艺为群众普及知识、传递快乐，效果显著。此外，每年开展的传统戏剧川剧进基层、进校园、进军营活动，让群众近距离感受川剧的独特魅力，展示传播了中华优秀传统文化，丰富了群众精神文化生活。

三、巴渝书场 PPP 模式显著成效

16 年来,巴渝书场小剧场以公益性、多元化、开放式表征空间走进群众日常生活,在保护、展示、诠释、传播、传承中国传统文化,延续场所集体记忆文脉,塑造群体文化身份认同,赋能城市文旅融合发展等方面发挥了重要作用。

(一)延续文化记忆与代际传承

沙坪坝区文化馆巴渝书场记忆场所精神符号具有多态性,在物理与表征元素互动中持续重构,不仅延续了文化记忆,也促进了传统文化在不同代际之间的链式传播和传承。例如,依托文化记忆场所驻场团队,在文化馆内开设"小梅花少儿川剧艺术团""小百花青年越剧班",越来越多的青少年从最初的观看接触戏剧转变为主动学习传承戏剧,培育了一批戏剧爱好者和传承人。同时,传统曲艺方面,重庆"逗乐坊"与四川外国语大学合作,开设公共选修课"相声艺术鉴赏",促进传统曲艺在高等教育中传播正能量,也吸引大量高学历人才积极加入曲艺趣缘群体,进一步增强了传统曲艺资本的转换频率和传承规模。

(二)熔铸文化身份认同

经过十多年历史积淀,巴渝书场小剧场早已创新整合成为承载传统文化展示传承、群众互动社交的功能性场所,蕴含着沙坪坝区乃至全市人民的集体记忆,并以一场场高质量传统文化演出作为柔性桥梁共塑广大人民群众文化记忆。同时,群众在巴渝书场观看文艺演出时,通过与趣缘群体的仪式化传播,不仅增强了群体间情感能量和情感连接,吸引更多爱好者参与传统文化场域,还促进了文化资本交换。当相互间交流传播的文化内容质量越优、频率越高,传播受众范围越广,群体文化身份认同越强烈,群体更具有凝聚力。同时群体对传统文化也更热爱,文化归属感更强,文化身份认同得到熔铸提升。

(三)联动区域,共享文化记忆

习近平总书记强调"要坚持以精品奉献人民"。巴渝书场小剧场坚持"以人民为中心",为群众提供优质的精品文艺节目。坚持搭平台找伙伴,对接整合市内外优质资源,不断延长供给链,保证文艺节目多元化、高质化。例如,举办川、渝、黔三省市京剧票友交流展演,吸引数百位京剧票友齐聚一堂,助力西南地区京剧艺术传承与振兴。再如,两年一届的特色品牌"笑满巴渝"全国曲艺表演场所协作发展联盟交流展演活动,是全国曲艺小剧场交流、展示、学习的平台。既有全国各地的青年曲艺工作者,又有业界名人大咖,极大丰富了群众的精神文化生活,强化了集体文化记忆。

"笑满巴渝"全国曲艺表演场所协作发展联盟交流展演活动留影

巴渝书场小剧场观众席

同时,2021年1月,重庆市文化和旅游发展委员会印发《关于开展非遗曲艺书场试点工作的通知》,巴渝书场被文化和旅游部非遗司审定同意开展非遗曲艺书场试点,为巴渝书场进一步开展非遗曲艺保护、展示和传承赋予新的时代使命和要求。

(四)共塑集体记忆,打造文旅融合品牌IP

沙坪坝区文化底蕴深厚,文化馆肩负着"兴文化"的重要使命,是弘扬传承中华优秀传统文化的重要基地。长久以来,巴渝书场小剧场凭借地点记忆,给群众提供了独特的现场记忆体验,既是群众集体记忆的主体,也是载体,激发了群众的情感共鸣。因为在一个历史性场所感受到的印象,比起那些通过道听途说和阅读得来的印象要更加生动和专注。目前巴渝书场已成功"出圈",晋升为文化网红打卡景点,吸引了大批游客前来观演,扩大了知名度和曝光度,成为沙坪坝区文旅消费的新亮点,文旅融合独特的品牌 IP。

　　巴渝书场小剧场 PPP 模式的创新运营,充分满足了群众就近优惠看好戏的精神文化需求,深受市民及游客喜爱。即使因新冠疫情文化馆闭馆期间,巴渝书场驻场团队也通过网络录播数字化形式与广大群众共同构建交流记忆(communication memory),做到服务不打烊,群众随时随地都能享受文化大餐。目前,虽然巴渝书场小剧场 PPP 模式创新运营成效显著,但如果能进一步开发带有巴渝书场小剧场元素的文创产品,将打造成文旅商融合新集群,成为全国文旅融合新消费的"沙区示范"。

参考文献

[1] 杨芬,丁杨.亨利·列斐伏尔的空间生产思想探究[J].西南民族大学学报(人文社科版),2016(10):183-187.

[2] 谢纳.空间生产与文化表征:空间转向视阈中的文学研究[M].北京:中国人民大学出版社,2010:79.

[3] 朱宁嘉.文化空间复兴与再生可能的研究[J].中国文化产业评论,2015(21):369-381.

[4] 哈布瓦赫.论集体记忆[M].毕然,郭金华,译.上海:上海人民出版社,2002:335.

[5] 文化和旅游部　国家发展改革委　财政部关于推动公共文化服务高质量发展的意见[EB/OL].[2021-03-23].http://www.gov.cn/zhengce/zhengceku/2021-03/23/content_5595153.htm.

[6] 人民日报:传承弘扬中华优秀传统文化[EB/OL].[2021-02-08]. http://opinion.people.com.cn/n1/2021/0218/c1003-32030343.html.

沙坪坝区文化馆创新公共文化服务数字化之路

——重庆市沙坪坝区数字文化馆创新实践案例分析

重庆市沙坪坝区文化馆　雷　澜

重庆市沙坪坝区文化馆成立于 1958 年,现有正式事业编制 62 人,馆舍面积 9000 平方米,免费开放项目 30 项,年均接待群众近 70 万人次。连续四次被评为国家一级文化馆,系"全国文明单位""全国先进文化馆""全国文化系统先进集体",2015 年被中国文化馆协会评为"全国优秀文化馆"。

一、数字文化应时而生顺潮流

伴随大数据时代的来临,我们的生活方式、公共文化环境都面临着被信息技术彻底颠覆和改变的局面。群众正在将大量信息时代的生活习惯移植到文化活动中来,其文化需求由被动接受向多元化、个性化改变,由实体交流向虚实互动改变。作为与公共文化服务对象接触最紧密、变化最及时、产品最多样的基层群众文化阵地的文化馆,依照传统的服务方式已经无法满足群众的这些需求变化,这就使得文化馆的数字化建设成为当务之急。

在当前"互联网+"时代,数字文化馆要将文化资源建设的内容与老百姓的文化需求相对接,提高"用户意识",运用"用户思维",从老百姓的文化需求出发,提供更多有特色、有针对性的文化资源。在加快提升公共文化服务水平的背景下,要充分发挥公共数字文化服务主阵地的作用,在公共文化数字平台建设、数字资源产品优化、新媒体网络传播、推动文化馆行业发展等方面取得新进展、新成效。

因此,数字文化馆的建设正是顺应时代发展潮流的体现,其存在将是一种新型的公共文化服务模式,通过网络化、数字化、体验式、移动式的方式和手段,能优质、高效地为城乡居民提供公益、基本、均等、便利的公共文化服务。

二、数字文化先行先试探新路

(一)互联互通,实现全域覆盖

目前,沙坪坝区文化馆已建成线下体验中心,总面积 1200 平方米,由数字接待厅、数字演播厅、数字人文馆、数字地理馆、数字体验馆五部分组成,同时拥有 50 平方米的机房和 50 余台数字设备,具有自主知识产权的体验项目 12 个,涉及 7 大艺术门类;线上依托重庆市群众文化云沙坪坝区分平台、官方网站、微信公众号、抖音、学习通等主流平台,将文艺演出、品牌活动、公益培训、活动赛事、"非遗"项目等数字化,为群众提供远程教学、场馆预约、培训报名、作品征集、互动交流、网络课堂等系列服务。文化馆将结合沙坪坝区地域特色而命名的"沙子"系列拳头文化产品——沙子慕课、沙子艺课、沙子轻课,定期放到平台上,形成品牌效益,既方便了足不出户的老年群体,也满足了大批中青年受众线上学习的需求,既有专业知识强的业务培训,又有全民艺术的普及培训。从传统线下辅导转向线上视频教学的方式,已经形成常态化并向区内 22 个街镇分馆全面覆盖,真正体现了公共文化资源的均等化、普惠化、便捷化。

(二)整合资源,促进文旅融合

以文塑旅,以旅彰文。沙坪坝区作为重庆市的文化教育集中区,拥有数量众多的历史文物遗迹、古籍文献、非物质文化遗产和典型的地域人文精神,旅游资源相当丰富,为了解决资源点多、面广但相对不集中、集约化程度不高的问题,数字人文馆和数字地理馆应运而生。借助 VR、全息成像等高科技,将传统与现代、文化与旅游有机融合,"仰望星空""浮雕墙""郭沫若全息影像"等项目让群众通过方便快捷的智能手机就能迅速了解历史文化名人,与其来一场穿越时空的对话;"移步移景""360 度景区全景式体验",宛如人在画中游,景在身边过,真实领略沙坪坝区独特的自然风光和人文景观。2020 年,以"溯地名、理文脉、展新篇"为主题的 22 集《沙坪坝区"故里故事"》微视频通过沙坪坝区文化馆官方网站、微信公众号、抖音等平台得到及时广泛的宣传推介,极大地丰富了"天地歌乐 人文沙磁"的文化内涵,推动了沙坪坝区建设传承巴渝历史文脉的文化名城,为决胜全面小康营造了浓厚的人文氛围。

(三)红色文化,突出地域特色

沙坪坝区有着丰富的红色资源,是红岩精神的发祥地,为了让红色故事得以更广泛地传播与传承,沙坪坝区文化馆充分发挥"黄葛树下龙门阵"群众文化特色品牌优势,广泛征集红岩故事进行再创作,用群众喜闻乐见的说书听书的方式展现。2018 年录制完成全国文化信息资源共享工程地方资源建设项目 15 集专题片《黄葛树下龙门阵》,2019 年举办 10 场"笑满巴渝"全国曲艺表演场所协作发展联盟交流展演活动,2020 年承担中央补助地方公共数字文化建设专项资金项目——《红岩为什么红》5 集微视频的拍摄制作。这些在全国颇具影响力的品牌通过国家及省区市各大平台线上直播和同步发布,提升了沙坪坝区公共文化数字建设的能力,丰富了沙坪坝区公共文化数字建设的内容,在省市乃至全国起到了巨大的引领作用。

(四)精准扶贫,狠抓基层建设

文化育人、文化惠民。采用"文化 + 互联网"模式助力公共文化均等化建设,支持困难群众脱贫致富,也是沙坪坝区文化馆数字文化建设重要的组成部分。沙坪坝区西部各镇以农村为主,文化建设相对落后。我们通过互联网,让广大群众足不出户即可掌握科普文化知识、增强农业生产技能、获取日常生活信息;通过平台,针对性地开展面向农村留守儿童、留守妇女、孤寡老人及残疾人等特殊群体的服务,开展基层培训,提高群众文化素养。利用中国文化网络电视、文化共享工程等平台,开设精准扶贫惠民服务模块,提供技能培训、就业指导、艺术教育、农技讲座、法制咨询等方面的数字资源。2020年组织实施了全国"春雨工程"示范项目文化志愿服务走进国家级贫困县贵州威宁活动,为当地脱贫攻坚提供精神动力并在各大网络平台进行推送,反响强烈。针对沙坪坝区基层文化中心信息化基础相对较差,整体缺乏统筹规范,缺少数字化手段进行管理等问题,区文旅委下拨专款完善了全区22个街镇文化服务中心大数据建设,全部安装客流统计及视频会议系统。沙坪坝区文化馆通过实时数字化视频培训、在线辅导等方式指导街镇文化中心,推动数字服务城乡一体化建设,在全市各区县起到了示范作用。

三、数字文化特色鲜明有亮点

(一)数字化服务受众广泛

五年多的建设积淀,服务对象从老年人群体、儿童群体逐步向中青年扩展,群众参与文化活动的思维模式也从单一走向多元,越来越多的人接受并认可数字化服务。重庆群众文化云平台沙坪坝区分平台访问量超370万人次,每年依托平台报名培训的学员近万人,实现物联网志愿服务配送约4000次,服务群众36万人次;微信公众号平台用户关注量达2.2万人,单条信息阅读量突破1万人次;抖音平台已发布视频近200个,浏览量近45万人次;室外LED电子显示屏开展各类政策、时事、活动宣传共150期;重大文化活动线上直录播观看转发量达100万人次;线下"两厅三馆"先后接待群众超过10万人次。沙坪坝区文化馆特色项目"巴渝书场天天演"从2019年起推出票务网上抢、场馆网上约、演出网上看,服务群众7万多人次,品牌效益凸显,群众的认同度节节攀升。

(二)数字化服务成功转型

新冠疫情期间,数字文化馆利用丰富优质的线上内容满足人民群众精神文化需求,在疫情防控和经济社会发展中发挥了显著作用。后疫情时代,更多"云上系列"的云演出、云展览、云上"非遗"等文化活动展现了强大的生命力与活力,成为文化产业高质量发展的新引擎。原创抗疫作品《我们》在微信公众号一经推送,浏览量超3500人次,抖音平台浏览量高达19万人次。联合区作协开展"爱,无法隔离"主题作品征集活动,短短一个月时间,征集作品近300件,包含文学、音乐、舞蹈、美术、书法、摄影、戏曲等文艺形式,通过微信公众号及抖音平台宣传推广后反响强烈,实现了线下品牌线上体验,做到了全民艺术普及特色项目"天天演""天天看""天天学",开启了数字化的5G时代,为数字化建设高质量、可持续化发展奠定了坚实的基础。

（三）数字化服务拓展外延

利用科技手段，对沙坪坝区丰富的"非遗"资源进行数字化转化和开发，以提高数字化服务的文化内涵、创意水平和社会价值，实现数字文化与传统文化共生。2020 年，沙坪坝区文化馆"非遗"传习展示厅正式建成，集线上线下观赏、视听、体验于一体，对区 21 个"非遗"项目 35 件作品 5 套影音资料进行集中展示，还通过三块 46 寸高清触摸液晶显示屏组成的"非遗"数字展示长廊展示沙坪坝区的"非遗"项目分布地图、获得的荣誉及"非遗"相关的法律法规，成功拓展了数字化服务的外延。作为全国文化系统首批老年大学试点单位，沙坪坝区文化馆培训中心不断探索全民艺术普及数字化的新路径，2020 年，成功申请到区电信返税资金，建成"沙坪坝区文化馆智慧文化通项目"，实现了文化馆培训中心从基础设施、资源到活动的数字化，最大限度发挥了培训中心的社会效益。

四、数字文化创新发展探新路

（一）高度重视，完善机制，保障到位

数字文化馆建设的目的是满足人民群众对美好生活的需要。沙坪坝区文化馆积极争取上级主管部门支持，成立了以区文旅委分管领导为组长，以区文化馆馆长为副组长，以公共文化科科长、分管业务副馆长和数字文化部主任等为成员的工作领导小组。馆内增设"数字文化部"，面向社会公开招录计算机管理及视频编辑专技人员，统筹专项资金 1000 多万元用于数字文化馆整体建设，同时先后争取到文化和旅游部"公共文化发展中心数字文化服务试点单位"项目专项资金 75 万元。从组织架构上支撑专项工作的基础建设和全面推进。

（二）因事制宜，优化制度，夯实服务

优质的服务，一流的队伍，规范的制度，是数字文化馆建设的必要手段。沙坪坝区文化馆率先在全市建立了一支数字文化馆志愿服务队伍，运用数字化手段对文化志愿者进行统一管理，实现文化志愿者的数字化管理。先后制定了《沙坪坝区文化馆文艺团队数字化服务实施细则》《网络安全管理制度》《机房管理制度》《互动体验设备管理制度》《新闻信息审核制度》等数字建设相关制度，做到建设工作有章可循，长效常态。

2020 年，沙坪坝区数字文化馆被文化和旅游部全国公共文化发展中心列为"公共数字文化工程绩效评估试点单位"。数字文化建设，我们一直在路上。

新时期小剧场创新全民艺术普及之路

——以重庆市沙坪坝区文化馆巴渝书场为例

重庆市沙坪坝区文化馆　杨晓艳

重庆市沙坪坝区文化馆以满足群众个性化、多元化文化需求为己任,致力于群众文艺创作、全民艺术普及、群众文化品牌打造、非物质文化遗产传承等,弘扬社会主义核心价值观,提升群众文化自信,助力现代公共文化体系建设。

重庆市沙坪坝区文化馆巴渝书场的全民艺术普及之路,在公共文化服务领域具有一定创新性、示范性,对全国小剧场的发展有一定的参考价值。

一、小剧场创新全民艺术普及之路的背景

(一)沙坪坝区文化馆概况

重庆市沙坪坝区文化馆成立于 1958 年,系国家一级文化馆、全国十佳优秀文化馆和全国文明单位。承担公共文化服务和全民艺术普及工作,依托"巴渝书场""数字文化馆""非遗传习展示厅"等公共文化服务项目和设施,坚持面向全区群众全面免费开放,每周开放时间达 94.5 小时,开放项目 30 项,年均接待群众近 70 万人次。先后获全国"五个一工程奖""牡丹奖""群星奖""蒲公英奖""四进社区文艺展演奖""全国人口文化奖""中国戏剧奖·小戏小品奖"等国家级文艺奖项 100 余个。

(二)沙坪坝区文化馆巴渝书场简介

沙坪坝区文化馆巴渝书场成立于 2005 年,地处核心商圈,交通便利,是沙坪坝区重要的传统文化传承和展示平台。10 多年来,巴渝书场以馆办文艺团队为主力军进行传统文艺演出,共承接川剧、京剧、越剧、相声、评书等优秀传统文艺演出 2000 余场,深受主城区传统文化爱好者的欢迎,渐渐成长为沙坪坝区群众文化活动的重要品牌之一。

但是随着经济的发展,信息的大爆炸,巴渝书场演出场地日渐老旧,演出剧目缺乏新意,演员专业水平有限,观众老龄化严重,巴渝书场由场场爆满没落到无人问津。

巴渝书场的没落,是传统曲艺如何继承与发扬的一个剪影,是传统小剧场如何开展全民艺术普及的缩影。2017 年,为落实习近平总书记对传统文化工作的要求,适应社会主义新时代的发展需要,沙坪坝区文化馆对巴渝书场重新定位,重装升级。巴渝书场重装后

定位于都市时尚小剧场,传承"非遗"曲艺,引入多元化演出团队,打造"巴渝书场天天演"群众文化活动品牌,凸显公益性。

二、巴渝书场创新全民艺术普及之路具体做法

(一)承担社会责任,传承"非遗"曲艺

巴渝书场致力于"非遗"曲艺传承工作,为有效保持曲种的独特性、多样性和丰富性,剧场重装升级后仍坚持京剧、川剧、越剧等传统曲艺门类演出,积极丰富四川评书、四川竹琴、四川清音、金钱板等"非遗"曲种。

巴渝书场现固定"非遗"曲艺演出团队有馆办团队群星越剧团、群星京剧团及重庆市川剧戏友协会。群星京剧团每周二在巴渝书场演出,重庆市川剧戏友协会每周三在巴渝书场演出,群星越剧团每周四在巴渝书场演出,演出时间固定,排练时间自由。演出团队每季度进行交流,每年度进行专场汇报演出。

(二)创新经营模式,打造都市时尚小剧场

沙坪坝区文化馆为细化全民艺术普及受众,吸引更多年轻观众,创新巴渝书场经营模式。巴渝书场在部门统一管理的基础上,市场化运营,引入多元化演出团队,共同打造"巴渝书场天天演"群众文化活动品牌,打造年轻化都市时尚小剧场。

沙坪坝区文化馆与引入团队签订协议,双方权责明确,共同打造"巴渝书场天天演"品牌。文化馆免费提供场地和服务,把该项目作为公共文化免费开放的重要组成内容;签约团队每场演出活动提供10张以上20张以下免费观演票,交由文化馆通过文化云平台向全社会免费发放,保障群众的公共文化权益。

沙坪坝区文化馆与签约团队共同推进巴渝书场的发展,扩大巴渝书场的影响力。双方深度合作,共同打造文艺精品,支持团队优秀节目参与全市或全国的文艺比赛;文化馆优先采购或安排签约团队参与市区大型文化活动;签约团队积极支持文化馆组织的各类公益演出活动,主动组织开展文化进社区、文化下乡活动,将巴渝书场影响力辐射到全区。

"巴渝书场天天演"签约团队有重庆唯一的"80后""90后"相声团体"逗乐坊",重庆唯一一个致力于挖掘、展现重庆本土曲艺的"90后"演出团体"原声社",针对小朋友的"小甲龙移动剧场"等年轻化民营艺术团队。

(三)为剧场量身打造活动品牌,提高剧场影响力

沙坪坝区文化馆与民营艺术团队合作的"巴渝书场天天演"使巴渝书场的全民艺术普及之路有了面的延伸,而为巴渝书场量身打造的"笑满巴渝"全国曲艺表演场所协作发展联盟交流展演使巴渝书场的全民艺术普及之路有了质的飞跃。

2019年1月,沙坪坝区文化馆为提升巴渝书场影响力,与重庆"逗乐坊"合作推出"笑

满巴渝"全国曲艺表演场所协作发展联盟交流展演。此届"笑满巴渝"展演活动,旨在搭建全国曲艺小剧场交流、展示、学习的平台,丰富重庆人民精神文化生活,着力将沙坪坝区文化馆巴渝书场打造成为具有全国影响力的小剧场。

活动历时5个月,包含10场展演、1场理论研讨。交流展演活动得到全国曲艺界的支持和重视,姜昆、李金斗、刘俊杰、王宏等曲艺名家登台献艺。来自重庆、北京、天津、江苏、河北、河南、四川、湖北、贵州等省市的曲艺工作者在巴渝书场为观众表演了相声、双簧、山东快书、京韵大鼓、京平大鼓、四川竹琴、长子鼓书、四川评书、数来宝、四川清音、谐剧等地域特色鲜明、艺术风格迥异、主题内容丰富的曲艺节目;推出了"东西南北汇山城""南腔北调""苏曲锡韵"等10场公益性展演,共演出精彩曲艺节目70余个。全国曲艺名家齐聚巴渝书场交流研讨了新时期如何打造群众喜爱的小剧场品牌、小剧场演出的思想导向与群众文化需求如何统一等问题。

为保障群众平等享有艺术普及的权利,展演活动以劳动模范、社区群众、环卫工人、基层文化干部、退伍军人及其家属、教师等特殊劳动群体、一线工作者为观众主体,并采用数字手段,进行网络直播,让更多曲艺爱好者享受视听盛宴。"笑满巴渝"全国曲艺表演场所协作发展联盟交流展演活动,既促进了南北曲艺、社团及从业者相互学习交流,又践行了文艺为大众服务这一方针政策,将文化惠民落到了实处。

三、小剧场创新全民艺术普及之路的创新成效

(一)"星星之火"——川剧传承燎原之火的开端

巴渝书场联合重庆市川剧戏友协会组织的"川剧座唱"活动,在重庆影响较大,是重庆市内最具规模和影响力的川剧戏友活动。"川剧座唱"活动为川剧爱好者提供了学习与展示的平台,为保护和传承川剧艺术做出了扎实的贡献,受到各界人士的好评,为重庆市川剧的传承与保护提供了新思路、新方法,希望这种模式能够变成川剧发展的星星之火,燎遍大江南北。

(二)"牛刀小试"巴渝书场社会反响一路走高

2019年,巴渝书场共计演出290余场,观众达55000人次;2020年巴渝书场共计演出125场,含疫情防控期间线上演出28场,观众达30000人次。经过不断摸索和改革,巴渝书场已成为川渝地区乃至全国较有影响力的小剧场。

巴渝书场2021年被重庆市文化和旅游发展委员会报文化和旅游部非遗司审定同意,开展非遗曲艺书场试点工作。试点工作既是挑战也是机遇,巴渝书场在"非遗"曲艺传承方面继续探索,积极打造专业艺术活动品牌,扩大曲艺受众面,培养他们新的曲艺观影习惯。

（三）"百花齐放"巴渝书场演出模式空前丰富

自签约民营艺术院团以来，巴渝书场天天有演出，场场不重样，巴渝书场年均演出300多场，接待观众近50000人次。"逗乐坊"年均演出90场，创作出了时尚化、本土化的作品，如《大比武》《歌唱家》《明星百态》《重庆俏皮话》《收藏家》，深受重庆年轻人喜爱。"原声社"年均演出50场，"原声社"作品种类多样，以川渝地区曲艺为主，如金钱板、评书、谐剧等，原声社已创作了具有鲜明重庆特色的《我爱重庆话》《重庆叫卖》《重庆崽儿成都妹儿》等相声作品，创作的话剧《重庆往事·红色恋人》《再等戈多》等在重庆引起热议。"小甲龙移动剧场"是全国第一支专门以"移动剧场"为概念，大到剧场、小到家里的不受场地限制的儿童剧表演团队，专注于创作优质亲子儿童剧。"小甲龙移动剧场"巴渝书场年均演出40场，送演出进校园年均30场。《小甲龙大梦想家》《小甲龙声音王国奇遇记》《小甲龙牙齿大冒险》《魔法精灵朵爱伊》《爱丽丝梦游仙境》等剧目深受小朋友喜爱。来三峡广场去巴渝书场听相声看话剧成为一种新时尚，带娃去看儿童剧成为众多家长的选择。

四、小剧场创新全民艺术普及之路的经验启示

（一）坚持以人民为中心，发展人民群众喜闻乐见的艺术种类

无论发展何种形式的艺术种类，必须为人民群众所接受。新时期，人民日益增长的美好生活需要和不平衡不充分的发展之间的矛盾加剧，群众迫切需要精细化、个性化的全民艺术普及服务，

（二）注重全民艺术普及的质量，重视地方特色文化艺术的发掘与保护

全民艺术普及，要做到两个"全"。一是艺术种类要全，艺术种类的全并不是指所有的艺术种类都齐全，而是要注重挖掘与发展具有地方特色艺术种类，具有地方特色的艺术种类要全。例如巴渝书场的演出就涵盖了川剧、四川评书、四川竹琴、四川清音、金钱板、四川盘子等曲艺种类。二是受益人群的涵盖要全面，要有老年人喜欢的戏曲类、青年人喜欢的相声、小朋友爱看的儿童剧等。

（三）剧场的发展一定要形成完整的生态系统

剧场要发展，一定要有完整的生态系统和"造血"功能，不仅要承担演出还要注重培养人才，在众多的爱好者里面将观众培养成演员，将演员培养成老师。

沙坪坝区文化馆成立了"四川盘子"少儿艺术团、"小梅花"川剧艺术团，以巴渝书场为活动阵地，专门聘请重庆市非物质文化遗产代表性传承人、曲艺艺术家为授课教师，每周固定时间免费排练教学。目前每个团队20人，已排练的《手拿碟儿敲起来》《新时代的

幸福花》《人间好》等多次参加了沙坪坝区流动文化服务下基层、全民艺术普及汇报演出等文化活动,均受到一致好评,少儿曲艺传承表演人才培养初具成效。

巴渝书场是群众文化的一个剪影,承担着全民艺术普及的重任,是公共文化服务体系建设的重要组成部分。

虽然一系列的举措使巴渝书场重新焕发了生机,但是传统曲艺传承发扬、传统曲艺人才培养、同质化服务,传统剧场对市场反应迟钝,文旅融合下小剧场的发展、相关文创产品开发,都为巴渝书场今后的发展设置了重重障碍。全民艺术普及之路,巴渝书场等小剧场任重道远。

重庆市南岸区公共文化物联网建设实践

重庆市南岸区文化馆　叶　丹

一、重庆市南岸区公共文化物联网建设背景

为贯彻落实《中共重庆市委宣传部、重庆市文化委关于印发2014年公共文化服务创新工作方案的通知》（渝文委发〔2014〕80号）精神，2014年由中共重庆市委宣传部、重庆市文化委员会牵头，南岸区文化馆作为第一批试点单位开展公共文化物联网创新工作。为顺应"互联网+"发展趋势，打造"iCulture——我们的文化"惠民工程，重庆市南岸区在全市率先建成公共文化物联网服务项目，创新推动互联网与文化服务深度融合，运用互联网思维，打造"你点我送、互联互通、政府购买、社会参与"的创新服务模式。南岸区公共文化物联网项目将以往文化部门单向送文化到基层，转变为群众自主选择、双向互动的模式。通过"菜单式"服务，提供公共文化服务产品供群众预约选择，由市民选择自己喜欢的文化活动，提高了公共文化服务的针对性和实效性，让群众真正喜欢文化、参与文化、创造文化。

二、重庆市南岸区公共文化物联网建设具体做法

（一）立足重点化，发挥资金撬动功能

把建设公共文化物联网服务工作作为全面深化文化改革的重要内容，并列为南岸区文化工作的重点项目，从人、财、物等方面给予充分保障，每年拿出资金作为公共文化物联网专项经费，保障物联网工作的全面开展，为公共文化服务提供持续优化的新动力。

（二）立足社会化，加强志愿队伍建设

在南岸区公共文化物联网建设中，群众根据自身需求点击相应文化志愿服务，再由公共文化物联网后台管理员配送相对应的文化志愿者到需求地开展志愿服务。南岸区通过网络平台和在各街镇、厂矿、企业、学校等地张贴招募公告，向全社会广泛征集志愿者加入南岸区公共文化物联网志愿队伍，建成了文艺演出、文艺培训、文化讲座、展览展示、阅读指导、政策宣讲6个志愿者资源库并上网运行。南岸区公共文化物联网志愿队伍全部接受基层"点单"预约，年均配送各类文艺培训、演出、讲座、展览展示等文化志愿服务500

余场,累计服务 200 余万人次,还不定期走进偏远乡村、敬老院、部队等进行文化志愿服务,对乡镇文化站(街道文化中心)的覆盖率达到 100%。2019 年开展服务 840 次,参与志愿者共 1398 人次。2020 年受疫情影响开展服务次数略有减少,全年大约 600 次,参与志愿者 1238 人次。这样的你点我送"菜单式"志愿服务,让群众能更好地获取自己想要的文化,也使文化服务更具针对性和精准性,极大提高了文化服务效率和满意度。

(三)立足数字化,开创物联网新天地

针对重庆市公共文化服务平台只针对团体用户的情况,南岸区抓住新媒体年轻、时尚、信息量大的特点,开发公共文化物联网微信服务平台。自 2015 年 9 月微信平台开通以来,开展了"关注有礼""免费抢票""为歌手添动力""招募"等一系列推送活动,并开通以文学作品朗读、微展厅、艺术家介绍为主的"一点艺"板块促进全民艺术普及工作的全面开展。通过微信平台,可以及时、快速地将活动项目、活动时间乃至活动细节传递到每个群众用户终端。群众通过网站预约、电话预约、微信预约、线下预约等多个渠道实现供需互动和报名参与确认,形成以群众需求为导向,以群众评判为标准的工作机制,实现公共文化服务平台和群众直接"对话"。

三、重庆市南岸区公共文化物联网建设成效

(一)"点单送菜",提高公共文化服务效能

在南岸区公共文化物联网平台上,居民可以通过"申请→预约→安排→配送→考评→反馈"服务流程,选择自己喜欢的文化活动,南岸区文化馆收到居民的申请后,再按需配送。这种坚持以群众的基本文化需求为导向,"你点单,我配送"的方式,有效推动了公共文化服务与群众文化需求的对接,提升了公共文化服务的效能,也满足了群众对文化产品和服务的需求,让人民群众享受到更丰富、高效、便捷、均等的"互联网 +"公共文化服务。

截至 2020 年底,南岸区公共文化物联网共完成配送 3551 次,其中培训 2466 次,演出561 次、展览 246 次、讲座 278 次。受惠人累计超过 200 万人次,平台实名注册人数近 1.6万人,更新活动信息近 400 条。

(二)平台共享,提升城乡统筹均等化水平

南岸区通过基础信息化改造、信息化升级改造、地方文艺创作数据库基层文化站共建平台建设,对长生桥镇等街镇的公共文化服务平台进行数字化建设,创新、创立一条适用于基层镇街综合文化站(中心)数字化、信息化服务的道路。

城乡居民可通过网站预约、电话预约、微信预约、线下预约等形式向所在地的镇街综合文化站(中心)提出预约申请,方便快捷地享受到优质高效的公共文化服务产品。公共

文化物联网平台让群众广泛享有免费或优惠的基本公共文化服务,实现服务均等化,保障群众的基本文化权益。

(三)完善"三单",聚集社会活动人气

进一步完善"三单"(群众文化需求清单、公共文化服务项目供给菜单、年度满意度测评成绩单)测评方法,形成以群众需求为导向,以群众评判为标准的工作机制。大力推动"三化两延伸"(三化:文艺形式多样化、免费培训常态化、展演安排错时化;两延伸:文化服务时间延伸、文化服务点位向群众延伸)文化惠民措施落地,以清单为指引,以数据为支撑,有针对性地开展一系列"贴近群众、贴近实际、贴近生活"的文化惠民活动。南岸区公共文化物联网项目在不断发展过程中,还打造了"唱自己的歌 跳自己的舞"文明坝坝舞培训、暑期留守儿童免费文艺培训班等文化惠民活动,得到新华社、《中国文化报》等国内主流媒体关注。

四、南岸区公共文化物联网建设启示

(一)重视评价系统建设

要提高公共文化物联网建设的效能,首先要有一套较为准确的评判系统,有针对性地对服务进行改善。因为公共文化服务的过程是无形的,而服务体验又是受多方面因素影响的,目前的"三单"测评方法难以全面反映群众对服务效果的评判。所以,文化馆开展公共文化物联网建设,需要一个科学准确、简单易用的群众体验评价系统,能根据群众反馈,及时改进服务。

(二)保障志愿队伍服务质量

一方面制定准入机制,对公共文化物联网志愿队伍标准进行细化规定,并按照准入条件对今后有意愿加入的志愿者进行严格审核,确保志愿者能为群众提供高质量的公共文化服务。另一方面,出台考核细则,根据群众对志愿者服务质量的反馈,评定星级,并给予相应的奖励,以提高志愿者的积极性。同时,引入退出机制,对群众评价不佳或长期存在问题而不及时改进的志愿者,坚决清退,以维持公共文化物联网志愿队伍的良性发展。

(三)提升文化场馆服务能力

随着文化创意产业的快速发展,南岸区已成为文化场所聚集地——重庆映像、长江汇当代艺术中心、施光南大剧院、国际马戏城等陆续落户南岸区,"文化+"已成为南岸区发展又一动力。随着越来越丰富的文化资源加入,下一步南岸区可联合这些场所,构建一个基于公共文化物联网平台的南岸区公共文化服务大平台,让更多群众多渠道、更便捷地享受公共文化服务。

重庆市璧山区院坝文化公司参与
基层公共文化服务建设案例

重庆市璧山区文化馆　邓　毅

一、创新背景

2021 年 3 月,《文化和旅游部　国家发展改革委　财政部关于推动公共文化服务高质量发展的意见》(文旅公共发〔2021〕12 号)印发,就公共文化服务发展中的重点领域和关键环节,明确了公共文化服务高质量发展的总体要求和主要任务。

《国民经济和社会发展第十四个五年规划和 2035 年远景目标纲要》特别提出了优化城乡文化资源配置,推进城乡公共文化服务体系一体建设。创新公共文化服务运行机制,鼓励社会力量参与公共文化服务供给和设施建设运营。

重庆市璧山区探索创新公共文化服务体系建设,在区委、区政府的支持下,在"党建引领、小区治理"的方针指导下,采取"走出去、引进来"的策略,积极有效地整合社会资源,通过考察学习,借力成渝双城经济圈建设战略,于 2020 年 5 月引进具有创新模式和较强影响力的四川院坝文化传播有限公司(以下简称"院坝文化公司"),以璧泉街道华龙社区为小区文化试点基地,组建了璧山院坝文化—小区文化专业运营机构。采用政府主导、市场配置双轮驱动,通过政企合作、专业运营破解公共文化服务难点。坚持"以政府为主导、鼓励社会力量积极参与"的原则,深化文化事业改革,整合社会力量兴办公益性文化事业,形成高效运转、良性竞争、多元互补的公共文化生产供给体系,探索公共文化服务建设的新模式。

二、创新做法

璧山区引进院坝文化公司专业运营团队后,依托街道文化服务中心,以华龙社区为重点示范基地,在现有的 8000 平方米综合文化服务面积基础上,进行整体改造、提档升级,规范和建成了大型专业群众文化舞台、图书阅览室、多功能厅、排练厅、展览厅、健身室、乒乓球室、篮球场、羽毛球场等一应俱全的综合文体服务设施。实行统一管理、标准维护、专业运营。

充分发挥院坝文化公司专业团队的资源、管理优势,通过整合现有社区文艺群团,广泛吸引、招募文体爱好者积极参与,成立以政府为指导的"璧泉街道群众文化艺术团"。公司聘请专业教师为文艺群团免费进行系统性的规划和指导培训,提升文艺群团的综合组织能力和表演技能。在专业运营机构的组织管理和策划下,深入璧山区各小区进行文艺巡回表演,举办跨成渝地区大型群众文化演出等活动,将文化真正送到小区、送到家。

通过规范化管理,提高小区综合文化服务中心服务水平,为居民免费提供文化艺术、体育健身、休闲娱乐等全方位服务,使居民闲暇时有好去处。为社区居民提供表演舞台,提供集政策宣传、文艺表演、道德讲堂、科学普及、体育健身于一体的基层公共文化服务,吸引周边众多社区居民踊跃参与。

发挥院坝文化公司现代管理理念,运用现代互联网技术和方法,将线下群众文化阵地延伸至线上。通过对接重庆市文化云平台,建成统一的公共数字文化平台,使广大居民足不出户就可以"有所学、有所为、有所乐"。

院坝文化公司按照政府要求和群众需要,制定了三个阶段的发展规划目标。

初级阶段"有所乐"——逐梦基地,发现与聚集。深入、全面了解基层群众对文化艺术的需求点,以艺术交流会、免费公益课、艺术比赛等互动体验的方式,激发社区居民对文化艺术的兴趣,使其参与其中,乐在其中。为更多有追求、有梦想的艺术爱好者提供支持和服务,带动群众文化的发展,推进全民艺术普及和文化惠民工程。

中级阶段"有所学"——助梦空间,培养与提升。充分结合专业机构和师资力量,为群众提供专业的艺术指导与培训,提升他们的文化艺术修养与表演水平。通过专业的师资力量以强带弱、以老带新,打造群众文化的"民心工程"。进一步提升群团、文艺爱好者的综合素养,使他们能够达到"自己编,自己演;演本色,演自己"的较高水平。

高级阶段"有所为"——圆梦舞台,展示与收获。通过前两个阶段指导,选拔出的一批优秀群众文艺队伍,充分结合专业编导和各类社会艺术骨干的专业力量,结合各社区特色,编排出一批老百姓喜闻乐见的、独具特色的社区文化精品节目。让社区居民登上舞台成为主角,帮助群众圆梦。

三、创新成效

从 2020 年 5 月开始,通过一年多的实践,已经顺利实现了"有所乐"——逐梦基地,发现与聚集的初级阶段目标,正向"有所学"——助梦空间,培养与提升的中级阶段目标推进。短短一年多的实践,取得了显著成效。

(一)创新方法聚人才、集人气

成立"璧泉街道社区艺术团",聚集团员 350 余名,长期开展培训、排练、演出,由于组织专业、服务到位,每天到璧泉街道华龙社区综合文化服务中心参加活动的群众络绎不绝,成功聚集起了群众文艺骨干、文艺团队及普通群众的人气,为活动的开展打下了坚实的基础。连续举办"成渝地、巴蜀情"第二届冻龄女神文化节暨小区文化基地授牌仪式、

"我要上春晚"社区团队选拔赛、"璧泉街道艺术团"庆祝中国共产党成立 100 周年文艺汇演等群众参与度高、艺术水平高、社会关注度高的大型活动,让群众文艺骨干、团队及普通群众对小区文化建设的关注度、参与度、获得感、期望值得到极大提高,与以前活动的无人问津形成了鲜明的对比。

(二)创新机制重配合、凝合力

结合实际,整合多方力量,形成合力,与社区党支部、小区业委会紧密联系配合,通过小区党组织基层宣传、创建小区新时代文明实践、构建和谐社会等多种主题活动,将文化建设和文艺形式融入其中,推进小区文化发展,让群众实实在在享受小区丰富的文化生活,感受"党建引领、小区治理"的人文关怀。改变了以往文化建设由社区文化中心做、基层党建由小区党支部做、文明实践由新时代文明实践中心做等各自为政的局面,成功构建了公司运营与政府参与相互配合、形成合力的工作机制,初步实现了多渠道工作的有机融合。

(三)创新思维融资源、促多赢

利用社区现有的软硬件设施设备,依据政府要求,与小区治理工作、老旧小区改造工作相结合,对公共空间、楼层进行系统的群众文化形象宣传包装,对各项文艺设备进行系统优化,加强设施设备、基地的整体维护和管理,在改造时专门规划搭建群众自己的社区舞台,配齐配套设备,打造专业的小区文化艺术教培基地和示范基地,充分利用各系统、部门资源,丰富和提升了文化场地、设施设备。同时,通过文化功能的提升、群众文化素质的提高,也让政府的小区治理工作、老旧小区改造工作进行得更加顺利、成效更加显著,形成了各方资源共享共赢的局面。

四、经验启示

以党建引领为指导,以文化建设为载体,以专业运营机构实施、群众参与为基础,加强各小区党支部在社区文化建设中的主导作用和业委会的主动参与,规范各方协作管理。将基层党建与小区文化建设融为一体,通过小区党支部主题党日活动、党史学习教育、文艺宣传等活动,以基层党建指导小区文化建设。

示范带动、整体推进小区群众文化建设。坚持以示范点带动,建立浓厚的文化氛围,根据小区特色提炼小区文化,创建小区自有文艺团队,实现政策支持、专业指导、小区搭台、业主唱戏,全面提升居民文化素养,带动各小区、各社区形成百花齐放的局面。

形成合力、共建共享推进小区群众文化建设。以基层党建为引领,突出群众文化专业运营机构的作用,发挥党员引领优势,带动群众一起参与小区群众文化建设。使运营机构、小区支部和业委会相互依托,形成合力推动小区文化建设和发展,实现各方参与,共建共享,坚持"党建引领、小区治理",推动基层公共文化建设,基层公共文化建设反过来又促进"小区治理"进一步提升的良性循环新局面。

重庆市璧山区院坝文化公司参与基层公共文化服务建设的模式,既凸显了政府在公共文化服务建设中的主导作用,又充分发挥企业的资源优势,有效地整合了社会优质资源,调动起各方参与公共文化服务的积极性,开创了基层公共文化服务建设新局面。

苗族"踩花山"文艺的创新与发展

——重庆彭水群众文艺创新实践案例

彭水苗族土家族自治县文化馆　秦　娟

"踩花山"既是乌江流域苗族的传统节日,也是根植于苗族民间的文化艺术。21 世纪以来,地处乌江中游的彭水苗族土家族自治县(简称"彭水县")大力挖掘这一民族文化瑰宝,不断推陈出新,"踩花山"已经成为新时期重庆市民族文化创新发展的一大亮点,堪称群众文化创新实践的经典案例。

一、创新背景

蚩尤是苗族的始祖。涿鹿之战后,以蚩尤为首领的九黎部落退守长江,约在夏朝初期,其后裔经洞庭湖溯清江、沅江而上,一路向西,部分到达了郁山地区,开发利用盐资源,世代在此繁衍生息。"踩花山",又叫"踩山",最早源于九黎后裔为纪念先祖蚩尤而举行的"跳杆"活动,人们围着旗杆、踩着鼓点,模仿蚩尤排兵布阵演练"蚩尤戏",形同"巴渝舞"。

20 世纪中期,彭水县文化馆组织专家深入苗乡,发现了残存的具有巫傩仪式性的音乐与舞步,经走访调查、收集整理后确认,它就是消失已久的苗族"踩花山"的原始留存,这一发现开启了 30 余年的收集、创作、创新之路。

2009 年,彭水首个旅游景区——阿依河旅游景区对外开放,开启了苗族文化与民族旅游融合发展的创新之门。2012 年,重庆市政府批准举办"乌江苗族踩花山节","踩花山"这一古老的文化艺术获得了新生,进入快速发展的轨道。

二、创新做法

苗族"踩花山"的创新实践,经历了探索、总结、创新,终于获得成功。其主要做法有以下几点。

一是切实做好资料收集与整理。1997 年,彭水县文化馆即组建民族民间文艺工作组,指派专业人员,深入鞍子、梅子垭、诸佛、大垭等地,重点收集苗歌、苗舞、傩戏、道场、吹打等资料,重点挖掘"踩花山"相关内容。通过调查整理,初步摸清了"踩花山"的节日形式与内容,以及"踩花山"的文化艺术特色等,丰富了档案资料和创新素材。

二是认真开展文艺传承与创新。首先是开展音乐的创编。2004年以来,本地音乐家孔庆余、廖元德、王树林等,对"踩花山"系列音乐,进行了8次创编,最终形成广场舞曲。其次是创编广场舞动作。聘请湘西歌舞团总编导胡明珠指导广场舞动作,并在此基础上多次修改完善。

三是大力推广与普及广场舞。2005年开始,在县级机关、城区学校教学"踩花山"广场舞。2011年以来,"踩花山"广场舞在全县机关、乡镇、学校、企事业单位及社区中普及。文化馆培训广场舞骨干,各骨干培训各单位、各乡镇、各学校和各社区舞蹈队,各舞蹈队每年都会组队参加"踩花山舞蹈大赛"。

四是创新举办苗族"踩花山节"。将祭祀蚩尤、跳"踩花山"、赛歌选王、吹唢呐、斗锣鼓、玩舞狮等内容进行组合编排,选择传说中蚩尤的生日即四月初八,举办"踩花山节"。2012年获得重庆市政府批准,每年举办"乌江苗族踩花山节"。好戏连台,热闹非凡。它已经成为青年男女以节助兴、以节传情、以节为媒的日子。

三、创新成效

"踩花山"在不断的创新发展中,充分展示了优秀传统文化的魅力,为彭水乃至重庆市民族文化的发展提供了有力的借鉴,促进了文旅深度融合,也增进了民族团结和社会进步,取得了十分显著的成绩。

一是更好保护与传承了非物质文化遗产。"踩花山"包含祭祀仪式、音乐舞蹈、赛歌选王、吹打斗技、"非遗"展示等内容,是优秀的非物质文化遗产。为了更好保护和传承这一"非遗",彭水县采取"传承经典,节日续存"办法,开展一系列活动。首先是创新打造"踩花山"节会品牌。每年四月初八举行开幕式。2012年获得重庆市政府批准举办"乌江苗族踩花山节"后,更上一层楼。其次是实施"非遗"项目保护。2005年,县政府将"乌江苗族踩花山节"纳为县级重点非遗保护项目。经过不懈努力,2019年,"乌江苗族踩花山节"被成功列入重庆市第六批市级非物质文化遗产代表性项目名录。最后是培养了大批传承人。每个乡镇、县级系统、主要中小学校、旅游景区等,都有30名以上的"踩花山舞蹈"骨干队伍成员,全县拥有"踩花山"文艺人才不下10万人。

二是成功打造出民族文化品牌。首先是"乌江苗族踩花山节"品牌影响力不断扩大。"乌江苗族踩花山节"自四月初八开幕,到国庆节后结束,每年持续数月,已连续举办10届,成为重庆市重要的文化节会,促进了文旅融合发展。其次是"踩花山"艺术水平不断提升。根据原生态"踩花山"音乐舞蹈,创编的《踩花山》《踩呀踩》《踩踩踩》《阿依踩》等40余件作品走进央视青歌赛、"民歌中国"、"综艺大观",为全国少数民族传统体育运动会表演项目金奖,同时赴美国、韩国等交流演出,获得好评。再次是"踩花山"持续创新。2015年以来,将蚩尤祭祀大典纳入"乌江苗族踩花山节"统筹后,创新推出"万人同唱娇阿依,万人同跳踩花山",来自全县各乡镇街道、机关学校的代表队汇聚在文化广场,一起高唱苗歌《娇阿依》,一同迈开舞步齐跳《踩花山》。央视等媒体报道了这一震撼场景。

三是极大丰富了各族人民文化生活。"踩花山节"是彭水苗族等少数民族传统的节日,更是青年男女以节助兴、以节传情、以节为媒的日子,其文化艺术具有深厚的群众基础。我们在实施"非遗"群文化进程中,将九黎古老的"跳杆"与农事活动动作融合在一起,改造为广场舞。先后创编 8 个版本的广场舞,并通过持续不断的"踩花山舞蹈大赛",使之成为全县人民喜闻乐"跳"的广场舞。每天傍晚,居民聚集在河滨公园、文化广场等场所,播放"踩花山"音乐,欢快地跳起"踩花山"广场舞。彭水"踩花山"广场舞,在参加江西婺源举办的全国坝坝舞比赛中还斩获金奖。

四是大力促进了全县经济社会发展。经济建设方面,有力推动文旅深度融合发展,不断推进文化产业建设。以"踩花山节"为统领,将"彭水水上运动大赛""蚩尤祭祀大典""九黎庙会""阿依河国际漂流节"等节会融会贯通,扩大彭水文化旅游影响力,促进苗家刺绣、苗家美食等产业发展。这些节会,每年吸引上千万游客来彭水旅游,提供综合旅游收入 30 余亿元。社会发展方面,促进了彭水社会的安定,增强了各民族团结进步。各民族以节助兴、以节传情、以节为媒,释放劳作的艰辛、传递丰收的喜悦、收获爱情的幸福,共享苗族传统歌舞的盛宴,共建民族交融的喜庆乐园。

四、经验启示

"踩花山"这一苗族文化艺术,在保护与发展中,通过政策扶持、文艺创新、产业创造,实现了发展战略目标,其发展过程对文化事业的发展具有一定的启示作用。

一是党政重视是关键。彭水县委、县政府十分重视文化事业发展,尤其重视"踩花山节"。彭水县地处武陵山区,属于少数民族地区,是全国苗族最多的自治县,还是革命老区,刚刚摘掉贫困县帽子,财政收入十分有限,但却十分重视举办这个文化节。县委书记挂帅成立领导小组,县长任组长,指派县"四大家"分管领导参与组织领导,相关部门、乡镇的一把手直接负责相关活动项目,成立"节赛办"综合协调,做到责任到人,确保节会各项活动的顺利开展。

二是创新创造是动力。"踩花山"原本是苗族祭祀先祖蚩尤的活动,更是彭水优秀的非物质文化遗产。自 20 世纪 90 年代中期以来,彭水县文化馆连续几代人都持续不断地参与了对它的改造创新。特别是 2010 年开始,"乌江苗族踩花山节"实现重庆市政府批准举办、成功挤进重庆市第六批市级非物质文化遗产代表性项目名录,加速了"踩花山"广场舞的创编,节会内容、开展形式均实现年年创新,不断推进节会质量迈上新台阶。

三是群众参与是源泉。"踩花山节"展现了苗族精美的服饰、歌曲、舞蹈、戏曲、杂耍、建筑、饮食等文化,是彭水苗族劳动和智慧的结晶。活动的编制,每年围绕旅游、文化发展编制 20 余个项目,同时将 10 余个乡镇的乡村旅游与文体活动纳入统筹,还有阿依河、蚩尤九黎城、摩围山、乌江画廊等景区的活动,内容十分丰富。不仅有祭祀蚩尤、跳"踩花山"、赛歌选王、吹唢呐、斗锣鼓、玩舞狮这些群众喜闻乐见的项目,还有免费或优惠游览上述景区的活动。每年县内参与节会活动的人员超 10 万人次。

艺术乡村铺锦绣　能工巧匠竞风流

——浅析 2020 年四川省乡村艺术节的一朵"奇花"

四川省文化馆　廖秀芬

乡村振兴,文旅部门如何助力? 如何以文塑旅、以旅彰文,更好地打造独具魅力的中华文化旅游体验? 2020 年四川省乡村艺术节期间,"民间文化艺术之乡体验地推介暨乡村文化和旅游能人技艺展示"可谓一次创新之举,为文旅融合、乡村振兴提供了一个可贵的文化范例。国家公共文化云对第一场少数民族专场展示同步进行了现场直播。

一、创新背景

乡村振兴,文化铸魂。乡村旅游是乡村振兴中的重要一环。2020 年 10 月,以"艺术乡村　美好生活"为主题的四川省乡村艺术节在四川广安拉开帷幕。这是四川省政府在疫情防控的特殊时期举办的第一批重大文化活动。该活动对激发民众出游热情、恢复全省文旅市场信心、提振文旅消费市场、实施乡村振兴具有重要价值。

艺术节活动形式多样,内容丰富,线上线下各项活动超过 2258 万人次参与。群众饱尝了一道道精美的艺术大餐。

作为四川省乡村艺术节重要组成部分,首次举行的"民间文化艺术之乡体验地推介暨乡村文化和旅游能人技艺展示"活动,可谓艺术节开出的一朵奇葩,绽放出异彩。这是一次由政府为各地优质文化旅游资源搭建的宣传推广平台,希望通过舞台展示的方式对当地特色文化进行艺术性的推介,推动乡村旅游的同时展示艺术乡村中的文旅能人和他们的技艺,意在探索一种方式,既推出和宣传能工巧匠,又能有效促进文旅深度融合,带动乡村旅游,让大家走进民间文化艺术之乡去打卡,在旅游的同时感受灿烂悠久的传统文化,提升旅游的文化品位和价值,丰富游客的文化体验。

二、创新做法

创新思路确定了,展示活动具体该怎么做? 没有先例可循,这是活动组织者最大的难题。因为在这之前,四川省从未有组织过类似的活动,全国亦鲜见,没有样本可以参考,没有现成模式或风格可依照,不知道方向在哪里,也不知道能做成什么样子。几经思考,我们在没有先例的情况下,做了一点尝试。

(一)"非遗"能人显身手

展示什么？由谁展示？这是首先要解决的问题。不能是调几个节目,组合拼凑在一起就上舞台。导演团队确定了参加技艺展示的原则:形式独特,适合舞台表演,观赏性强,好看好玩,能代表当地特色艺术。

在梳理相关资料时,我们发现民间文化艺术之乡汇集了众多的非物质文化遗产。"非遗"巧夺天工的技艺和古朴自然的人文表达,来自人们日常的生产和劳动,它们是民间生活美学的沉淀,也是我们文化历史的记忆。今天我们仍有幸得见,无不得益于散布在民间的众多乡村能人("非遗"传承人),他们的执着和坚守,为我们保存下这些古老而珍贵的技艺。于是,从"非遗"入手,导演团队从四川57个"中国民间文化艺术之乡"和262个"四川省民间文化艺术之乡"邀请了26个民间艺术和非物质文化遗产代表性项目来到舞台,参加4个专场的展演展示。入选的乡村文旅能人大部分是非物质文化遗产代表性传承人,既展示独特的民间技能技艺,又传承和弘扬非物质文化遗产。

(二)用艺术语境,展示项目的内在价值

当田间地头的生产技艺走上舞台,舞台展示不能是简单的生产过程或技艺技能的再现,它必须体现内在历史价值和艺术价值。如凉山州的表演队伍,刚开始他们对整个凉山的旅游资源进行介绍,然后在舞台上进行民族服饰走秀表演。既没有对民间文艺之乡的体验地的推介,也没有文旅能人技艺的专门展示。经过沟通后调整为:几个彝族阿妈在乡间一起编织牛毛绒线,推介人通过访谈阿妈,了解牛毛绒编织技艺和彝族服饰历史,同时展示他们的民族服饰。最后,身着彝族嫁衣的少女出场,舞台变身为一场民俗婚礼,慈爱的阿妈将编织好的红头盖戴在女儿头上,送女儿出嫁。整个展示,既有历史文化内涵,又浸润着浓浓的亲情,寄寓着人们美好的情感,深深打动了现场观众。

(三)在技艺展示中实现艺术升华

参加舞台展示的队伍,虽然之前都有过交流沟通,也对舞台展示做了基本要求。但是在现场,跳一段舞蹈,或是再现一段技艺,不在少数。如乐山市的队伍当时展示的就是两段舞蹈,现场气氛倒是热烈,可是有点文不对题。我们紧紧抓住乐山夹江是闻名天下的宣纸之乡、井研县农民画走向世界的线索,重新构思:两名农民画家身背画架,来到纸乡,为美丽的纸乡所陶醉,情不自禁铺开画纸,挥毫泼墨,纸上的美景最后又幻化成真人舞动。这样一来,在"最美的纸上画最美的画"立意高,寓意深刻,基础技艺的展示得到了艺术性的升华。

(四)既展示技艺,又培育新人

艺术节的举办既能展示传统技艺,又能通过展示活动,培育新的能人。必须保证舞台表演有水平,节目展示有档次,帮助能人们学会展示,增强他们的舞台表演性、观赏性。只

有吸引住观众,才能达到宣传当地文旅资源、宣传自身技艺的目的。

来自攀枝花的表演队伍,是一家制茶公司,表演的是制茶技艺,但走台时发现他们主次不分,重点不明,三段表演彼此没有相关性,更没有突出能人和技艺。观众根本不知道制茶人在舞台上干什么。他们的推介人,是制茶公司一名从未上过舞台的会计,在台上紧张得身体和声音都在发抖,准备得满满一张纸的推介词,就是一份产品说明书。

我们将该表演进行调整。于是从推荐词的修改、推介人的台风、舞台展示的方式都一一精雕细琢,最后定格为:一曲悠扬的山歌带观众来到茶乡,茶乡的姑娘们在欢快地采茶,她们把采摘好的新茶送到制茶师这里,推介人和制茶师互动,制茶师边现场制作,边讲述制茶工艺,继而茶艺师表演泡茶技术,完成了从采茶、制茶到品茶的"一条龙"呈现。演出结束,他们非常激动,说这样的方式更生动地宣传了他们茶乡,他们的制茶工艺,也锻炼了他们自己,尤其是推介人说她上了这个舞台,展现了自己的另一面,其欢喜之情溢于言表。

(五)在互动中增强艺术效果

让观众走向"非遗",让"非遗"走近观众,不仅是让舞台与观众形成良性的互动,也是更好地实现活动的目的,产生更强烈的艺术作用。来自成都市的皮影历经千年时光,一张牛皮,一方白屏,演绎出世间百态,跨越光阴为观众讲述影子的故事。舞台呈现的情景,是一群都市年轻人在观看皮影表演,但光影背后的秘密更让他们好奇,于是屏幕后的传承人拉起年轻的观众来到屏幕后方,手把手教他们操作表演,玩中学,学中传,他们与皮影人融汇在一起,又寓意了传统技艺在年轻人手中的传承和新生。情境融合得十分巧妙。

三、创新成效

此次推介展示活动汇聚了四川省众多非物质文化遗产表演,3 天的时间里现场共有 2 万余人次观看了专场表演,有效地激发群众近距离感受和体验推介地文化,感受乡土文化的独特魅力。观演群众纷纷表示拓宽了眼界、长了见识。

特色独具的民间技艺展示成为艺术节上一道亮丽的风景线。既展示了乡村文旅能人精湛的技艺和风采,体现乡村振兴和技能传承成果,又营造了热爱故土、崇尚技艺、尊重能人的社会氛围,引领乡村群众争做新时代的能工巧匠、文旅能人;既推出了一批好节目,又培养了能人技艺队伍,激发了观众对"非遗"的兴趣,促进了民间文化技艺的传承和弘扬,为民间文化艺术之乡文旅融合发展增添了新模式,聚集了新动能。

四、经验启示

首次举行的"民间文化艺术之乡体验地推介暨乡村文化和旅游能人技艺展示"活动,取得了较好的社会效果,可谓是推动文化和旅游融合发展,坚持以文塑旅、以旅彰文,开展独具魅力的中华文化旅游体验的尝新之举。

回顾前后,主要有以下几点经验启示。

(一)顶层设计,是做好创新活动的战略谋划

接到工作任务,如何对整个活动做宏观把控,需要导演团队做好顶层设计,如此后面的工作才能有序开展。就像此次展示活动,导演团队想给观众讲一讲民间文艺之乡和文旅能人的故事,于是最终确定由推介人穿针引线,以具有一定情节的戏剧情境来推介体验地和展示能人技艺及项目。这样的设计,有情境,有人物,有因果关系,有包含一定寓意的事件,舞台的编排和呈现脉络非常清晰,大大增强了观赏性。

(二)整体规划,将"非遗"精华浓缩并展示在舞台上

现在,全国各地都很重视"非遗"保护工作,如何让大量散落在民间的"非遗"浓缩地展示在舞台上,让更多的观众看到? 如何组织一台完整又有一定质量的演出,如何通过相关活动对当地文化有所提升? 如何让节目更有吸引力? ……这些问题都是值得深入研究的。以文塑旅、以旅彰文,打造独具魅力的中华文化旅游体验任重道远。

(三)善用文化品牌,用活命名挂牌

政府层面的"民间文艺之乡"的挂牌活动(包括其他类似活动)已经开展多年,但是其作用似乎远未发挥。而此次"民间文化艺术之乡"体验地推介活动无疑是一个创新之举。乡村是我们的精神原乡。"民间文艺之乡"本就是各具特色的文化资源,百乡百态,百乡百技。可以以此为依托,打造艺术乡村。从某种意义上说,展示活动大力推介民间文艺之乡体验地,就是满足大众对乡愁的渴望,对美好田园的追求,对诗意栖居的向往。

(四)"文旅能人"藏民间,乡村振兴待彰显

当今时代,各种选秀名目众多,各类"网红"也层出不穷。搭建这样一个舞台,既很及时又很必要。

脱贫攻坚取得全面胜利,重心转入乡村振兴的当前,我们需要一大批诸如乡村文旅能人这样的带头人,让传统技艺和技能得到保护和传承,形成乡村文化名片,同时带来相当的经济效益,助推乡村振兴,为乡村发展增添活力。

艺术乡村谱锦绣,能工巧匠竞风流。艺术装点着我们的乡村,我们的生活,乡村文旅能人的卓越技艺助推着我们美丽的乡村奔向更加美好的未来。

多姿多彩的文化传播：

"HELLO,WORLD！——中国彩绘熊猫艺术展"案例分析

四川省文化馆　张嫚嫚　康旭霞

一、展览内容与意义

作为世界濒危物种保护的典范,大熊猫在生物多样性保护的历史过程中,逐渐形成了不可替代的文化价值。大熊猫是一种具有 800 万年历史的古老物种,与它同时代的很多标志性物种如今已经不复存在,人类从它身上可以获得更多的科学认知乃至哲学思考,它不仅是特定的自然物种,而且是人类文化的重要组成部分。大熊猫是友谊的使者,是友谊、和解乃至邦交正常化的象征,长期以来,大熊猫作为中国的国礼赠送给中国人民的朋友,为促进我国与世界各国文化交流发挥了不可替代的作用。

"HELLO,WORLD！——中国彩绘熊猫艺术展"以大熊猫独特造型为基础媒介,以彩绘艺术创作为主要途径,面向全球的视觉创意公共艺术活动,旨在打造以"熊猫文化＋中国艺创"为核心理念的文化传播交流活动品牌。希望以中国艺术熊猫形象为载体进行国际交流,推动巴蜀文化和旅游资源走向世界,带动一批文化产业发展。活动通过艺术展览、教育传播、公益、时尚等多种形式的文化活动和文创产业开发,致力于中国文化形象的推广和中国文创新力量的展现。彩绘熊猫的创作主题涵盖现当代艺术、四川藏羌彝文化艺术、熊猫生态环境文化、中国传统文化及各国不同文化等多个主题。

"HELLO,WORLD！——中国彩绘熊猫艺术展"巡展项目,把握"文旅融合"理念,以彩绘熊猫公共艺术为载体,凸显"文化＋旅游"融合发展的显著特色,用熊猫主题绘画、熊猫玩偶文创、熊猫故乡四川非遗工艺展示等多种视觉艺术表达方式,结合艺术大熊猫主题互动涂鸦、彩绘熊猫创意体验、熊猫长卷众绘等互动活动,以特有的艺术张力和丰富的艺术语境,演绎生动有趣的熊猫文化,展示大熊猫故乡——中国四川钟灵毓秀的地域风情,以及关于大熊猫生存状态、生存方式、生存保护的人文认知和文化记忆,全球巡展为我国和其他国家人民架起相知相遇的桥梁,加强人民间历久弥新的深厚友谊。

彩绘熊猫艺术展不仅全方位、多角度地向世界展示了中国四川人文生态环境的艺术魅力与当代中国的精神风貌,同时,展览还为各国的彩绘艺术交流提供了专业、开放、多元的交流平台,有助于促进世界各国文化艺术的有机互动、交流互鉴与相通相融,进一步推动文旅融合的可持续发展,增强中华文化的生命力和国际影响力,增强文化自信,为建设文化强国添砖加瓦,助力世界文化的共同繁荣和人类命运共同体的构建。体现了中国熊

猫文化创意蓬勃的艺术激情、旺盛的艺术创造力和丰富的艺术想象力。它是传承与发扬中华文化精髓,促进文明互鉴,弘扬中华文化魅力、感受生活美学的重要体验平台。我们更希望通过这些作品,让世界各地的人们了解到极具亲和力的中华文化魅力,让世界感知到一个多姿多彩、充满活力、不断开放的美丽中国!

二、展览亮点与优势

"HELLO, WORLD!——中国彩绘熊猫艺术展"是首个以"熊猫"造型为主题的国际彩绘创意艺术展览,具有以下亮点与优势。

(一)艺术国际化易于交流

突出展示中国彩绘熊猫艺术最前沿、最亮眼的发展成就,同时广泛邀请世界各国高水准的民族彩绘团体和艺术家,呈现各国民族彩绘的精华作品,充分展示民族彩绘的风采与魅力。

(二)创作均等化凸显公益

"HELLO, WORLD!——中国彩绘熊猫艺术展"以促进中外文化交流、推动文明互鉴融合为重要使命,艺术创作面向全球公众开放,在艺术展独有形态的白模雕塑基础上,海内外各类艺术家、名人、明星、专业院校师生及社会公众创作的作品将通过各种活动进行展示。展览期间每个人都可以通过各种免费活动参与创作,将自己的艺术创作变成真正的熊猫公共艺术品,并有机会在全球各个地方展示自己的艺术熊猫。

(三)展陈系统化体现品牌

展览活动采用统一的运行模式及形象设计。通过近几年各种对外交流活动、全球各地巡展、线上线下的活动开展、数字文化馆网络平台传播支撑和各大媒体报道,已具备一定的知名度与辨识度。

(四)科技入展助力振兴

充分借助高科技多媒体传播手段,在全球范围以电视、网络、自媒体等多种形式推广传播,向全球观众提供高质量的艺术公共产品,满足人民日益增长的美好生活需要。同时文创成果类型繁多,一部分产品已经实现市场化,助力乡村振兴。

三、展览情况

"HELLO, WORLD!——中国彩绘熊猫艺术展"拥有完整的展出艺术作品和展览创意,为响应文旅融合的号召,支持文化和旅游部海外中国文化中心工作,已完成国内外 7

次线上线下展出:

2019 年 7 月 1 日—7 月 21 日,泰国曼谷中国文化中心展出,观众 2 万余人次;

2019 年 9 月 14 日—9 月 15 日,俄罗斯莫斯科全俄展览中心广场展出,观众 3 万余人次;

2019 年 9 月 18 日—9 月 30 日,俄罗斯莫斯科中国文化中心展出,观众 2 万余人次;

2020 年 10 月 16 日—10 月 25 日,斯里兰卡中国文化中心展出,观众 2 万余人次;

2020 年 12 月 1 日—12 月 30 日,特拉维夫中国文化中心官方网站、社交媒体展出,观众 3 万余人次;

2021 年 1 月 25 日—2 月 3 日,柬埔寨金边中国文化中心展出,观众 2 万余人次;

2021 年 12 月 24 日至今,"学习强国"学习平台展出,观众 10 万余人次。

四、展览成功的要素

"HELLO,WORLD!——中国彩绘熊猫艺术展"由国家牵头并统筹规划,地方政府和社会各界参与支持。同时,充分调动、广泛吸纳国内外各类社会资源,线上线下均可展览,构建更具创新性、可操作性与持续性发展的运作机制。

(一)展览主题创新

该艺术展是以熊猫造型为彩绘艺术创作载体创造的全新展览形式,主题鲜明独特又内涵丰富,是创造性开展文旅融合宣传手法创新实践的体现。该展览走出国门,走进社区、高校,深入基层,突出惠民性与互动性,带领观众通过中国彩绘熊猫艺术展的风采,领略艺术创意之美,传承和弘扬中华优秀传统文化,促进地域文化交流推广,推动文旅融合的共同繁荣。

(二)展览灵活调节,适应不同展览需求

展览流程已具备系统规划和普适性设计,展览板块基础构成已开发"熊猫立体造型彩绘展""熊猫生态文化动态展播""视觉影像图片展""文创成果展览展示"四大板块;展览活动常态化已开发"中外艺术家现场联合立体彩绘""大众现场平面涂鸦创作""非遗创意体验""熊猫生态文化普及讲座及交流沙龙"等系列交流推广活动。拟扩展举办"互联网＋熊猫彩绘创意"、沉浸式创意体验、高峰论坛、摄影比赛等多种形式,全方位、多元化地展示四川人文风貌,力争打造中国艺术展览传播和对外文化交流的品牌项目。

(三)展览内容丰富,公众参与度高

公益普及讲座:介绍"HELLO,WORLD!——中国彩绘熊猫艺术展"的历史传承和艺术特点,邀请各国艺术家举办知识普及讲座,加深普通观众的了解与认识,拓展大众审美意识,提升大众审美价值观。

高峰论坛:汇集各国"HELLO,WORLD!——中国彩绘熊猫艺术展"的实践者、研

究者、爱好者,共同研讨彩绘艺术的传承、创新与可持续发展。

涂鸦活动:普及彩绘艺术,为世界各国艺术家、青少年、爱好者提供切磋技艺、了解学习的平台,促进彩绘艺术推广,增强文化自信,推动民族文化艺术交流与发展。

网络平台展览推广途径:熊猫主题强力吸引大众目光,网络助力彩绘艺术普及和培育交流,广泛传播展览内容,塑造文旅推广品牌形象。

综上所述,"HELLO,WORLD!——中国彩绘熊猫艺术展"以多姿多彩的呈现方式传播着优秀的群众文化,打造高规格的文化艺术交流平台,有助于促进各地彩绘文化艺术的有机互动、交流互鉴与相通相融,助力文旅融合发展和人类命运共同体的构建。

昆明市官渡区文化馆助力"夜经济"发展的创新实践

昆明市文化馆　徐　娇

一、创新背景

官渡古镇是昆明市主城区内唯一的古镇,是国家 AAAA 级旅游景区、全国特色景观旅游名镇,地处昆明滇池北岸、宝象河下游,有一千多年的历史,它是古滇文化的发祥地之一,也是誉满滇中的佛教圣地及古渡口,不到 1.5 千米的范围内,有唐、宋、元、明、清时期的"五山""六寺""七阁""八庙"等多处独特景观以及上百间保存尚好的"一颗印式"民居,古时有"小云南"之称。现有国家、省、市、区级重点文物保护单位 10 多处,文物古迹 30 多处。古镇于 2000 年被列为昆明市首批明星小城镇,2017 年被列为云南省特色小镇,是云南省开展"彩云之南等你来"夜间群众文化活动的重要示范点之一,具有得天独厚的繁荣夜间文化生活、带动经济发展的优势。

二、创新做法

按照"旅游和消费并进、文化和经济并举、历史与现代并融"的思路,以"商业氛围浓厚、游客流连忘返、历史文化特色鲜明"的城市夜间消费经济发展为目标,围绕"业态调整、活动组织、工程措施"三大策略,融入文化元素,打造集"吃、住、行、娱、购、游"于一体的"星光古镇"主题特色街区,让游人"白天感知本土文化,夜晚体验民俗风情"。具体做法如下。

(一)打造文旅活动品牌,丰富旅游内涵

官渡区文化馆每年都在古镇举办"彩云之南等你来"夜间群众文化活动 200 余场,此项活动集娱乐性、普及性、参与性、大众性于一体,既满足了本地老百姓的日常精神文化需求,又保障了外来游客不同层次和品质的旅游体验。同时,着重打造"古韵官渡"品牌系列活动,在节庆日等重要时间节点,举办"团播云南·潮动端午""国风大典·七夕暨汉服形象大使选拔大赛""清凉一夏·畅游昆明"等活动,以"云南说"小剧场为载体,开展滇剧、花灯、相声、评书、话剧、音乐会等各类演出,营造出"日日有活动,月月有节庆"的文化氛围,为古镇聚客引流,带动餐饮、购物、娱乐、旅游的发展,进一步丰富古镇的旅游内涵。

(二)传播民族特色文化,丰富夜间经济形态

官渡区文化馆下设非物质文化遗产保护中心,在古镇建有 1850 平方米的"非遗传承基地""滇剧花灯""乌铜走银"等 5 个传习馆,推出的文创产品"非遗扇子"和"云子冰激凌"极受欢迎,丰富多样的旅游"伴手礼"受到众多游客追捧。每年的"非遗文化日"举办"中国(昆明)官渡全国非物质文化遗产联展"活动,邀请全国百余项目参展,极具社会影响力,已成功举办十届。同时,依托古镇深厚历史文化底蕴,举办"民间绘画挂盘绘制大赛""非遗保护官渡实践民间论坛""非遗保护故事汇""国宝云子名人围棋邀请赛""官渡画乡优秀作品展""官渡民俗文化展"等系列文化活动,传播特色民族文化,展示本地非物质文化遗产的魅力,游客人数逐年增加。

(三)多点发力,以文化"留"客

一是繁荣"夜娱"文化体验活动。在官渡古镇组织开展滇剧、花灯、民族歌舞、广场舞、现代乐、交响音乐、少儿才艺展示,优秀电影展映,民族民间服饰、"非遗"项目作品展示,魔术表演等具有地方特色的文艺活动,推出多种形式的群众文艺演出活动,满足游客夜间旅游文娱消费需求。二是繁荣"夜食"文化。在古镇,颇具昆明"乡味"的官渡三宝"官渡饵块、官渡米线、官渡粑粑"誉满滇中,有"豆花米线""眼镜粑粑""留焕美食"等众多特色美食小店,游人可以在古镇品味传统的"老昆明"味道。三是繁荣"夜宿"品质生活。以"民俗客栈"为载体,打造夜间"美宿"体验区,利用官渡古镇民宿客栈集中的优势,吸引各类群体入住,推动主题文化酒店和精品民宿的建设,满足游客的"美宿"体验需求。四是繁荣"夜游"沉浸式体验。依托官渡古镇的历史文化,梳理官渡故事、绘影留声、古渡集市、螺峰叠翠、古渡渔灯—码头长街、四水归堂、古渡长街、休闲活动空间,通过增设构筑物、景观提升、灯光亮化工程灯等方式形成官渡古镇的景观故事线及游览动线,做到"步步有景点、处处有文化",让游客纵情古韵新风的官渡历史文化,探寻"非遗"绝技传承复兴的多重触感,博览官渡本土人文荟萃的深度游历,品享云茶普洱制艺精粹的沉浸休闲,提升游客的游览体验。

三、创新成效

官渡区文化馆积极探索文化和旅游融合发展,以文化繁荣夜间经济,展现本土浓郁的民族风情和绚烂的民族文化,带动夜间餐饮、娱乐、购物、旅游的发展,营造了良好的夜间消费氛围,满足了游客多层次、多元化、多样化的体验需求,激发了文化和旅游的消费潜力,形成良好的消费业态,进一步推动了昆明娱乐行业标准化、规范化、健康化发展。2019年,官渡古镇公益性场馆共接待来自国外、政府机构、各大高校的参观团 40 余次,全年接待游客 9 万余人次。2020 年受疫情影响,接待各级单位参观共 20 余次,接待游客 5 万余人次。2021 年接待各级单位参观 30 余次,接待游客 7 万余人次。

四、经验启示

近年来,昆明市积极构建以文化提升旅游内涵、以旅游促进文化繁荣发展的工作格局,以"文化＋旅游"模式,多点发力推进文化和旅游的深度融合发展,在提升文化旅游城市影响力、探索公共文化与旅游业融合发展方面,积累了一些经验。

(一)通过整合历史文化资源,提升城市魅力

以擦亮历史文化名城品牌为目标,深度整合昆明的历史文化资源,促进旅游业的蓬勃发展,推进以"官渡古镇博物馆群落""翠湖片区博物馆群落""龙泉古镇博物馆群落"为代表的博物馆业发展,加强传统街区与老建筑的保护工作,充分发挥聂耳、郑和、兰茂等名人的传播效应,让昆明的记忆火种和经典象征更加鲜活,进一步增强昆明悠久的历史文化底蕴,提升城市的魅力和吸引力,让游客感受到昆明的历史文化之美、地域文化之美。

(二)以保护传统文化为抓手,丰富旅游的内涵

充分挖掘本地区的民族民间文化资源和特色传统技艺遗产,通过打造民间优秀文艺精品、建设非物质文化遗产传习基地、开发民族手工艺产品并进行市场化推广运营,涌现出了以官渡区"乌铜走银"、石林县"彝族撒尼刺绣传习中心"为代表的一批特色旅游产品和传统技艺体验项目。昆明现拥有 3 个省级民族传统文化生态保护区,34 个市级传统文化保护区(乡),18 个省、市级"非遗"保护传承基地,命名了 6 所"非遗传承示范学校",实现了传统技艺保护传承和文旅事业发展的共赢。

(三)持续打造文旅活动品牌,提升城市旅游的吸引力

"四季如春"的昆明,拥有天然的优势气候资源和秀丽的湖光山色。近年来,承办了"COP15"生物多样性大会、世界龙舟锦标赛、昆明高原国际半程马拉松、昆明环滇池高原国际自行车赛、上合昆明国际马拉松赛等多项大型对外交流活动和体育赛事,举办市级各类文化活动 100 多项,吸引全国乃至世界多个国家和地区参与,全方位展示了昆明"现代、开放、包容、多元"的城市形象,旅游资源得到了有效推广。为进一步推进全域旅游发展,繁荣本土民族民俗节庆文化,充分整合各类民族特色文化资源,打造品牌系列活动,每年举办"春城文化节""郑和文化节""民族团结大舞台""兰茂文化节""密枝节""海鸥文化节""摸鱼大赛"等 40 余项地方民俗节庆品牌活动和特色文化活动,受到了广大群众的青睐,每年参与人数上百万。

(四)大力传播地方特色饮食文化,增添旅游的"味道"

丰富健康的饮食文化和独具特色的地方美食既是对传统文化的保护传承,也是促进文化和旅游深度融合的重要载体。昆明是一个多民族聚居地,在发掘地方特色美食、打造健康饮食文化体验上也颇有成效,打造了"慕尼黑啤酒节""菜牛美食文化旅游节""昆台

美食交流活动"七步场豆腐文化节""长街宴"等20余项特色美食文化体验活动,并辅以漫展、文艺表演、非物质文化遗产展示、美术书画摄影展、厨艺争霸大赛等特色文化服务体验项目,让广大市民和八方游客既享受了美食,又获得了美好的文化体验。

(五)盘活乡土文化资源,为乡村旅游注入活力

昆明是西部地区重要的农业发展聚集地之一,拥有很多优质的乡土文化资源,随着城市化进程的加快,现代都市居民对农耕文化、休闲式乡村旅游的需求日益增长,昆明以此为契机,发展"农旅融合",推动传统农耕习俗的发展,加强特色民居建筑的保护,大力发展乡村文化旅游产业,促进乡村经济的发展。其中,最具代表性的宜良县耿家营乡河湾村的彩色水稻创意图案种植、稻花鱼养殖等特色乡村景观和旅游体验项目,每年吸引众多游客打卡,在田野中品味"五彩稻香",收获自然的宁静,"小小的水稻,大大的文旅"引得昆明各级媒体争相报道,"蝴蝶在田野中飞舞、蜻蜓落在彩稻上,白鹭从天空中飞过",绘制了一幅"向往的生活"的画卷。

玉溪市新平县"五化"助推广场群众文化

玉溪市新平县文化馆　李海梅

多年来,新平彝族傣族自治县(简称"新平县")大力强化广场群众文化建设,提升广场文化品位,建立政府引导、协会推动、城乡联动、富有地方特色的群众性广场文化活动机制,促进城乡互动、全民参与。广场文化成了群众的文化大舞台,文化惠民、文化育民、文化乐民"软实力"成为推动新平经济社会发展的强大动力。

一、创新背景

新平县位于滇中部偏西南,地处哀牢山脉中段东麓,玉溪市西南部。全县地域面积4223平方千米,辖6乡4镇2街道124个村(居)委会1459个村(居)民小组,常住人口26.27万人,有汉族、彝族、傣族、拉祜族等17个民族,其中彝族、傣族人口占全县总人口的65.7%。近年来,新平县立足资源优势,以打造花腰傣民族文化品牌为重点,着力推进民族文化繁荣发展,荣获"中国最美风景县云南十佳""中国最具特色生态旅游名县""最具原生态民族文化特色的少数民族自治县"称号,哀牢山自然保护区荣获"全国民族文化旅游新兴十大品牌","千桌万人磨盘宴""彝族文化长廊"分别获得"世界上规模最大的宴席"和"世界上最长的彝族浮雕文化长廊"称号。2008年以来,新平县强化广场群众文化建设,丰富广场文化活动,不断提升广场文化品位。目前,创编推出25套共150个广场舞蹈,并推广普及到全县各乡镇(街道)。通过广场舞向游客展示本地少数民族特色文化,以广场文化的形式让游客参与民族文化活动项目体验,丰富群众业余文化生活。

二、创新做法

(一)依托文化阵地促进广场群众文化发展

新平县配齐完善文化馆(新平县非物质文化遗产保护中心)、图书馆、文物管理所、群众文化工作队、12个乡镇(街道)综合文化站(宣传文化服务中心)及2个文化站分站,124个村级综合性文化服务中心(室)。推进132个农家书屋和59个信息资源共享(农民网络培训学校)农村基层服务点建设,实现文化信息共享工程、农家书屋建设县、乡、村三级全覆盖,覆盖率100%。县、乡、村共有文化体育活动广场140个,活动广场面积约11

万平方米;农村业余文艺队共 221 支。文化服务设施网络逐渐覆盖城乡,公共文化设施全部免费开放,依托文化阵地力促广场群众文化繁荣发展,群众参与人数逐年增多。

(二)依托民族文化促进广场群众文化发展

新平县依托丰富多样的民族文化,在群众文化中深挖民族文化特色,结合彝族、傣族等民族歌舞特色、表演习惯、生活特点等编创和推出含彝族、傣族、哈尼族等不同民族风格的广场舞蹈。这些广场舞蹈民族特色鲜明,动作易学,便于推广。

(三)依托多样主题促进广场群众文化发展

新平县结合群众文化开展的实际,把广场文化与民族文化进社区、进村寨、进校园、进机关、进企业活动,花街节、火把节、烟盒舞文化节等节庆,乡村大舞台等活动的主题相融合,在群众文化活动中开展万人同跳烟盒舞、千桌万人磨盘宴、花腰风情沐浴狂欢等广场文化活动,向游客展示和宣传新平少数民族特色传统文化,依托多样文化活动主题活跃广场群众文化。

(四)依托服务机制促进广场群众文化发展

新平县成立广场文化活动领导小组,专门负责督促检查广场群众文化工作;每年制订工作计划,排出每天开展广场群众文化的时间、人员,到群众最为集中的县城民族广场带领群众开展活动;更新广场文化活动内容,每年组织群众文化辅导员编创广场舞 2 套 12 个,每年在县城民族广场推广普及,广场舞文艺骨干培训不少于 6 期,下基层开展广场舞推广活动不少于 12 期,形成长效服务机制。

(五)依托亮点品牌促进广场群众文化发展

新平县将县城文化广场确立为全县广场文化活动示范基地,以点带面,把民族文化精品活动辐射到全县各乡镇、社区。广场文化活动示范基地的文化活动内容主要以彝族、傣族等民族文化歌舞为主,大力弘扬新平民族特色传统文化,并由专人定时定点开展广场文化辅导,形成文化服务长效机制。新平县广场文化活动融入全县的各大文旅节庆及群众文化活动,广场群众文化在全县蓬勃发展的基础上,逐步突出亮点,形成特色,成为具有民族特色的文化旅游特色品牌。

三、取得成效

(一)广场群众文化群体参与广泛化

近年来,新平县以基层为重点,强化基础设施建设,县、乡、村、组四级公共活动服务设施网络逐步完善,群众通过广场文化"乐"起来。县、乡、村、组共有相对集中、初具规模的群众广场文化活动场所1000多个,约32万平方米;全县由群众自发组织的广场舞团队106支;参与群众5.6万人次。通过辅导培训,逐步探索出了组织群众参与广场文化活动的有效途径,参与新平广场文化活动的群众由原来老年人占多数逐渐向老、中、青、少广泛参与发展,参与广场文化活动的群众越来越多,广场文化活动成为新平县一道亮丽的风景线。

(二)广场群众文化创编凸显特色化

多年来,新平县深挖民族文化,创作出《花腰恋歌》《傣雅之梦》《花腰宴舞》等优秀民族歌舞剧;打造出荣获国家级奖项的舞蹈《帕织央》《银铃舞》《挑花箩》《竹子青青甘蔗甜》等。结合彝族、傣族等民族歌舞特色、表演习惯、生活特点等,编创和推出了含彝族、傣族、哈尼族等不同民族风格的25套广场舞蹈。这些广场舞蹈民族特色鲜明,动作易学,便于推广。

(三)广场群众文化形式多样化

新平县结合群众文化开展的实际,把广场文化与民族文化进社区、进村寨、进校园,文旅节庆、乡村大舞台等活动的主题相融合,在群众文化活动中融入广场文化活动项目,向游客展示和宣传新平县少数民族特有的传统文化特色。2021年,开展朗诵、读书分享、亲子活动、比赛、书画展、志愿服务、讲座、红色影片展播等各类群众文化活动126期,参与群众达14000余人次;举办了112场次文艺汇演活动,线上线下参与群众达15.35万人次;举办广场舞业余文艺骨干专题培训班,不断提高群业余文艺表演和创作水平,通过主题鲜明、形式多样的群众文化助推广场文化发展。

(四)广场群众文化服务机制长效化

新平县成立了广场文化活动领导小组,专门负责督促检查工作,形成长效机制。每天定时安排群众文化辅导人员到群众最为集中的县城民族广场带领群众开展活动,每年组织群众文化辅导员编创广场舞,并深入基层各活动点开展群文辅导,按时更换新音乐,排练新舞蹈,更新广场文化活动内容,让活动长期保持下去,促进广场群众文化服务机制长效化。每年在县城民族广场推广普及、广场舞文艺骨干培训不少于6期,下基层开展广场舞推广活动不少于12期。2021年,以民族文化进社区、进村寨、进校园、进机关、进企业活动为载体,服务基层,培育群文艺术人才,开展农村文艺骨干、广场舞、文化人才、戏曲进乡村等群众文化辅导100期,辅导群众4000余人次。

(五)广场群众文化特色亮点品牌化

新平县广场文化活动以彝族、傣族等民族文化歌舞为主,大力弘扬新平县民族特色传统文化,并由专人定时定点开展广场文化辅导,形成文化服务长效机制。新平县广场文化活动融入全县各大文旅节庆及群众文化活动中,逐步突出亮点,形成特色,成为具有民族特色的文化旅游特色品牌。广场文化活动的主体由文化部门和工、青、妇等群团为主逐步扩展到机关事业单位和大中型企业、文化志愿者等;人员由老年人群逐步发展到中青年和儿童。活动参与面越来越广,影响力越来越大。近年来,共举办广场舞培训、花腰傣少儿培训班、花腰傣服饰手工技艺培训等 66 期,培训人员 2000 余人,开展彝族傣族酒歌、小调和舞蹈等文化辅导 1500 余人次。积极引导少数民族在日常生活中讲本民族语言,穿戴本民族服饰,跳本民族舞蹈,让群众自主地参与民族文化保护和传承,增强文化自信。

四、经验启示

(一)强化群众文化队伍建设,是助推广场舞发展的力量支柱

采取多种方式培训培养新平县本土少数民族舞蹈骨干,壮大广场舞专业骨干力量;吸纳有实践经验的广场舞团队负责人和各类协会组织积极参与广场舞活动的培训辅导,采取"请进来、送出去"等方式,强化对基层文化工作者的辅导和培训,提高其综合素质和业务水平。

(二)提升群众参与的积极性,是助推广场舞发展的蓬勃动力

组织开展广场舞公益培训、广场舞比赛,最大限度地为群众民族广场舞展示展演开放提供各种平台,满足群众"演文化"的需求;结合实际开展群众喜闻乐见的文化活动,让广大群众在参与活动中感受文化的魅力,力促群众文化活动有序开展。

(三)编创广场文艺精品,是提高广场舞活动品质的活力源泉

挖掘具有特色的民族文化,激励工作人员创作激情,打造高端、有文化底蕴的高品质群众文化作品,鼓励大批民间艺人和有识之士积极创作体现新平县少数民族特色的音乐和舞蹈,助推各类蕴含本土少数民族文化特色的广场舞活动的开展,增强文化的吸引力、凝聚力,促进文化和旅游融合发展。

群星风采·陕西省群文系统业务干部技能大赛

陕西省文化馆　蓝　剑　乌　蓉　张大林

一、实施背景

随着国家对基层文化建设的日益重视和文化馆免费开放的深入推进,人们对文化艺术的鉴赏能力和理解深度有了质的飞跃,这对文化馆干部提出了更高的要求。

由于各种因素的影响,多年来文化馆专业技术人才队伍建设还存在业务素质不高的突出问题,严重影响着文化馆的工作质量和效率。有效提升文化专业干部的素质和服务技能,是文化馆健康、可持续发展的重要保障,也是更好满足广大群众日益增长的精神文化需求的内在要求。群星风采·陕西省群文系统业务干部技能大赛,自2014年起成功举办了七届,已成为陕西省文化馆的文化品牌。

二、主要做法

群星风采·陕西省群文系统业务干部技能大赛,是由陕西省文化和旅游厅指导,陕西省文化馆、陕西省群众文化学会主办的一项重要活动。旨在切实增强全省文化馆(站)在构建公共文化服务体系建设中的使命感与责任感,进一步提升全省群文系统业务干部的专业素质,扎实推进陕西公共文化事业的高质量发展。

大赛针对公共文化服务体系组织、辅导、创作、研究的特点,曾先后举办音乐、舞蹈、美术、书法、摄影、小戏小品、活动策划等门类的比赛。大赛由各市设大赛分会场,进行初赛、复赛选拔,陕西省文化馆为大赛主会场,统一组织举办决赛。

为了体现公平公正,每届比赛都邀请国内知名专家担任评审,现场评分亮分。这一做法为比赛成绩的公开性、真实性和公正性提供了有力保证,也受到了所有参赛选手的一致赞扬。大赛的举办大大激发了群文干部的比赛热情,先后有5600余名(人次)群文业务干部参加了大赛,很多群文干部每年年底就开始打探来年技能大赛的比赛方向,提前着手准备。

2020年由于受新冠疫情影响,此项活动在之前的基础上进行了尝试性的创新,将线上与线下选拔相结合,以分会场线上选拔和主会场现场展示的方式举行。参赛者通过网络报名,将参赛作品以视频、图片形式报送各市分会场,由各市馆统一对参赛视频进行线上选拔,并在本馆网站、微信公众号上持续推出优秀参赛作品公开展示。

三、显著成效

大赛的成功举办,取得了显著的效果,使一大批业务素质过硬的群文干部脱颖而出。西安市群众艺术馆音乐专业的词作者李黎,通过参加比赛,自身的创作能力得到提高,他创作的歌曲多次被陕西省歌舞剧院著名歌唱家沙莎演唱。汉中洋县文化馆的赵剑波馆长,用自己的作品宣传家乡,传播地域文化,获 2019 年技能大赛一等奖。汉中市群众艺术馆舞蹈专业干部蒋茜美,通过参加技能大赛,从一个纯粹的舞蹈演员成长为优秀的舞蹈编创人员。

大赛不仅激发了全省群众文化工作者努力学习业务知识、掌握工作技能、提高服务本领的紧迫感和自觉性,也产生了良好的社会影响。《中国文化报》、《文化艺术报》、《三秦都市报》、西部网等 10 多家新闻媒体广泛宣传报道,极大地提高了人民群众对群文事业的关注度,同时也提高了群文干部的工作热情和积极性,大家你争我赶,争当群文专家。

实践证明,文化馆干部素质的提升,是深入贯彻《中华人民共和国公共文化服务保障法》的需要,是文化馆体制改革、文旅融合的需要,是文化馆业务建设的需要,是群文人践行文化自觉和文化担当的需要,是实现基本公共服务均等化的需要,也是群众文化事业高质量发展的需要。

这项活动的成功举办,是对全省群文干部服务本领的一场大展示、大检阅。

陕西省文化和旅游厅相关领导对该项活动给予高度评价,形象地称此类活动为"种文化":"这样才能把目前的'送文化',逐步到'送''种'结合,最终达到全面'种文化'的工作目标。"

铜川市群艺馆群文摄影干部辛国炜感慨地说:"省文化馆举办的全省群文系统业务干部技能大赛,很圆满,很成功。以前我总认为干群文工作很容易,通过现场比武,才知道做好群众文化工作实在不容易,还需要懂得更多的文化艺术知识和拥有较高的专业技能,才能干好本职工作,才能服务好群众,才能适应新时代。"

陕西省文化馆党总支书记、馆长洪济龙认为,该项活动的举办,为全省群文业务干部搭建了一个展示和交流的平台,使全省的群文干部在各个方面的技能和业务素质得到了很大的提升,为发挥基层综合文化服务中心在基层文化阵地建设中示范引领作用、加强全省基层综合文化服务中心服务效能建设、扎实有效推进全省公共文事业繁荣发展提供了人才保障和智力支持。

四、经验启示

全面提升群文系统业务干部专业技能是一项长期性工程,要做到讲科学、讲实效,持续进行。

要根据文化馆职能和公共文化服务的基本要求,制订针对性较强的工作计划,策划形式多样的活动项目,确保各项活动富有成效。

采取点面结合、内外结合、上下结合等方法,紧密围绕高质量发展目标,全面提升专业干部业务素质,全方位适应和彰显新时代文化馆功能和公共文化服务的新需求。

文化馆业务干部要坚定文化自信,树立新理念,紧跟新时代步伐,抓好自身专业知识学习,努力提高专业服务技能,为新时代群众文化事业的发展做出新贡献。

西安市未央区全民艺术普及课程的创新实践

——以"跟着小荆老师学乐理知识"为例

西安市未央区文化馆　荆月洁

一、创新背景

2015 年,中共中央办公厅、国务院办公厅发布的《关于加快构建现代公共文化服务体系的意见》,提出要充分利用数字化互联网技术,让老百姓可以随时随地享受公共文化服务,提升公共文化服务的效能。2015 年的《政府工作报告》中提出"制定'互联网 +'行动计划",各行各业纷纷探索与互联网的融合,文化馆行业也不例外,依托数字互联网技术,建设并运营好数字文化馆,建立"互联网 + 公共文化服务"新模式。

2020 年初新冠疫情暴发后,随着疫情的常态化,数字文化馆的建设推进、媒体新技术的不断升级,文化馆以互联网为载体,以文化艺术为内容,在线上开展辅导、培训、欣赏等数字化服务,充分利用"互联网 +"模式,丰富群众的精神文化生活,将高质量的"文化大餐"送到群众身边。

为丰富人民群众精神文化生活,汇集各地文化艺术人才优势力量,加大全民艺术普及特色课程资源供给力度,普惠基层群众,文化和旅游部全国公共文化发展中心联合中国文化馆协会于 2020 年 5 月 29 日启动了"云上学好课·全民艺生活——2020 云上全民艺术普及"活动,面向全国各级群文机构,征集特色"全民艺术普及 U 课",并将这些课程集结登录国家公共文化云,内容涵盖音乐、舞蹈、戏曲、绘画、摄影、"非遗"等多项适用于线上学习的艺术门类。全国各级文化馆积极准备并申报课程,未央区文化馆也参与了此项活动,录制了"跟着小荆老师学乐理知识"课程。

二、创新做法

网络课程不受时间、地点的限制,又能增加交流频次、参与人数,提高文化普及的影响力。未央区文化馆在艺术普及网络课程的制作工作中积极探索,充分发挥专业人员的特长,突破传统的课程模式,以最小的成本和人力来实现课程的录制。现以"跟着小荆老师学乐理知识"课程为例,介绍该课程采用的一些创新做法。

（一）分秒"吸睛"，合理规划课程时长

随着智能手机的应用升级，内容传播方式从文字、图片向视频延伸。在当前这种快节奏的工作、生活当中，长时间的视频课程对人们的吸引力正在慢慢减弱，"碎片化"的学习成为一种趋势，利用休闲时间学习一门课程、掌握一种技能，成为一种流行。在拥有高日活量的抖音、快手等短视频平台上流传着一种"七秒定律"，即用户会根据视频前7秒的内容决定是否完整观看这个视频。将这一法则借鉴到全民艺术普及课程上，不需要冗长的前奏和铺垫，开门见山地快速切入正题，提炼和凸显明晰的知识点，呈现精华内容，充分利用好每一分、每一秒，吸引学员持续观看。因此，我们将一节课程的时间定为10—15分钟，将提炼的知识精华更迅速、高效地传授给学员。

（二）精心挑选授课内容

在对基层音乐爱好者的长期培训和辅导中，我们发现至少有40%—50%的音乐爱好者对乐理知识了解不多、不深，缺乏基础的音乐理论知识。学习乐理这门基础性学科，对音乐的学习具有特殊的意义，是最基础也是最根本的，是音乐学习道路上不可或缺的环节。学习乐理知识，有助于帮助音乐爱好者认识乐谱，把握乐曲的节奏、情感等，加深对乐曲的理解，更好地诠释音乐作品，从而提高演唱水平。

让没有任何乐理基础的人在轻松愉快的环境下掌握基本乐理知识，是制作"跟着小荆老师学乐理知识"课程的初衷。该课程针对零基础的广大音乐爱好者，将浅显的例子和试听与音乐基础理论知识相结合，利用简洁的文字、欢快活泼的背景音乐、丰富的图片及大量的谱例和视听资料，制作色彩明亮的PPT文稿，用通俗易懂的语言将理论知识进行解说，配上可爱的卡通形象，富有趣味性和观看性，避免了授课教师面对镜头紧张、动作生硬，让学习不再枯燥乏味。

（三）因地制宜、扬长避短，选择合适的录制方法

网络上的乐理课程视频以模拟现场课堂为主，授课教师站在黑板前讲解课程，直接进行录制。当视频中教师写板书的时候，学员只能等待，板书完毕后才能听到教师的下一步讲解，无形中增加了无效的时间。由于乐理课程的专业性、理论性较强，所以按照传统乐理课的讲法，很难激发学员的学习兴趣。

进行现场课程录制，需要摄像机、视频切换器、视频采集卡、电脑、切换台、音响控制台等诸多专业器材，而且必须由专业人员或熟练人员来进行操作，录制现场也必须保持绝对的安静。录制中某一环节出现问题，会影响整个录制效果。

很多区县文化馆没有专业的录音室，不具备现场录制的条件，也没有专业录制人员及大量资金支持，只能另辟蹊径。未央区文化馆经过不断地摸索、尝试，最终确定了使用PowerPoint2019自身的屏幕录制功能来进行课程的录制。录制课程的设备仅需一台装有剪辑软件、录音软件和PowerPoint2019软件的电脑，一个专业声卡和一个麦克风。授课

教师提前制作好课程幻灯片,在播放幻灯片的同时使用麦克风进行课程的录音,最终将录制好的视频和音频用剪辑软件进行合成处理。此录制方法不需要专业的技术人员,仅需授课教师懂得一些基础的电脑操作、剪辑技巧,在安静的办公环境下即可完成,极大地节省了人力、物力、财力。

三、创新成效

到 2020 年底,"云上全民艺术普及活动"共有 29 个省份 102 家文化馆参与,共推荐 535 门课程 1818 条视频资源,涵盖音乐、戏曲、舞蹈、书法、绘画、"非遗"、国学、摄影等多个艺术门类。根据网络访问量,2020 "云上全民艺术普及活动"评出"最受欢迎点播课 TOP10""最受关注的授课人 TOP10"。

"跟着小荆老师学乐理知识"课程在"最受欢迎点播课 TOP10"榜单中位列第一,获得国家公共文化云"2020 年全民艺术普及 U 课"认证。小荆老师——荆月洁在"最受关注的授课人 TOP10"榜单中位列第二。该课程持续稳居热门点播课 TOP50 榜首,被人民网、陕西省人民政府网、陕西省文化和旅游厅网等报道后,掀起了新一轮的宣传,又进一步促进了课程的推广和观看。根据国家公共文化云"学才艺"栏目课程月浏览量统计,该课程为 2021 年 7 月最受欢迎课程 TOP1,被湖南公共文旅云及西安市群众艺术馆等多个文化馆网站、公众号转载。该课程丰富了群众精神文化生活,提高了未央区文化馆的知名度,推动政府加大全民艺术普及特色数字资源供给,提供优质公共文化共享服务,形成良性循环,为未央区文旅融合工作出一份力。

四、经验启示

全民艺术普及课程与普通的艺术教学不同,它的对象是不同年龄段、不同阶层的人。这些人文化程度不同、喜好不同、艺术欣赏认知水平不同,他们学习的目的是接触艺术、了解艺术,提升自己的艺术素养,提高艺术知识水平。所以全民艺术普及课程的制作需要适用于各个年龄段的人,要紧跟时代潮流,不断了解当下的流行趋势,保持先进性,让课程不再枯燥,不再有距离,让更多趣味性强、通俗易懂的艺术普及课程制作出来,让学习变得活泼有趣,要不断调整群众文化辅导的作用,从而进一步提高全民艺术普及的效果和质量。

打造一支业务专业化、服务高效化的文化馆人才队伍。文化馆的从业人员要不断提升自身专业素质,提高服务意识和服务水平,调动积极性与创造性,提高个人的主观能动性,成为一专多能的复合型人才,有效提高文化馆的工作质量和效率。

政府需加大对专业人才的引进力度及文化资金的投入力度,全面提升公共文化服务供给能力,提升文化服务效能,推进文化和互联网、大数据、人工智能等技术深度融合,加强新动能对基层文化服务的引导力。

文化馆用足用活文化资源禀赋,发挥文化馆的自身优势,加强馆际合作交流,互相借力,充分调动各方面力量参与全民艺术普及,提高服务水平,为社会各阶层提供多样化的文化内容。

公共文化服务跨区域战略合作的高陵实践

西安市高陵区文化馆 吴 瑛

为深入学习贯彻习近平新时代中国特色社会主义思想,加强公共文化服务体系建设,丰富人民群众精神文化生活,增强陕西省内及西部、东部省份公共文化服务的交流互鉴,为公共文化服务提质增效、实现跨越式、高质量发展,探索发展的新路径,西安市高陵区进行了公共文化服务跨区域战略合作,进行了有效实践,取得了相应成果。

一、策划背景

一是中共中央办公厅、国务院办公厅印发的《关于加快构建现代公共文化服务体系的意见》在"加强公共文化产品和服务供给"方面提出"加强公共文化服务品牌建设,推动形成具有鲜明特色和社会影响力的服务项目。加大对跨部门、跨行业、跨地域公共文化资源的整合力度。以行业联盟等形式,开展馆际合作,推进公共文化机构互联互通,开展文化服务'一卡通'、公共文化巡展巡讲巡演等服务,实现区域文化共建共享"。二是目前大部分西部省份文化发展不平衡,文化服务方法单一,文旅融合需要持续增强。三是贯彻落实习近平总书记保护、传承、弘扬黄河文化的重要论述精神及来陕重要讲话精神。四是2021年春节,中共中央办公厅、国务院办公厅倡导群众就地过年,非必要不出行,防止人员流动导致新冠疫情传播扩散。为此需探索文化馆数字服务的新方式。五是文旅融合的要求。

二、主要做法

(一)省内跨区域合作,签订合作协议,建立合作机制

2020年以来,高陵区文化馆在省内选择有代表性的区域,先后与榆林市横山区、商洛市山阳县、渭南市临渭区、西安市周至县和灞桥区等地的公共文化单位开展战略合作,签订合作协议。高陵区文化馆于8月11日到西安市周至县文化馆,7月10—11日、10月17日两次到商洛市山阳县文化馆,7月30日、10月26日两次到榆林市横山区文化馆,8月20日到渭南市临渭区文化馆,10月24日到灞桥区文化馆,等等,就文化互建、群众文艺团队建设、文艺精品打造、服务帮扶、文旅融合创新等交流了经验。

（二）省外跨区域合作，搭建交流平台

1. 横向的线下合作的实践

2020年8月24日至28日，高陵区文化馆承办了"保护传承弘扬·相约幸福黄河"2020年黄河流域群众文化联展联演联讲活动，活动方案一经推出就得到省内外文化馆的积极响应，各地文化馆均认为此次活动是很好的文化大交流契机。青海省、四川省、山西省、山东省、宁夏回族自治区、甘肃省、内蒙古自治区等省份及陕西省内共计31家文化单位参与了活动。各参与单位表演了的准格尔漫瀚调、山东琴书、横山老腰鼓、永济道情戏等，这些优质文化资源得以聚合展示，并放大扩散范围。活动展出了唐卡、版画、中国画、书法、摄影等艺术精品336件，展出"非遗"文创作品800余件。高峰论坛上，著名文化学者、文艺评论家肖云儒以《黄河与中国共频》为题，陕西考古研究院副研究员杨利平以《黄河流域文明的曙光——高陵杨官寨遗址考古发掘启示录》为题，大渡口区文化馆党支部书记、馆长郑启超（特邀）以《黄河流域群众文艺创作组织化策略探索》为题，山西永济市文化和旅游局党组成员、副局长樊高福以《弘扬黄河文化打造魅力城市》为题，兰考县文化馆馆长刘曙光以《黄河岸边桐花香》，各抒己见，展开深入探讨与交流。论坛着眼点高、内容充实，拓展了文化馆的思维，让与会人员深受启发。

2. 横向的线上合作的实践

在文化云协同共享·送温暖凝心聚力"人民的幸福生活"——2021八省区21区县文化馆跨区域联盟春节线上联播。活动中，各馆提供融合有自己家乡地标建筑、著名景点、文化特色的文艺节目，由主办方集中统一进行制作，再发给各参与单位，通过抖音、微信公众号等渠道向社会推出。跨区域数字文化服务的途径，让人民群众享受不同地域的特色文化，扩大欣赏视野，促进文旅融合发展；让在不同地方响应就地过年的游子都能品到家乡的年味，看得见故乡的山、望得见故乡的水，收获心灵的愉悦。

3. 纵向的区域内跨行业合作

2020年，高陵区文化馆与区内钱币博物馆、奇石博物馆、医药博物馆开展了带着妈妈爸爸中秋游活动。文化馆组织策划行程，为老人提供重阳花糕馍，博物馆负责接待。此活动在社会上营造了敬老的氛围，引领了一种全新的社会敬老爱老风尚。

三、创新成效

他山之石，可以攻玉。活动使参与单位打开了参与单位的城墙思维，让清风吹进来，让参与单位近距离看到别的单位的好做法、好成果，增强了参与单位的精品意识，促进其分享公共文化建设经验，一方面借鉴、一方面得到激励。2020年黄河流域群众文化联展联演联讲活动结束后，各协作单位表示这种形式很好，一定要把这一合作关系深入推进，希望以后多举办这样的交流活动。大家在这次活动中汲取了很多别的地方的经验，以后在自己的工作中可以进行移植、实践。

人民群众得到了高水平的文化享受,共享了各省份各单位的文化资源,欣赏到了不同地域的文化。文化权益得到更好的保护。

线上活动的举办,把握了公共文化服务未来的趋势,助推了公共文化服务向纵深发展,适应了新时代人民群众的文化消费理念。

2021年八省区21个区县文化馆线上联播活动,丰富了群众的文化生活,也使得文旅融合得到加强。让不回家过年的人们,看到家乡的一山一水,心灵得到了抚慰,为特殊时期的公共文化服务提供了可借鉴的经验。

以高陵区域战略交流合作为原型模式的研究课题"西部地区文化馆跨区域服务联盟的建设模式"入选文化和旅游部2020年重大研究课题项目。

区域内跨行业的合作,促进了优秀传统文化的传承发展。

文化馆在合作的方式下集体出征,体现了文化馆行业能集中精力办大事、创品牌。

四、社会反响

央视频、新华网、凤凰网陕西综合、经济网、西安网、《文化艺术报》、海外网、西安广播电视台、《中国文化报》等多家主流新闻媒体对2020年黄河流域群众文化联展联演联讲活动进行了报道。2021年八省区21区县文化馆线上联播活动得到了人民号、陕西网、中央广播电视总台国际在线、文旅中国在线等媒体的报道。

五、启示与思考

问渠那得清如许,为有源头活水来。文化的活力来自学习、交流和创新。《陕西省公共文化服务保障条例》规定:"县级以上人民政府应当加强跨部门、跨行业、跨区域公共文化服务资源的整合,创新公共文化服务管理运行机制,实现公共文化服务网络互联互通、资源共建共享。"为人民群众提供丰富的精神文化产品是文化馆的职责和历史担当,文化馆应该广纳博采,不断与多地文化碰撞,线上线下齐发力,不断提升服务能力,始终将满足人民对美好生活的需要作为奋斗目标,增强人民群众的获得感、幸福感。

弘扬优秀传统文化　保护民族精神家园

——宝鸡市岐山县文化馆"凤鸣大讲堂"创新实践案例

岐山县文化馆　付　博　秋子红

一、实施背景

岐山县地处陕西关中西部,是全国文化先进县。岐山县设有两个县级文化馆——岐山县文化馆、蔡家坡文化馆,岐山县文化馆承担着岐山北片 6 个镇 25 万人民群众文化活动的组织辅导、非物质文化遗产的保护传承和公共文化服务工作。

岐山是周文化的发祥地之一,是炎帝生息、周室肇基之地,历史悠久,文化灿烂,素有"周公故里""礼仪之乡""青铜器之乡""转鼓之乡""臊子面之乡""陕菜之乡""民间艺术之乡"等美誉。近年来,岐山县委、县政府把宣传、挖掘、弘扬周文化和礼仪文化,纳为社会主义精神文明建设和社会主义核心价值观教育的重要内容,积极践行"厚德、仁爱、包容、求实"的岐山精神,扎实开展创建"中国礼仪文化之乡"工作,"周礼之乡"已成为岐山县的一张亮丽名片。

自 2012 年以来,在县委、县政府的正确领导下,在省、市业务部门的精心指导下,岐山县文化馆依托本地雄厚的周文化资源优势,充分发挥基层文化主阵地作用,创新服务形式。持续开展多年的"凤鸣大讲堂"活动,深受群众欢迎,在群众中拥有良好的口碑,现已成为岐山县文化馆着力打造的群众公共文化服务品牌项目。

二、活动实施及内容

"凤鸣大讲堂"是岐山县文化馆在国家公共文化服务体系示范区创建中,为丰富公共文化服务供给、提高公共文化素养而着力打造的一项公共文化服务品牌项目。为做好"凤鸣大讲堂",馆里专门确定一名领导分管"凤鸣大讲堂"工作。自 2012 年 1 月揭牌开讲起,岐山县文化馆共举办"凤鸣大讲堂"专题讲座 100 余期,深受广大群众欢迎。

岐山县文化馆在举办"凤鸣大讲堂"讲座中,高举社会主义核心价值观的旗帜,树立"以人为本,以文为魂"的育人理念,注重用先进文化引领社会风尚,紧抓县委、县政府突出"凤鸣岐山,周公故里"文化符号的工作理念,将历史文化与现代文明有机结合,挖掘岐山县传统文化、先进文化,使"厚德、仁爱、包容、求实"的岐山精神发扬光大。

岐山县文化馆在开展"凤鸣大讲堂"活动中,以周文化系列讲座为主,不断拓展新的公共文化服务内容。邀请的"凤鸣大讲堂"主讲人中,既有郑鼎文、詹生杰等资深周文化专家,又有张宏斌、祁健业、张毓民、上官栋等文化名流,还有于少特、赵智宝等文物、文化工作者,讲座内容涵盖周文化、周易知识、文学欣赏、新闻写作、书画欣赏、养生等文化知识。

(一)周文化系列讲座

周文化系列讲座是岐山县文化馆"凤鸣大讲堂"的主要内容。2012年1月19日,"凤鸣大讲堂"在县文化馆隆重开讲。7月10日,岐山县周文化研究会会长郑鼎文先生在"凤鸣大讲堂"举办"解读凤鸣岐山"专题讲座。11月14日,郑鼎文先生在"凤鸣大讲堂"讲解"岐山周文化"。12月11日,郑鼎文先生在"凤鸣大讲堂"举办"岐山是中华礼仪文化的发祥地"专题讲座。

自2015年6月开始,岐山县文化馆在"凤鸣大讲堂"举办"周文化景区建设系列讲座",到同年12月底,共举办9期,讲座内容涵盖岐山西周景区建设、岐山的历史地位、岐山河流水系、街道更名历史文化底蕴、岐山故事与传说等多方面内容,主讲人有郑鼎文、于少特、詹生杰、李明录等周文化专家、学者,听讲人员逾千人次。

2016年起,岐山县文化馆邀请省、市、县资深周文化专家,每年均举办六次以上周文化系列讲座。

(二)非遗、考古知识讲座

岐山历史悠久,民间艺术璀璨。岐山共有岐山转鼓、岐山臊子面制作技艺、岐山油漆绘画工艺、岐山擀面皮制作技艺、岐山空心挂面制作技艺、岐山王氏皮影制作技艺、岐山农家醋制作技艺、岐山剪纸、周公祭典等省级"非遗"项目9个,省级"非遗"传承人王致华、谢凤鸣等5人;岐山油炸面花、岐山曲子、岐山青铜器复仿制技艺、岐山传统榨油工艺、岐山民间唢呐、岐山锅盔制作技艺、岐山柳编技艺、岐山黄酒制作技艺等市级"非遗"项目8个,市级"非遗"传承人徐引娣、史全梅等5人;县级"非遗"项目30多个。岐山还被称为"甲骨文之乡",文物资源丰富。岐山县文化馆多次邀请市级剪纸传承人徐引娣、剪纸专家郑宗林在"凤鸣大讲堂"举办"传统剪纸技艺知识"专题讲座,邀请于少特举办"非遗"知识、文物考古知识讲座,对文化系统干部职工及群众普及"非遗"、文物考古知识。

(三)《周易》《诗经》《红楼梦》、姓氏、养生等知识讲座

为吸引更多的群众前来听讲,岐山县文化馆邀请名家,举办《周易》《诗经》《红楼梦》、姓氏、养生等知识讲座,收到良好的效果。2014年4月10日,特邀红学专家、贾平凹文学艺术研究院副院长张宏斌先生在"凤鸣大讲堂"举办"《红楼梦》与中国传统文化"专题讲座。4月17日,资深周文化专家詹生杰先生在"凤鸣大讲堂"举办"中华姓氏文化概论"专题讲座。4月24日,岐山县周文化研究会会长郑鼎文先生在"凤鸣大讲堂"举办"解读《周易》乾卦"专题知识讲座。6月5日,岐山县太极拳协会会长崔文华先生在"凤

鸣大讲堂"举办"太极文化与太极拳养生知识"讲座。7月17日,岐山县周文化研究会副会长詹生杰先生在"凤鸣大讲堂"举办"寻根问祖解姓氏——姜、姬、陈、张"讲座。10月23日,詹生杰先生举办"姓氏根祖大梳理"姓氏知识专题讲座。10月30日,于少特举办"岐山县全球华人之根和中华姓氏之源"专题讲座。2016年6月2日,周公思想研究会常务理事、岐山周文化研究会理事李沛生先生举办"《诗经》与岐山"专题讲座。

(四)文学、书法、楹联创作讲座

岐山县是全国文化先进县,被称为"作家县""书画之乡"。岐山县文化馆多次邀请作家、书画家在"凤鸣大讲堂"开展艺术讲座,提高本县文学、书画作者、爱好者及群众艺术素养。2013年5月25日,邀请书法家祁健业先生举办书法艺术讲座。2015年4月12日,邀请省楹联学会副会长王既之先生举办"对联的创作"专题讲座。2019年6月21日,邀请陕西省书法家协会副主席、市书法家协会主席李晔先生举办书法创作培训辅导讲座。

同时,岐山县文化馆多次在"凤鸣大讲堂"举办岐山书画家、作家作品集及县各学会会刊首发式,为本县各类艺术人才及群众团体搭建了一个宣传、交流平台。

三、创新亮点

(一)将地域特色文化传承与扩大公共文化服务供给相结合

地域文化资源是公共文化服务体系建设的一个活水源头,周文化是岐山本土文化,周公制礼作乐,召公甘棠树下讼判,以及封神演义故事,至今流传在当地民间。岐山县文化馆在举办"凤鸣大讲堂"活动中,通过发掘、研究、传承周文化,取其精华,去其糟粕,探讨其与社会主义核心价值观的关系,通过弘扬传统文化,使其为社会主义精神文明建设服务,既有利于文化馆开展群众文化工作,又能激发广大群众参与的热情,取得了双赢的效果。

(二)将公共文化服务与基层文化人才培养相结合

岐山县文化馆在举办"凤鸣大讲堂"活动中,以周文化系列讲座为主,不断拓展讲座内容,将公共文化服务与基层文化人才培养相结合,聘请省市书画家开展书画讲座,本地书画作者眼界得以开阔,书艺画技得到长进。近年来,岐山本地书画作者每年在全国、省、市各类书画展、书画大赛中参展、获奖。

(三)将传统文化与现代文化相结合

岐山县文化馆在举办"凤鸣大讲堂"活动中,将传统文化与现代文化相结合,多次举办"周文化与社会主义核心价值观""周易与社会主义核心价值观""泰伯奔吴和家风传承""召公与勤政廉政建设"等主题讲座,给传统文化注入了新的活力,促进了当地的家风建设和党风廉政建设,在当地的精神文明建设中发挥了良好的作用。

四、社会反响

"凤鸣大讲堂"从开讲起,已举办 100 多期,听众中既有县文广系统工作人员,又有县机关单位干部、退休人员、学生等社会各界人士。"凤鸣大讲堂"的举办,使广大周文化爱好者进一步了解周族起源和学界对这段历史的研究进程及成果,从而激发了周礼之乡公民对周文化更深层次探索的兴趣。

2013 年,岐山县文化馆指导成立岐山周文化研究会,会员已逾百人,创办内部交流资料《凤鸣岐山》,已出版 20 期,发表交流文章 1200 多篇,累计 330 万字。自 2013 年起,出版研究专著及周文化有关书籍 14 部,其中由周文化研究会骨干成员撰写的《周文化丛书》(8 卷本)、《周公演义》、《品味岐山》、《诗经与岐山》发行全国各地,产生了较大影响。

2019 年,在宝鸡市委、市政府社科优秀奖评选中,岐山周文化研究会有 3 篇论文荣获三等奖,《周文化丛书》(8 卷本)荣获一等奖,两部著作荣获三等奖。

"触手可及"的韩城公共数字文化服务创新实践

韩城市文化馆　张　欣　师丽萍

一、案例背景

《文化和旅游部　发展改革委　财政部关于推动公共文化服务高质量发展的意见》明确指出,提升数字文化馆网络化、智能化服务水平,大力发展基于 5G 等新技术应用的数字服务类型,拓宽数字文化服务应用场景。近几年,韩城市文化馆利用"创建国家公共文化服务体系示范项目"的契机,积极探索数字文化馆总分馆服务模式,构建数字文化实体体验空间,加强数字艺术、沉浸式体验等新型文化业态在公共文化场馆的应用,推广群众文化活动高清网络直播,培育线上文化服务品牌,建立数字资源库、开展线上线下相融合的文化服务、基层数字推广服务与总分馆制建设相结合等多种途径,探索文化馆数字化发展道路,形成了鲜明特色。

二、具体做法

(一)整合资源,建立数字文化资源库

韩城历史底蕴深厚,文化资源丰富,文物古迹荟萃,"非遗"项目繁多。近年来,韩城以文旅融合促进经济转型,开展了锣鼓大赛、社火大赛、广场舞大赛等系列大型群众文化活动,积累了丰富的数字文化资源。韩城市文化馆把这些零散的碎片化资源进行了汇聚整理,建立了结构合理、内容丰富、品质优良的数字文化资源库,具体包括地方特色资源、艺术普及与培训资源、品牌活动资源、"非遗"项目展示、文化传媒信息等。在此基础上拓展范围,吸收韩城艺术院团、民间社团的优秀作品等数字化资源,不断完善、加强公共数字文化资源库建设。

(二)建立平台,实施新媒体运营服务

韩城市文化馆在微信公众号、抖音、快手等各类新媒体平台上注册账号并运营,让公共文化服务"触手可及"。将举办的活动、培训、展览等转化为数字化的视频、图片等,通过微信公众号、抖音等进行发布,扩大文化服务的覆盖面;将微信公众号和国家公共文化云连接,使基层群众足不出户便可欣赏全国各地的优秀文艺作品和高质量的群众文化活

动;群众可通过微信公众号预约文化活动、进行培训报名,社团可预约活动场馆,如文化馆新馆开馆后为少儿免费艺术培训、成人声乐培训等开通微信公众号报名通道,在抖音平台对阵地培训、场馆开放、"欢乐送基层"惠民演出等进行介绍、直播。

(三)创新服务,开发线上服务新模式

韩城市文化馆创新服务,为群众提供丰富的文化供给,开启群众文化活动高清网络直播,拓展受众面。例如:韩城市文化馆承办了韩城市第六届广场舞大赛,市广播电视台对该活动进行了网上直播,当天点击率达19.36万人次;2020年12月对在韩城市举办的"2020陕西新民歌展演"进行网络直播,至演出结束,网络平台上观看量达115.5万人次;文化馆"欢乐送基层"下乡惠民演出,在抖音平台进行直播。获取便捷、互动性强的网络直播大大扩大了群众文化活动的覆盖面和受益群体。

2020年,受疫情影响,韩城市文化馆将部分线下活动转为线上服务。创作群众喜闻乐见的文艺作品,线上呈现给群众。例如:2020年疫情初期,创作诗歌、快板、歌曲等并在微信公众号上展示;2021年春节推出"祖籍陕西韩城县"系列10个短视频,进行线上展播宣传,让不能回韩城过年的游子在网上感受家乡的年味,抖音平台浏览量达6124人次、点赞量517个,快手平台最高浏览量732人次。积极开展线上培训和举办展览。2020年疫情防控期间,在微信公众号相继推出"文化战'疫'有艺微课"系列艺术公益培训16期,线上艺术摄影展览30期。举办线上"云演出"文化活动。如"'云上幸福年'2021韩城市首届网络春晚""2021八省区21区县文化馆跨区域联盟春节文艺线上联播"等活动。

(四)总分馆联动,推进基层数字化建设

韩城市文化馆因地制宜将总分馆制建设与数字化服务紧密结合,通过基层数字文化服务推广项目,将总分馆体系的文化服务、特色资源等建设成果更有效、快捷地延伸至基层,扩大公共文化服务的有效覆盖面。一是推进基层数字文化服务推广项目建设,首批已经建成10个文化馆数字分馆及3个服务点的数字文化推广网络,第二批将建设剩余27个馆外服务点的数字化服务设施。2020年12月5日,韩城市文化馆总馆与基层13个数字服务点开展了"韩城秧歌同步在线培训",国家"非遗"项目韩城秧歌的传承人刘芬珍在总馆排练厅,通过线上直播,将优质、精彩的培训及时传递到乡镇老百姓的面前,提高了服务效能。二是发挥各分馆特色优势,开展线上文化服务。2020年"文化和遗产日",龙门记忆分馆馆长张高峰在古城南门"非遗"集市化身带货主播,利用新媒体,现场直播宣传,线上线下共同展销韩城"非遗"产品。三是文化馆总馆建设直录播文化空间,实现与基层的互动。直录播文化空间为集录音、录影、活动直播等于一体的文化录播体验区。通过配置影音录播设备,定制配套数字化虚拟场景,实现音视频录制、讲座、访谈等活动的远程直播等功能。四是推进第二批基层数字文化服务推广项目建设,利用服务平台产生的数据,使用查询统计、数据分析等手段,提供服务效能分析报告。通过10个基层服务分馆收集群众反馈信息,了解公共文化服务群众满意度,了解群众心声。打造对接百姓需求的

渠道,百姓可以通过云平台进行服务预约,从而将"政府端菜"变为"群众点单"。

(五)科技引领,加强数字艺术、沉浸式文化体验

韩城市文化馆新馆于 2020 年投入使用,这是一个兼具科技感、现代感和艺术美感的文化馆。"非遗文化长廊""数字体验厅"等数字化设备(场所)免费对外开放,让公共文化服务"触手可及"。群众可以通过宽大、清晰的"非遗文化长廊",群众点击触摸屏欣赏到全国各地的"非遗"项目图片、视频等;"数字体验厅"里,MINI-K 唱吧,AR 舞蹈教学体验、智能钢琴体验、VR 虚拟现实体验设施、数字书法机,虚拟自行车等,将现代科技与艺术完美地结合在一起,智能化施教,让参与者身临其境,完全沉浸于艺术体验之中。

三、创新成效

韩城市文化馆将总分馆与基层数字推广相结合,发挥总馆的中枢作用,把优质公共文化服务通过分馆延伸到基层,通过远程视频服务,实现文化技能在线培训,提高培训效率和效能;通过数字平台,实现总分馆文化资源联动共享,文化服务精准推送,使广大群众通过一个平台就可以快速、便捷、公平地享受一站式多元化文化服务,有效解决公共文化服务供求失衡的问题。

新媒体平台扩大了公共文化服务覆盖面。文化活动的现场直播使广大群众不受时空限制就能便捷地享受公共文化服务。新媒体平台"互联网＋公共文化"的方式,让数据多"走路",让百姓少"跑路",形成覆盖城乡、传播便捷的公共数字文化服务网络体系,越来越多的基层群众通过文化馆微信公众号等平台,随时随地了解免费培训、场馆预约、文化活动等信息,提高了群众参与公共文化服务的积极性。

"数字体验厅"为群众提供沉浸式文化体验,寓教于乐,吸引了更多年轻人参与文化活动。过去,走进文化馆参与免费开放的大多是一些中老年人和未成年人,"数字体验厅"高科技技术的运用,提高了年轻人对优秀传统文化、艺术的兴趣,使他们获得美好沉浸式文化体验,激发了群众参与文化活动的热情,使许多年轻人成为文化志愿者。

"艺养天年"

——以旬阳市为例的文化养老"安康模式"

安康市群众艺术馆　陈俊波

"艺养天年"文化养老项目是安康市文化和旅游广电局、民政局联合实施的一项文化关爱工程,是全面贯彻落实党的十九大精神,创建国家公共文化服务体系示范区,实现公共文化服务均等化、全覆盖的重要举措。

截至 2022 年底,旬阳市有老龄人口约 8.21 万,"艺养天年"项目的全面实施,可让70% 的老龄人口享受公共文化服务,实现"老有所养、老有所乐、老有所为",进一步推动基层老年文化活动的蓬勃开展,营造欢乐祥和、健康文明的社会文化氛围,满足人民群众对美好生活的向往与追求。

一、文化养老"安康模式"及主要做法

文化养老"安康模式"是以敬老院、社区日间照料中心、农村互助幸福院等社会养老机构为依托,由市文化和旅游广电局、民政局牵头,文化馆、图书馆负责全面实施"艺养天年"老年群体公共文化服务项目,以艺术普及、文艺展演、读书看报、健身锻炼等为基本内容,结合实际提供公共文化服务,采取"送""种"结合的方式,形成的"艺术普及 + 志愿服务"文化养老模式。

(一)城镇兼顾,精准设点,开展项目试点工作

保障老年人基本文化权益和满足老年人基本文化需求,是《中华人民共和国公共文化服务保障法》的要求,是创建国家公共文化服务体系示范区的重要内容。开展"艺养天年"老年人公共文化服务创新实践试点工作,是积极应对人口老龄化、发展全市养老服务业、打造"文化养老"服务品牌的具体举措。旬阳市文化和旅游广电局、民政局按照安康市公共文化服务示范区创建办的要求,经过深入调研,将旬阳市中心敬老院、城关镇老城社区日间照料中心、小河镇小河社区作为试点单位,全面开展试点工作。

(二)根据需求,对项目实施单位给予文化器材扶持

旬阳市文化和旅游广电局经过实地调研,对已经确定的试点单位提供一批文化活动器材,供日常活动使用,包括音响类(简单便携式音响设备各一套)、音乐类(电子琴、二胡、

笛子、锣鼓响器一套)、常用演出服装类、书画类(毛笔一套、两米书画毡两张、国画颜料、墨汁、书画练习用纸)、文体类(象棋、跳棋、羽毛球)等。

(三)摸清人员底子,根据爱好合理分设兴趣小组

旬阳市中心敬老院供养"五保老人"150余人,组建了健身舞蹈小组、器乐表演小组、腰鼓队、棋牌小组、民歌演唱小组、阅读故事会;城关镇老城社区老龄人口1560人,组建了舞蹈队、民乐队、红歌演唱队、锣鼓队、秧歌队、手工坊、民歌演唱小组、老年阅读会等。小河镇小河社区老龄人口500余人,其中互助幸福院共托养五保老人7人,托管退休干部21人,组建了老年舞蹈小组、书画小组、鼓乐小组、腰鼓队、棋牌小组、读书会。

(四)"送""种"结合,让老年人获得快乐的同时培养自娱自乐的能力

一是结合春节、中秋节、重阳节等传统节日开展文化关爱活动,组织文艺社团、志愿者服务队和艺术培训机构将适合老龄人口的文艺展演和娱乐活动送到养老机构或是村(社区),与老年人一起欢度佳节,让他们感受到公共文化服务带来的幸福和美好。二是根据老龄人口知识层次和兴趣爱好灵活设置音乐、舞蹈、书画、语言艺术四个门类的活动项目,开设器乐、鼓乐、合唱、戏曲、健身舞、太极拳、书画、剪纸、非遗讲堂等12项文化艺术类课程,定期开展送培训上门服务。

(五)突出特色,以"非遗"传承和新民风建设为主要内容开展活动

"艺养天年"项目的特色主要取决于老年人群对传统文化的认知和爱好的程度。旬阳市有着悠久历史和传统文化底蕴,旬阳民歌、道情皮影、旬阳花鼓、民间打击乐、传统刺绣等都是老龄人群所熟知的,在项目实施的过程中业务辅导人员根据各兴趣小组的人数和基础,针对特色内容对参与兴趣小组的老年人进行重点培训练习。例如,旬阳市中心敬老院的旬阳花鼓、民间打击乐,城关镇老城社区的"汉调二黄""巧手坊""红歌会",小河镇小河社区的腰鼓表演、民乐演奏、书画等,都是这些区域"艺养天年"的特色和亮点。旬阳是安康市新民风建设的发源地,以"诚、孝、俭、勤、和"为主要内容的新民风建设在旬阳城乡已是老少皆知,是旬阳的一大特色。以新民风为主要内容的"故事会""读书会""道德评议"也是"艺养天年"项目的主要特色。

(六)联点包抓,确保项目落地、生根、开花、结果

文化馆是"艺养天年"项目的业务主抓单位。为确保试点工作出成果、出经验,旬阳市文化馆成立专项工作推进小组,安排一名副馆长具体负责该工作,抽调业务能力过硬的精兵强将联点包抓。

(七)搭建平台,为老年文艺作品提供成果展示交流的机会

结合重要节庆纪念日策划组织文艺展演活动,为试点单位的老年人群提供登台表演

文艺节目的机会,调动他们参加活动的积极性,让他们在快乐中安度晚年。建党节前夕,由长安银行股份有限公司旬阳支行主办,市文化馆、太极城民间艺术团承办的"舞动长安 艺养天年"庆"七一"迎国庆中老年人才艺大赛,在城区丽都广场隆重举行,来自旬阳市的13个优秀节目参加决赛展演活动。小河镇举办庆"七一"新民风先进典型表彰大会暨第七届农民文化节文艺演出活动,由小河社区日间照料中心编排演出的锣鼓表演《大丰收》、小戏《共产党好,共产党亲》和表演唱《新龙船调》受到观众好评。由旬阳市中心敬老院主办、市文化馆协办的"情暖夕阳 艺养天年"迎"七一"建党节文艺演出在旬阳市中心敬老院成功举办,文化馆辅导旬阳市中心敬老院工作人员和老人们表演的《欢乐腰鼓》《中华大舞台》《夸夸敬老院》《爱在天地间》《党旗更鲜艳》赢得了现场观众的阵阵掌声,老人们脸上露出幸福的笑容。城关镇老城社区举办"不忘初心 牢记使命"庆祝建党98周年共驻共建文艺联欢晚会,老城社区日间照料中心编排演出的节目旬阳道情《感恩脱贫攻坚人》、大合唱《解放区太阳升起来》、舞蹈《祝福祖国》赢得阵阵掌声。

二、文化养老"安康模式"的实践成效

(一)有力保障了老年人群享受公共文化服务的基本权益

"艺养天年"项目定期将文化活动、艺术培训送到老年人身边,为他们分享文化惠民服务带来的红利,发挥了公共文化服务机构传播和弘扬社会主义核心价值观、引领社会文明风尚的重要职能,其示范效应已经显现,老年人文化"获得感"明显提升。

(二)"送""种"结合,实现公共文化服务的均等化

公共养老机构是当前公共文化服很容易忽视的角落,因为责权主体单位是民政部门,保障的核心是健康生活,老年人的精神文化生活十分匮乏。文化馆通过深入开展"送展演"和"送培训"工作,实现了真正意义上的"老有所养、老有所乐",也大大促进了公共文化服务的均等化和全覆盖。

(三)创新服务模式,推进新民风建设

"诚、孝、俭、勤、和"是安康市新民风建设引领乡村公共文化服务创新发展的重要抓手,"艺养天年"项目是弘扬中华孝道文化的具体措施,项目的实施既是对公共文化服务的创新探索,也在全社会掀起了"尊老爱老"热潮,有利于构建和谐美好社会氛围。

三、文化养老"安康模式"的经验与启示

一是部门联合、资源整合,提升区域公共养老服务品质。文化养老"安康模式"通过民政部门和文化部门联合实施"艺养天年"项目,探索出基层公共文化服务覆盖老年人群

体的有效路径。

二是文化养老的"安康模式"能够有效提升基层公共文化服务效能,解决公共养老机构文化供给困难问题。"艺养天年"在安康市各级公共养老机构的全面实施,解决了老年人群体的文化需求,补齐了公共文化服务短板,提升了公共文化服务效能。

三是"送种结合"改变过去送文化进养老机构的单一形式,文化馆(站)根据不同的需求采用"点单式"服务,将文化艺术培训送进公共养老机构,培养老年人不同的兴趣爱好和自主开展文化娱乐活动的能力。

传承优秀文化　助力扶贫兴疆

——新疆刺绣实践案例分析

乌鲁木齐市文化馆（乌鲁木齐市非物质文化遗产保护中心）　田　超

　　新疆刺绣于 2013 年被列入第三批新疆维吾尔自治区级非物质文化遗产代表性名录。新疆刺绣既有传统苏绣、湘绣等汉民间绣种细腻唯美的风格，还融合了维吾尔族、哈萨克族、柯尔克孜族、塔吉克族、蒙古族、锡伯族等的多种绣法。绣品根据不同内容，采取不同绣法，既有汉民间文化精美、细腻的优点，又有构图新颖、色彩斑斓、热情奔放的西北地方特色，具有强烈的地域气息，彰显了西北特有的粗犷豪放，形成了独具特色的表现手法和艺术风格。对于这一项具有较高经济价值的传统技艺，近些年来注重保护传承工作与脱贫攻坚和民族团结工作相结合，不但大大扩大了传承人群体规模，还帮助了众多偏远地区的少数民族妇女脱贫致富，实现了社会效益和经济效益双丰收的良好效果，为"非遗"传承推广提供了可供借鉴的优秀范例。

一、传承人必须保持积极进取的开拓精神，这是做好一切工作的内在原动力

　　我国著名文化学者冯骥才曾经说过："传承人是非物质文化遗产之本，我们看到传承人就看到了非物质文化遗产的本质，就看到了非物质文化遗产的本身，保护非物质文化遗产主要就是保护传承人。"这充分地阐释了传承人在文化遗产传承发展中的核心地位，因此可以说传承人的技艺水准和精神风貌决定了一个项目的兴衰存废。

　　新疆刺绣被列入第三批新疆维吾尔自治区级非物质文化遗产代表性项目名录之前，该项目的代表性传承人钱美荣就被评为"新疆工艺美术大师"和"首届中国刺绣艺术大师"。但是她没有骄傲自满、故步自封，而是积极进取不断提高自己的技艺水准，积极参加各类的同业交流活动并前往武汉大学、清华大学美术学院等高校进修深造，进一步提升了自身的艺术修养，为其刺绣作品的艺术价值增长奠定了坚实的基础。

　　其作品《节日》于 2014 年入围艾琳·国际工艺精品奖，作品《塔吉克族新娘》《古丽与香馕》入选 2016 年度"新疆礼物"。2016 年在国家博物馆参加中国艺术双年展，作品《节日》被国家博物馆收藏。2017 年作品《和谐新疆》在第十八届中国工艺美术大师作品暨手工艺术精品博览会上获得"2017 年百花杯"中国工艺美术精品奖金奖。其作品也在乌鲁木齐的新天国际、二道桥大巴扎，在喀什古城等新疆著名景区进行展览，成为外地游

客游览新疆时都会看到的一张文化名片。

正如独木不能成林，一个非遗项目不是仅仅依靠个别优秀艺人就可以稳定传承并不断发展的，拥有一个金字塔形的较大规模的传承人群体才是其保持旺盛生命力的根本，具有较高技艺水准的传承人应该以更加开放的心态去交流学习、推广传授而非闭门造车，更不能给技艺传承制造困难，这方面钱美荣老师的无私表现尤为难能可贵。

二、广泛开展传习培训，不断扩大传承人群体规模并以此带动就业助力脱贫攻坚

2017 年经国务院同意，由文化部、工业和信息化部、财政部制定的《中国传统工艺振兴计划》颁布，这给非物质文化遗产保护传承与发展提供了新的历史性的机遇，乌鲁木齐市和新疆维吾尔自治区先后将刺绣项目纳入了本级传统工艺振兴目录。通过自治区文化和旅游厅、各地区人民政府和各级访惠聚工作队等多方联络和支持，传承人钱美荣每年都抽出大量时间前往自治区内的乡镇农村开展公益性培训工作，截至 2020 年，已经累计培训学员 30000 人次。

古人云：授人以鱼不如授人以渔。把脱贫致富的技能送往贫困地区其成效远非单纯的送钱送物等救济工作所能比拟。2018 年，以先期的人才储备为依托，喀什地区成立了以钱美荣任设计指导的喀什丝路行科技研发有限公司，一下解决了 340 多人的就业问题，员工中地方政府登记备案的贫困户人口就达 160 多名，2020 年熟练员工的人均工资为3750 元，远高于当地平均收入。贫困妇女在扶贫车间里不仅学会了刺绣技艺，还实现了家门口就业，解决了家庭温饱问题。如村民提古丽·奥布力喀斯木，在厂里上班已有 8 个月，因为工作态度认真努力，仅仅几个月的时间，就完成了从普通村民到优秀绣娘的转变。工资也从学徒期的 1000 多元增长到 3000 多元。因为做工精美、款式独特，该公司出产的刺绣广受各界消费者欢迎，来自国内各地的订单源源不断。2020 年 9 月，钱美荣被中国文化传媒集团有限公司评为"非遗扶贫品牌行动和优秀带头人"。然而个人的精力和财力毕竟是非常有限的，尽管在乌鲁木齐和喀什开设的公司吸纳了数百人就业，但在庞大的劳动力规模面前，几百人的规模仍显得是杯水车薪。因此要打通产销网络，完善从偏僻的农村到开放的市场就需要更多的基层组织。

三、经营理念创新，通过建立农村专业合作社，实现从开发、生产、销售的全面网络覆盖

在向大众普及基本技艺的同时，钱美荣老师还不忘发掘优秀人才、培训骨干精英，对基本功底扎实、技艺特别出众的优秀学员进行重点培养。在第三届、第四届新疆工艺美术大师评选中，钱美荣老师所带领的学生共有 13 人获得"新疆工艺美术大师"称号。其中很多人也成立了自己的工作室，他们当中的很多人也成为活跃当地经济的积极因素。在

刺绣技艺传播的同时,新的经营理念和管理经验也被传播开来,截至 2020 年钱美荣老师的弟子有 50 多人,他们相继在哈密、木垒等地成立了自己的刺绣专业合作社,以来料来样加工的模式成为新疆刺绣系统化发展中的重要环节,为带动当地经济发展,促进农村富余劳动力就近就地安置就业做出了贡献。